清代至民国时期贵定县碑刻研究

陆庆园　著

西南交通大学出版社
·成　都·

图书在版编目（CIP）数据

清代至民国时期贵定县碑刻研究 / 陆庆园著. —成都：西南交通大学出版社，2021.11
ISBN 978-7-5643-8393-0

Ⅰ. ①清… Ⅱ. ①陆… Ⅲ. ①碑刻 – 研究 – 贵定县 – 清代 – 民国 Ⅳ. ①K877.424

中国版本图书馆 CIP 数据核字（2021）第 236780 号

Qingdai zhi Minguo Shiqi Guiding Xian Beike Yanjiu

清代至民国时期贵定县碑刻研究

陆庆园　著

责任编辑	何宝华
封面设计	原谋书装
出版发行	西南交通大学出版社 （四川省成都市金牛区二环路北一段 111 号 西南交通大学创新大厦 21 楼）
邮政编码	610031
发行部电话	028-87600564　028-87600533
网址	http://www.xnjdcbs.com
印刷	成都蜀通印务有限责任公司
成品尺寸	210 mm × 285 mm
印张	22
字数	548 千
版次	2021 年 11 月第 1 版
印次	2021 年 11 月第 1 次
定价	98.00 元
书号	ISBN 978-7-5643-8393-0

“田野史学丛书”序

当代史学已经在传统的文献考证、现代史学理论和书写范式基础上有了新的启程，着力于主动面向社会发展需求，与民众对话，为民众着想，在学理与常理之间寻求平衡。只有下到人民的社会的汪洋大海中去搏击，史学才可能得到真正的繁荣发展，这越来越成为史学界的共识。

基于十多年的教学与研究实践，在上述认知的启示下，我于 2014 年底提出田野史学的理念。经过多年的实践，这个理念得以不断丰富，其基本内涵是：以社会现实问题为起点，发挥历史认识主体的历史文化根底、人文视野、认知能力和通识智慧，借助人类学、社会学、考古学等多学科的知识和现代信息技术手段，与民众一起，对活态社会的历史文化进行系统调查、记录、书写、传播与研究。在学理与常理之间对话，合理评估并发挥其价值，形成一定的文化自觉、文化担当和文化批判精神，主动参与社会文化建设。田野史学不仅要眼光向下，更要自觉践行“从群众中来，到群众中去，一切为了群众，一切依靠群众”的原则，强调学术服务于人的实践性，故又具有自己的人才培养模式。

学问在自得于心，非求苟同。现代学术研究的分途异畛，理路精深，需要去洞察。但各种理论方法之间，各种学者之间，阈见我执，高下相倾，前后相随，音声相和，纷然杂陈，莫衷一是。或有学而不术者，或有术而不学者，更有不学无术者。这或许是一种有代价的进步，也是一种现代性陷阱，我们身在其中，逃离是何其之难。田野史学不是为学术而学术，为研究而研究，但绝非不学无术。学与术皆关乎大道，必有所本、所由、所处、所务。民心与人情，小以识大，近以致远，末以归本。道不远人，不舍小者、近者、末者，能与民并用，可以知古，可以察今。为此，我们在努力“学”的同时，将“术”也进行了多角度的尝试，试图在平庸中悟出道之所在，寻求到新知识、新观念、新方法。现在学界强调的学理，包括学术的话语、思维和表达范式等，是辩证逻辑与学术问题的结合，是现代学术文化的一部分。而常理则是更大众的，是经历长期历史的变迁而积淀在人们生活规范中的客观规律。如何将理论知识的有效性与历史中积淀下来的延续的“理”实现对接和互补，是“学理和常理”对话方法突破的关键。我们现阶段的田野史学，仍然没有完全逃出既有学术话语体系的窠臼，而“学理和常理”的进一步结合，才是田野史学接下来的重点。

顺数既往，则可以逆推将来。我们似乎在模仿孔子带着学生周游，口宣其诚，笃行其道。孟子、荀子、韩愈、慧能、朱熹、王阳明、顾炎武、黄宗羲、章学诚、陶行知、钱穆，等等，一路下来，都影响着我们的抉择。《礼记》礼运篇以为圣人耐天下为一家，“必知其情，辟于其义，明于其利，达于其患，然后能为之”。顾炎武说过：“‘君子居则观其象而玩其辞’，观之者浅，玩之者深矣，其所以与民同患者。”我们当今所观之象，乃社会之实，非深不可，所玩之辞，则远超学术之文，非广不可。在观玩之间，则必须知人情，辟人义，明人利，与民同患同乐，为真向善，以前民用。我们深信这才是传之久远的正道，也是田野史学所追求之本义。居之久，则知之深，知之深，则行之切，而左右能逢其源。希望这是一种正能量的集聚，成为逃离现代性陷阱的一种新的可能。

伴随着一批批的学生，我们一如既往，走到了 2020 岁末，也还将继续走下去。走过很远的路，爬过很高的山，穿行在蜿蜒盘旋的小道上，总是路转溪头，山外有村。在一座座的山寨里，总是有百年乃至数百年的家族落地生根，开花结果，迁徙繁衍与朝夕耕耘；在大山的深处，总是有独特的故事静静地等着被发现和书写；在特殊的时节里，总是有精彩的仪式活动吸引我们去拍摄；在逼仄的门庭内，总是有德高望重的老人触动着我们的灵魂。没有经费支持，就自己掏腰包，所到之处，只求有个吃住，有时候，一天只吃一顿饭。颠沛之中，造次之间，师生总是满足的快乐的。

我们都很享受这种游走的状态。寻碑铭、访故老、观民情，徜徉于山水之间，边听边看，边想边说，怀思古幽情，品人世沧桑。把书斋里的历史放下，走进当下的活态社会，悟对古今，究问天人，侃谈中外。累了就坐下来，大家慢慢聊天。和乡亲们一起，朝夕相处二三十天甚至更长，都成了不期而遇的老朋友。晚上，大家要总结调查的内容，相互讨论，讲事实，摆故事，引证理论，回应心灵的关切。每天还要写出调查日志，整理调查资料。什么是人？人何以存在？什么表示人？所有人对此都可以有所感悟。诉不尽的喜怨哀乐，悟不尽的人世沧桑，理性者崇势利，劳碌奔波，感性者闲庭雅致，皆不免滑稽而又心酸，愚昧而又狂欢，固执与偏见无处不在。什么是善？什么是真？什么是历史？未来在哪里？是我们每天不可回避的追问。

贵州民族大学田野史学的理论与实践探索，已经走过了十年，总算有了一些小小的积累。除了老师们关于史学学术与社会、时代关系的思考，更有与我们一起成长的学生们的一批作品。这些作品都是基于长期的活态社会调查而形成，并都在很大程度上得到乡亲们在生活与情感上的回馈，思想上的感召，既有记录性质的村寨志和乡土调查报告，也有区域社会变迁的个案书写与研究。第一批成果分别是《田野史学指归》《历史学观念变迁探析》《清代至民国时期贵定县碑刻研究》《贵安新区马场镇平寨村布依族历史文化变迁研究》《互动与整合：镇远县辽家坳村历史文化变迁研究》《区域社会史视野下花溪清代碑刻调查与研究》。《田野史学指归》主要论述田野史学的理论与方法，《历史学观念变迁探析》主要讨论中国历史学观念的发展与变迁，对当下史学的发展提出建设性思考。其他作品则是在田野史学理论方法启示下，对具体村落的历史文化进行调查研究。理论思考是对多年来田野调查的小结和概括，解决田野史学是什么及如何做的问题，而具体的碑刻调查、村落文化书写等则反映了我们的实践内容，是将理论初步融入实践的尝试。总体而言，这套丛书是我们在常理和学理之间寻找共识的产物。

当然，第一阶段的成果总体上还是既有学术框架下的仿作，显示我们还处于田野史学人才培育的摸索阶段，与田野史学的真正目标相差甚远。现在把师生的部分作品结集出版，以求栖身于学术百草园，热切期望学界给我们真诚的批评。希望越来越多的史学爱好者和乡村社会建设的知识青年，加入田野史学的研究和创作中来，努力创造出更多适应乡土社会需要的历史文化书写成果。让田野史学走进民众生活，展现乡村社会历史上不同的精彩瞬间，揭示乡村社会历史文化发展逻辑，从而成为以史为鉴并推演未来的重要催化剂。这对于史学来说无疑是一种尝试性的推进，是我们力主史学惠及大众的学术呼吁。

叶成勇

2020 年 12 月

目　录

研究编

图录编

规约碑

功德纪事碑

其 他

绪 论

碑刻作为一种历史文献，是研究历史发展状况的一种重要资料。其中所包含的信息是一些正史、地方史志所没有的，能起到补史的作用。在区域社会史研究中，往往官方史料记载有限，碑刻文献就显得尤为重要。我国碑刻文献产生较早，“在殷商时期就已有萌芽，至春秋战国时期，开始增多”①。经过长期的发展与完善，碑刻逐渐成为一种成熟的文献资料。碑刻文献形式多样，有广义与狭义之分。广义的碑刻，毛远明先生是这样定义的：“在碑碣、石刻上刻写、雕镌有文字、图案或宗教造像等，赋予其文化信息的石质载体，所有用石质材料作为承载信息、传递情感、表达思想的载体通称碑刻。”②广义的碑刻不局限于文字，亦包括图案、造像等。狭义碑刻则指“凡是以石质为书写材料，镌刻、书写在石头上，承载了一定语言内容的所有语言信息材料”③。狭义之分法，简单而言即所谓语言内容——文字。笔者收集、研究的碑刻即为狭义上的。

笔者求学期间，通过田野调查，对碑刻文献有所接触，发现碑刻文献承载了大量有关民族、历史方面的信息。一次偶然机会，笔者同导师前往贵定县平伐长官司庭氏土司故地调研，发现当地遗留着大量有关土司活动、民族互动的碑刻及文化遗产。目前，学术界对贵定碑刻的研究甚少。贵定是一个民族聚居区，碑刻内容多涉及民族史方面的内容，笔者因对碑刻文献的热爱以及贵定碑刻研究现状，遂决定进行贵定碑刻研究。

笔者在 2017 年夏孤身深入贵定县各乡镇村落走访调查，搜集到相关碑刻 124 通，其中 80%为清代碑刻。碑刻内容庞杂，类型繁多，涉及地方社会的方方面面，如家族活动、公共事业建设、生态资源保护、民族互动、利益往来等。

在清代，贵定隶属贵阳府。民国后，贵州省成立军政府，其建置仍袭清制不变。贵定是一个多民族聚居区，亦是交通枢纽。便捷的交通、各民族之间的互动，共同建构了贵定丰富的历史文化。互动遗留下的碑刻，即地方社会群体历史的一个缩影。碑刻这个载体，通过文字的形式记载着一个区域内人们真实的生活状态。经过对贵定碑刻文献的梳理与研究，可窥见区域社会活态的历史——民族间的互动、官府机制的运行状况、市井小民的生活状态、官府与地方权利的博弈等。通过将碑刻、传世文献、地方记忆结合，我们可以剖析其活态历史，进而把握其社会运转规律，为当今社会主义和谐社会的构建提供一定借鉴，这种研究对地方社会的建设具有一定的理论指导和现实意义。

一、关于贵定碑刻的研究现状

“碑刻文献反映社会生活面是广阔的，文献真实性强，具有重要的史料价值和多方面的研究价

① 毛远明．碑刻文献学通论[M]．北京：中华书局，2010：10-11.
② 毛远明．碑刻文献学通论[M]．北京：中华书局，2010：7.
③ 毛远明．碑刻文献学通论[M]．北京：中华书局，2010：7.

值。”[①]贵定是多民族聚居区，又作为贵州南北纵向、东西横向上的交通枢纽，历来都被中央王朝所重视，区位的优越性及区域社会各阶层的互动，共同铸造了贵定丰富的碑刻文化。然而碑刻相关内容在贵定等地方史志中记载较少。贵定仅存史志为民国 8 年钞呈本，对贵定地方历史的记载较为有限，本文着眼于清代至民国时期的碑刻研究，亦是对地方历史的一种补充。

贵定碑刻虽丰富，但学术界对其关注不多，相关成果较少。目前，在贵定碑刻资料的调查收集与整理方面，民国 8 年（1919）钞呈本《贵定县志稿》对境内碑刻已有收录，但数量较少，作为地方史志资料极不全面。[②]由姚忠先生编著的《贵定文物志》第一辑，对贵定县部分碑刻进行了调查与整理，在古石刻一节中，对部分碑刻做了辑录与注释，如《邱禾实墓志铭》《仰望贡茶碑》《牛屎寨夫马定章碑》《新庄布依族契约碑》《甘塘布依族乡规碑》《新场丁粮定章碑》《良田免粮碑》《旧治丁粮碑》等。[③]该书对碑刻有较为深入的调查，对每一碑记情况均有介绍，以记录著称，是对碑刻的“即时”记录。保存了大量一手资料，是此书的最大亮点。由于时代的局限性，该志书存在诸多问题，笔者经过实地调查发现，志书对碑文的辑录稍有出入，有缺漏、错字、别字、衍字等情况。除此外，贵定一些相关文史资料集对碑刻亦有调查整理与研究，《贵定文史资料选辑》第八辑载有《关于贵州历史名人邱禾实邱禾嘉故居及邱禾实墓志铭的发现》一文，文中季兆秋先生集中对邱氏兄弟生平予以介绍，文章对邱氏兄弟研究不多，这是此文的最大不足。[④]邱禾实墓志铭的出土是对贵定地方史的补充，亦是对贵州名人传记的填补，其墓志铭的问世纠正了诸多史志记载的错误，是填补正史缺失的充分表现。同书还收录了《抱管龙井碑》《甘塘乡规碑》《萝卜寨沾恩无暨碑》《新铺裤子田官免炭豆处纪念碑》，[⑤]以上都是对碑文的整理及情况介绍，资料性较强，但对碑文欠缺分析。在《贵定文史资料选辑》第七辑中，收录了不少贵定碑刻资料，主要有《伏虎寺铭碑》《抱管乡公汪坝禁止赌博碑》《旧治张必达碑文》等[⑥]，并且对碑文做了辑录与注释，为后人研究提供了便利。在某类碑刻的论述中，如《晚清参加收复新疆的有功之臣建威将军汪柱元及其坟墓》[⑦]，对汪柱元事迹有较为翔实的介绍，对其圣旨碑碑文略有选录，但研究较为薄弱。又如《李春山与九拱桥史考》[⑧]，该文作者经过调查，对飞云桥、贞女桥、顺天桥、一品桥、荣升桥及其碑记做了较为详细的了解和介绍，并对李春山相关事迹做了充足调查。文章载有相关碑刻十几通，每一通碑记都有相关的叙述，可见作者对李春山及相关碑刻做了大量工作，这对地方历史的补充及地方绅士行善的宣传起着积极作用。文章资料性强，但对碑文所反映的历史缺少系统研究。在 20 世纪 90 年代，所编《贵定县志》的文化文物篇对碑刻、摩崖石刻的年代、类型、分布情况等做了简要介绍，内容较为单薄，且不具体。[⑨]

对贵定碑刻整理和辑录的专著亦有一些。《贵州省志・文物志》第四章第二节石刻中对碑刻有相关辑录。因志书涉及贵州境内碑刻，空间范围广，所以对贵定碑刻的辑录不多，主要辑录了《仰

---

① 毛远明. 碑刻文献学通论[M]. 北京：中华书局，2010：23.
②（民国）贵定县采访处纂，贵定县志稿[M]. 成都：巴蜀书社，2006.
③ 姚忠编著. 贵定文物志・第一辑[M]. 益阳：湖南省益阳人民印刷厂，1983.
④ 瞿正顺主编. 贵定文史资料选辑・第八辑[C]. 贵定：贵定政协文史学习委员会，2003：161-165.
⑤ 瞿正顺主编. 贵定文史资料选辑・第八辑[C]. 贵定：贵定政协文史学习委员会，2003：166-172.
⑥ 文史资料编审委员会. 贵定文史资料选辑・第七辑[C]. 1997：116-120.
⑦ 文史资料编审委员会. 贵定文史资料选辑・第七辑[C]. 1997：1-4.
⑧ 文史资料编审委员会. 贵定文史资料选辑・第七辑[C]. 1997：90-108.
⑨ 贵州省贵定县志编纂委员会. 贵定县志[M]. 贵阳：贵州人民出版社，1995：843.

望抗贡碑》《仰望地界碑》《旧治晓谕碑》《甘塘乡规碑》《菜苗井规碑》等，志书对碑刻做了详实的介绍。[①]省文物志主要对贵定境内一些受到关注的碑刻进行了收录，其调查有限。又如刘世彬先生所著《黔南碑刻研究》一书对黔南布依族苗族自治州境内各市县碑刻、摩崖等有较为系统的整理与辑录，其碑刻来源以文本文献记载为主。书中提及贵定县碑刻30通，内容主要涉及营建、少数民族发展史、传记史、环境保护、风景名胜、书法等方面。[②]材料较为丰富，但缺乏系统研究，在分析上只谈及碑文本身，并未深入分析碑刻反映的历史，这是此书的主要缺陷。在《黔南布依族苗族自治州志·文物名胜志》第四章摩崖与石刻中，收录了贵定县境内的《邱禾实墓志铭》《仰望茶叶碑》《牛屎寨派夫文告碑》《甘塘乡规碑》《旧治晓谕碑》《新场丁粮定章碑》《良田征粮碑》等碑刻，并对碑刻所在位置、保存情况、碑帽概况、主要内容等做了详细介绍。[③]对贵定碑刻整理较为全面的是《贵定文物·第三次文物普查成果》，该书共收录碑刻近40通，对碑刻情况有详细介绍，并附图片，不足之处是未收录碑文。[④]以上专著及资料是对贵定境内古代碑刻内容的辑录或整理，资料性强，欠缺深入研究，但为后人继续研究提供了文献基础。

从以上成果看，学术界目前对贵定碑刻的辑录较少且数量有限，没有系统的专著进行介绍或研究。

对贵定碑刻的研究要结合其区位、经济、民族、政治、历史、宗教等因素进行综合考察，才能全面、系统把握区域历史发展的脉络。贵定是一个宗教文化较为发达的地区，且其宗教碑刻数量相当可观。与贵定宗教文化相关的研究主要有周永健《论贵州贵定县宗教文化格局及其特征——以祠宇寺观为中心的考察》，指明明清以来，贵定县多元宗教并存，宗教信仰广泛，民间信仰炽盛，民间各种信仰亦有流传。本文认为形成此种格局的原因系信仰需求旺盛而兴起，多民族共处是其群众基础，地理位置的优越性共同造就了此种格局。[⑤]又如王路平在《黔中贵定阳宝山临济禅宗突空系法脉传承揭秘》一文中，结合阳宝山相关碑刻《定界碑》《重修阳宝山莲花寺碑记并序》以及阳宝山和尚塔林碑刻等，对临济禅宗突空系法脉进行了重点分析。[⑥]在调查到的碑刻中，部分碑刻涉及宗教文化问题，以上文章对笔者在研究贵定碑刻相关宗教文化上有一定参考价值。

清代贵定土司众多，土司家族不断发展并活跃于历史舞台上，直至民国初年依然存在。关于贵定土司制度的研究，毛威《贵州平伐长官司庭氏家族历史文化诸问题初探》一文，以平伐庭氏土司家族为研究对象，从姓氏来源、平伐长官司的设置经过及改姓、族属认同、家族转型等方面考察，认为平伐长官司的设置不仅是土司制度自身的完善过程的历史见证，也是不同历史时期不同的土司制度下，土司及土司家族为实现自身发展做出积极转型的典型案例。[⑦]又如莫其波在《贵州平伐长官司文化遗存调查研究》一文中，结合田野调查资料，综合考察平伐庭氏土司历史遗存，以碑刻（《如冗山桥碑记》《猛壤寨免租堂判碑》）、牌坊（司头牌坊）、营盘（龙山营）、衙门为依托，重点分析平

① 贵州地方志编纂委员会. 贵州省志·文物志[M]. 贵阳：贵州人民出版社，2003：283-361.
② 刘世彬. 黔南碑刻研究[M]. 都匀：黔南州机关印刷厂印刷，2004.
③ 黔南布依族苗族自治州史志编纂委员会. 黔南布依族苗族自治州志·文物名胜志[M]. 贵阳：贵州民族出版社，1989.
④ 贵定县文物管理所. 贵定文物·第三次文物普查成果[C]. 贵定：贵定县文物管理所，2016.
⑤ 周永健. 论贵州贵定县宗教文化格局及其特征——以祠宇寺观为中心的考察[J]. 青海民族大学学报（社会科学版），2017（01）.
⑥ 王路平. 黔中贵定阳宝山临济禅宗突空系法脉传承揭秘[J]. 贵州民族大学学报（哲学社会科学版），2017（05）.
⑦ 毛威. 贵州平伐长官司庭氏家族历史文化诸问题初探[D]. 贵阳：贵州民族大学，2017.

伐长官司在寻求自身发展的同时对地方带来的影响。①赵兴鹏在《区域社会史视野下花溪清代碑刻调查与研究》一文中，对贵阳花溪高坡乡高寨村《招民复业碑》做了较为深入的探讨（清代高坡为贵定县与贵阳府插花地带，时属贵定县大平伐长官司管辖），指出清王朝在土司地区征税，不少土民抵抗，造成矛盾纠纷，导致地方社会不稳定。②以上有关平伐长官司的研究对笔者写作提供了一定的参考。经济方面，《试论乾隆末期苗族人民的斗争——兼谈"抗贡碑"和"抗夫碑"的历史意义》一文指出，碑刻反映了当时的社会现实，一为当时苗民贡茶，但朝廷要求的数目惊人，加之茶树枯老，实在难以上贡；一为官差书役互相勾结，向苗民任意滥派、勒折包袱事件。作者认为这些斗争一方面摧毁或者动摇了封建王朝的统治，一方面又造成了生产的大破坏，人口的大量死亡。③

笔者调查辑录的碑刻中，有关生态保护的碑刻比较集中，但学界对贵定此类碑刻的论作不多，然一些对贵州境内相关碑刻与生态保护关系的研究亦有参考价值。许南海《贵州民间的生态意识——以乡规民约碑刻为例》，文章从乡规民约碑切入，对贵州民间的生态意识进行考察，认为民间朴实的生态意识，在乡民的思想观念、乡村社会的制度安排、民众的生产生活实践等方面得到明确表现和全面展开，这种生态意识观指导和规范着人们的行为，使人们在与自然相处时，能很好地处理与自然的关系。④严奇岩、陈福山的《从禁渔碑刻看清末贵州的鱼资源利用和保护问题》指出清末贵州鱼类资源得到空前开发和利用，过渡捕鱼或毒河捕鱼较为突出。作者通过对禁渔碑刻进行分析，认为清末是贵州鱼资源的过度开发期，这导致了水环境恶化。但作者认为，在开发过程中反映出贵州各民族在鱼资源利用和保护方面具有一定的历史经验和民族特色。⑤吴大旬、王红信《从有关碑文资料看清代贵州的林业管理》借助清代遗留下来的有关碑文资料，对当时贵州加强林业管理的具体措施进行探讨，如订立乡规民约、禁止乱砍滥伐、加强林业法治、严防山林火灾、禁止毁林开荒等措施。⑥严奇岩在《当江制度与清水江流域的生态变迁——以碑刻资料为考察重点》一文中，以清水江流域木材交易的"当江制度"为切入点，结合碑刻资料分析清水江流域生态的变迁。⑦陈彤《从水井碑刻看侗族饮用水资源的利用和保护——以贵州省从江地区为例》，作者以水井碑刻为线索，着重分析少数民族地区对饮用水资源的利用和保护，从而去理解碑刻背后的文化意蕴，对理解人地关系、人神关系和人与人之间的关系具有重要意义，同时还揭示了民族地区的地方性环境保护意识与村落社会秩序之间的关系。⑧林移刚、刘志伟在《乡规民约石刻视角下的民间环境意识——以西南地区为例》一文中，从西南地区现存乡规民约石刻入手，结合相关文献材料进行统计分析发现，在空间上，云贵地区民间环境意识明显强于巴蜀地区，丘陵区的民众环境意识强于平原和山区；在时间上，西南各区域民间环境意识，整体上有一个逐步增强然后又回落的过程。文章认为民间环境意识的强度与人口数量、生产方式、战争、宗教、风俗习惯以及社会组织形式等因素都有密切的关系。⑨以上文

① 莫其波. 贵州平伐长官司文化遗存调查研究[D]. 贵阳：贵州民族大学，2017.
② 赵兴鹏. 区域社会史视野下花溪清代碑刻调查与研究[D]. 贵阳：贵州民族大学，2017.
③ 姚忠编著. 贵定文物志·第一辑[M]. 益阳：湖南省益阳人民印刷厂，1983：138-148.
④ 许南海. 贵州民间的生态意识——以乡规民约碑刻为例[J]. 原生态民族文化学刊，2014（04）.
⑤ 严奇岩，陈福山. 从禁渔碑刻看清末贵州的鱼资源利用和保护问题[J]. 贵州民族研究，2011（01）.
⑥ 吴大旬，王红信. 从有关碑文资料看清代贵州的林业管理[J]. 贵州民族研究，2008（05）.
⑦ 严奇岩. 当江制度与清水江流域的生态变迁——以碑刻资料为考察重点[J]. 中央民族大学学报（哲学社会科学版），2016（04）.
⑧ 陈彤. 从水井碑刻看侗族饮用水资源的利用和保护——以贵州省从江地区为例[J]. 长江师范学院学报，2016（03）.
⑨ 林移刚，刘志伟. 乡规民约石刻视角下的民间环境意识——以西南地区为例[J]. 云南民族大学学报（哲学社会科学版），2013（03）.

章以生态保护碑刻为切入点，结合地方志书、史料对生态保护意识问题进行探讨与分析，观察问题的角度不同，得出的结论亦不同。

除生态环境问题较为集中外，清代贵州的社会治安问题亦较为突出，尤其在清朝中后期，各种社会治安问题逐渐显露，在调查过程中发现此类碑刻具有一定的数量。叶成勇《贵州沿河县万历时期〈军门禁约〉碑文考论——兼论贵州明代中晚期“夷”汉关系》以碑文为线索，分析碑文背后所反映的汉族与少数民族之间特定的经济政治关系，作者认为贵州明代中晚期“汉夷”之间的特殊结合与不正当的谋财方式很复杂，有土司与汉人精英的勾结、部分地方官与苗人谋勇者的勾结，汉人参与土司谋略等。[①]叶成勇《从贵州锦屏〈戒谕文〉摩崖石刻看宋朝对湘黔桂边地的治理》以贵州锦屏县南宋末期《戒谕文》内容为基本线索，重点分析摩崖所反映的宋代“夷”汉盟誓之治、北宋中后期对湘黔桂边地的开边拓土，加强军事、经济和习俗方面的治理。[②]孟学华、刘世彬《明清时期贵州平塘县毛南族地区的社会组织形式探析——平塘县毛南族地区的几处碑刻的社会学价值》以社会学视角，从碑刻文献出发，集中探讨平塘县毛南族地区的社会组织及社会管理形式，如“议榔”社会组织，订立乡规民约、书立契约等管理形式。[③]吴大旬《从相关碑文资料看清代贵州的社会治安管理》针对贵州社会治安碑刻，对碑文反映的社会治安问题进行分析，并总结得出严防偷盗、禁止赌博、注意调处民族矛盾，维护少数民族利益、禁止拐卖人口等管理经验。[④]社会治安问题在咸同时期表现最为混乱，刘桂林在《咸同起义后贵州社会的变迁——以碑刻史料为中心的探讨》一文中，以碑刻史料为基础，着重探讨咸同之后清王朝对贵州政治、经济、军事、文化等方面采取的一系列善后措施，认为因贵州封建统治阶级基础极为顽固，贵州社会处于一种局部的、渐进式的社会变迁。[⑤]陆庆园《清咸丰时期贵州广顺州〈禁碑告白〉碑文考论》以乡规民约碑为线索，认为咸丰时期战乱导致地方伦理纲常出现危机，攸关保甲、团练之稳定。盗匪之猖獗，亦是亟须解决之要务；团内民众与盗匪勾结，亦需随时提防；流民不断，乞丐群体滋扰，为防止乞丐扰乱地方秩序，团内之人不准打罚。禁碑背后的种种社会现象，是当时亟须杜绝、提防的。[⑥]以上论文从各民族关系、社会组织、社会治安、社会变迁等角度出发，探讨地方社会、官府在社会治理中的政策措施以及对当时社会的影响，亦具有一定的现实意义。

20 世纪 80 年代，贵州省民族研究所等机构组织了对云雾山区的社会调查，收集了大量有关贵定苗族的社会状况，这为本书写作提供了重要参考，结合其社会调查，本书对碑刻背后的历史进行综合考察。对贵定苗族社会的调查主要有：陈天俊《贵定县仰望乡苗族社会调查》、牟代居《贵定县仰望乡海葩苗的社会经济生活》、李子和《贵定县仰望乡苗族教育调查》、赵崇南《贵定仰望乡苗族原始宗教调查》、杨庭硕《海葩苗名称变迁考》、杨昌文《贵定县定东公社苗族社会调查》、杨世章《贵定县定东公社苗族文化调查》等。[⑦]以上调查从不同角度展开，涉及当地苗族社会、经济、文化、宗

① 叶成勇．贵州沿河县万历时期《军门禁约》碑文考论——兼论贵州明代中晚期“夷”汉关系[J]．民族研究，2014（05）．

② 叶成勇．从贵州锦屏《戒谕文》摩崖石刻看宋朝对湘黔桂边地的治理[J]．中华文化论坛，2015（08）．

③ 孟学华，刘世彬．明清时期贵州平塘县毛南族地区的社会组织形式探析——平塘县毛南族地区的几处碑刻的社会学价值[J]．黔南民族师范学院学报，2010（04）．

④ 吴大旬．从相关碑文资料看清代贵州的社会治安管理[J]．贵州民族大学学报（哲学社会科学版），2010（01）．

⑤ 刘桂林．咸同起义后贵州社会的变迁——以碑刻史料为中心的探讨[D]．贵阳：贵州师范大学，2008.

⑥ 陆庆园．清咸丰时期贵州广顺州《禁碑告白》碑文考论[J]．长江师范学院学报，2017（01）．

⑦ 贵州省民族研究所．贵州民族调查之二[C]．贵阳：贵州省民族研究所，1984.

教等内容，这些一手资料对本书写作来说弥足珍贵。

二、本书的主要内容和思路

笔者通过田野调查，走访贵定境内及毗邻地区村落，搜集碑刻124通，以清代为主，兼及民国时期。基于此，本书研究在地区上会涉足与贵定毗邻的龙里县个别村寨，时间上，因时代和事件的延续性，部分研究内容会涉及民国时期。贵定区域地属要冲，文化多元，这使境内碑刻具有多样性，多涉及群体性活动、地方社会治安、区域民族互动、利益关系等内容。

本书除前言、结语外共分为七章。第一章主要对调查收集到的碑刻的基本情况做了一个概述，包括碑刻所处的地理和人文环境；保存现状及其时代和地域。第二章具体介绍贵定碑刻的形态和规制，包括碑刻的质地、形制、碑文书写等内容。第三章从碑刻文献的角度结合家族谱牒的记载，重点分析贵定地方家族的发展史以及家族活动，分析了家族从流动到发展壮大的历程。第四章以碑刻文献为线索，考察了建桥、修路、开渡、建堤、修堰渠等公益事业顺利开展并完成的过程，认为其原因为区域社会群体互动和区域社会发展需要的结果。第五章主要论述水井、山林、渔业等公共资源在乡村社会中的保护与利用情况，着重对公共资源保护动因进行了分析。第六章探讨了社会治安与秩序问题。清中期，随着外来人口的涌入，地方不法分子、土司与地方官的不良举动等严重扰乱了贵定地方秩序与制度安排，使地方付出了巨大代价，为使地方秩序恢复稳定，官府和民间都做出了努力。第七章从清代中后期大背景出发，考察贵定地方社会外来因素和内部因素的相互影响及其导致的贵定境内突出的利益纠纷。结语部分总结全书，指出碑刻的产生是群体互动的结果，它承载着地方社会活动主体的主观诉求与行为活动，对社会运转的良性发展起着积极作用。同时，是地方社会“治”“乱”的及时记录，地方社会“治乱交替，乱中有进”，且随着时代的变迁不断更迭。

本书以贵定碑刻为研究对象，试图通过碑刻内容透视其背后的社会历史发展状况，但单就碑刻去研究，很难最大限度地还原其活态历史，要结合文本文献、地方民间记忆，把三者有机结合起来，综合地观察问题、分析问题、把握问题关键因素。而对问题的研究不能仅仅着眼于清代的贵定，更要有清代的贵州、清代的西南边疆甚至清代全国的历史观。本书收录碑刻类型较多、内容庞杂，政治、经济、文化、宗教、民族、生态等方面均有涉及。对碑刻类型的划分是本书写作的重要内容，经过对碑文进行系统整合，能大致了解碑刻背后的活态社会，使资料的查找及写作的效率得到提高。

同时，还要注重区域社会史的研究。本书并非就碑刻而言碑刻，而是着重剖析碑刻后面的历史以及背后的制度安排、社会互动、权利博弈等，结合碑刻所处的历史环境综合考察碑刻。以贵定区域社会史为研究对象，是在“自下而上”研究理念的指导下进行，与以往“自上而下”的研究视野截然不同。“自下而上”的研究是“从民众的角度和立场来重新审视国家与权利，审视政治、经济和社会体制，审视帝王将相，审视重大的历史时间与现象”[①]。以碑刻文献为切入点，用区域社会史视野对贵定地方历史的研究是本文的重要尝试，把贵定社会历史视为一个整体，“全方位地把握它的总

① 赵世瑜. 小历史与大历史——区域社会史的理念、方法与实践[M]. 北京：三联书店，2010：26.

体发展”[1]，横向上探讨阶层互动关系，纵向上把握其社会变迁的模式，在纵横两向上对贵定区域历史进行分析，进而探寻地方社会运行的规律。

此外，区域社会史的研究须结合宏观历史，即要拥有所谓的大历史观。在大历史下的区域社会，情况不尽相同，区域社会在国家制度的安排下，会根据自身情况做出相应调整，既符合历史发展的趋势，又适应了地方发展的需要。所以，本文在一些问题的分析上考虑了整个贵州的历史发展脉络，甚至整个清代、民国的时代背景。

① 赵世瑜. 小历史与大历史——区域社会史的理念、方法与实践[M]. 北京：三联书店，2010：27.

研究编

第一章 贵定县碑刻述要

贵定建城最早见于宋朝，曰麦新，后改新添。“宋为麦新地。嘉泰初，土官宋永高克服，以其子宋胜守之，乃改麦新为新添。”①时至元朝，置新添葛蛮安抚司，隶湖广行省，后改隶云南行省。②由此来看，贵定县在元时建置沿革变动较大。至明朝初年，亦有变化。“洪武四年，置新添长官司。二十二年，增置新添千户所，属贵州卫。二十三年，升为卫，领新添、丹行、丹平三长官司，为新添军民指挥使司。又以龙里卫所领小平伐、把平二长官司，来属贵州都司。”③洪武初期至万历前期，贵定县沿革无太大变化，直至万历三十六（1608）年，贵定建县，遂形成卫、县并行的二元行政区划。“三十六年秋七月乙酉，设贵定县。隶贵阳府，从抚按郭子章、冯奕垣，请改大平伐、小平伐、的贡、把平四长官司为县，县治设于的贡司。”④“的贡”为当时平伐长官司，庭氏，县治即是今贵定旧治。民国时的《贵定县志稿》对贵定建县的记载较为详细：“万历三十六年，析新贵县之故，平伐司及定番州地置贵定县，属贵阳府，贵定之名昉此，县城建于旧治。”⑤这里所说旧治即“的贡”。卫、县并存的格局直到清康熙二十六年（1687）才告结束，“二十六年，罢新添卫并其地于贵定县，徙贵定县治新添卫城”。⑥“领新添、平伐、大平伐、小平伐四长官司。”⑦康熙年间，经过撤卫并县的行政区划变革，贵定才真正成为一个单一的行政区。从贵定县发展的历史看，新添一名一直沿用至今，历史久远。至万历后期，于平伐司地置贵定县，该区域遂形成卫、县并行的状态，直至康熙二十六年（1687）才归于整合。卫所的裁并，“促使了军事卫所面向地方府、州、县的行政合流，影响了清代贵州行政区划的改制与重建”⑧。同时，“原卫所机构及职能也予以裁革，屯官田地与军舍丁也并入地方行政系统之中，其赋税也由州县或府来负责完成”⑨。行政区划的改制，使贵定县所辖范围空间扩大，也扩大了碑刻的空间分布。区域社会内各种力量群体的互动、博弈是碑刻产生的原动力。虽然裁卫并县后，名义上地方事务由州县或府管理，但贵定则不然，清代的贵定行政管理机制较复杂，州县、土司长期并存杂糅，直至民国初年，此种格局奠定了大量碑刻产生的基础。

---

①（明）沈庠修，赵瓒纂.（弘治）贵州图经新志·卷十一[M]. 成都：巴蜀书社，2006：123.
②（明）沈庠修，赵瓒纂.（弘治）贵州图经新志·卷十一[M]. 成都：巴蜀书社，2006：123.
③（明）沈庠修，赵瓒纂.（弘治）贵州图经新志·卷十一[M]. 成都：巴蜀书社，2006：123.
④（明）郭子章.（万历）黔记·卷二[M]. 成都：巴蜀书社，2006：41.
⑤（民国）贵定县采访处纂.（民国）贵定县志稿[M]. 成都：巴蜀书社，2006：6.
⑥（清）周作楫修，萧琯等纂.（道光）贵阳府志·卷四[M]. 成都：巴蜀书社，2006：80.
⑦（民国）贵定县采访处纂.（民国）贵定县志稿[M]. 成都：巴蜀书社，2006：6.
⑧ 施剑. 清前期贵州卫所之裁撤及其屯田处置[J]. 历史档案，2014（2）.
⑨ 董学林. 清前期云贵卫所变革研究[D]. 昆明：云南大学，2016：90.

一、贵定碑刻产生的地理环境与人文环境

贵定碑刻的分布格局大体为“南多北少，中部可观”。碑刻往往散落在乡村社会中，与乡人的生活息息相关，如一些石拱桥头、渡口、沧桑古道旁。经对贵定碑刻的调查，发现地理原因和人文因素对碑刻的产生、保存情况起着重要作用。

1. 地理环境概述

贵定县位于云贵高原东部，黔中山原中部，地处苗岭北段，隶属于黔南布依族苗族自治州；呈南北走向狭长状，东与麻江县接壤，东南毗连都匀市，南至平塘县，西南紧接惠水县，西部、西北部与龙里县毗邻，北与开阳县隔清水江而望，东北与福泉市仙桥相连。全县平均海拔 1000～1300 米，南北两端低，境内谷岭相间，群峰林立。县内地貌类型复杂，山地多，坝地少，“东北部以黄龙山、云龙山、斗蓬山为主的台状中高山脉，海拔 1400 米以上；西南部以顶耳山、云雾山一线为主的脊状中山与东北部相对，平均海拔 1300 米，中部为凹地及河谷冲积坝地，北部为低山丘陵地带”①。复杂的地理环境对境内各民族生产生活产生了重要影响，制约着人们的各种活动。

贵定境内河网密布，河道稠集。因其地形高低起伏，河流分岭频繁，形成诸多大小溪流、河道，纵横交错，分分合合，全县境内大小河流有 144 条之多②，主要河流有长江流域乌江水系的独木河、石板河、五道河、王寨河、白水河、瓦窑河、罗雍河、仙山河、阿水河、新安大河、龙尾田河、马场河、红岩小河、西门河、岩田河、七板河、秤砣岩小河、巴江河，沅水水系的马尾河、龙田河，珠江流域红水河水系的了迷河、翁气冲小河、老密水、剪刀河、甜菜河、拉东河、麻冲河、打锡河等。③特殊的地理环境，古时域内的民众为互通有无而遇水搭桥，从而为贵定留下了一大批桥文化遗产。

贵定县交通发达，古时便是交通要道，明清时期驿道横贯、纵穿境内。东西向有贵州至湖南驿道，“由贵州经龙里、新添（今贵定）、平越（今福泉）、清平（今凯里炉山）、兴隆（今黄平）、镇远、平溪（今玉屏），东出湖南”④。县内通往其他府县干道有新添站经定番州达安顺，“该线自新添站（今贵定）经贵定县城（今贵定旧治）、定番州、广顺州达安顺，为贵定南北主要道路”⑤。向南有贵州通往广西的干道，“元明清三代，与黔湘驿道共同使用贵阳至平越间龙里、新添、平越三驿。由平越往南，通独山州、荔波县而达广西庆远府（今宜山）”⑥。清代前期，“将贵阳至广西驿道的新添驿，绕清水铺、麻哈州之都匀府属文德铺一段，改道自新添驿起”⑦。除以上干道外，贵定境内还有多条县道，这些驿道多连接乡镇村舍，对区域内民族间的交往、互动起着关键作用。县内驿道支线主要

---

① 贵州省贵定县志编纂委员会. 贵定县志[M]. 贵阳：贵州人民出版社，1995：1.
② 贵州省贵定县志编纂委员会. 贵定县志[M]. 贵阳：贵州人民出版社，1995：138.
③ 贵州省贵定县志编纂委员会. 贵定县志[M]. 贵阳：贵州人民出版社，1995：138-144.
④ 贵州省地方志编纂委员会. 贵州省志・交通志[M]. 贵阳：贵州人民出版社，1991：3.
⑤ 贵州省贵定县志编纂委员会. 贵定县志[M]. 贵阳：贵州人民出版社，1995：566.
⑥ 贵州省地方志编纂委员会. 贵州省志・交通志[M]. 贵阳：贵州人民出版社，1991：6.
⑦ 黔南布依族苗族自治州史志编纂委员会. 黔南布依族苗族自治州志・交通志[M]. 贵阳：贵州人民出版社，1993：52.

有"由县城往北，经五洞桥、绿豆坪、沙坝、柏杨坪、至新添司；由县城往南经鸡窝、上马司入定番州境；由大坪司（今抱管）经老熊冲、窑上入都匀境；由小场（今昌明）起经新安、岩下、红岩关入麻江境；由大平司起过兰蛇关经平伐司入龙里；由巴香（新巴）经水尾（龙里境）入瓮安境；由县城往北经新铺四寨入平越境；由县城往北经德新牛屎寨、光明甲多等地入平越仙桥"①。这种交通条件，为区域内各民族的互动、交流提供了便利，也为形形色色的碑刻的产生创造了可能。

2. 人文环境概况

碑刻是区域内人们互动的产物，与人们的生产生活紧密相连。贵定境内生活着众多民族，主要以布依族、苗族、汉族为主。境内布依族大多数居住在河流纵横的平坝或谷地，也有少部分居住在高山地带，主要分布在谷撒、新巴、石板、抱管、黄土、和平、猴场堡、虎场、打铁、沿山等地区，且多分布在驿道沿线上。贵定县苗族多与布依族、汉族等民族杂居，支系较多，"其中居住在新场区及城关区定东乡等，县城东北面穿刺绣蜡画衣裙的苗族，及居住在云雾区的仰望乡、江比乡的把关，昌明区的凌武、偏左，沿山区的杨柳、岩脚等，县城西南面穿戴有海贝壳背牌的苗族人口较多"②。亦主要分布在交通沿线上。苗族聚居区盛产茶叶，如云雾茶，在古时即为上贡给帝王享用的皇家贡茶。汉族多分布在经济较发达的城镇，也有少部分与布依族、苗族杂处。此地汉族多为明清两代迁入，至清代末年，"从戎、经商、迁徙、流放、避难、逃荒到贵定境内定居的汉族，有宋、庭、姚、史、邱、王、汪、方、冯、刘、乐、冉、安、任、项、陈、吴、余、李、赵、宣、胡、周、杨、郑、何、佘、林、陶等四十余姓"③。汉人的迁入，对贵定经济的发展、文化的建设、民族的融合等产生了重要影响。明清时期，贵定地区卫学、县学、书院、义学不断兴起。尤其清代重视对少数民族的教育，在文化人才培养上起到了积极作用，为地方精英的产生提供了条件。

贵定是一个多元宗教并存的地区，主要有佛教、道教、少数民族传统信仰等。明清时期，"佛教在贵定境内广为流布，信仰广泛，且佛寺庵堂遍布城镇与乡野。而道教信仰在贵定境内亦是较为重要的宗教形态，但此种宗教信仰更多的是泛化在诸种民间信仰之中"④。贵定布依族"多信仰多神，崇拜祖先及天地。家庭设神龛供祖，灶房设灶王府君位，……山丫口和寨脚设土地庙供奉天地神和庙神。另外崇拜石神、树神等"⑤。贵定苗族也信仰多神，设祖先神位、土地神、门神、甚至树神、岩神等神位。多元的宗教信仰，对区域内各民族产生了巨大影响。

二、碑刻遗存现状

经过田野调查，现已收集贵定县碑刻124通，类型较庞杂，涉及社会诸多方面。各碑刻遗存情

① 贵州省贵定县志编纂委员会. 贵定县志[M]. 贵阳：贵州人民出版社，1995：566-567.
② 贵定民族事务委员会，贵定史志办公室. 贵定民族志[M]. 都匀：贵州煤田地质局地测大队印刷厂，1992：45.
③ 贵州省贵定县志编纂委员会. 贵定县志[M]. 贵阳：贵州人民出版社，1995：941.
④ 周永健. 论贵州贵定县宗教文化格局及其特征——以祠宇寺观为中心的考察[J]. 青海民族大学学报（社会科学版），2017（01）.
⑤ 贵州省贵定县志编纂委员会. 贵定县志[M]. 贵阳：贵州人民出版社，1995：917.

况不尽相同。许多碑刻碑体整体性较完整，但部分碑刻保存情况不容乐观；又因碑刻所处位置各异，风化程度轻重不一。在调查过程中，发现部分碑刻有人为或自然的移动痕迹。因碑刻类型较庞杂，涉及范围广，遂立碑位置亦不同。碑体的完整性和碑刻风化程度决定碑文的完整性，而碑文又是解读历史、理解历史的关键；碑刻移动情况与其立碑位置是研究碑刻背后文化意蕴的重要参考。

1. 碑体保存情况

贵定碑刻目前发现的立碑时间最早为明隆庆二年（1568，据碑文及相关家谱推测）阳宝山地界碑，最晚至民国35年（1946），时间跨度较大。其中又以清代至民国时期的碑刻为盛。碑体保存情况各不相同。在此，笔者主要介绍残泐的碑体情况。

从碑刻现存情况看，碑体破坏最严重的当属宝山街道办事处定东农庄村大新寨清道光四年（1824）所立的《夫马定章碑》，在2014年以前，此碑除碑阳有风化外（见图1-1），碑体基本保存完好，但现今此碑已严重残泐。据访问，此碑原有两米多高，现只遗留下小部分（图1-2）。因大新寨海拔较高，自然因素对碑体的破坏较大，又加上人为的破坏，此碑现已面目全非。此碑碑文未能收录，是一缺憾，所幸遗留部分文字与他处《夫马定章碑》碑文基本相同，才得以辑录。

图1-1　农庄村大新寨《夫马定章碑》（破坏前）

图1-2　农庄村大新寨《夫马定章碑》（破坏后）

对碑刻的破坏以人为因素为主，如德新镇喇哑村中寨《利济碑》（图1-3），此碑位于中寨水井处，现已被用作修井砌石。碑体下半部分已亡佚。此碑原立于水井边上，后因修建水井，遂把此碑用作石料。这说明当地对碑刻的重视度不高。又因人们长年在碑阳上濯洗衣物，碑文遂慢慢消失，其立碑时间难以考证。又如德新镇新明村菜苗寨《地界纠纷碑》，破坏较为严重，碑额部分已亡佚，左碑侧上部分亦残缺，立碑时间遂不详，碑体现由三部分组成。碑额部分残泐的还有盘江镇红旗村上落海《水渠碑》（图1-4），此碑碑额已残泐，不能恢复，故立碑时间不能确定。还有因政策原因而导致碑刻遭到破坏的，20世纪60年代，“破旧立新”导致诸多碑刻大量消失。在盘江镇长江村甲苏堡后山望城庙中，一通《建庙功德碑》（图1-5），已断裂为三部分，碑额部分已亡佚。

又如德新镇《重刻康神祠碑》(图 1-6),碑体有裂痕,后经修复得以重现全貌。以上两通碑刻均系"破旧立新"时期的见证。昌明镇良田村栗寨丫口处原立有四通《丁粮碑》,也因历史原因,几乎被破坏殆尽,现仅留下一通,存于贵定县城隍庙中。此种情况在沿山镇石板村河背寨亦有。大清咸丰乙卯年(1855)碑记,碑刻于"破旧立新"时遭毁,幸赖此寨有识之士罗郁富[①]老人对碑文做了抄录,碑文才得以流传。

贵定县各乡镇碑刻原本较为丰富,这是笔者在调查过程中,通过访问总结认识到的。

图 1-3　德新镇喇哑村中寨《利济碑》

图 1-4　盘江镇红旗村上落海《水渠碑》

图 1-5　盘江镇长江村甲苏堡望城庙《功德碑》

① 罗郁富,男,布依族,82 岁,沿山镇石板寨河背寨人氏,为此族族长,儿时念过私塾。

图 1-6　德新镇高坎子《重刻康神祠碑》

碑刻在遭到毁坏后，一些碑刻碑体残缺，不能完整修复，但一些残泐的碑刻因抢救及时，可以恢复到毁坏前的形貌。在贵定阳宝山上，始立于清嘉庆九年（1804）的《重修阳宝山莲花寺碑》（图 1-7），高三米有余，因历史原因遭到严重破坏，虽经贵定文物管理所抢修，也只余其基本轮廓，碑体大部分残缺不齐。沿山镇星溪村高寨始立于民国 35 年（1946）的《龙泉碑》（图 1-8），同前碑一样，残缺不全。在德新镇丰收村牛屎寨中，竖立着两通高大的碑刻，是为《夫马定章碑》，前因人为破坏，虽得修复完整，但碑阳上还是留下了几道裂痕。此种情况又如云雾镇大塘村始立于清光绪十五年（1889）的《顺天桥碑》（图 1-9），此碑断为两部分，经拼接后始得完整。

图 1-7　阳宝山莲花寺遗址《重修阳宝山莲花寺碑》

图 1-8　沿山镇星溪村高寨《龙泉碑》

图 1-9　云雾镇大塘村《顺天桥碑》

一些碑刻因现代化建设而失去了碑刻的整体性。有时，修路时施工者缺少文物保护意识或文化水平有限，导致碑刻整体性丢失。在昌明镇白马村坤主王大寨的《永远严禁派夫碑》，因修路时没能及时对碑采取保护措施，碑阳为水泥覆盖，致使碑文难以识别，这对研究清代贵定“夫马问题”无疑是一损失。又如云雾镇抱管村抱管寨始立于清光绪八年（1882）的《永垂不朽碑》（图 1-10），修水沟时不慎把碑脚覆盖，致使碑文不能全部释读，实属可惜。原洛北河乡，在修建洛北河中学时，《万善同缘碑》（图 1-11）不慎被破坏，被埋于土中。笔者经访问得知碑刻所在位置，又经乡人帮助，才使此碑得以重见天日。此碑虽重新出土，但其碑脚已亡佚，碑文遂不全。

图 1-10　云雾镇抱管寨《永垂不朽碑》

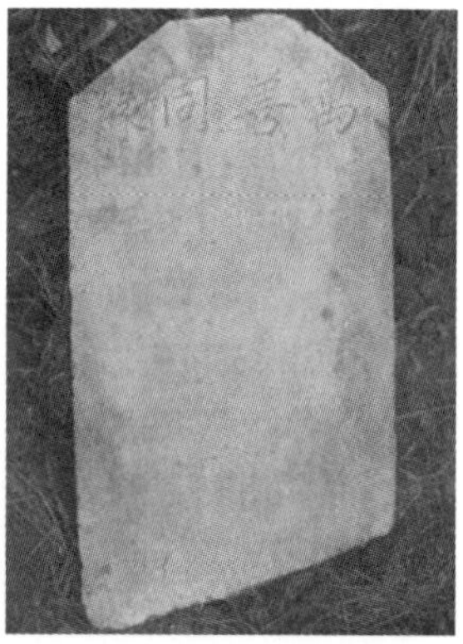

图 1-11　盘江镇木老寨《万善同缘碑》

本书收录的碑刻中，部分碑刻因时间残泐，具体年代不得而知。位于贵定县阳宝山后山的《阳宝山地界碑》（图 1-12），二十世纪五六十年代云南“辗家人”在此居住，修建屋基时，不慎将此碑用作基石，引致左碑侧上部分缺失，立碑时间遂不详。但据碑文内容结合地方史志、家谱等考证，其时间基本能确定。在昌明镇摆耳村摆耳寨土地庙旁，原立有两通碑刻，寨中之人修建房屋时未能保护，以致一通损毁，一通碑额残泐，且碑阳部分有风化现象（图 1-13）。贵定县盘江镇音寨村麦董寨的《罗氏田土契约碑》（图 1-14），碑额已残泐，立碑时间缺失。经访问，得知此碑此前用作铺路石，后才重立于罗氏祠堂前。

图 1-12　贵定《阳宝山地界碑》

图 1-13　昌明镇摆耳村《社会治安碑》

图 1-14　盘江镇麦董寨《罗氏田土契约碑》

2. 碑刻风化情况

碑刻的风化程度对碑文的整体把握至关重要，风化程度又多受碑刻材质、所处位置以及碑刻年限等因素的影响。清代贵定县碑刻风化程度总体上不明显，多由碑刻石质、所处位置造成。在调查到的碑刻中，大部分碑刻石质选用了较耐风化的青石或白棉石，但亦有部分碑刻选择了石质较差的砂石制作。石质材料的好坏“直接影响碑刻的书写效果，特别要影响铭文的保存时间”[①]。在制碑的过程中有一道工序叫打磨，即把碑阳打磨光滑，然后镌刻铭文。在新巴镇乐邦村毛栗寨寨中大树下有一通立于清道光二十九年（1849）的《告示碑》（图 1-15），碑阳较为粗糙，凹凸不平，这是因为其未经打磨便直接刊刻文字，风化较为严重，大部分文字难以辨别。贵定碑刻中碑阳未经磨制的情况不多，目前发现的仅此一通。

① 毛远明. 碑刻文献学通论[M]. 北京：中华书局，2010：32.

图 1-15　新巴镇毛栗寨《告示碑》

位于盘江镇马场河村红岩组寿星桥桥头竖立着两通碑，其中《万佛□□碑》（图 1-16）为砂石质地，加之无遮挡，故风化严重，大部分文字已剥落，难以识别。碑阳大面积脱落的还有位于沿山镇新龙村冗山桥桥头的乾隆三十二年（1767）的《冗山桥记》，此碑虽为青石质地，但因碑所处位置高，四周空旷，风化非常严重，碑阳大部分已脱落，字迹难于识读。又如昌明镇良田村栗寨立于仁寿桥北岸路坎下的碑记，其中道光五年（1825）的《芳名□□碑》（图 1-17）、咸丰四年（1854）的《仁寿桥碑》（图 1-18）为砂石质，时间较久远，风化极为严重，碑阳部分已有脱落。《芳名□□碑》左部分原刻有众姓捐资情况，但因碑质问题，碑阳大部分风化，遂不能辨认，实属遗憾。云雾镇乌王村排上寨寨口古树下土地庙旁立着一通道光十五年（1835）的告示碑《永垂万古碑》（图 1-19），因立于寨口，为砂石质且无遮挡物，故碑阳大面积风化，大部分文字难以识别。

图 1-16　盘江镇马场河村红岩组寿星桥《万佛□□碑》

图 1-17　昌明镇良田村栗寨仁寿桥《芳名□□碑》

图 1-18　昌明镇良田村栗寨《仁寿桥碑》

图 1-19　云雾镇排上寨《永垂万古碑》

沿山镇石板村工固牌坊下咸丰四年（1854）《□芳磴记碑》（图 1-20）。此碑被人为破坏，现已倒在工固牌坊下。碑现已残泐为两部分，且碑阳风化严重，大部分字迹难以识别。位于云雾镇平伐村莫下寨莫下河下游康熙二十五年（1686）的《永兴桥碑》（图 1-21），立于永兴桥头处，因其所处位置易受风雨的侵蚀，所以风化较严重。

图 1-20　沿山镇石板村工固《□芳磴记碑》

图 1-21　云雾镇平伐村莫下寨《永兴桥碑》

贵定境内河流众多，建桥修路遂成为当地要事，与之相关的记事功德碑便逐渐增多，但有些碑风化也较为严重，如云雾镇窑上大塘村了迷河顺天桥《须凭心地碑》（图 1-22）、《节孝善果碑》（图 1-23），均为砂石质地，碑阳大部分风化，字迹较难识别。

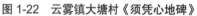

图 1-22　云雾镇大塘村《须凭心地碑》

图 1-23　云雾镇大塘村《节孝善果碑》

在布依族聚居区，记载布依族风水观的碑刻较多，其中也不乏被风化的，如立于昌明镇贾戎村篮球场旁的民国 10 年（1921）《四围皆通碑》（图 1-24），青石质地，碑体保存较完好，碑阳部分有风化现象，碑文需经仔细阅读才能识别。又如位于昌明镇古城村风雨亭水井旁民国 13 年（1924）的《众议碑》，现碑阳部分有风化，又因保护不当，造成碑阳附有水泥，部分字迹难以识别。又如位于昌明镇旧治古城村旧治小学内的两通碑刻，一通现已被砌于墙上（图 1-25），且碑阳风化严重，碑文难以辨别，一通为光绪五年（1879）《丁粮告示碑》（图 1-26），位于旧治小学大门处，因处于风口处，现碑阳风化较严重，幸得《贵定文物志》[①]收录，碑文才得以流传。这样的情况在德新镇丰收村牛屎寨亦能见到，位于寨中的乾隆五十七年（1792）的《永远革除碑》（图 1-27），因石材为砂石质地，风化现象较为严重，碑文剥蚀严重，所幸《贵定文物志》对此碑文做了收录，碑文遂得以保存。

图 1-24　昌明镇贾戎村《四围皆通碑》

图 1-25　昌明镇古城村《丁粮定章碑》

① 姚忠. 贵定文物志 · 第一辑[C]. 益阳：湖南省益阳人民印刷厂，1983.

图 1-26　昌明镇古城村《丁粮告示碑》

图 1-27　德新镇牛屎寨《永远革除碑》

碑刻的风化多系自然原因造成，但风化情况亦受人为因素间接影响。自然原因往往包括碑刻所在地理位置、环境情况、气候变化等，人为因素主要是立碑者对石材的选用，石质好则碑阳不易风化，反之则易风化；其次为立碑位置的选择，位置较封闭，不易为风雨侵蚀，风化速度则慢，反之则快。

3. 碑刻移动情况

碑刻作为一种文字记录的载体，其最大的优点即保存时间长，但它易受人为或自然因素破坏，这种脆弱性亦制约着碑文的保存。碑刻的移动对碑体而言会造成破坏。现存贵定碑刻中，部分碑刻位置发生了变动，且对碑刻造成了不同程度的影响。以下对移动情况较为突出的碑刻加以说明。

碑体移动造成碑文的缺失。位于沿山镇星溪村上落海《水渠碑》，原立于寨中古树之下，因古木枯萎，村民为防止碑体损毁，遂移立至寨口，移动过程中碑额不慎残损亡佚，碑刻的完整性便丢失，部分碑文因此残缺。又有因公共设施建设而移动的，位于盘江镇长江村木老寨的道光二十一年（1841）《万善同缘碑》，即由于移动造成碑脚亡佚，使得碑文不完整，现此碑平放于洛北河乡往贵定县城的古驿道旁。此外，还有位于沿山镇新龙村冗山大桥的两通民国乙卯年（1915）《修冗山桥碑》，两碑原立于摆龙河北岸冗山桥头处，因修建摆龙河大坝，碑记被用作过河石板，部分文字现已被水泥覆盖，惋惜之至！又如沿山镇石板村工固牌坊下咸丰四年（1854）《□芳磴记碑》，此碑在移动过程中出现损毁，碑额与碑体已断开，现平放于牌坊下。还有沿山镇石板村河背寨民国 18 年（1929）《威远营碑》，原立于河背后山威远营上，因“破四旧”运动被推倒，所幸碑体保存完好，后又因当地民众对碑刻的保护意识淡薄，此碑被当作土地庙砌石，且碑阳朝内，使碑文难以抄录。

以上碑刻移动的情况对碑刻、碑文造成了不同程度的破坏。但人为的移动有时亦是为了对碑刻进行保护。贵定县少数民族聚居区内保存着大量碑刻，少数民族在碑刻的保护中起着关键作用。如盘江镇兴隆村卡榜布依族村寨民国辛酉年（1921）《福星桥碑》，原立于福星桥上，因新农村建设需对桥进行维修，人们遂移其至其寨口路屋基处。还有因保护先人遗迹而移动的，位于沿山镇布依族村寨石板村平寨道光年间的罗氏家族《马海塘碑》，此碑记载了当地罗氏先祖之事迹，族人为防止碑被激流卷走，遂把碑移至平寨大桥路坎下，从而保证了碑刻的安全与完整。位于昌明镇苗族村寨摆耳村谷纪关的道光七年（1827）《夫马定章碑》、光绪年间《丁粮定章碑》，原立于寨中，寨中族人深知碑记的重要性，恐遭破坏，遂于“破四旧”时把碑刻埋于地下，故此碑得以保存至今。《夫马定章碑》现立于此寨三岔路口，《丁粮定章碑》立于土地庙旁。云雾镇苗族聚居区鸟王村关口寨的乾隆五十五年（1790）《万古留名碑》，原立于其寨口古树下，因碑刻记载当地苗族先民贡茶一事，当地村民较为重视，为避免碑刻为过往的牛马碰坏，村民便把碑迁至寨中，现立于关口贡茶亭内。在盘江镇清江村太平寨的光绪三十二年（1906）《护林碑》，原立于寨中，此碑记载当地张氏祖上历史，族中有识之士对其较重视，使其在“破四旧”运动中幸免于难，此碑现立于太平寨路口处。位于昌明镇猛安村猛壤寨的民国6年（1917）《守先待后碑》，原立于陈氏祠堂内，后因乡村旅游建设，陈氏祠堂被拆建，此碑因陈氏族人的重视，才得以保存。同样为布依族聚居区的云雾镇抱管村抱管寨的民国35年（1946）《罗氏祠堂碑》，原立于罗氏祠堂内，祠堂后被改为学校、球场，此碑便被移至其寨水井处。清末民初，贵定县境内赋税政策出现了种种问题，官民互动较为异常，遂产生了诸多丁粮赋税碑记，但保存情况并不乐观。在昌明镇良田村栗寨丫口处原立四通光绪二十四年（1898）《丁粮章程碑》，不幸于“破四旧”运动中毁损三通，仅存一通，现已被移至贵定县城隍庙内。在德新镇高枧平村萝卜寨的民国5年（1916）《沾恩无暨碑》，原立于其寨一棵古树下，因古树枯槁，当地村民为防止碑刻为枯树砸毁，遂移立于其寨路坎下，使碑刻得以保存。

本书搜集的碑刻中，移动的情况多系人为，亦有自然因素，居少数。人为对碑刻的移动又有破坏与保护之别：有因历史因素造成的在移动中的破坏，或因移动过程中的不慎导致的碑文缺失；而移动中的保护，多系碑文涉及当地重要历史事件，或因碑刻提及地方族人先祖之事迹，为使当地史事得以流传或族人遗迹得以保存，区域民众极其重视，或掩埋或迁移，碑刻才得以流传于世。

4. 碑刻所处位置

古人立碑，多有讲究，深受风水观念的影响。特别在墓碑的刻立上，他们相信墓地的选择和墓碑的朝向，影响后世子孙的发展，即“强调人与自然的和谐，其实质是追求理想的生存与发展环境。”①诚然，理想的生存状态和良好的发展环境又何尝不是人们所追求的呢！在记事碑立碑地点的选择上，讲究则没墓碑那么多。记事碑以广大民众为主体，刻录了广大民众的共同夙愿。于是，在立碑位置的选择上，更偏向大众，以便于人们熟知碑文内容。家族类碑刻承载的是一个家族的文化信仰与寻求家族兴旺发达的渴望，其受众较记事碑要窄，多局限于家族内部，也更讲究。

不同类型的碑刻立碑位置略有不同。一些碑刻是因特殊的地理环境而产生，如功德记事碑。贵定境内河流众多，古时又为贵州乃至西南地区的重要交通枢纽，特殊的地理环境和区域因素影响着区域内广大民众的生产生活，人们遂形成了遇河搭桥、逢山开路的生活方式。本书所收录的碑刻中此类碑刻较为丰富，立碑地点一般不会离与之相关的建筑过远。如位于云雾镇大塘村的光绪十五年

---

① 刘沛林. 风水——中国人的环境观[M]. 上海：上海三联书店，2005：内容提要.

（1889）修的顺天桥，此桥规模宏大，捐资民众来源广泛，其碑记位于桥头两岸与驿道衔接处，距桥不过 50 米。又如昌明镇良田村栗寨的道光五年（1825）始修的仁寿桥，其碑记立于桥头古驿道下。在沿山镇新龙村有一古桥名叫冗山大桥，为乾隆三十二年（1767）由平伐长官司庭绍统承建，涉及村寨众多，碑记立于桥头驿道旁。也有把碑立于桥体之上的情况，位于龙里县与贵定县盘江镇接壤的三元镇渔洞村渔洞寨的永兴桥碑，直立于桥上。又如联通云雾走岗坪经掌布至独山达广西古驿道上的永兴桥，此碑记立于桥头处。又有因地势崎岖把碑立于崖脚处的，如原洛北河乡通往马场河乡驿道上道光十七年（1837）建的代明桥，因桥所处位置较为险峻，碑遂立于桥头崖脚处。

贵定境内河网密布，其中也不乏因地势陡峭建桥困难的情况，便只能通过渡口实现两岸互通。德新镇宝山村落尾掌，临独木河，两岸地势险峻，两地互通得通过渡船，其渡口处的道光二十年（1840）《永垂不朽碑》，记载当地百姓募资修船、建渡口、渡人及买田土供渡夫生息等事，此渡口为当时贵定北地、南地之间互相交通的重要枢纽，北可达省城贵阳，南可至粤西等地。

又因文化信仰的影响，立碑位置的选择也有讲究。立碑地多伴有土地庙，如云雾镇鸟王村排上寨的苗族道光十五年（1835）《永垂万古碑》，位于排上寨口古树下土地庙旁；昌明镇摆耳村摆耳寨的苗族道光十八年（1838）《告示碑》，位于其寨口土地庙前；盘江镇音寨的布依族光绪十六年（1890）《德全磴碑》，立于其寨古树土地庙下；云雾镇抱管村田坝寨的布依族光绪三十年（1904）《禁止赌博碑》，立于此寨土地庙旁。除此外，还有盘江镇白龙村杨家寨的《永垂不朽碑》《唯一□□碑》，德新镇蓝家寨的道光年间《太平桥碑》，德新镇宝山村上岩组的苗族嘉庆八年（1803）、光绪壬寅年（1902）《修土地庙碑》，德新镇光明村小光比对门山腰上的道光十九年（1839）《福德桥碑》，德新镇宝山村石牛寨的苗族、汉族嘉庆八年（1803）《永垂万古碑》，盘江镇长江村岸城寨乾隆、嘉庆、光绪年间的四通《告示碑》，昌明镇摆耳村谷纪寨的苗族光绪年间《丁粮定章碑》，昌明镇秀河村龙塘湾布依族的民国 7 年（1918）《护林碑》等，以上碑刻均位于土地庙旁，土地庙一般多在古树之下。

有一类碑刻与人们生产生活息息相关，即水井碑或井规碑。此类碑刻一般立于水井旁或不远处，此类碑刻内容，简单的不过几十字，如新巴镇新华村花京小寨的布依族嘉庆十三年（1808）碑记，碑文仅 29 个字；复杂的主要记载修井原因、用水规约、捐资情况等内容，如云雾镇抱管村抱管寨的布依族道光二十四年（1844）《龙井碑》，不仅记载修井缘由，且有规约条例、捐资等事。

还有一些碑刻通常立于村寨口、路边或寨中，即官府文告碑、乡规民约碑、社会治安碑等。如德新牛屎寨的苗族道光十三年（1833）《夫马定章碑》，为官府告示碑，立于寨中。又如新巴镇谷兵村甘塘的布依族道光三十年（1850）《乡规碑》，此为约束当地民众行为的乡规民约碑，立于甘塘村寨口古树下。在新巴镇乐邦村毛栗寨寨中路边，道光二十九年（1849）的社会治安碑记记载了当地地方治安等事。

一些记载家族活动、家族历史的碑记，通常立于家族祠堂内或祠堂前，也有立于家族墓地的情况。如云雾镇燕子岩村令寨的布依族罗氏宗族光绪四年（1878）碑记，立于其始祖墓地旁，碑所在地点为罗氏宗族每年清明祭祀祖先的场所。位于盘江镇兴隆村大烂冲的嘉庆十六年（1811）所建邱氏祠堂碑，则立于祠堂前。

以上碑刻，因类型不同，立碑地点亦有差别。碑刻所处位置，反映了不同的文化意蕴。在功德记事碑立碑地点的选择上，往往离与之相关的建筑不远，修桥碑记不在桥头即在桥尾，也有在桥上的情况。古人有这样的选择，系碑与桥为一整体。立碑的意义在于过往之人能够知碑知桥，众人善举能传播与弘扬。碑若离桥甚远，立碑则无意义，当然，也不排除有桥无碑的情况。

在贵定布依族、苗族聚居区，多有土地庙，布依族、苗族对土地庙的理解实质基本相同，贵定县“布依族信仰多种，崇拜祖先及天地诸神。……大门左右有‘门神’，山丫口和寨脚设有土庙，信奉‘土地神’和‘庙神’，另外还有‘龙王神’‘石神’‘树神’等。对这些‘神位’，逢年过节，如春节、三月三、六月六等要摆酒肉，烧香纸祭供祈祷、祈求祖宗神灵保佑家人和村寨人畜清洁平安，五谷丰登”①。苗族“信仰土地菩萨极为虔诚，一般在村寨的寨头、桥头和三岔路口都设有土地菩萨。多以自然的石头为替身。土地庙很简陋，木造屋极少，最简单的土地庙仅用三块石枝搭就而成。逢年过节，群众常以酒、肉、鱼、米饭去祭，乞求人畜安宁”②。此外，民众还“祭神设祖先神位，土地神、门神、火坑神、厩神甚至有的百年古树称之神树，奇形怪状的岩壁也称之岩神等”③。诚然，碑刻与土地庙的契合并非偶然，碑刻承载了一个村寨祖先的记忆，立于土地庙旁，试图通过祭祀达到对先人的追思及崇敬，以求祖先庇佑，两者殊途同归。

水井对村舍而言至关重要，它影响着整个村舍的生计，故人们对水井的保护极为重视。水井碑，顾名思义，若无水井便无意义，遂立碑不能远离水井。通过碑铭的形式规范民众的用水行为，以达用水的可持续。有关水井的碑刻，往往立于井边，其行文多为条规禁例。水井碑是为“水资源的管理与分配而专门建立，这类碑刻大多是根据村落社会长期形成的用水惯例而制定，它对调整村落社会秩序、规范村落民众用水行为起到重要作用，它既可以兼顾各方利益，也可得到社会各方的认可”④。水井碑作为一种行文条款，“它对整个村落社会有其独特的功能，对内起着调适个人与个人、个人与集体或之间关系的作用”⑤。

规约碑、告示碑等多立于村寨寨口、寨中等地点。地点的选择往往由碑刻性质而决定，规约碑往往与村舍秩序息息相关，是管理村舍民众行为的重要措施，告示碑涉及面较广，小至个人，大至区域社会，其内容包括利益矛盾、地方治安、民族关系等。寨口与寨中是一个村落人流量最大的地方，规约碑立于这些地点，是希望通过碑铭的方式，起到对内协调邻里、对外抵抗外力的作用；告示碑因其为官府明文，具有国家法律的保障，把告示刊刻于碑上，能够调解相关的矛盾关系，碑刻立于这些地点，便于公之于众，以儆不法之群体。

三、碑刻的时代性与地域性

经过田野调查，现整理出贵定相关碑刻 124 通，其内容涵盖广，分布空间广泛，类型较庞杂，对碑刻时代性与地域性的梳理，有助于把握碑刻的时间格局与空间格局。

贵定碑刻产生年代有明代、清代、民国三个时期，以清代最多，次为民国，后为明代。地域分布上总体为“南多北少，中部可观”的格局，碑刻在地域分布上多位于布依族、苗族聚居区，有的位于驿道沿线上。经整理，现将碑刻分为告示碑、规约碑、功德纪事碑、其他碑四大类。（具体情况见表 1-1。）

① 贵定民族事务委员会，贵定史志办公室. 贵定民族志[M]. 贵定：贵定史志办公室，1992：41.
② 贵州省地方志编纂委员会. 贵州省志·民族志[M]. 贵阳：贵州人民出版社，2002：143.
③ 贵定民族事务委员会，贵定史志办公室. 贵定民族志[M]. 贵定：贵定史志办公室，1992：67.
④ 潘春. 花溪区村寨水井及其碑刻调查研究[D]. 贵阳：贵州民族大学，2010：20.
⑤ 拉德克利夫·布朗. 社会人类学方法[M]. 夏建中，译. 济南：山东人民出版社，1988：2-3.

表 1-1 贵定碑刻简况表

类型	序号	碑名	碑刻主要内容	碑刻所在地点民族聚居情况	碑刻所在地点	立碑时间
告示碑	1	《告示碑》	此碑系地界纠纷告示碑，因阳宝山僧侣集团与其山周边村寨村民地界不明而互控，后经官府查办，划明地界。此碑反映僧侣集团与当地百姓的土地问题矛盾较为尖锐	汉族 苗族 布依族	盘江镇长江村岸城寨，立于其寨土地庙旁	乾隆四十八年（1783）
	2	《万古留芳》	碑文主要记载当地苗民上贡茶叶一事。缘因当地茶树年久枯死，无法上贡定额茶叶，苗民遂告知官府，经官府据实查办，批复“其余所派之茶，准行停止，以免采办之累”。后拨四百二十两于当地用于恢复生产等事	苗族	云雾镇鸟王村关口寨，现立于贡茶碑亭内	乾隆五十五年（1790）
	3	《永远革除》	碑文记载当地苗民控告书差滥派包折，经官府查处属实，后颁布新规，对用夫用马进行明文规定，文末列出派夫派马村寨，实为晓谕众寨人等知悉	苗族	德新镇丰收村牛屎寨，立于其寨中	乾隆五十七年（1792）
	4	《万古留传》	此碑文内容与德新镇牛屎寨《永远革除》碑文大体相同，所载同为一事	汉族 布依族	盘江镇新峯村小山组，立于其寨马路土地旁	乾隆五十九年（1794）
	5	《永垂万古》	碑文记载宋、马二姓因土地产权归属问题产生纠纷，后互相控告，闹至官府，几经周折，终达成协议，双方立碑为据	汉族 苗族	德新镇宝山村石牛寨，立于其山头路旁土地庙内	嘉庆七年（1802）
	6	《执照》	碑文记载僧侣集团庙田佃与他人耕种，而其界与甲苏堡陈姓产业相连，陈姓佃户罗阿章又与僧侣发生土地纠纷，后经官府查办，其地界在乾隆四十八年已为张县主清定，现仍照前处。为防止再有纠纷，特颁布此执照与阳宝山僧侣	汉族 苗族 布依族	盘江镇长江村岸城寨，立于其寨土地庙旁	嘉庆十三年（1808）
	7	《结案碑》	碑文记载地界纠纷的原委，前因陈尔讯强占阳宝山产业，而后僧侣方印控诉，至乾隆四十八年划清地界。至嘉庆时复生纠纷，酿成命案，经官府查办，案件告结	汉族 苗族 布依族	盘江镇长江村岸城寨，立于其寨土地庙旁	嘉庆十三年（1808）
	8	《永远遵碑》	碑文主要记载当地百姓分水灌田之事，因班期日久废弃，以强欺弱、恃富押良，日夜赴沟估霸的现象屡屡发生，宋氏土司遂严刑禁止，列出相关规定及班期、灌田班次	汉族 布依族 苗族	贵定县新巴镇与龙里县洗马镇交界处台上村司头寨，立于水利沟旁	嘉庆十七年（1812）
	9	《万古留芳》	碑文主要记载苗民雷阿豆控告大平伐营生生员郑士品、兵民陈宗华越界砍伐苗民山林之事，经官府处理后，告诫官兵不得欺压苗民	苗族	原立于云雾镇鸟王村关口寨，现立于贡茶碑亭内	嘉庆十八年（1813）

续表

类型	序号	碑名	碑刻主要内容	碑刻所在地点民族聚居情况	碑刻所在地点	立碑时间
告示碑	10	《夫马定章》	碑文主要记载两件事由：一为云贵总督富纲颁布的关于各驿站派夫派马之规定，并革除一些派夫索马之弊病等事；一为道光年间按察使司景处理关于丁士雄等串同大坪土司宋承鼎勒索、私刑拷押苗民案件的处理告示	苗族 布依族	云雾镇燕子岩村把关大寨，立于其寨公路旁	道光四年（1824）
	11	《永远不朽》	碑文主要记载丁姓与四寨苗人罗、蓝等姓因田土产生纠纷而互控，此事经官府办理，彼此达成妥协	苗族	德新镇四寨村大坤主，立于其寨公路近百米地埂处	道光七年（1827）
	12	《夫马定章》	碑文为嘉庆四年云贵总督富纲颁布的革除夫马弊病之告示，告示与牛屎寨、把关、麦董、大新寨等禁派夫索马碑文大体相同。碑末附有各官员对当时贵定县存在的夫马问题的批示，主要涉及当时县役串同土司苛诈苗民等情况。缘因县役滥派夫马，勒折钱粮，致使苗民苦累	苗族	昌明镇摆耳村谷纪寨，立于其寨后山三岔路口	道光七年（1827）
	13	《夫马定章》	碑文主要记载两件事由：一为云贵总督富纲颁布的关于各驿站派夫派马之规定，并革除一些派夫索马之弊病等事；一为道光年间按察使司景处理关于丁士雄等串同大坪土司宋承鼎勒索、私刑拷押苗民案件的告示	苗族	德新镇丰收村牛屎寨，立于其寨中	道光十三年（1833）
	14	《永垂万古》	碑文主要记载当地土司与地方官串通磕害[①]地方，迫使苗民生活不堪重负之事。土司与地方官串通主要表现在土弁、土役与地方恶棍勾结，诬控苗民，从行文看，所取之利为苗民纳征与钱赋，又以“莫须有”之罪名迫使苗民屈服。后苗民告至官府，官府革除种种弊端，遂颁布告示，广而告之	苗族	云雾镇乌王村排上寨，立于寨口大树下土地庙	道光十五年（1835）
	15	《永远□□》	碑文主要反映当地当时治安问题，当时地方极不安定，时有地方地棍、盗匪磕害百姓，甚为猖獗，对地方百姓生产生活造成极大的影响。恶棍亦有寨中之人，内外勾结，遥相呼应，祸害地方。基于此种流弊，县主俞明察暗访，出示相关告示，以约甲、乡长为纽带，共同治理地方，维护地方的秩序稳定	苗族	昌明镇摆耳村摆耳寨，立于其下寨土地庙前	道光十八年（1838）
	16	《永垂不朽》	碑文记载阳宝山之脚庙延寿寺田产被僧众瓜分当卖，几乎殆尽，仅存新庄之田土。为维持田土正常运行，庙僧招佃唐、张等姓氏耕种田土，且每年需交纳一定数量之田花	布依族	德新镇新场村新庄寨中，立于民居墙角处	道光二十五年（1845）

① “磕害”一词是当时当地的书面用语，多用在有关社会治安、社会秩序的行文上。“磕”有“碰撞，碰在硬东西上”的意思。“磕害”在文中指的是不法之人（或黑恶势力）对地方百姓的残害、侵扰，对地方秩序的扰乱，主要指对地方造成的消极、不好的影响，具有贬义色彩。

续表

类型	序号	碑名	碑刻主要内容	碑刻所在地点民族聚居情况	碑刻所在地点	立碑时间
告示碑	17	《社会治安》	碑刻主要反映当地当时的一些盗匪猖獗，强丐横行等治安问题	布依族	新巴镇乐邦村毛栗寨，立于其寨寨中大树下路边	道光二十九年（1849）
	18	《丁粮晓谕》	此碑文为时任贵州巡抚岑毓英颁布的告示，主要记载当时贵州地方在纳征过程中普遍存在官差书役多取浮收的弊病。此碑文在省内多地都有发现，说明当时贵州此问题十分严重。针对种种弊病，令行禁止，另外对纳征做出新规，百姓照此纳粮	汉族 布依族 苗族	昌明镇旧治古城村，立于旧治小学内	光绪五年（1879）
	19	《丁粮定章》	碑文主要记载当地纳粮情况，因当地官差书役有多取浮收的现象，经即补县事新定丁粮章程，对纳粮制度重作调整，一定程度上缓解了阶级矛盾	汉族 布依族	原立于德新镇新场村高坎子组，现立于新场中学围墙上	光绪六年（1880）
	20	《永垂不朽》	碑文为两份告示。第一则告示主要记载官差、书役与当地大平伐宋氏土司串通，向苗人等勒收兵谷和一切杂费一事，此种做法大大加重了地方百姓的负担。官府知此事后，遂颁布告示，严行杜绝此类事等再有发生。第二则告示主要记载当地百姓纳征一事，事因所纳之地点路远，负运维艰，当地百姓希望能够在贵定县城旧治完纳，经官府批准，遂行	布依族	云雾镇抱管村抱管寨，立于其寨中球场马路边	光绪八年（1882）
	21	《府县正堂示》	此碑文为官府颁布的禁止毒网鱼虾的告示，亦能体现当时官府对生态的保护意识	布依族	原立于云雾镇大塘村桥头寨，现平放于顺天桥碑刻群前	光绪十五年（1889）
	22	《丁粮定章》	碑文主要记载百姓在上粮过程中，土司多取浮收较为严重，后经百姓控告于官府，官府除此弊端，颁给上粮造册，对上粮标准作出规定	布依族 苗族	现立于贵定县城关镇城隍庙内	光绪二十三年（1897）
	23	《丁粮造册》	碑文主要反映官府颁发给百姓上粮的印册，对田粮亩数、上粮标准作了具体划分，有利于防止百姓被土司、官差书役勒索浮收	布依族 苗族	现碑立于贵定县城关镇城隍庙内	光绪二十三年（1897）
	24	《丁粮定章》	碑文主要记载新添土司乱取浮收火烟一事，百姓控告至官府，官府查办，发现确有其事，遂警告土司	布依族	原位于昌明镇良田村栗寨，现碑立于贵定县城关镇城隍庙内	光绪二十四年（1898）
	25	《丁粮堂判》	碑文记载苗民等控告新添土司浮收银粮，苗民等遂告至官府，经官府查办，确属事实，遂颁此告示，申饬土司等令行禁止，以平民怨。谷纪寨民特立此碑以示	苗族	昌明镇摆耳村谷纪寨，立于其寨山头土地庙旁	光绪二十八年（1902）

续表

类型	序号	碑名	碑刻主要内容	碑刻所在地点民族聚居情况	碑刻所在地点	立碑时间
告示碑	26	《丁粮堂判》	碑文主要记载保甲下辖八个村寨寨民连名控告新添土司及官差书役浮收银粮一事。此甲向来征收有大小亩之分，因土司浮收以致混乱，经官府查办，于光绪二十三年重新统一，防止官差书役、土司等肆意浮收	苗族	昌明镇摆耳村谷纪寨，立于其寨山头土地庙旁	光绪二十八年（1902）
	27	《结案碑》	碑文主要记载光绪年间因年岁积久，阳宝山后来之和尚因不知庙产归属，向晏城寨之村民索要田土，彼此互控至官府，后经官府办理，田土产业仍归晏城寨村民所有	汉族 布依族 苗族	盘江镇长江村岸城寨，立于其寨土地庙旁	光绪三十年（1904）
	28	《护林碑》	碑文记载当地乡绅张德培等人至官府控告当地不法之徒滥砍乱伐。此事得到官府的处理，严禁砍伐等事，遂颁布此告示，以警世人	布依族	盘江镇清江村太平寨，立于其寨寨口	光绪三十二年（1906）
	29	《丁粮结案》	碑文主要记载贵定县各处在上粮时遇到的案子，整理后的案件批示被公之于众，使众人知晓	布依族	现碑立于贵定县城关镇城隍庙内	光绪年间（时间不详）
	30	《沾恩无暨》	碑文记载当地人民纳赋问题。在纳赋过程中因有官员书役等多取浮收的现象，情因前清道光时就有此恶习。代理县长黄经查办，豁免此地炭豆税，以苏民困	苗族	德新镇高枧平村萝卜寨，立于寨中土地庙左侧路坎下	民国五年（1916）
	31	《闻江寺远志云》	碑文主要记载新添宋氏土司协力杨姓侵占阳宝山脚庙闻江寺田土产业，后经贵定县代理知事雷查办，列出十条证据证明宋氏土司所说之田产契据系子虚乌有，经判决勒令其将田土产业还与闻江寺管业	不详	城关镇宝花村闻江寺	民国六年（1917）
	32	《免租堂判》	碑文记载猛瓌寨陈氏状告平伐庭氏土司继收租税一事。庭氏土司至民国时仍向当地催收租税。末代土司仍有向当地百姓征纳的现象，清末民初是土司转型的过渡期，许多残余一时难以转变	布依族	昌明镇猛安村猛瓌寨，立于寨中巷道屋檐下	民国八年（1919）
	33	《丁粮晓谕》	碑文主要记载当时贵定百姓纳征时存在官差书役多取浮收的问题。后经官府查办，严行禁止此种行为	汉族 布依族	昌明镇旧治古城村，镶嵌于旧治小学围墙上	时间不详
	34	《地界纠纷》	碑文主要记载两件事。一为邱家葬地占菜苗寨田土，菜苗百姓遂告至官府，经官府处理；一为菜苗百姓控告叶姓侵占菜苗沙子坡地一案	苗族	德新镇新明村菜苗寨，立于其寨中马路旁	时间不详
	35	《阳宝山地界碑》	碑文主要记载无量大师及徒众自四川至新添阳宝山，经新添官员批准，给其阳宝山地界文牒，并将山寺四至所到一并指出，无量师徒等人入住阳宝山寺得到了新添卫官员的应允	不详	贵定县城关镇阳宝山	时间不详

续表

类型	序号	碑名	碑刻主要内容	碑刻所在地点民族聚居情况	碑刻所在地点	立碑时间
规约碑	1	《用水公约》	碑文内容较为简单，记载当地百姓对水井使用做出的规定，禁止污染水源的行为发生	布依族	新巴镇新华村花京小寨，立于其寨水井处	嘉庆十三年（1808）
	2	《永垂千古》	碑文反映当地在康熙至乾隆初期山林丰茂，至道光年间盗砍山木较为严重，严重破坏当地风水及生态环境，后当地众姓商议，形成相应护林规约	汉族 布依族 苗族	龙里县与贵定县交界处三江口，立于其寨半山腰山王庙古树旁	道光七年（1827）
	3	《唯一□□》	碑文主要记载杨家寨祖上与他寨（应是密腊司）之间的地皮纠纷问题。后经官府的干涉，达成妥协，并对各自所管山业作了相关规定	布依族	盘江镇白龙村杨家寨，立于其寨土地庙	道光十六年（1836）
	4	《永垂不朽》	碑文主要记载当地布依族人保护山林的风水观，也从侧面反映出当地布依族人的护林意识	布依族 汉族	昌明镇贾戎村，立于其寨篮球场	道光二十四年（1844）
	5	《龙井》	碑文主要记载修井之缘由以及用水之规定，对每一塘水的使用都做出了明确规定，最后记载了修井众人捐资情况	布依族	云雾镇抱管村抱管寨，立于其寨龙井砌石上	道光二十四年（1844）
	6	《乡规》	碑文记载道光年间当地治安问题较为严重，社会极不稳定，盗匪猖獗。基于此当地乡绅爰集于此共议乡规，以警世人	布依族	立于新巴镇谷兵村甘塘寨寨口大树下	道光三十年（1850）
	7	《菜苗》	碑文内容较为简单，对用水作出相关规定，违者罚银。规定不得洗濯衣裙	苗族	德新镇新明村菜苗寨，立于其寨水井边上	咸丰二年（1852）
	8	《永垂不朽》	该碑记为护林乡规碑。碑文记载了杨家寨祖上众人保护山林环境之事并做出了相关条规俗约，体现了生态保护意识	布依族	盘江镇白龙村杨家寨，立于其寨土地庙	光绪十七年（1891）
	9	《众善补修》	碑文记载此寨先祖捐资修井之事，既是功德碑记，又有规约性质，碑末对用水列出相关规定，违者会受到相应惩罚	布依族	明镇秀河村龙塘湾，立于其寨水井旁	光绪二十一年（1895）
	10	《万古留名》	碑文主要记载当地百姓对水井的保护。因前有乱放牛马践踏水井、井内洗衣洗菜等行为，为杜绝此行为，遂列出条规对水源予以保护	布依族	新巴镇谷兵村木姜寨，立于其寨水井处	光绪二十五年（1899）
	11	《万古流名》	碑文内容较为简单，是对用水的相关规定，违者罚银	苗族	德新镇新明村菜苗寨，立于其寨水井边上	光绪二十七年（1901）
	12	《禁止赌博》	碑文主要记载光绪年间当地后生赌博现象较为严重，寨中长者深知赌博之利害，遂勒石以禁止赌博，列出相关条规，并对破坏庄稼、偷盗、砍伐山林等行为做出相关规定，违者必遭惩罚	布依族	云雾镇抱管村田坝寨，立于其寨土地庙旁	光绪三十年（1904）
	13	《警戒碑记》	碑文主要记载的当地的用水规约，规定违反规约的行为将受到惩罚	布依族	新巴镇谷兵村谷兵组，立于其寨水井旁	宣统三年（1911）

续表

类型	序号	碑名	碑刻主要内容	碑刻所在地点民族聚居情况	碑刻所在地点	立碑时间
规约碑	14	《护林碑》	此碑既是地界碑，内容亦有护林禁盗之规约，且护林意识亦能反映当地布依族的风水观	布依族	昌明镇白马村把虎寨，立于其寨寨中	民国六年（1917）
	15	《护林公约》	碑文介绍了破坏山林对村寨的危害，约定协力同倡保护后龙山林，列出护林之公约，以正人心	布依族	明镇秀河村龙塘湾，立于其寨土地庙前	民国七年（1918）
	16	《众议》	此碑为修井碑，对水井用水做出了规定	汉族 布依族	昌明镇古城村风雨亭水井旁	民国十三年（1924）
	17	《龙泉》	碑文记载有关护井条规，规定违者将遭到相应惩罚	布依族	沿山镇星溪村高寨，立于其寨水井边	民国三十五年（1946）
	18	《利济碑》	从碑文只言片语看，应为水井公约碑，对水井用水作了相关规定，并对水井加以维修，扩宽面积	布依族 苗族 汉族	德新镇喇哑村妈寨，立于其寨水井边上	时间不详
功德纪事碑	1	《永兴桥》	碑文记载当地士绅、土司捐资修建桥梁一事。土司参与民间公益事业的建设，对地方的发展起到了一定作用。此桥是连通云雾走岗坪经掌布到广西古驿道的重要交通枢纽	布依族 汉族	云雾镇平伐村莫下寨，立于莫下河下游永兴桥头处	康熙二十五年（1686）
	2	《冗山桥记》	碑文记载平伐长官司庭氏主持修建冗山桥，碑文中捐资人员众多，来自数十寨，空间范围广阔，足以见得此桥的建成对该区域百姓的重要性。此桥上通滇蜀，下至粤楚	汉族 布依族 苗族	沿山镇新龙村冗山桥桥头	乾隆三十二年（1767）
	3	《永固流芳》	碑刻主要记载平寨罗氏“明”字辈先祖目睹河流之凶险，遂倡建此石磴，亦有工固百姓相助。此石磴为当地通往龙里县的要道，时有马帮经此处，多为经商	布依族	沿山镇石板村平寨，立于其寨石磴南岸	乾隆五十五年（1790）
	4	《功德碑记》	碑文记载谷纪时路险难行，大平土司行经此亦叹息，遂想独担修路之责，但力不从心，幸得罗氏二人与众人商议，捐资修此路。捐资者各地皆有。此路南可到达都匀、独山粤西等地，为重要交通驿道	布依族	云雾镇茶山村谷纪关，立于其寨水井边	嘉庆五年（1800）
	5	《修土地庙碑记》	碑文记录了当地百姓捐资修庙的情况，涉及僧侣集团参与捐资修建的情况。捐资姓氏较多，以宋姓牵头，而其他姓氏尾随其后	苗族 汉族	德新镇宝山村上岩组，立于其寨后山坡头土地庙内	嘉庆十三年（1808）
	6	《万古不朽》	此碑文记载了邱禾实后人于嘉庆年间修建祠堂时捐资情况，此寨全系邱姓，汉族。捐资人除了邱氏族人外，亦有罗姓、韦姓、史姓、莫姓、金姓等，且有少数民族参与其中	汉族 布依族	盘江镇兴隆村大烂冲组，立于邱氏祠堂前	嘉庆十六年（1811）

续表

类型	序号	碑名	碑刻主要内容	碑刻所在地点民族聚居情况	碑刻所在地点	立碑时间
功德纪事碑	7	《太平桥碑》	此碑为蓝家寨村民修桥时所立，由蓝、张二姓带头捐资修建。桥呈拱形，皆保存完好，桥现仍在使用。修建此桥是因其连接着当地百姓的生产生活之用地，为方便百姓耕作及放养牲畜，遂建此桥	汉族 苗族	德新镇蓝家寨寨尾，立于坡脚皂荚树下土地庙	道光三年（1823）
	8	《芳名□□》	此碑主要记载修桥之原因。此地虽地处僻隅，然行人络绎不绝。基于此，当地家族组织仁人志士纷纷捐助修桥	布依族	昌明镇良田村栗寨，立于仁寿桥北岸路坎下	道光五年（1825）
	9	《万善同修》	此碑主要记载捐资姓名及众人捐资情况，涉及姓氏众多，且不止一寨之人。捐资最多为三两，最少为五钱			
	10	《毓秀峰碑记》之三	此碑主要记载晓寨罗氏族人修建毓秀峰时的捐资情况	布依族	沿山镇星溪村晓寨，毓秀峰矗立于其寨寨门	道光十四年（1834）
	11	《毓秀峰碑记》之四	此碑主要记载晓寨罗氏族人修建毓秀峰时的捐资情况			
	12	《毓秀峰碑记》之五	此碑主要记载晓寨罗氏族人修建毓秀峰时的捐资情况以及田土转卖的情况与规定			
	13	《寿星桥》	碑文记载了修桥之原委。因溪水阻隔，过往行人不便，在募首雷国材的倡领下，众姓纷纷捐资修建。此桥系当地当时通往龙里县的要道，对两地的交流起到重要的推动作用	布依族	盘江镇马场河村红岩组，立于寨尾古桥桥头上	道光十四年（1834）
	14	《代明桥》	碑文记载，因前桥为洪水所侵没，在当地乡绅罗汉鼎的组织下，众姓募捐重修。此桥是当时当地通往马场河驿道的重要通道	汉族 苗族 布依族	盘江镇长江村龙潭口处	道光十七年（1837）
	15	《永兴桥》	碑文记载建桥之缘由、承首人、捐资人及捐资情况。捐资姓氏分布地域较广，不只当地百姓，亦有其他地区	布依族 汉族	龙里县三元镇渔洞村渔洞寨，立于永兴桥上	道光十七年（1837）
	16	《太平桥》	碑文简单，内容仅“太平桥”三个大字，落款时间于碑阳最右侧	布依族	盘江镇兴隆村卡榜寨，立于寨口路边房屋基脚处	道光十八年（1838）
	17	《福德桥》	碑文载此地因每遇洪水则道路难行，遂建此桥。这是当时向南通往贵定县城，向北可以到达平越州的重要通道，亦系连接村寨之间重要的交通枢纽。捐资以当地杨家为首领，杨姓为汉族，在当地为大姓	汉族 苗族	德新镇光明村小光比寨，立于其寨对门山半山腰土地庙内	道光十九年（1839）
	18	《马海塘碑》	碑文记载平寨祖上的相关传说。后人为纪念此传说，修坝护之。修建堤坝亦有利于农业生产等事业	布依族	沿山镇石板村平寨，立于平寨大桥路坎下	道光十九年（1839）
	19	《封火塔》	此碑主要记载当时当地人不爱惜纸张，随意使用乱丢，在当地读书人徐廷杨的提倡下修建此封火塔，主要用于焚烧废弃的纸张	布依族 汉族	龙里县三元镇渔洞村渔洞寨，立于封火塔	道光十九年（1839）

续表

类型	序号	碑名	碑刻主要内容	碑刻所在地点民族聚居情况	碑刻所在地点	立碑时间
功德纪事碑	20	《万善同缘》	此碑主要记载该地区百姓捐资修建石桥一事。此地是通往贵定的重要交通古驿道之一，碑记是修要道桥梁时所立。驿道前临洛北河，加之此处有渡口，北岸百姓前往贵定需经渡口、行驿道方可到达，人们多是前往赶场互市、买卖等	汉族	盘江镇长江村木老寨中学左侧古驿道路坎下	道光二十一年（1841）
	21	《永垂不朽》	此碑文记载了当地百姓募资修船、建渡口、渡人及买田土供渡夫生息，让其无偿渡载过往之人之事。落尾掌、红岩两寨宋、莫等姓组织募资。此渡口是当时贵定北地、南地之间互相交往的重要枢纽，向北甚至可达省城贵阳，南可至粤西等地	汉族	德新镇宝山村落尾掌，立于落尾掌原渡口南岸崖脚处	道光二十五年（1845）
	22	《仁寿桥》	碑文主要记载栗寨商旅往来、农耕生产都需经仁寿桥，桥毁坏后于咸丰年间重修，捐资情况均见于碑上。亦有土司、县事人员等参与重修。	布依族	昌明镇栗寨，立于仁寿桥北岸路坎下	咸丰四年（1854）
	23	《永垂不朽》	碑文主要纪录众人捐资修桥的情况，捐资姓氏众多，且分布空间范围较广，捐款数量不等			
	24	《☐芳磴记》	碑文主要记载当地修筑过河石磴，众人捐资的情况，亦有平伐长官司参与出资	布依族	沿山镇石板村工固牌坊下	咸丰四年（1854）
	25	《修威远营》	碑文主要记载咸丰年间匪势猖獗，当地百姓居于水火之中，在当地士绅罗朝文的倡导下向省府申报修建营防，于石盘山建营，是为军事防御性工程，对捍卫当地百姓生命财产安全产生了巨大作用。营盘由四部分构成，有各自的功能	布依族 汉族	原位于沿山镇石板村河背寨威远营上（已亡佚，碑文于罗郁富老人处抄得）	咸丰五年（1855）
	26	《重修土地祠碑记》	碑文记载了重修土地庙的原因。咸同战乱致使百姓流离失所，土地庙也难逃一劫，后战乱平息，遂由当地人出资重建	布依族 汉族	德新镇新场村长坡脚，立于其寨土地庙旁	光绪八年（1882）
	27	《荣升桥》	荣升桥为通往贵阳府所经驿道上的拱桥，为李春山主持，众姓捐资修建。当时此驿道经顺天桥后，便过此桥，桥现已毁	不详	云雾镇大塘村桥头寨	光绪十四年（1888）
	28	《一品桥》	一品桥亦为李春山承建，碑文反映女性参与公益事业，且这些女性都受旌表			
	29	《顺天桥》	碑文记载当地士绅李春山主持修顺天之经过。集众人之力，此桥得以告成，耗资四千余金、近万人力，用时五年。了迷河之顺天桥下通闽广，上达滇黔，为当时交通之枢纽	汉族 布依族 苗族	云雾镇大塘村桥头寨顺天桥了迷河南岸	光绪十五年（1889）

续表

类型	序号	碑名	碑刻主要内容	碑刻所在地点民族聚居情况	碑刻所在地点	立碑时间
功德纪事碑	30	《千秋不朽》	碑文记载官民共同捐助此桥，有都匀府正堂、独山州正堂、平越州正堂以及各地百姓等，姓氏众多	汉族 布依族 苗族	云雾镇大塘村桥头寨顺天桥了迷河南岸	光绪十五年（1889）
	31	《官绅功德》	碑文主要记载官员、士绅捐资修建此桥			
	32	《欲广福田》	碑文主要记载各地乡绅和百姓捐资情况，捐资银两在十两到三钱之间不等			
	33	《万古长存》	碑文主要记载官民、士绅捐资修建此桥。官员身份涉及空间较广，有广西庆远府、贵州贵阳府、云南广南府、四川等处官员，以贵州境内官员为主，民间则有士绅、百姓等			
	34	《节孝善果》	此碑与其他碑刻之不同在于捐资人全系女性，说明清末女性参加公益事业建设逐渐增多，反映出清末女性社会地位的提高			
	35	《须凭心地》	碑文主要记载众人捐资情况，捐资数目较其他碑少，亦能反映百姓参与修桥的积极性，侧面反映此桥对人们生产生活产生的巨大作用			
	36	《顺天桥记》	碑文主要记载修顺天桥之经过	汉族 布依族 苗族	云雾镇大塘村桥头寨顺天桥了迷河南岸	光绪十五年（1889）
	37	《伏虎寺铭碑》	碑文主要记载当地善士李春山事迹。春山途径老熊冲险遇群虎，他并未惊慌，似与老虎能通言语，把自己所做善事讲与群虎，而感化之，人们为纪念他遂在此建一小庙，名为伏虎寺	不详	云雾镇大塘村桥头寨老熊冲	光绪十五年（1889）
	38	《德齐磴碑》	碑记主要记载当地百姓捐资修建过河石磴的情况。承首人为当地罗氏，此功德碑有捐钱、捐物之情况	布依族	盘江镇音寨村音寨，立于音寨大桥东岸柏子树下	光绪十六年（1890）
	39	《磴桥碑记》	碑文主要记载修磴一事。修磴由当地陈、罗二姓承建。修磴因前人所修尽被河水冲毁，后经众人商议，遂重修之	布依族	沿山镇石板村梓木庄，立于平寨大桥南岸桥下	光绪十六年（1890）
	40	《众善补修》	碑文内容简单，记载当地百姓捐资修补过河石磴。捐资人多以旧司庭姓为主，此石磴是当时通往云雾地区的重要通道	汉族 布依族	昌明镇光辉村旧司，立于旧司河上游石磴西岸	光绪十七年（1891）
	41	《重修土地庙碑记》	此碑文记录了当地百姓捐资修庙的情况。碑刻涉及姓氏较多，宋姓牵头捐资，其他姓氏尾随其后	苗族 汉族	德新镇宝山村上岩组，立于其寨后山坡头土地庙内	光绪二十八年（1902）

续表

类型	序号	碑名	碑刻主要内容	碑刻所在地点民族聚居情况	碑刻所在地点	立碑时间
功德纪事碑	42	《恩荣万代》	碑文内容简单，主要记载修建水井一事。水井为当地罗姓承建，众寨同修，水井名为涌泉	布依族	沿山镇乐雍村王所庄，立于其寨水井边上	光绪二十八年（1902）
	43	《修冗山桥》	碑文主要记载冗山桥相关历史。此桥前为乾隆年间平伐长官司庭绍统募资修建，为当时重要的交通要道，北上、南下、东行、西往需经此桥。后因古桥有部分倾圮，在时任代理黄县长的支持下，由庭氏族人承建，重修此桥。捐资人员众多，空间分布广，姓氏纷繁，所捐银两多少不一	汉族 布依族 苗族	沿山镇新龙村冗山大桥摆龙河大坝上，碑现已为过路桥板	民国四年（1915）
	44	《万善同缘》	碑文记载重修冗山桥众人捐资的情况，捐资人数众多，空间分布广，姓氏纷繁，所捐银两多少不一			
	45	《永垂不朽》	内容与闻江寺碑记相衔接，是为田土产业地界碑及众姓捐款于庙赎回田产情况。田土四至所到系分明	不详	城关镇宝花村闻江寺内	民国六年（1917）
	46	《四围皆通》	此碑主要记载当地布依族的风水观和地界划分问题。因杨姓葬于其寨龙脉之上，坏其风水，经众议愿出钱给杨姓，叫其迁往他处安葬，并对各自所管产业划清地界	布依族 汉族	昌明镇贾戎村，立于其寨篮球场	民国十年（1921）
	47	《福星桥》	碑文主要记载当地百姓捐资修建桥梁的情况，在此碑旁还立有太平桥碑记，两碑所言之桥亦为同一，因时代不同称呼遂不同	布依族	盘江镇兴隆村卡榜寨，立于寨口路边房屋基脚处	民国十年（1921）
	48	《修威远营碑记》	碑文主要介绍威远营的前世今生。嘉道年间匪患严重，至咸丰乙卯，匪势日炽。罗朝文、吴大椿等倡建营防，营盘分为四个层次，各有其作用。还介绍了民国时补修庙宇情况和轮班管理的情况。管理“首人”以罗、吴姓为主	布依族	沿山镇石板村河背寨，现立于其寨土地庙	民国十八年（1939）
	49	《德昭万古》	碑文记载平寨罗氏重修过河之石磴。此石磴最早为乾隆年间修建，碑记仍存。此磴上通定、广、三猴之城，下达且兰、龙邑之地，为乡道咽喉	布依族	沿山镇石板村平寨摆龙河北岸石磴处	民国二十二年（1933）
	50	《永远万代》	根据碑序记载，此碑应与宗教信仰有关，碑中提及“宝坛”，应是当地百姓为保渡口及渡人平安特作“宝坛”保佑	汉族	德新镇宝山村落尾掌，立于落尾掌原渡口南岸崖脚处	民国三十五年（1946）

续表

类型	序号	碑名	碑刻主要内容	碑刻所在地点民族聚居情况	碑刻所在地点	立碑时间
功德纪事	51	《功□□□》	此碑主要记载众人捐修望城庙的情况。捐资领头人为王、彭、宋等姓氏，其捐资亦较多。捐资姓氏并非一寨，而涉及众多村寨，大多系周边村寨	苗族 汉族	盘江镇长江村甲苏堡，立于其寨后山山头土地庙中	时间不详
	52	《万佛□□》	碑文主要记载众姓捐资修建寿星桥的情况，捐资情况多寡不一	布依族	盘江镇马场河村红岩组，立于村尾石拱桥桥头	时间不详
	53	《水利建设》	碑文记载兴修水利以利灌溉及众人引水灌田班次排班情况。兴修水利实为众人捐资，规定未出钱出物之家，不得引水灌田，若强讨者，拿其赴公并罚银	布依族	盘江镇星溪村上落海组，立于其寨口马路旁	时间不详
	54	《福德桥》	碑文记载此桥为龙里、贵定两县往来的要道，说明此桥对两县的重要性	布依族	龙里县冠山街道办事处永安村平寨	时间不详
其他	1	《重刻康神祠碑记文》	碑文主要记载关于所谓“康神”在民间的传说及一些祈雨指示等	汉族 布依族	德新镇新场村高坎子组，立于德新中学围墙上	崇祯二年（1629）
	2	《重修阳宝山莲花寺碑记并序》	此碑主要记载重修阳宝山莲花寺的经过。值得一提的是官府参与了此次修建，并发挥着重要的作用	不详	城关镇阳宝山莲花寺遗址前	嘉庆九年（1804）
	3	《毓秀峰碑记》之一	此两通碑内容为当地文人墨客士绅所题诗句，庆贺建塔告竣，同时希望当地人才济济，当地学子勤奋好读。修建此塔应是希望当地文化的发展日新月异，后世子孙都能学有所成、及第入仕	布依族	沿山镇星溪村晓寨，立于其寨寨门	道光十四年（1834）
	4	《毓秀峰碑记》之二				
	5	《龙氏家族碑》	此碑为龙里县洗马镇巴江村与贵定县新巴镇幸福村交界处的康家寨龙氏始祖墓碑，上有墓志铭，为其后世子孙照原碑文所刻	汉族 布依族	新巴镇幸福村大土寨，立于其寨山脚处	道光二十一年（1841）
	6	《惜字塔碑记》之一	碑文主要记载当地龙氏家族倡导乡人要敬惜字纸，不要随意丢弃纸张，体现了龙氏族人对文化的重视	汉族	龙里县洗马镇巴江村康家寨，立于其寨后山惜字塔上	道光二十六年（1846）
	7	《惜字塔碑记》之二	此碑文主要为当地文人墨客对惜字塔的题诗称赞			
	8	《惜字塔碑记》之三	此碑文为罗宪章题的七言律诗，主要赞颂龙氏族人对文化的重视			

续表

类型	序号	碑名	碑刻主要内容	碑刻所在地点民族聚居情况	碑刻所在地点	立碑时间
他	9	《惜字塔碑记》之四	此碑文为罗宪章题的七言律诗，主要赞颂龙氏族人对文化发展的重视	汉族	龙里县洗马镇巴江村康家寨，立于其寨后山惜字塔上	道光二十六年（1846）
	10	《惜字塔碑记》之五	此碑文系文人墨客对龙府所建惜字塔之赞词			
	11	《祝罗氏族谱碑》之一	碑文主要记载罗氏家族历史，主要包括发源、迁徙、发展等。碑文大篇幅叙述了其家族人物事迹，包括明朝时期调北征南之事，以及清明时分落实族人的祭祖活动	布依族	云雾镇燕子岩村令寨，立于令寨罗氏始祖墓地	光绪四年（1878）
	12	《祝罗氏族谱碑》之二				
	13	《祝罗氏族谱碑》之三				
	14	《守先待后》	此碑为陈氏族谱谱牒，记载了其家族世系分支情况以及后来的发展状况，对其字派亦有记载	布依族	昌明镇猛安村猛壤寨，立于其寨前	民国六年（1917）
	15	《太平寨张氏祖茔碑》	此碑为太平寨张德培公墓碑，系护林碑中所见之张德培。其人重视文化教育与人才培养，创办学校。碑文中提及先祖迁居此地，逐渐融入当地，后移风易俗等情况	布依族	盘江镇清江村太平寨，立于寨中	民国三十一年（1942）
	16	《罗氏祠堂碑》	碑文主要记载罗氏家族历史及其相关族人事迹	布依族	云雾镇抱管村抱管寨，立于其上寨水井旁	民国三十五年（1946）
	17	《罗氏田土契约碑》	碑文记载当地罗氏田土的转让过程以及转让原因等	布依族	盘江镇音寨村麦董寨，立于麦董罗氏祠堂前	时间不详

上表反映了不同时代碑刻的情况，其中清代碑刻最为丰富，主要时间在康熙以后，其次为民国时期，最后为明代。类型上，功德纪事碑 54 通，因其地理环境和人文因素的作用，此类碑刻较多；告示碑 35 通，是区域内官民互动、民族互动的结果；规约碑 18 通，多与村规民约、用水公约相关；其他碑刻 17 通，这类碑刻多涉及家族、宗教、文化等方面。碑刻所在地点多为布依族、苗族、汉族聚居区。

1. 碑刻的时代性

碑刻的产生有其时代特点，不同时期的碑刻因时代背景不同、制度差异有着不同。根据表 1-1 碑刻简况可以总结出贵定碑刻的时代分布的特点，具体见表 1-2 及图 1-28。

表 1-2 贵定碑刻时代分布情况

类别 时代	告示碑	规约碑	功德纪事碑	其他	小计
崇祯	0	0	0	1	1
康熙	0	0	1	0	1
雍正	0	0	0	0	0
乾隆	4	0	2	0	6
嘉庆	5	1	3	1	10
道光	8	5	15	8	36
咸丰	0	1	5	0	6
同治	0	0	0	0	0
光绪	13	5	17	3	38
宣统	0	1	0	0	1
民国	3	4	7	3	17
不详	2	1	4	1	8
小计	35	18	54	17	124

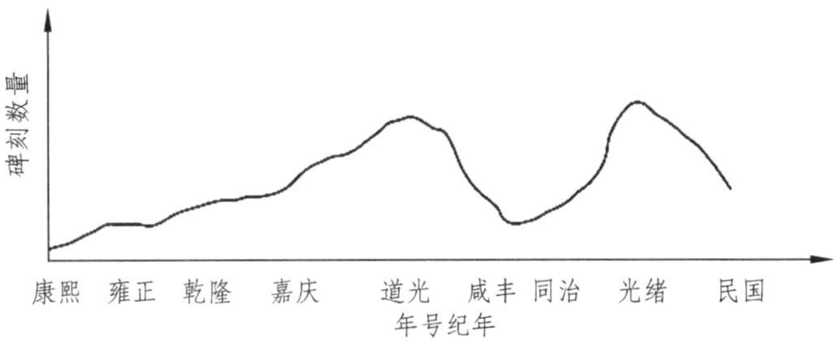

图 1-28 贵定县清至民国碑刻走势图

从表 1-2 可以看出贵定碑刻时代分布情况为总体上清前期碑刻较少，清中后期至民国时较多，具体表现为碑刻数量道光时达到新高，道光以后急剧下降，咸同时期相关碑刻数量甚少，至光绪、民国时期碑刻数量又增多。总体趋势如图 1-28，康熙至道光时期碑刻数量呈上升趋势，道光至咸同时呈急剧下降，咸同至光绪时总体呈上升趋势。简言之，贵定碑刻在时代上呈曲线分布态势。

碑刻数量的变化与时代格局息息相关。清初战火不断，清王朝“在击败南明政权，平定吴三桂叛乱后，通过改土归流、裁卫并县和调整政区建置，使明朝时期土流并治、司府军卫并治的局面基本结束，所有的州县一律由中央王朝任命的官员直接治理”[①]，在一定程度上有利于经济的恢复和生产的促进，也为民间经济交流提供了良好环境。乾隆末年，“封建制度的弊病全面暴露，封建剥削加

① 《贵州通史》委员会. 贵州通史·清代的贵州[M]. 北京：当代中国出版社，2003：2.

重，政治腐败，财政拮据，社会矛盾日益尖锐”[①]。诚然，从贵定现存的嘉庆四年云贵总督富纲颁布的夫马定章告示可以看出官府对底层人民的盘剥、吏治的腐败、各族人民矛盾等情况。道光时期，诸多社会问题暴露，地方社会秩序较为混乱。贵定碑刻中记载道光时期社会治安情况的碑刻有5通，且分布于不同地点，多为流民涌入与滋扰，或地痞恶棍作乱地方。但当时官府的管控并未完全失序，此时碑刻反映了当时“乱中有进”的状态，如公益事业的建设有条不紊地进行，“乱中有进”得益于乡绅这一特殊社会群体。由于国家权力管理乡村的局限性，“乡绅在中国乡村社会结构中扮演着治理者的角色”[②]，它“作为一个居于领袖地位和享有各种特权的社会集团，视自己家乡的福利增进和利益保护为己任，承担了诸如公益活动、排解纠纷、兴修公共工程，有时还有组织团练和征税等许多事务”[③]。正因乡绅集团在乡村社会中的作用，为后世留下了诸多遗产。

咸同时期的碑刻数量甚少，因当时贵州各族人民起义此起彼伏，社会动荡不安，更何谈立碑一事。清王朝平定战乱后，在贵州采取了一系列善后措施和恢复经济生产的政策，官府出台相关政令，民间则忙于恢复生产。

2. 碑刻的地域性

碑刻自产生之初就具有地域性，对碑刻地域性的分析，可从宏观上把握碑刻所处的地理状况和文化生境，有助于本书的写作。贵定碑刻分布较广，每一乡镇都有分布，多少不一。2014年，撤乡并镇政策施行，贵定县现辖新巴镇、德新镇、城关镇（宝山街道、金南街道）、盘江镇、昌明镇、沿山镇、云雾镇等7镇。据表1-2时代分布特点现将碑刻地域分布情况汇总如下表1-3。

表1-3　贵定碑刻地域分布情况

类别 地域	告示碑	规约碑	功德纪事碑	其他	小计
新巴镇	1	4	0	6	11
德新镇	8	3	7	1	19
城关镇	6	0	1	1	6
盘江镇	6	2	10	2	20
沿山镇	0	1	15	2	18
昌明镇	7	5	6	1	19
云雾镇	6	2	12	4	24
其他	1	1	3	0	5
小计	35	18	54	17	124

贵定特殊的地理环境决定了碑刻的地域分布情况。由北至南，目前发现新巴镇11通，德新镇

① 《贵州通史》委员会. 贵州通史·清代的贵州[M]. 北京：当代中国出版社，2003：3.
② 徐祖澜. 近世乡绅治理与国家权利关系研究[D]. 南京：南京大学，2011：46.
③ 张仲礼. 中国绅士——关于其在19世纪中国社会中作用的研究[M]. 李荣昌，译. 上海：上海社会科学院出版社，1991：54.

19 通，城关镇 6 通，盘江镇 20 通，沿山镇 18 通，昌明镇 19 通，云雾镇 24 通，其他毗邻地区 5 通，总体呈“南多北少”的趋势。

告示碑除新巴、沿山两镇目前发现较少外，其他乡镇数量相差不大，多分布在驿道沿线少数民族聚居区、各民族杂居区、土司管辖区等。贵定县是一个多民族聚居地区，以布依族、苗族、汉族居多，部分碑刻与当地人民利益紧密相连，如德新镇牛屎寨苗族、昌明镇谷纪苗族、云雾镇把关苗族等道光年间《夫马定章碑》都位于驿道沿线上，又如云雾镇关口苗族乾隆年间《贡茶碑》、嘉庆年间《地界纠纷碑》，云雾镇排上苗族道光年间《社会治安碑》，昌明镇栗寨布依族、昌明镇谷纪苗族光绪年间《丁粮碑》，德新镇萝卜寨苗族民国年间《赋税碑》，盘江镇太平寨布依族光绪年间《护林碑》等。不管是丁粮赋税上或夫马摊派，都涉及少数民族的经济利益，对其生活造成了一定影响。各民族杂居区的碑刻，多因地界纠纷而产生，如德新镇大坤主苗族与汉人于道光年间的地界纠纷，德新镇菜苗苗族与邱氏的地界纠纷，盘江镇岸城寨苗族、汉族、阳宝山僧侣之间的田土纠纷等。清至民国初期，贵定地区土流并治的现象依然存在，土司每年定期定额向少数民族征税，但因乱取浮收等情况严重，相关告示碑刻相继产生，如与新添土司宋氏有关的昌明镇都六谷纪苗族《丁粮碑》、城关镇闻江寺《田土纠纷碑》，与平伐土司庭氏相关的昌明镇猛壤布依族《免租碑》等。

规约类碑记主要分在布依族、苗族地区，而以布依族地区较突出。布依族依山傍水，极其重视对山林、水源的保护。布依族对山林有着特殊的情感与认识，风水观念较为浓厚，认为风水山林关乎村寨命运，于是，保护山林的条规继之产生。水源是村舍上下生产生活不可或缺的资源，所以布依族人民对水源的保护极为重视，用水公约、护井公约相继形成。

功德纪事碑受地理环境的影响较大，碑刻数量亦能体现此点。贵定北部河流少，且河边地势陡峭，不宜桥梁的建设。中部南部河流密集，地势较平缓，利于建桥修路。盘江、沿山、云雾这三镇，河网密布，且都有驿道穿过，这些因素对碑刻的区域分布起关键作用。

贵定宗教信仰多元化，较为重视庙宇的建修，如盘江镇甲苏堡修望城庙碑记、德新镇长坡脚重修土地庙碑记等。

其他类型碑刻多与家族事业关联，如家族文化事业建设、家族祠堂修建、家族祭祀活动等。

第二章 碑刻的形态与规制

形态是对事物外观的直观描述，而碑刻形态即指对碑刻外观的直观描述，主要包括碑刻的制造材料、外貌形状及碑文的书写等。材质的不同影响着碑刻的保存和书写，人们观念的不同遂出现碑刻形状的差异，书丹人文化水平的高低及书写习惯导致书写格式的差别。

一、碑刻的质地

现收录的清代贵定碑刻，全为碑碣，毛远明先生认为："碑、碣可以作为对刻石的泛称，但就其形状、用途而言，又有区别，其称谓有一个分合混同的过程。凡刻石体积薄而方首的称碑，厚而首浑圆或介于方圆之间的称碣。"①后来随着碑碣概念的不断发展演变，"彼此相混，碣也称碑"②。碑刻石质的选择较为讲究，石质的好与坏关系到碑刻的保存时间。通常首选青石，其次白棉石，在前两者均无的情况下才会选择砂石。

清代贵定碑刻多以青石质为主，其硬度大，耐磨、耐风化，内部结构稳定，不易为雨水侵蚀，保存时间长，遂为民间立碑的首选。沿山镇石板村平寨布依族的乾隆五十五年（1790）《永固流芳碑》和道光己亥年（1839）《马海塘碑》、盘江镇长江村岸城寨的乾隆四十八年（1783）《告示碑》、德新镇四寨村大坤主苗族的道光七年（1827）《永远不朽碑》、昌明镇贾戎村布依族的道光二十四年（1844）《永垂不朽碑》、贵定云雾镇大塘村的光绪十五年（1899）《顺天桥碑》《伏虎寺铭碑》、昌明镇猛安村猛壤寨布依族的民国 8 年《免租堂判碑》等大部分碑刻均系青石质，保存较完好，碑文内容现均清晰可辨。贵定碑刻中白棉石质数量并不多，因其较青石易受雨水侵蚀，往往多立碑于土地庙或古树下。如德新镇宝山村石牛寨的嘉庆七年（1802）《永垂万古碑》、盘江镇白龙村杨家寨布依族的道光十六年（1836）《地界碑》和光绪十七年（1891）《永垂不朽碑》、德新镇光明村小光比寨的道光十九年（1839）《福德桥碑》、德新镇高枧平村萝卜寨苗族的民国 5 年《沾恩无暨碑》等均为白棉石质。这些碑刻由于所处位置少受风吹雨打日晒，石碑碑文保存较为完整。砂石质是碑刻材质中最易风化残缺的，也是人们最不想选用的材质。本书调查到的碑刻中砂石质碑刻有以下几通。德新镇光明村

① 毛远明．碑刻文献学通论[M]．北京：中华书局，2010：31.
② 毛远明．碑刻文献学通论[M]．北京：中华书局，2010：32.

岩脚寨的乾隆年间《三班桥碑》，因碑阳几乎风化脱落，碑文无法抄录；盘江镇马场河村红岩组布依族的清代《万佛□□碑》，碑阳大面积风化脱落，立碑时间不详。以上两通碑刻为白砂石质。德新镇丰收村牛屎寨苗族的乾隆五十七年（1792）《永远革除碑》为红砂石质，碑阳严重风化，文字较难识别。贵定县城隍庙内光绪二十四年（1898）《丁粮定章碑》，亦为红砂石质，因其保存于庙中，碑体、碑文均保存完好。调查过程中发现的红砂石质碑刻较少。

二、碑刻的形制

碑刻的形制，主要指碑首所呈的形状、碑帽和碑座以及碑文的行文等方面内容。碑的形状多呈三种，即圭首、圆首、方首，在贵定碑刻中多数碑刻无碑帽。碑座多埋于地下，它是立碑的基座。在碑文的行文中，官方的告示行文较为统一规范，但民间所立碑的碑文行文较多样。

1. 形状与尺寸

"石质文献载体，其外形多样，有偏方形，有四面柱形，有六面或八面棱形，有圆形，有圭形，有鼓形，有横而广者，有直而高者。不过，碑成定制之后，其外形相对固定下来，以偏方形为主，只是碑头或方形，或圆形，或圭形而已。"[①]毛远明对碑刻外形的总结为众人所接受。本书现调查到的碑刻形貌，碑头呈圭形、圆形或方形三类。

圭首碑。因碑首形如玉圭，故称之。古人"以圭作为碑的造型，是合于礼法的理想选择。当然，如果从纯美学的角度考察，圭形在审美理念中并不是最受人欢迎的造型，因此圭形碑并没有成为后世的主要构形"[②]。从调查情况看，的确如此，贵定碑刻圭首碑甚少，仅有云雾镇平伐村莫下寨布依族的康熙二十五年（1686）《永兴桥碑》、盘江镇新峰村小山组汉族、布依族的乾隆五十九年（1794）《万古留传碑》、盘江镇长江村木老寨汉族的道光二十一年（1841）《万善同缘碑》、新巴谷兵村甘塘布依族的道光三十年（1850）《乡规碑》（图 2-1）此四通。

图 2-1　新巴镇甘塘布依族《乡规碑》，圭首

① 毛远明. 碑刻文献学通论[M]. 北京：中华书局，2010：41.
② 毛远明. 碑刻文献学通论[M]. 北京：中华书局，2010：42.

圆首碑（或弧首）。碑头呈半圆状或弧形，碑身为长方形。这类碑“可能受我国古代天圆地方的宇宙观影响，将一个严肃的哲学命题，寄托在碑石形制上。这种形制在后来的发展中逐渐成为主流”[①]。这类碑刻在贵定境内并不多见，如德新镇宝山村石牛寨的嘉庆七年（1802）《永垂万古碑》、德新镇新场村高坎子的崇祯二年（1629）《重刻康神祠碑》、盘江镇长江村岸城寨的乾隆四十八年（1783）《告示碑》（图 2-2）、云雾镇鸟王村关口苗族的乾隆五十五年（1790）《万古留芳碑》和嘉庆十八年（1813）《万古留芳碑》等，目前发现的贵定境内的圆首碑仅以上几通，究其原因，可能与少数民族的观念与文化信仰有关。

图 2-2　盘江镇岸城寨《告示碑》，圆首

方首碑。通碑呈方形，即长方形或正方形，又有横而广的情况。方首碑在汉代以后逐渐增多，成为后世碑刻形制的主流，“尤其是社会下层所制的碑，往往呈此形”[②]。的确，调查到的碑刻中，此类形制最为丰富，且都散落在村野角落。因方首碑数量较多，在此不一一列举，具体见附录之中。

图 2-3　德新镇落尾掌《永垂不朽碑》，方首

① 毛远明. 碑刻文献学通论[M]. 北京：中华书局，2010：42-43.
② 毛远明. 碑刻文献学通论[M]. 北京：中华书局，2010：43.

碑刻的尺寸因刊刻碑文的多寡而不同。从调查情况看，水井碑记行文简洁，遂多矮小，如新巴镇谷兵村谷兵组布依族的宣统三年（1911）《警戒碑》，碑文记载了相关用水公约，碑高 55 cm，宽 46.5 cm，厚 5.5 cm；新巴镇谷兵村木姜寨布依族的光绪二十五年（1899）《万古留名碑》，碑文记载了修井始末、相关条规及众人捐修情况，碑高 94 cm，宽 51.5 cm，厚 6 cm；德新镇新明村菜苗寨苗族的咸丰二年（1852）《菜苗碑》，碑文主要记载用水条规，碑高 92 cm，宽 51 cm，厚 12 cm；光绪二十七年（1901）《万古流名碑》，碑文刊刻禁约条规，碑高 84 cm，宽 57 cm，厚 8 cm；昌明镇秀河村龙塘湾布依族的光绪二十一年（1895）《众善补修碑》，碑文对修井始末及众人捐修情况等做了详细辑录，碑高 97.5 cm，宽 62 cm，厚 13 cm。此外，云雾镇抱管村抱管寨布依族的道光二十四年（1844）《龙井碑》，高 72 cm，宽 136 cm，此碑横而广，镶立于墙上；此碑记载了重修水井时寨人捐资情况，亦载有各姓芳名，横而广，便于书写。

功德纪事碑行文较复杂，一般涉及碑序、捐资人姓名、捐资银两等，故书写格式较其他复杂。此类碑刻尺寸有高有矮，根据公益事业规模大小而定。规模大，影响空间广，民众参与度高，则碑较高；规模小，涉及空间范围小，民众参与度不高，碑体则小。如德新镇宝山村落尾掌渡口的道光二十五年（1845）《永垂不朽碑》，因此渡口关系独木河两岸人群往来，影响彼此生产生活，遂群众参与度高，碑文内容多，碑体高而宽，高 204.5 cm，宽 90 cm，厚 12 cm。位于云雾镇大塘村的光绪十五年（1889）顺天桥碑刻群，分别为：《顺天桥碑》，高 180 cm，宽 122.5 cm；《千秋不朽碑》，高 167 cm，宽 79 cm；《万古长存碑》，高 171 cm，宽 97.5 cm。这几通碑碑体较大，因此桥为北上省城贵阳府，南至独山州、粤西等地的重要交通枢纽，对区域内民众影响甚大，民众修桥参与度高，碑刻承载信息量大，碑体遂多高而大。又如云雾镇窑上茶山村谷纪关布依族的嘉庆五年（1800）修路《功德碑》，因所修之路上达平伐、贵定县城，下至都匀府，此路关系地方百姓的切身利益，所以群众参建度高，碑刻便高而大，高 166.5，宽 86 cm，厚 19 cm。有些公益事业只涉及一村寨，碑体遂较小。如德新镇宝山村上岩寨苗族因建土地庙而立的嘉庆十三年碑，高 32 cm，宽 77，5 cm，厚 12.5 cm；光绪壬寅年碑，高 42 cm，宽 59.5 cm，厚 11.5 cm。土地庙系一个村寨信仰的体现，修建庙宇多为一寨中人，空间范围不大，碑体信息承载量小，碑遂多小巧。又如关于家族祠堂建设的碑，此碑关涉家族内部事务，故家族人员参与度高则碑体多高大，反之则小巧。如盘江镇兴隆村大烂冲邱氏祠堂的嘉庆十六年（1811）《万古不朽碑》，因家族成员参建度低，碑体规模不大，高 110 cm，宽 65.5 cm，厚 11 cm。德新镇蓝家寨寨尾皂荚树下的道光三年（1823）《太平桥碑》，高 82 cm，宽 67 cm，厚 8 cm。此碑为蓝家寨村民建桥时所立，此桥为沟通村寨与田土生产的重要通道，与其生产生活息息相关。

官府文告碑行文多冗长，书写格式亦较单一。文言作为官方文书，刻于石上自然要显得威严，所以此类碑刻多高大，显其威严磅礴。如嘉庆时期任云贵总督的富纲颁布的《夫马定章》告示，告示行文冗长，碑刻承载的信息量大，碑体高大庄严，书写行云流水，与官府身份地位契合。德新镇丰收村牛屎寨苗族的道光十三年（1833）《夫马定章碑》，因行文长，一通碑无法承载，由两通碑构成，碑高 204 cm，宽 153 cm；云雾镇燕子岩村把关大寨苗族的道光四年（1824）《夫马定章碑》，仅一通，碑文同为夫马定章一事，但因书丹人微妙的调整，通篇碑文得以刊刻于一通碑上。此碑高大雄伟，高 210 cm，宽 114.5 cm，厚 14 cm。

有些文告碑碑文涉事空间范围小，碑刻外形相对稳定。贵定清代的碑刻中，有一部分为丁粮定章碑，这类碑刻的内容均由官府颁布，而后由百姓刊刻于石。此类碑刻高多在 160 cm 左右，宽 70 ~ 100 cm，厚 10 ~ 15 cm。如位于昌明镇摆耳村谷纪寨的光绪年间两通《丁粮定章碑》，光绪二十三年（1897）碑高 161 cm，宽 96 cm，厚 13.5 cm，记载保甲下辖八个村寨寨民连名控告新添土司及官差书役浮收银粮一事。此甲向来征收有大小亩之分，因土司浮收以致混乱。经官府查办，于光绪二十三年重新统一所收银粮，防止官差书役、土司等肆意浮收。光绪二十八年（1902）碑高 157 cm，宽 94 cm，厚 14 cm，记载苗民等控告新添土司浮收银粮。官府查办发现确属事实，遂颁此告示，申饬土司等令行禁止，以平民怨。谷纪寨民特立此碑以纪念。

总的来看，碑刻外形的大小，由其性质、行文、立碑者的地位等情况而定。相较而言，井规碑行文简洁，多涉及村寨用水事宜，影响范围小，碑体相对小巧；功德纪事碑行文复杂，且书写格式较其他烦琐，尺寸大小由公益事业规模大小与空间影响范围而定；官府文告碑行文多冗长，书写较单一，作为官方文书，刻于石上自然要显得威严，遂此类碑刻多高大而气势磅礴。

2. 碑座与碑帽

碑座是碑刻的底座，它可以使碑体立正、立稳，防止碑刻沉陷。本书调查到的贵定碑刻中，除平放于地、镶立于墙的碑刻外，均有碑座。但大部分碑座因自然下沉或掩埋等原因，多已不现。碑座的宽度一般都与碑体宽度契合或略宽，这样才能承载碑重。碑座一般呈方体，或长方体或正方体，除此外，亦有其他形状，如“龟趺”。“因中华民族以乌龟为灵类，是长寿的象征。龟又能负重，用龟来负承碑石自然顺理成章。受这种文化理念的影响，不少碑座被打造成龟形。”①目前底座呈龟形的碑刻在贵定碑刻中仅仅发现一通，即位于城关镇高坪蔡郎寨后山丘上的光绪年间汪柱元墓龟座圣旨碑（图 2-4），立碑人为使汪柱元得圣旨嘉奖的殊荣得以亘古流传，遂以“龟趺”。

图 2-4　汪柱元圣旨碑龟趺碑座

碑帽是置于碑额之上对碑体起保护作用的部位，同时具有一定的审美价值。贵定碑刻有碑帽的

① 毛远明. 碑刻文献学通论[M]. 北京：中华书局，2010：49.

情况并不多见，大都无碑帽。其碑帽形制较为单一，多为一方形石块，且无雕饰花纹。如龙里县与贵定县交界处台上村司头寨对门坡的嘉庆十七年（1812）《永远遵碑》（图 2-5），其碑帽为一方形石板，置于碑额之上。又如沿山镇新龙村冗山大桥的乾隆三十二年（1767）《冗山桥记碑》（图 2-6），碑帽与碑身紧密相扣，衬托其威严。

图 2-5 台上村司头寨《永远遵碑》

图 2-6 沿山镇新龙村《冗山桥记碑》

3. 碑刻的书写格式

古人对碑刻的书写多有讲究，书丹的碑面称之为碑阳，碑阳背面为碑阴，碑阴一般不书，但也有书丹的情况。总体而言，碑刻书写格式主要包括碑额、首题、正文、落款等项。

3.1 碑额与首题

碑额即碑头部，也称“碑首”“碑头”。碑额内容主要有两类，一为装饰性图案雕刻，一为文字。而贵定碑刻中多以文字碑额为主，图案雕刻甚少，也有两者均无的情况。往往碑额题字均为榜书，目的在于突出碑刻的性质，有提纲挈领之意味。碑额题字大小均倍于正文，一般 10 ~ 15 cm 见方，也有小于 10 cm 的情况。位于昌明镇贾戎村贾戎寨布依族的道光二十四年（1844）《永垂不朽碑》，碑额阴刻楷书“永垂不朽”四个大字，每字 12 cm 见方；位于云雾镇抱管村田坝寨的布依族光绪三十年（1904）《禁止赌博碑》，碑额镌刻“禁止赌博”等字，每字 10 cm 见方；又如德新镇四寨村大坤主的苗族道光七年（1827）《永远不朽碑》，碑额不仅镌刻有“永远不朽”等字，亦刻有一些几何图案。因碑文涉及地界问题，这些图案应与地界四至有关。以上碑额是有题字、图案的，但也有诸多碑刻两者皆无，如位于与贵定县新巴镇交界的龙里县洗马镇巴江村康家寨的汉族道光二十六年（1846）《惜字塔碑》，沿山镇星溪村晓寨的布依族道光十四年（1834）《毓秀峰碑》等，以上两处碑刻通共十通，碑额均无题字与刻画。

首题是“碑刻第一行（长的占多行）起标题、总领作用的铭刻文字”①。古人书写习惯为右往左竖排直书，碑文书写亦如此。一般情况下，在碑额无题字时，首题就尤为关键，从首题题字就可以

① 毛远明. 碑刻文献学通论[M]. 北京：中华书局，2010：47.

大致知道碑文所书之事。如云雾镇抱管村抱管寨的布依族道光二十四年（1844）碑记，碑额无题字，首题为“重修龙井碑叙”，从首题即能知道这是一通修井碑，井曰龙井；又如德新镇新场村长坡脚的光绪八年（1882）碑，碑额无刻字，首题镌刻“重修土地祠碑记”，遂知此碑记载了重修土地庙的相关情况。

3.2　行　文

碑刻行文多因碑刻类型的不同而有所差异。规约类碑刻行文多简单。此类碑刻多书立碑缘由，经众议论，开列相关条规，一般行文为首题、序言、条规、落款等项，书写条理清晰。如盘江镇白龙村杨家寨的布依族光绪十七年（1891）《永垂不朽碑》，具体行文如下：

永　垂　不　朽

蓋聞
五家為鄰昔人猶擇地而處二十五家為里古亦有仟厚之居□
休哉乃區區鄰里喧不因乎古而成其今也哉因我楊家村自古
以來前覽風山敗壞左右古木俱空年年田禾雖阜歲歲久物□
是以約我閤族老幼親朋人等同心商議出入相友守望相助□
踴躍從公户户欣然向往然而要不栽植風水靈秀奚以有□□
界乎遵我者昌滅我者亡若不議永遠章程恐後子孫無□□□
謹將條規開列於後
一議村邊山林樹禁止不准妄伐如有妄伐罰銀一兩入□□□
一議村中水塘閤寨人等捐銀得買永遠不違
一議風水山名石門山以中院老幼禁止無許妄伐若不□□□
一議風水山名白坟山以外院老幼禁止無許妄伐□□□□
一議前後山林樹木各人照界管業無許乱伐雜木
一議內院外院各人禁止老幼若拿獲者罰猪一百□□□□
一議遠處山林親戚族內各家老幼照界管業無許□□
一議村邊屋後竹林生笋一寨老幼乱討伐違□□□□□
一議祠邊山名大园山外院屋後山自古及今不得入□□□□□
清光緒十七年歲次辛卯孟月　十八日　□

此《永垂不朽碑》，行文较为规范，碑额镌刻“永垂不朽”等榜书，首题为“盖闻”二字，首题之后为碑序，碑序起叙事之作用，经众人商议得出条规数条，刊刻于后，最后题款。该通碑刻记载了杨家寨布依族人共同商议护山保林，缘因其风水山林为人所坏，为保风水，合寨众人商议护山保林之规约。后将碑文刊刻于石，约束寨人举止。

用水公约的碑刻行文言简意赅，简单明了。最少不过百字，表意一目了然，如新巴镇新华村花京小寨的布依族嘉庆十三年《用水公约碑》，行文从右往左载“嘉庆十三年冬月吉旦修，禁洗菜蔬、破布、秽物、吊桶等件，犯者罚银乙两肆。”又如德新镇新明村菜苗寨的苗族光绪二十七年《万古流名碑》，该通碑刻为苗族护井公约碑记，碑额镌刻“万古流名”等字，无首题，碑文内容较简单，对用水作出了相关规定，违者罚银，为光绪年间重修水井时所立。此类行文简明扼要的碑刻较多，在此不一一列举。

萬　古　流　名

蓋聞修井衆姓人等議
話不准洗依濫裙井內
若有古洗誰居那人見
井泉龍王神位
者罰銀三兩放水井內
罰銀五兩開列於後
大清光緒二十七年辛丑仲秋月重修

告示碑。这类碑刻，通常产生于官府处理相关民事诉讼或社会问题后，颁布并张贴的处置文告，地方百姓、士绅将其镌刻于石，以求碑文的长久，达警世之意。告示碑行文多冗长，但书写格式较固定，又因处理案件的不同，书写亦稍有差别。如德新镇四寨村大坤主的苗族道光七年（1827）碑记，碑文如下：

四　永　遠　外有　上整田　不　朽　至

東界抵羅已卡黑石頭三進坡野貓坡長領崗豬槽潭姊妹巖鍋底凼三分田石版井蜂子巖土地了十字路平抵越界

呈上
南界抵炮木山　場門口　楊漆山　梅山坡　両岔河　黑石頭　月亮洞　石版坡　甲打鼓　馬頭坳　大龍井　老道坡抵平越界
欽命署理贵州巡撫部員署都匀麻哈州正堂加五級紀録十次繆　為
南鄉屬大蜂塘苗民田土一案蒙　恩堂譏明四寨自祖以来開挖耕食稽之八九十年未有争端前
彭姓霸佔苗民四寨業産賣與丁姓後丁姓擇四寨田土轉賣給苗人四寨誰知丁姓復佔二家具禀到案日後
四寨議价銀壹仟貳佰兩與丁姓當堂賣與苗人四寨不許丁姓仍屬贖四至今明自賣以後丁姓不得
向苗敷補節外餉銀自今以后苗人不得多佔丁姓三厂田土各宜禀遵毋違特示　□孰不曉
道光七年閏五月二十八日示　右諭實貼大峰塘晓諭
丁姓於嘉慶十九年又與苗人告赴府堂一案蒙　雷府主天恩斷係苗田即率四寨苗民當堂兑價
贖還追契存案永遠管業雷主以後蒙　杜卅主恩断揭賣契與苗民管業安靖無事蒙繆州主
天恩断明以後四寨不得牽連三厂田庄此當堂立賣與藍保受羅阿保藍阿土藍老三藍阿照
等各管各業丁姓實得賣價文銀壹仟貳佰兩整並無货物準折即日親手領銀明日不得少欠
分厘其田載種乙斗三升三合三勺地丁條銀照州主內古額每年完納玖錢伍分玖厘肆毫苗
民自行赴州上納不與丁姓相干丁姓亦無互混自此四寨不與三厂相干三厰各派地丁条銀丁姓
自赴州主上納不與苗民相干自賣之後認憑苗人子孙永遠管業四寨田莊各有四至丁姓子
孙毋得與苗人争論恐口無憑當堂領示存册竪碑永遠照此案在河南司案呈有所本部議
后河南布政使　富有本奏此業　領日送府州藩司住驗契因一摺于本年十二
月十二日奏本日奉　班並頒發式行文贵州巡撫欽遵　辦理可也
苗民等因□　咨移到本院准此合就　吏查照票內准此本部咨奉
國恩旨意各台上憲辦理　便欽遵刊刷酌量頒发移行辦理仍刷樣呈勘查毋違須至契尾者實
結案與藍保受羅阿保羅阿士藍老三藍阿照等買丁士傑田土坐落地名載契內賣價壹仟
貳佰兩爲號　道光七年閏五月二十八日示　本年十月十九日苗　民人等子孫必廷吉日立
北界抵貓背坡　葫蘆井　蟲蟻坡　坳頸青　何家坳　雁子洞　白榨石　大深洞　涼水井　石板棹　高梘坳　大栗樹抵貴定界

分　西界抵自□□猪槽井坳頭坡□風□磨□石將軍沖馬倒坎剛樹皮長嶺崗□竹坡石門坎抵貴定界　明

该通碑文是麻哈州县衔正堂颁发的关于处理四寨苗民与汉人丁姓地界纠纷一事的告示，最终处置结果公之于众，以便众人知悉。四寨地方在清光绪以前为贵定县与麻哈州的插花地，隶属于麻哈州，光绪年间才划归贵定县属（详见第七章第一节）。插花地带是利益矛盾较为尖锐的地区，苗民四寨为防止日后再生事端，遂将告示镌刻于石，以垂后世。这通文告碑文，行文较复杂，碑额除题“永远不朽”等榜书外，还将地界四至所到补刻于上。此种做法并非脱刻，而系故意安排，考虑到碑末未能刊载四至所到，遂将四至分刻于碑阳四方，形象表示地界东西南北所到。

首题为“呈上”二字，此二字一般只有官府在断理民事案件时才会使用，后署“钦命署理贵州巡抚部员署都匀麻哈州正堂加五级纪录十次缪”，这是文告行文惯用的书写格式，先书发布告示官员的县衔及所属，再者为官职及考评等级，后为官员姓氏。正文书写案件性质，“南乡属大蜂塘苗民田土一案”，是为田土纠纷等事，因四寨苗民与汉人丁姓田土地界不清而互控至府县，经府县正堂查处核实后，刊列断案结果，最后落款。行文落款和碑刻落款略有不同。告示早于碑刻，碑刻是告示颁布以后，地方乡绅、百姓将其镌刻在石，两者时间不同步，前者早于后者。立碑者往往系与告示相关的人或村寨。此告示碑为四寨苗民所立。苗民镌刻告示于碑上，是为防止纠纷再次发生，同时亦是希望碑文的传承能使后世子孙清晰地知道产业所到，避免时间过去太久后，再有纠纷发生。

功德纪事碑，是为纪念个人或大众为地方公益事业作出的贡献而立，书写格式较复杂，通常介绍建设缘由、承首（或承建）人姓名、捐款、捐物、出力情况等。碑体可大可小，由事业建设规模和群众参与情况而定。一般来说功德记事碑内容有以下几项：主要事件，即进行的公益事业建设是因何而建；人物，即建设者人名；捐款、捐物、出力情况等，即建设者的捐助情况，捐物是建设者在无钱的情况下以实物为捐赠对象，如捐谷、捐布等，出力是建设者在前二者都没有的情况下，亲身参与到事业建设中。贵定碑刻反映的地方公益事业建设有建桥、修路、建渡口、修井、建造祠堂、修建庙宇，其中主要以交通建设为主。贵定境内河网密布，大小溪流众多，遇河搭桥修渡为时人亟须解决的问题。此处以德新镇光明村小光比道光十九年（1839）《福德桥碑》为例，其碑文如下：

福德礄

聞之王道平乎是不僅在一途而途未始不宜然焉如小光比之栗樹坡古道也往來行人上不僅省順堡下不盡甕餘湄興奉洪

水橫流所推朽者不少欲依舊路則攀躋無由要修新路乃依楊府之業愚特依門央告幸　楊府發仁懷概然準修全不

取分毫愚既成特將同善姓名開列於後　宋辛祁　張必谷撤塘衆寨出錢二百文

何學翰錢三千　宋　進錢六百　楊金焯　各　劉紹享　黃正本各　王在興　楊正洪　戴登魁　余起祥礄木四根

宋希儀錢二千　宋　治錢六百　楊金彥　戴登貴各　黃文魁　李　興各　藍文開各　熊閏興各　曾士貴礄木二根

張其峯錢一錢　陳尚連錢六百　祝士品　賀起華　楊金縣　陳德華　楊通鳳　龍大有　宋富元礄木三根

施廷俊錢一千三百二　宋通達錢六百　陳國順　二　宋富光二　楊金表　一　黃提士　李興發　董貞一　一　楊崇林礄木一根

朱能仁錢一千　僕廷才錢六百　亩國賢　羅正崗　楊　采　彭星朝　一　祝天賜　一　董紹川　曾士諒礄木一根

徐林茂錢一千　宋　塏錢六百　鄒起福　丈　楊文明丈　楊　堡　羅文元　楊通學　宋崇祁

徐占文錢九百　封士聰錢四百　鄒起林　董紹朱錢　雷文安丈　封廷有　蕭景光丈　蒼治國丈

熊有光錢七百五　楊金俊錢四百五十　鄒起發　錢　王心一　黃正富　鄧長春丈　李朝榮丈　張玫魁

楊澤遠錢七百五　楊從先三十　鄒起安　侯應芳三　李玉朝　王金勝　宋口祁　劉連秀　錢

張其祥錢七百五　羅文美各　楊文才　二　王有福　祝士謨　錢　董連仙　錢　史書賓　錢　阿寶茄

胡巨川錢七百五　李士貞四　梁雲集　楊　墩百　周之柯　董紹永　王福元　侯應富　一

楊芳友錢七百五　李士澤百　劉應貴　付廷顯錢　祝天華　一　倉三元　余尚志　楊正餘

楊鳳翔錢六百　陳應先五　王蓋臣　百　楊金普一　祝天順　楊嘉林一　龍起金一　楊通鰲百

祝士鰲錢六百　羅文漢十　馬明清　楊　坧　楊金斗百　阿比着　陳德洪　王德元

楊金裳錢六百　楊必達錢四百　黃必能　張　璧百　周杏榮　侯喬保百　黃必耕百　唐德元五

楊　瑩錢六百　羅文舉錢三百四十　戴大方文　付登鰲五　史在魁五　劉裕俊　雷正明　王化深錢一百

楊文清錢六百　侯正舉五　王士龍五

楊金富出錢三千三百文

大清道光拾玖年八月初陸日立　首領修士　楊春林出錢二千八百文

此通碑刻为典型的大众功德碑记，为纪念众人建修福德桥而立。此桥因当地每遇洪水则阻路难行而建，是当时向南通往贵定县城，向北到达平越州的重要通道，亦系连接村寨之间的重要交通枢纽。捐资以当地杨家为首领，杨姓在当地为大姓，汉族。碑中涉及姓氏众多，各族人民均有参与。从通篇碑文看，书写较为复杂，碑额镌刻“福德桥”字样，首题即为修桥序言，落款与其他碑刻相同。碑文在人名、钱物的书写上较复杂，其书写亦遵循一定的格式，碑序结束，则从右往左竖排直书捐资人姓名，并在其名下方书写捐资银两数或捐物情况，书至与落款间隔 2 ~ 3 cm 时，换行直书，直至捐资芳名镌刻完毕。又因捐资情况的不同，书写多有变化，如每人捐资银两数不同，需不断别书，如某一数目捐资人数较多，则把相同捐资人数罗列，于芳名下书“以上 ×（表人数）人各捐银 ×（钱两数）两”。通常，会书匠士、书丹人、撰书人等姓名于后，最后落款为立碑时间。

3.3 落　款

碑刻落款内容主要有落款时间、人物、地点等，落款时间一般分为两种，多落于碑阳最左，也有落于碑阳右侧，即为首题，后者情况较少，前者居多。碑刻落款较为重要，它是一通碑刻年代最直接的证明，对时人有记事、警醒之用，也为后人研究提供了方向。人物多为撰写碑文者姓名以及刻工姓名。地点主要为碑刻涉及村寨名称。

官方告示类碑刻落款简洁、统一，多落在行文最后，即碑阳最左侧，直书相应皇帝年号及日期，有些并书“立”字，有的不书，如盘江镇新峰村小山组的乾隆五十九年（1794）《万古留传碑》落款为“乾隆五十九年七月二十八日立”，又如云雾镇鸟王村关口的苗族嘉庆十八年（1813）《万古留名碑》落款为“嘉庆十八年八月初三日”。此类碑刻有刊载两个落款时间的情况，一为告示颁布时间，一为立碑时间，如云雾镇燕子岩村把关寨的苗族道光四年（1824）《夫马定章碑》落款分别为“嘉庆肆年陆月十九日示”“道光肆年二月十八日立”；又因告示类碑刻往往与村寨居民相关联，人们在立碑时往往加上村寨名称，如现存贵定县城关镇城隍庙的光绪二十四年（1898）《丁粮定章碑》落款为“光绪二十四年闰三月十五日告示”“光绪二十四年孟秋谷旦红岩良田秧业龙塘等寨门立”。

规约碑与功德纪事碑落款较告示碑复杂，告示碑讲究简约明了，而规约碑与功德碑因多为地方文人墨客所书，文学色彩较浓厚，书写多灵活复杂。多以“朝代名”“年号”“几年”“岁次（干支纪年）”“某季节某日”“谷旦或吉旦（表良辰吉日）”“立”等格式为主，如沿山镇石板村梓木庄的布依族光绪十六年（1890）《磴桥碑》，落款为“大清光绪十六年岁次庚寅仲春月谷旦立”；沿山镇石板镇平寨的布依族乾隆五十五年（1790）《永固流芳碑》，落款为“乾隆五十五年岁次庚戌仲秋月谷旦立”；位于沿山镇石板村平寨的《马海塘碑》，落款时间较为特殊，使用太岁纪年法，即“大清道光屠维大渊献岁震节望日立”，其屠维（岁星）、大渊献（岁阳）分别与天干、地支对应，天干对应己，地支对应亥。这样的落款形式相当少见，因较繁琐，不为众人接受。一些功德碑记落款有把承首人（或承建人）并书的情况，如沿山镇新龙村的乾隆三十二年（1767）《冗山桥记碑》，落款为“大清乾隆三十二年岁次丁亥夏四月十六日谷旦平伐长官司庭绍统□□建立”，因此桥为时任平伐长官司庭绍统承建，为显平伐长官的威严，特书于后。影响碑刻保存时间长短的因素之一为刻工技艺的精湛程度，所以诸多碑刻在落款时往往会把刻工及书丹人姓名一并刻于碑末。

还有一些碑为表示为众人所立，落款多见“众”“公”“共”“合”等字，如云雾镇抱管村田坝寨的布依族光绪三十年（1904）《禁止赌博碑》，落款为“光绪三十年花月朔日新兴合寨公立”，昌明镇秀河村龙塘湾的布依族民国 7 年《护林碑》，落款为“中华民国七年寒食节合寨共立”，龙里县与贵定县交界三江口的道光七年（1827）《古千垂永碑》，落款为“大清道光柒年六月初七日众姓议新立”。

以上落款时间均位于碑阳左侧，贵定碑刻中有部分时间落款于右或碑额处。如盘江镇马场河村红岩组的布依族道光十四年（1834）《寿星桥碑》，落款时间为“大清道光十四年岁次甲午季秋月吉旦立”，盘江镇兴隆村卡榜的布依族道光十八年（1838）《太平桥碑》，落款为“大清道光十八年五月初二日立”，昌明镇光辉村旧司的光绪十七年（1891）《众善补修碑》，落款为“光绪十七年八月吉日立”，昌明镇良田村栗寨的布依族咸丰四年（1854）《仁寿桥碑》，落款为“大清咸丰四年秋月吉旦立”。这几通碑刻落款时间均位于碑阳右侧，即为碑文首题。这种落款方式极少，可能受书丹人书写习惯的影响，但在碑文书写逻辑上是不为众人采纳的。落款于碑额处的情况目前发现仅一通，位于盘江镇长江村由洛北河通往马场河驿道上的龙潭口处的道光十七年（1837）《代明桥碑》，落款为“道光十七年四月十五日立”，落款书于碑额处，“道光十七年”书于右，“四月十五日”书于左，其原因难以深究，但从行文来看，很有可能因碑阳书写空间有限，其落款只能选择书于碑额处。

第三章 清至民国时期贵定碑刻中的家族与家族活动

贵定境内家族众多，明清时期人口流动频繁，大量家族不断涌入，不断发展壮大，形成了今天贵定家族分布的格局。家族是乡村社会的重要组成部分，有时一部家族史往往是其村寨史。地方家族开展各种家族活动，遗留下了诸多记载着家族活动的碑刻。通过对碑刻的梳理再结合族谱记载对家族发展情况做分析，对地方家族史和地方史的研究具有重要意义。

一、刊载家族发展历史

家族的发展除通过族谱外，亦可通过碑刻记录下来，且碑刻的保存时间更长久。在贵定不少碑刻中，记载了当地家族从入黔始祖到现在（指碑刻所处的年代）的发展状况。在家族发展壮大的过程中，人们通过建修祠堂，不仅可以缅怀先祖，亦能增强家族凝聚力，在发展的同时还可以整合邻里关系。

1. 入黔始祖及家族的发展

贵定县境内的各家族，入黔始祖入黔原因有所差异，有因调北征南或调北填南而来，有因经商久居此地，有因流亡来到此地。云雾镇令寨的光绪年间罗氏①族谱碑中记载，其祖因战争入黔，后久居贵定，并不断发展。碑文载："祖兄弟七人共，皆不著其名，豫章郡四维氏，江西人也，其以黔哉！溯其来之由，自圣主洪武年间，两省开辟，九州攸同，调北征南，祖也弃故土，则处黔山。"其祖公七人，因洪武年间朝廷调北征南，兄弟七人遂来黔地，因立有战功，受到朝廷的封赏。令寨光绪四年（1878）《罗氏族谱》碑文载：

> 溯我先人，原籍系江西南昌府丰城县南漯街珠市巷人氏，罗宅世宦，恒流万古。吾族发源于洪武年前，分派于丹行之，世守喇亚，则嘉靖时迁马司，略表世俗，其槩则断。自明朝诰封龙虎将军，讳文才公，始而敦本崇实，行事浮华，好善乐施，躬于清水江之上，诚始谋

① 令寨罗姓是为今地祝姓。

之善也。生鸣友公，其以忠厚性诚，孝友天植，吾族兴顺，培植居多，富而且贵。孙子七人，诸孙济济，冠带盈门。[1]

碑文反映罗氏先祖行伍起家，经过征战，战功卓著，从而使家族发展壮大。至鸣友公时，孙子七人，人才济济，冠带盈门。至万历年间，岗利（令寨）立寨始祖鸣富公就此住居，生应盈、应启、应明、应聪四子。碑文载：

洪武年间，流移黔地，世居喇亚，□先人之崇德启修，嗣之蕃昌，孙子七人，声称阀阅。想我二房始祖，落业党鲁，厥后分居就业，由喇亚而发源于党鲁，由党鲁而分派于高坡，由高坡而散往大甲，由大甲而迁徙于岗利。[2]

此碑文记载了岗利（今贵定令寨）支系罗氏族人的迁徙过程。

同为罗氏宗族，抱管寨罗氏家族民国35年《罗氏族谱》碑载：

溯我姓□，原籍江西，旧家丰城人。入黔始祖公，讳文才，诰封龙虎□列将军，特以忠勤上宪。而创业黔南，留守斯土，蕃衍于兹，尽五百余年矣。当年衍就七□之支，厥今克臻亿万之美，爰乃先德之所树，宜乎世胤以炽昌，黔南到处布满罗氏足迹，筑道会同半属宗嗣，给谱所谓泽远流长，发荣光大，实有以副之也。

其始祖罗文才，创业于黔南，世守其土，繁衍已有五百余年，其家族不断发展，使黔南到处都有罗氏足迹。“为保持家族的繁荣兴盛，族人自觉担起家族延续与发展的责任。”[3]迁居抱管寨的罗氏子孙，“迄今相传已十代矣，全村蔼瑞济济，数十户更有移殖向外，而开发者殊不鲜”。经过十代人的努力，全村蔼瑞和谐，人才辈出。

2. 修建祠堂

家族祠堂是家族人员祭祀祖先、制定族规民约和商讨家族事务的重要场所。祠堂之所以经久不衰，因其与“中国封建社会赖以生存的宗法制度、宗族势力有着密切的关系。在长期的封建社会中，构成中国社会基石的始终是由血缘纽带维系着的宗法性组织——家族”[4]。血缘关系使人们有着共同的记忆，即对祖宗的记忆与思念，而祠堂恰好是追慕祖先的地方。诚如清人张永诠所说：“祠堂者敬宗者也，义田者收族者也。祖宗之神依于主，主则依于祠堂，无祠堂则无以安亡者。”[5]足以看出祠堂对家族的重要性。祠堂作为家族的公共场所，家族内的成员可以共享，“家礼祠堂之制，贵贱通得用之”[6]。诚如《祝氏家谱》云：“古人造宅，先成祠堂，冠婚醮典，悉于祠堂成礼。遇有水火、急故，先全祠堂，后济私宝，重生人之本也。祠堂合祀之制，使人聚。”[7]一语道出祠堂在家族中的地

---

① 参见贵定县云雾镇燕子岩村令寨光绪四年《罗氏族谱》碑文。

② 参见贵定县云雾镇燕子岩村令寨光绪四年《罗氏族谱》碑文。

③ 赵兴鹏. 区域社会史视野下花溪清代碑刻调查与研究[D]. 贵阳：贵州民族大学，2017.

④ 蔡丰明，窦昌荣. 中国祠堂[M]. 重庆：重庆出版社，2003：78.

⑤（清）贺长龄，魏源等撰，沈云龙主编. 近代中国史料丛刊·皇朝经世文编·卷六十六[M]. 台北：文海出版社，1966：2413.

⑥（清）贺长龄，魏源等撰，沈云龙主编. 近代中国史料丛刊·皇朝经世文编·卷六十六[M]. 台北：文海出版社，1966：2414.

⑦ 见贵定县云雾镇令寨《祝氏家谱》，当地祝氏原罗姓，后改为祝姓，有祝罗姓之称。

位和功能。

调查发现，贵定境内保留着不少家族祠堂，有一些因各种原因已破败不堪，这些祠堂主要分布在布依族聚居区和汉族、布依族杂居区。从碑刻的记载可以看到时人修建祠堂的情况和当地家族发展状况。位于盘江镇大烂冲的邱氏祠堂（图 3-1），现保存较完好，厅堂三间，左右为副室，中堂专供祭祀祖先。据碑记载，此祠堂始建于嘉庆十六年（1811），由邱氏家族第十五世“德”字辈先祖组织修建，除邱氏族人参与外，周边其他家族或友人均有捐资修建。邱氏族人共二十一人捐资，其他族人、友人十五人，捐资在一钱至八钱之间，其中有僧侣集团、当地布依族韦姓、苗族同胞等。祠堂在光绪年间毁坏，悬挂于邱氏祠堂正门之上的“广祠佛堂”匾额上载：“光绪九年菊月吉日，邱氏合族重建。”祠堂得以重建，是因为“祠堂被认为是祖宗神灵所依附的地方，子孙思念祖宗的场所”①，祠堂破败则是对先祖的不敬。邱氏族人为使祖先神灵有安居之所，在众族人的努力下，重新建立了祠堂。

图 3-1 盘江镇大烂冲邱氏祠堂

在一些布依族聚居区也建有祠堂以供奉祖先。如云雾镇营上村上新寨的道光二十五年（1845）所建陆氏祠堂（图 3-2），砖木结构，祠堂规模较大，呈四合院形式，正堂四间，右院现已毁，正堂中间供奉祖先灵位。屋顶房梁题：“大清道光乙巳年戊子月甲申庚午时建造，木匠张兴久，石匠刘基槐、□达顺；祖籍江西移徙贵州天河郡居住合族孙支敬立。”从题字看，布依族人修建祠堂对时辰非常讲究，认为时辰的好坏关系家族的发展。同时也可看出当地布依族祖先为江西籍迁入此地。在布依族抱管寨曾建有祠堂，后祠堂被改建为学校，后学校毁坏，现已不存。其寨民国 35 年碑记中载：“为我后裔子孙繁殖广远，年来冬祭，慨赴会之难，企事以因所在地而谋建分祠，以崇祭典而明礼祀，冀昭如一之式，敬荐于万之馨香，而切同支之谊以开。来此我祖传力为建议，捐资购置基址，□面鸠工创修，清光绪乙巳年九月，建立大殿及右厢各三间。”从记载看，因抱管罗氏祖上祭祀祖先，“赴会艰难”，遂商议在抱管谋建分祠，以此祭祀祖先，经过族人商议，合族人捐资购置地基，修建而成。

① 张开邦. 明清时期的祠堂文化研究[D]. 济南：山东师范大学，2011.

图 3-2 云雾镇营上村上新寨陆氏祠堂

3. 整合家族关系与睦邻

随着家族的发展，其支系不断增多，日积月累，宗族之间的关系就会慢慢疏远，至亲也可能会若路人。罗氏族人为避免这样的事发生，通过修族谱、立碑的方式，让后人知晓血脉传承。碑文载：

> 主今多历年，所分居不一，虽云根深叶茂，源远流长，使无人以敲本溯源，几何不至视若途人，而亲疏混淆乎？恐谱牒之残缺，适录喇亚之宗支，始觉先代之由来也。约合族以立章程□碑，遗后计积谷以祭先茔，存支派而昭万古，不得不勉为任劳。体孝子仁人之心，怀敬宗睦族之意，所以众志沉沉，同兴盛举。①

修家谱、立碑铭的方式在一定程度上防止了宗族内部“视若途人”现象的发生，有助于家族的发展与彼此间的联系。在抱管寨《祠堂碑》中，不仅记载了罗氏家族的发展，并且把家族字派刊列于后，让族人在取名、排行上不至于混乱，使得尊卑顺序得以正常维持。除此外，碑文中还记载了约束族人行为的族规，如“凡属后山森林，纵系私人所有，理宜议蓄，经公议通过后，一律永远禁止砍伐，以上所议，如违重处”。因后山森林关乎村寨、祠堂风水，因此立规禁止族人破坏祠堂环境的行为。通过修订家谱而使宗族彼此保持长久联系的，还有昌明镇猛安村猛壤寨的布依族陈氏家族，其民国 6 年《族谱碑》云：“同宗共姓，族谱倾颓，字派纷繁，抱愧良多。历代之勋，猷不著列后之，字派罔闻所以致生乎。”指出族谱泯灭、同宗共姓的情况诸多，而字派又多纷繁，致使家族字派混乱，同宗公祖亦难以考证。后“幸遇同宗共祖之书生，系清旨宪政之”。可见族谱对家族关系的重要性。

在贵定一些多民族杂居的地方，家族祠堂修建的过程既整合了族人的凝聚力，又体现了家族与周遭社会的良好关系。前文所提位于盘江镇大烂冲的邱氏祠堂，在修建过程中，其捐资人不仅仅局限于家族内部。周边布依族人亦捐资同助。邱家为汉族，明朝时有邱禾实、邱禾嘉兄弟，其乡里声望甚隆，奠定了邱氏家族在当地的地位，布依族人积极参与邱氏家族事业的建设，反映了邱氏家族与周边布依族人相处融洽，侧面反映了布依族与汉族在文化上互相交流的情况。

① 参见贵定县云雾镇燕子岩村今寨光绪四年《罗氏族谱》碑文。

二、记载家族族产与祭祀活动

家族财产是家族重要的公共资源，它是维持家族活动正常进行的重要物质保障。在家族碑记中，记载家族祠堂田产的保护与管理的内容较为普遍。因祠堂田产系家族祭祀活动能否顺利进行的物质保障，所以家族对比极为重视。

1. 管理祠堂田产

祠堂是家族举行祭祀活动的重要场所，祭祀活动的经费多由祠堂田产产生，所以家族祠堂建成后，往往都会在族人中公布祠堂田产的情况。“子姓之生依于食，食则依于田，无义田则无以保生者。”①维系祭祀活动的主体是人，而当人饥不择食时，祭祀则难以进行，故田产是祠堂得以存续之关键。“为了保证祭祀经费的正常来源，宗族设置祠堂田，并制定一套管理制度。一般情况下，宗族将购买的祠堂田产镌刻于石上，内容包括田产名称、大小和四至所到，收租谷数以及由谁耕管等。”②

位于昌明镇猛安村猛壤寨的陈氏祠堂（已毁）民国 6 年《守先待后碑》，记载了祠堂田的耕种情况和使用情况。

> 祖庙将岁岁春秋，世嗣感报馨香，人伦昭明于其所矣。吾父子善念举成，一不敢攀援乎同族，再不敢阻碍乎意诚，三则秉灭意之存在，亦举有田所在，落坐地名□□田一坵，种四升差四分，以作祭冬之赀，其有园内田一坵，种三升差三分，又有下房土一块，系万选万清之份，作挂扫永正天子四世之坟。③

碑文指出田产收成以及用途。因家族支系血脉不继，所遗留之产业遂拨为家族公产，以作祭扫之用，《陈氏家谱》云：

> 及至第十五世，天朝、天应乏嗣，所遗有田业山场地土，并列垂之，以为山扫之资。其田坐落旧寨田三坵，种二升，台子田一坵，种四升，石厂两幅。吾数支不敢泯隍，并及置清明瓦窑田一坋十三坵，种六升，次递勤垂以为追远之。④

陈氏家族将所断脉系之产业划入家族公产内，在一定程度上防止了家族财产外流，维护了家族财产的完整性。一些家族为防止祠堂财产与他人发生经济纠纷，特意将财产所在地名及数量刊刻在石，并立定条规维护，如抱管寨的布依族罗氏家族碑文记载：“谨将本祠遗产列后，屯脚田乙坵，白腊田肆坵，大平司滥坝田二坵，母猪潭风水山乙幅，上下抵岩脚田，左右抵樟木树凉水井，罗山乙幅。”通过对田产的标明及指出其风水山林四至所到，明确家族财产，使之有相关依据。

---

①（清）贺长龄，魏源等撰，沈云龙主编. 近代中国史料丛刊·皇朝经世文编·卷六十六[M]. 台北：文海出版社，1966：2413.

② 赵兴鹏. 区域社会史视野下花溪清代碑刻调查与研究[D]. 贵阳：贵州民族大学，2017.

③ 参见贵定县昌明镇猛安村猛壤寨陈氏民国六年《守先待后》碑文。

④ 参见贵定县昌明镇猛安村猛壤寨《陈氏家谱》，2016 年版，陈朝皆收藏。

2. 家族祭祀活动

祭祀活动是家族事务中的要事，家族人员对比极为重视，清明是祭祀的主要节日，也是家族祭祖和扫墓的日子，所以在家族没有规定祭祀日期时，祭祀多在清明节。清明时节，家族中人都会聚集在祖先坟茔举行祭祀，族人往往以出米、捐资等方式，来维系祭祀活动的开展。如云雾镇令寨的布依族罗氏家族，每至清明，族人就会聚集于祖先坟茔处祭拜祖先，立于其祖茔的光绪四年碑记载：

同治八年嗣孙公议，捐清明谷上中下出合族芳名，开列于左。奎暄贰斗五升，光前贰斗五升，光熙壹斗，光奎柒升，光耀伍升，承位贰斗五升，光林壹斗贰升半，光土壹斗，光富柒升，光昧五升，承安贰斗五升，光登壹斗贰升半，光德壹斗，光珠五升，承万贰斗五升，光大壹斗五升，光茂壹斗，光巩五升，承淇贰斗，承树壹斗伍升，承春壹斗，光尚五升，承全叁斗，承仲壹斗伍升，承康柒升，承国五升，承道贰斗五升，承玠壹斗伍升，光胡柒升，承开五升。①

罗氏子孙每人捐谷五升至三斗不等，有力保障了祭祀活动的顺利进行。祭祀有其特殊的功能，祭祀活动“强化了家族内部的凝聚力和向心力，因为祭祀是一条精神纽带，加强了家族族员的血缘关系，联系了族属感情，并且强化了每个族人对宗族历史与社区神灵信仰的认同。在宗族祭祀活动中，每个族人都是参与者，能亲身感受到自己的上辈或远祖也曾进行过同样的活动，这种凝聚力非常强烈，能加深村民对先祖与宗族的记忆与认同”②。当地布依族人民通过合族参与祭祀活动，加强了家族成员内部的感情与凝聚力，在某种程度上有利于家族的发展与壮大。

三、地方家族文化的发展

家族在发展的过程中，不断与外界联系、互动以求自身的发展壮大，常通过发展经济、文化建设等方式谋求自身的持续性发展。在贵定区域内，不少家族试图通过发展文化的方式，让子孙能考取功名，以谋求家族的发展。他们通过兴建一些标志性的建筑，鼓励后世子孙学有所成。同时，地方名流对家族发展的祝愿，也体现了其对发展地方文化的渴望。

1. 文化标识性建筑的兴建

目前，贵定境内及毗邻地区发现当地家族为发展文化事业而兴建的建筑有三处。贵定县沿山镇星溪村晓寨的毓秀峰（图 3-3）。晓寨族人为布依族，为甘罗姓，本姓甘，民国前姓罗，据晓寨《甘氏族谱》载：

盖因洪武九年，开辟云贵，其时之统兵将军姓罗，兵士济。军务纷纷，举凡动作为递难者，指使异姓简便者，委令同宗。先祖从军麾下，见其待遇知其性情，亦称姓罗。由是生生

① 参见贵定县云雾镇燕子岩村令寨光绪四年《罗氏族谱》碑文。
② 李小兵. 祠堂的教化功能研究[D]. 重庆：西南大学，2009.

世世继继绳绳为罗氏者，已数十世矣。[①]

从谱书记载看，由甘姓改为罗姓，是因当时统兵将军姓罗，为罗姓，就能享有较好的待遇，先祖遂改姓。直至辛亥革命爆发，民国成立，其族才由罗姓改甘姓。而不论姓甘还是罗，此家族自立寨始祖起，就极为重视家族文化事业的发展，诚如其谱牒所言："先祖创建新村，立志伟业，耕种为家，攻读为本。""晓寨甘氏人家自古以来重视教育和文化知识的学习，清代还出了一文一武两个秀才。"[②]为鼓励子孙后代以耕读为本，道光十四年（1834），众人捐资修建毓秀峰，共三层，高三丈有余，六角飞檐。塔身镶立着五通碑刻，两通为地方士人所题诗词，三通为寨人捐资情况。捐资人数共二十九人，捐资银两多寡不一，能反映出族人对家族文化事业发展的期盼。诚如毓秀塔记言："巍巍毓秀峰，霞飞映彩虹。麻浪塘河水，清滢泛金波。狮卜藏龙地，人才辈辈出。"[③]至光绪年间，甘氏子孙考取了文武秀才各一名。从其家谱记载情况看，道光时期至光绪前，其族谱对族人入仕情况无记录，直至光绪中后期才有秀才两名，可见甘氏一族在发展文化事业上的艰辛。

图 3-3　沿山镇晓寨道光十四年毓秀峰

一些布依族地区，通过兴建文化标志性建筑，以约束读书人的不良行为，实现地区文化的发展。位于龙里县与贵定县盘江镇接壤处的三元镇渔洞村，建有一座封火塔（图 3-4），砖石结构，分三层，高十米有余。始建于道光十九年（1839），为当地布依族徐氏家族协同罗氏家族组织修建，在道光十七年（1837），罗氏族人曾组织修建贵定往龙里达省城贵阳的永兴桥，"承办桥务罗成玥，长男思录，捐银壹百零陆两，次男思琅，捐银拾两八钱"。从捐资情况看，修桥已倾尽了罗氏族人的资产，"外

① 参见贵定县沿山镇星溪村晓寨《甘氏族谱》，2007 年版，甘福祥收藏。

② 赵启华，吴若丁，史迪义. 黔中佳地贵定[M]. 贵阳：贵州教育出版社，2006：42.

③ 参见晓寨甘氏《族谱简略·毓秀塔记》，2007 年版，甘福祥收藏。

之存积，约计壹百余金，愿倾囊以修之”，致使道光十九年时，其已无力独自修建封火塔。在当地各家族的带动下，罗氏族人积极同助，众姓捐资出物，封火塔于道光十九年落成。封火塔作为当地文化标志性建筑，对当地文化发展具有重要意义。塔身东西面分别题有“敬惜字纸，连中三元”字样，其意蕴深刻。敬惜字纸告诫读书人爱惜文字与字纸；连中三元①，指接连在乡试、会试与殿试中考取第一名，从此可以看到地方儒生对考取功名的渴望。封火塔为当地儒生徐廷杨及其弟廷芳、廷杰等承建，承建者深知“字画兴于仓颉”。相传，“文字为黄帝史官仓颉所造。仓颉四只眼，通过上观奎星象，下察龟鸟迹，取万物美形，而造成文字。所以，后人祀奉仓颇为字祖或字圣。”②在读书人看来，字纸为神圣之物，不可亵渎，南北朝颜之推就曾说过：“吾每读圣人之书，未尝不肃敬对之，其故纸有《五经》之词义，及贤达姓名，不敢秽用也。”③可见前人对字纸的尊重与爱惜。“然今人不以为然。”④道光十九年《封火塔碑记》载，乃因“地处偏隅，人多废置，或糊窗拭棹，或裹盏擦股，种种践踏，难以枚举”。种种亵渎圣人的行为，在儒生们看来不可接受，为使此种行为得以杜绝，“则有名远徐兄者，惜⑤字郑重之，必欲收藏之所。商之叔弟□□梓，诸□佥曰：善。惟是度廻澜之善地，筑惜字之新亭”。在徐氏族人的倡导及众人的支持下，遂建此塔，希望“卜人文蔚起，企慕难忘”。通过修筑封火塔，告诫时人及后世勿践踏圣贤之物，同时也寄希望于后世之人经此启迪而重视教育的发展和文化学习。

图 3-4　三元镇渔洞村道光十九年封火塔

封火塔的有和无，其影响截然不同。若无封火塔，字纸被随意践踏，文化事业要想发展是为无稽之谈。封火塔的存在，对当地读书人来说是一种心理暗示，要尊重圣人之物，只有尊重才能谈学

① 三元，指解元、会元、状元，分别为科举制度下乡试、会试、殿试的第一名。
② 李娜. 清代、民国民间惜字信仰研究[D]. 武汉：华中师范大学，2011.
③ 颜之推. 颜氏家训·治家篇[M]. 北京：中国文史出版社，2003:48-49.
④ 贵州省龙里县地方志编纂委员会. 龙里县志[M]. 贵阳：贵州人民出版社，1995：690.
⑤ 因碑阳有部分风化，一些字迹难以辨别，“惜”为笔者根据碑文行文推断而出，遂用□标出，下同。

习，封火塔的出现亦是汉文化在布依族聚居区传播的表现。

除以上两处外，位于龙里县与贵定县新巴镇交界处的洗马镇巴江村，有一座惜字塔（图 3-5），这座塔见证了道光年间当地汉人同布依族人民共同为发展地方文化事业而奋斗的历史。惜字塔坐落在龙里县洗马镇巴江村康家寨，距贵定县一路之隔，公路北面为龙里洗马镇，南面则为贵定新巴镇。巴江惜字塔于道光二十六（1846）年由当地龙氏家族龙海廷、龙焕廷兄弟二人承建，三层，高约八米，石质结构。碑记载：

假借圣贤之句，淫词败俗偏多，痹唱之篇贫甚，以废书易物，乃为散弃之由。旧册糊窗，却是飘零之始，嬉戏划□，□□□酣。题句于墙，叶馆校书，恕子弟而掷其卷，芸窗习字。[①]

图 3-5　巴江道光二十六年惜字塔

时人随意践踏圣人之物，不惜字纸，嬉戏玩画。为杜绝此种不端行为，当地龙氏家族遂组织修建此塔，他们相信焚字等行为对家族事业的发展、地方文化的兴盛具有重要象征意义。诚如碑文所言："我朝陈宏谋[②]公，焚字而送归水溜，位至三公；杨全善埋字纸，因五世登科；李子材葬字纸，故一身显耀。"前人爱惜字纸，有的登科入仕，有的一身显耀。"一旦'敬惜字纸'与'金榜题名'之间建立了一种重要联系，那么'敬惜字纸'思想和行为在读书识字群体中所占的地位和产生的影响也就可想而知了。"[③]所以"凡享科名者，要必由惜字之至意。而书香于以永绵，承造化之精英，

① 参见贵定龙里交界巴江《惜字塔碑记》。
② 参见（清）赵尔巽，等. 清史稿·卷三百七[M]. 北京：中华书局，1976：10558.
③ 陈芳，刘晓冬. 字库塔小议——从成都武侯祠博物馆馆藏清代字库塔说起[J]. 中华文化论坛，2014（08）.

幸功成而剖厥，爰弁斯语，昭示来兹”。

当地修建惜字塔的情况说明在当时社会中，一些因素影响了当时读书人的观念，正如一些学者所说：“在明清商品经济发展、四民结构渐趋崩溃的社会变迁中，敬惜字纸信仰起着恢复、强化文字的神圣道德性，进而维护封建正统文化的权威，维系社会既存结构的稳定，并最终巩固封建统治制度的功能。”①而当时亵渎字纸的行为已是屡见不鲜，此种现象，结合当时的时代背景值得深思。

2. 文人墨客的鼓励

在家族为文化事业发展作出努力的同时，地方上的读书识字群体也参与到了其中。晓寨毓秀峰落成时，地方文人便题写了诸多诗句，希望地方代有才人出。如桂山居士陈以健题：“心裁意匠费经营，面面鳌狮秀削成。应仿慈恩重号雁，他年脱颖好题名。”鳌狮的雕刻，需要工匠细心雕琢，而人才的培养亦是如此。又说道：“石栈天梯看捷步，文光直射斗步迈。栽培玉笋出平坵，关捷巍然据上将。毓秀钟灵登甲第，一方雄胜上千秋。”人才的培养需循序渐进，不能操之过急，诗中把人才的培养比作玉笋、比作士兵，终能出平丘据上将，通过科举登科入仕。际会中居士莫贵诚说道：“射斗牛宫九重天。”对地方文化的发展寄予了厚望，希望地方族人能够登科。

地方文化的发展离不开文化精英，他们通过书题诗词的方式，鼓励地方家族子弟能够学有所成，希望家族子弟通过科举入仕，博取功名，光耀门楣。

龙氏家族惜字塔的意义亦是如此。为求家族文化事业有成，龙氏邀请了在地方上享有美誉的贵定儒生罗宪章。“罗宪章，贵定人，以苗民隶学籍。性敦重，视诸弟、友爱人备至，持功过格终其身。知县陈以明表其门以启贤，而改其里□仁学，举为优行。”②罗宪章作为传道授业者，不问门第，有教无类，接纳少数民族学生，对汉文化在少数民族地区的传播产生了巨大影响。其口碑乡里皆知，因时人不惜字纸，学风不正，罗宪章亦希望惜字塔的修建能改变读书人的学风态度，诚如碑文所言：“字体从归参井野，书香直喷斗牛宫。武陵推出青条剑，振起英才达圣聪。”他希望学子更正学风，爱惜圣人之物，营造良好的学习风气，以达圣聪。

小　结

家族是地方社会的重要组成部分，有时候家族也是维护地方秩序的重要力量。贵定境内家族众多，一些家族为实现自身的长远发展，通过开展各种家族活动与地方性活动，达到家族内部的整合与沟通外界的目的，以壮大家族势力。贵定境内的一些家族，通过碑刻记载家族历史，实现家族历史资源的整合，从而使后世子孙通过追根溯源，彼此加强联系与交流。家族成员之间的交流多通过祭祀活动实现，祭祀活动多在家族祠堂举行，祠堂不仅仅是祭祀的场所，亦是族人制定族规和商讨家族事务的地方。祭祀活动能否顺利进行，在于祠堂田产的经营情况。祠堂田产是祭祀活动的经济基础，所以地方家族对祠堂田产的管理极为重视，为使田产不为私人占有，家族多把田产情况刊刻于石，便于族人知晓。

---

① 杨梅. 敬惜字纸信仰论[J]. 四川大学学报（哲学社会科学版），2007（06）.

②（清）周作楫修，萧琯等纂.（道光）贵阳府志·卷八十[M]. 成都：巴蜀书社，2006：476-477.

一个家族的发展不仅要整合家族内部关系，亦要处理好与其他家族、群体的关系，一些家族重视文化事业的发展，他们在文化事业建设中作出了巨大努力，希望家族人才辈出。在古时，一个家族文化发展的标志即为家族子弟入仕的数量，登科入仕是家族对读书子弟的期望，因入仕可以光耀门楣，提升家族在当地的威望。家族重视文化建设主要表现在营造重视文化发展的象征性建筑，如毓秀峰、封火塔、惜字塔等建筑，这些建筑也寄托了族人对家族文化发展的渴望。同时，这类建筑的兴起，也反映出地方文化在发展中出现了诸多问题（三处建筑均为道光年间修建，道光年间，随着影响地方稳定的因素不断出现，地方文化的发展受到巨大影响）。此外，地方文化精英对家族文化发展的作用不能忽视，地方文化精英的表率、鼓舞对家族文化的发展有一定的推动作用，这些文化精英不单单希望家族文化发展兴盛，他们亦希望通过家族文化的发展实现地方文化的兴盛。

第四章

清至民国时期贵定碑刻中的公益事业建设

公益事业指符合大众利益，满足大众生产生活基本需求的社会活动。清至民国时期，贵定境内的公益事业建设，是一人或多人提倡或承首、众人参与的过程。公益事业建成与否，关系着区域内的民族互动、经济往来、文化发展。这些公益事业主要包括建桥修路、兴修水利、建祠修庙、两岸互通等，而公益事业得以顺利进行，离不开社会各个阶层的共同努力。

一、公共设施的修建

公共设施对人们的生产生活影响巨大。贵定地理环境的特殊性使得建桥修路成为人们极为关注的事；渡口关系两岸行人的往来；区域内丰富的水资源使水利设施的建设成为重要之事；多元的宗教信仰，为庙宇修建提供可能。

1. 建桥与修路

贵定是一个多山、河流密集的地区，其特殊的地理环境和独具特色的民族文化，为其丰富的“桥文化”的形成提供了得天独厚的条件。它是“以桥、桥的环境（包括城市和乡村）作为硬件，以人和社会的文化为软件，是物质和精神需求的文化，人和环境相互关系相互作用的文化”[①]。的确，桥的产生离不开环境的构造、人的能动性、区域社会的互动，三者相互作用便产生桥。贵定境内桥的产生有其特殊的文化意蕴，主要体现在桥“不仅仅是一种建筑，一种交通道路，更是起到生命线的作用”[②]。的确，贵定大大小小的驿道纵横交错，连接着城镇、乡村小舍，在你来我往的社会中尤为重要。贵州地区明清两代“在驿道和大道上建桥颇多，据统计，明代建桥 230 座，清代建桥达 1400 余座”[③]。“桥梁是明清两代重要的交通设施，也是驿道修筑中的重大工程。自明代以降，石拱桥有

① 周新成，李爱国. 中国桥文化[M]. 徐州：中国矿业大学出版社，2002：3.
② 朱铁军. 江南古桥及文化的地域性功能研究[J]. 安徽农业大学学报（社会科学版），2012（02）.
③ 贵州六百年经济史编辑委员会. 贵州六百年经济史[M]. 贵阳：贵州人民出版社，1998：172.

较大发展，成为桥梁的主要形式，著名的如平越葛镜桥、贵定清定桥等。”[①]

目前发现年代最早的记载修桥事宜的碑刻是康熙二十五年（1686）的《永兴桥记》。永兴桥位于云雾镇平伐村，单孔横穿莫下河，系连通云雾走岗坪经平塘县掌布到广西古驿道上的重要交通枢纽。由当地乡绅陈潘、唐同德、宋世昌、陈祖荣等人承建，大平伐长官司宋文灿及女婿等捐资修建。大平伐长官司掌管一地。有清一代土司权力虽被严重削弱，但他们仍积极投身公益事业建设之中，这对当地起着积极作用。冗山大桥，呈三孔横贯巩固大河，位于沿山镇新龙村。“冗山桥，又名光辉桥，位于贵定县南部巩固，跨巩固河。清代，平伐营与平伐长官司之间，为巩固河横隔，交通极为不便。”[②]此桥乾隆年间年由平伐庭氏长官庭绍统承建，桥规模宏大，仅庭绍统一人之力，此桥断难功成，经分县周延菴、孝廉周聿修等人游说于诸地，使“近属数十余寨无不踊跃奔趋”，可见修建此桥对当地的重要性。众人捐资出力，官绅同助，冗山桥“越岁有二月而功竣”也。因年久日衰，冗山桥在民国年间两孔倾圮，于民国4年重修，此次重修工程浩繁，空间影响范围广，官绅民众均参与其中，《重修冗山桥记》载：

> 冗山桥，上通滇蜀，下至粤楚。近接龙贵，胥商贾往来之区，远界都、麻亦行□通之道，推之省垣、黔阳、独山、定□，以及乡村市井各堡寨场，皆吃紧之关头，俱行走之要隘。[③]

足以见得，冗山桥作为当时北上南下的交通枢纽，对区域经济的发展、民族交往、文化传播等作用巨大。它促进了商贾往来贸易，让市井小民开场互市、各取所需得以实现，也增进了区域之间的交流。

古时桥梁大多是驿道与驿道之间的接口，在驿道纵横的贵定更是如此。位于昌明镇良田村栗寨的布依族仁寿桥，初为栗寨先祖始修，道光初年因桥已圮，其子孙爰集众人募捐修建，于道光五年（1825）告成。仁寿桥“地处僻隅，原非扎要，然人迹络绎不绝”。虽地处偏隅，但人迹不绝于道，说明此桥对行人往来至关重要。咸丰四年《仁寿桥碑记》载：“原夫栗寨岔河，旧为商本□年经□，因好善者□□。”亦反映不仅乡野居民依赖此桥，商旅亦经此过，且此处是麻哈州、贵定县来往的要道。“自麻峡以至且兰，上下百余里，具成坦道，为往来要路”，建桥过程，除当地乡绅、百姓参与，还得到了土司、县官的支持，有新添长官司、贵定县正堂等捐资。

在修建桥梁时，多由当地乡绅为募首，众人捐资修建，在小区域内的桥梁修建中此种现象较明显。原洛北河乡长江村龙塘口处有古桥一座，为洛北河通往马场河的要道，名为代明桥（现已毁）。道光十七年（1837）由当地乡绅雷汉鼎募化修建，“因先年洪水湮倾，往来忧艰，鼎欲独任，优为力有未逮，今除本人捐募化，仁人诸公，而桥重成。”个人能力有限，仁人志士同心捐助，桥终告成。同为洛北河地区通往贵定县城的驿道，有座道光二十一年（1841）修的石拱桥（现已毁），为当地乡绅承首，周围各族人民捐资共同修建，因碑刻风化，承首芳名已难以考证。此驿道前临洛北河，有渡口，北岸百姓前往贵定需经渡口、行驿道方可到达。南岸百姓往马场河、新巴、龙里等地，亦须经此渡口。人们多是经此赶场互市、买卖等。

在县边境地区，多建有桥梁。龙里县三元镇与贵定县盘江镇接壤处，道光十七年（1837）修建

① 贵州六百年经济史编辑委员会. 贵州六百年经济史[M]. 贵阳：贵州人民出版社，1998：173.
② 黔南布依族苗族自治州史志编纂委员会. 黔南布依族苗族自治州志·交通志[M]. 贵阳：贵州人民出版社，1993：65.
③ 参见贵定县沿山镇新龙村冗山大桥摆龙河大坝民国4年《重修冗山桥记》碑文。

的永兴桥，系沟通贵定、龙里、贵阳的交通要道。桥为当地布依族先民罗氏先祖罗思录、罗思玥兄弟二人承建，众人捐修而成，其中也有官役参与。又如龙里县冠山街道永安村平寨的民国年间福德桥，"处龙贵往来之要道"，由当地布依族人莫文光倡建："光感慨系之，靡辞倡首之劳，捐获白金数十圆，鸠工聚石，定础起拱，不三月而告竣。"莫文光作为当地乡绅，不辞劳苦承建此桥，其贡献不言而喻。由当地望族承建公益事业的情况并不奇怪，位于马场河红岩寨清代修的寿星桥，为当地通往龙里县的要道，人们通过此桥往来互市。桥为当地布依族人雷氏先祖雷国材募化修建，诚如碑文言："是以寻敢伸出，募化四方仁人君子助成，重修善果，以便往来免溪水之阻滞。"因此桥关系当地及驿道沿线村寨利益，龙里县相关村寨亦纷纷捐资帮建。

贵定东北角毗邻平越仙桥，此段在驿道之上，其中桥连接着彼此的往来。位于德新镇光明村小光比道光十九年（1839）所修福德桥，为当时当地杨府倡建。

> 小光比之栗树坡古道，往来行人，上不仅省顺堡，下不尽瓮余湄兴奉。洪水横流所推朽者，不少欲依旧路则攀跻，无由要修新路，乃依杨府之业，幸杨府发仁怀，概然准修，全不取分毫。[①]

栗树坡古道，南可达县城以至省城贵阳，北可至平越、瓮安、余庆等地，但洪水致使驿路断绝，幸得杨府仁怀，以杨府之业地修不朽之道路，建千古之桥梁。捐资以当地杨家为首领，杨姓在当地为大姓，汉族，时应为地主。碑中涉及姓氏众多，各族人均有捐资。

地方乡绅对地方公益事业建设举足轻重。光绪年间，贵定窑上人李春山，一生行善，乐善好施，先后修建五座桥梁与数百里道路，现今当地仍流传李春山行善成仙的故事。他所修桥中影响空间最广、建修历时最长的桥，应属云雾镇窑上大塘村顺天桥。其地属要冲，就西南地区而言，"下通闽广，上达滇黔"，就贵州而言，"上通省垣，下至独山、来往官商人所由此过"。顺天桥又名老密河桥，始建于道光年间，"在平伐老密河，为广西入贵阳之路。光绪中，邑人李春山募捐新建"[②]。《顺天桥碑》云：

> 建虹腰始自道光时，年在戊申，月在丁巳。爰立鳌背，成于铁厂堡张公大受、夏公泽宣，怎奈石脚弗坚，猝然垒砌，兼以水经至陡，俄尔倾颓。由是望洋而叹者万千人，莫敢首倡义举，蒸涉而嗟者，数十载无从再建良谋。[③]

此次修建，由铁厂张公、夏公承建，怎奈水流湍急，地势险峻，实难告竣，以失败而终。初次尝试却以失败而终，导致数十载无人敢承建。桥对当地的重要性不言而喻，它对区域间的交流至关重要。李春山深知其利害，遂"以半生驽钝之材，为千古万全之事，稍谙世故，讵不惮其难哉！"然此工程之浩大，非一人之力所能及，李春山深知修桥之难处，因前修飞云桥，设了迷渡，修补数十里之崎岖，开千余丈之道路，已是捉襟见肘，以致"济人为事，日昃弗遑"。李春山这一善举，在其母看来不可矣，认为"地方小，人户稀，贫多富少，需银数千"。[④]但其从未放弃，先商议于众绅士，

① 参见贵定县德新镇光明村小光比道光十九年《福德桥》碑文。
② 贵定县采访处纂.（民国）贵定县志稿[M]. 成都：巴蜀书社，2006：13.
③ 参见贵定县云雾镇大塘村桥头寨光绪十五年《顺天桥》碑文。
④ 文史资料编审委员会. 贵定文史资料选辑・第七辑[C]. 1997：95.

后游说于滇黔、粤西等地府州县，承蒙官员、乡绅、百姓、亲朋好友的大力支持与相助。诚如碑文所言：

多方劝募，竟仔其肩外，幸各郡名公鼎力囊赞，内幸。……自光绪丙戌年兴工，庚寅年落成，凡五历寒暑，费四千余金，兼前修飞云桥、贞女桥，连后造荣升桥、一品桥，共成九拱。①

顺天桥得以功成，系各地乡绅、广大民众、官员齐心协力的结果。此桥空间影响范围广，社会各阶层均有参与修建，捐资人数及兴工人数空前，故记载仁人善士芳名之碑多达十余通，这在贵州是极为罕见的。《千秋不朽碑》记载了都匀府正堂、独山州正堂、平越州正堂官员及各地乡绅、百姓的捐资情况，多为拾两至三钱之间；《官绅功德碑》主要记载即补清军府署正堂、蓝翎即补县正堂、独山州正堂、独山厘局即补县正堂、贵州即补巡政厅及各地乡绅百姓捐资情况，其中乡绅捐资大多为一百两；《欲广福田碑》《须凭心地碑》记载乡绅、百姓捐资情况，整体上捐资数量少的占多数；《万古长存碑》记载捐款官员最多，有广西俸满庆远府经政厅石、广西庆远府宜山县正堂秦、广西庆远府思恩县正堂李、贵阳府贵定县正堂李荣杰、贵阳府贵定县教谕王之珍、世袭大平伐正长官正堂宋广顺、前任江西大主考陈大人、钦加花翎候选知府正堂杨维藩、钦加道衔授云南广南府庭中杰、都匀协镇洪主筌、新添营平伐汛戎府张树清、新添营谷壤汛部厅王之贤、荔波营中军雷、四川补用县正堂鲁堃、大桃二等候选儒学正堂卢振德、思南府务川县教谕乐度、留滇总镇音德本巴图鲁陈鲁瞻等地官员；《孝节善果碑》较为特殊，碑中所记可能反映了晚清妇女地位的提高使得她们能积极投身地方公益事业建设之中。

窑上谷纪关还是入都匀境的重要通道，谷纪关者“近大平伐司，独、荔入省要道”②，其道路崎岖难行，嘉庆年间，大平伐土司因公路经此地，目睹险隘之区，“时兴利济之思”，无奈一人之力难担大任，然此途“下达匀属，上下将百余里村墟，络绎人民辐辏，实为紧要之区”，故商议于地方乡绅罗永空、罗永忠二人，在地方乡绅的组织下，当地各族民众络绎捐资，社会各方同心共德，终“化崎岖为坦荡，开山径作康庄”。位于云雾镇茶山村谷纪关嘉庆五年《功德碑》记录了这一史事。后光绪年间李春山又重修此路，造福一方。

通过建桥修路，实现了区域社会间的交流与交往。在贵定境内除建桥修路外，立磴互往的情况屡见不鲜。“贵州石材丰富，石桥也最为普遍。但在石桥出现以前，民间常以跳磴过河。”③贵定河网密布，人们所居之处河道宽大，构架桥梁工程浩大，耗银甚巨，故在一些村野之处人们多建磴为径。如沿山镇石板村平寨摆龙河，河道宽约 70 米，只能通过立磴互通。此地亦为当时平伐地区通往龙里羊场的重要通道，时商人、马帮往来不绝于道，同时也是当地布依族、苗族、汉族之间往来互市的要道。乾隆五十五年（1790）《永固流芳碑》记载了平寨罗氏族人立磴互往的史事：“平寨后山前河，往来津要。原在过信车兴，每遇水涨人物难过。”族人目睹此情，遂邀众人商讨砌磴事宜，合寨乡民捐米出力，“以成此举”。平寨石磴并未盖上石板。离平寨不远的梓木庄不仅砌磴，且修有石板，光绪十六年（1890）《磴桥碑记》载：

---

① 参见贵定县云雾镇大塘村桥头寨光绪十五年《顺天桥》碑文。

②（清）罗文彬、王秉恩编纂，贵州大学历史系中国近代史教研室点校. 平黔纪略[M]. 贵阳：贵州人民出版社，1988：42.

③ 贵州省地方志编纂委员会. 贵州省志·交通志[M]. 贵阳：贵州人民出版社，1991：16.

因邀亲友助赀银两三十九两余，爰请石工建立河磴伍拾余粿，并修石硚二面，三尺余宽，庶春夏秋冬之时，免临河望汪洋之叹。[①]

碑文所指亲友即梓木庄陈氏家族及其众亲友，多为布依族。平寨、梓木庄原属巩固乡，“汉族、布依族、苗族杂居，长期和睦相处”[②]。除此外，在盘江镇音寨也保留着光绪年间修砌的石磴，音寨“是全省布依族自然保护村寨，是一个集布依风情、布依民居、布依文化、布依饮食为一体的布依村寨群落”[③]，其民族性较为突出。曾经生活在这里的布依族先民，发挥其聪明才智，同心同德，共同修造了北上县城、省城，南下独山、粤西等地的跳磴，既方便了来往客商，也促进了区域间的融合。

2. 修建渡口

驿道之难莫过于崇山峻岭之险，而驿路之畅通与否与河流之阻滞有关。驿道在经过河流时，若“无桥梁，只好以舟船济渡”[④]。这也是古时人们在跨江越河的主要方式之一。“舟渡有私人置船经营的，有捐款或地方拨款购置田产，收取租谷，付给渡工生活费和渡船维修费的，即义渡。”[⑤]这些渡口所在地点，多因地形险峻，地势起伏落差大或水流湍急而无法建桥，只能通过渡口渡船来实现。贵定境内虽河流众多，但渡口却较少，目前调查仅发现三处曾通过渡船的方式实现互通。一为原洛北河乡洛北河渡口，始建于道光年间。渡口为洛北河地区北上新巴镇、龙里县，西往马场河乡，南走贵定县城的重要交通枢纽，渡口有碑记一通，为 1989 年贵定县交通局所立，对船夫、渡船人的行为做了相应规定，如禁止使用存在安全隐患的船只渡人，乘客须遵守渡口规则等。一为云雾镇了迷河渡口，为窑上李春山承建，“为使了迷河上有一摆渡船，民间发起募捐，买一渡船，春山首先响应，将积蓄多年银两，全部捐献；在春山的影响下，附近众人慷慨解囊，使了迷河上有了摆渡”[⑥]。李春山不仅捐资建渡，且“性情好动，遂住了迷结茅为庐，驾舟渡人，心怀济众，时得益友刘在山、张一堂等助，渡了两年，心中想到舟与船飘飘荡荡，凡过客逢水涨长坐候望，须待水消方能渡，造石桥是为长久之计”[⑦]。诚如李春山所言，“设了迷渡，事可乃己无，如舟子难招，且乏工食，至以济人为事日昃弗遑”。渡口为光绪十一年（1885）修建[⑧]，碑文记载了地方士绅、百姓捐资情况：捐资人近二百人，捐银六十四两有余。光绪年间，李春山通过自己的义举，为当地交通作出了巨大贡献，同时他乐善好施之事迹在当地流传开来，甚至传至其他地区，对区域内各族人民影响巨大，也为后来顺天桥得以建成积累了群众基础。

位于德新镇宝山村落尾掌与新巴镇红岩处的渡口，因两岸地势起伏大，地形陡峭，河道宽且深，无法修建桥梁，只能通过渡口实现南北互通。设渡口，渡人、物，即为义渡也。据道光二十五年（1845）《永垂不朽碑》载，红岩至落尾掌这一段路为贵定北上省城贵阳的扎道，嘉庆以前此地“未有舡渡，凡遇大雨时，行过有灭顶之凶”。没有船夫、渡船，人们若想抵达彼岸，只能冒着生命危险淌水，枯

① 参见贵定县沿山镇石板村平寨光绪十六年《磴桥碑记》。
② 贵定人民政府. 贵州省贵定县地名录[M]. 贵定：贵定人民政府，1983：70.
③ 余欢. 民族村寨旅游业发展的路径选择——以贵定县音寨为个案[J]. 贵州民族研究，2009（01）.
④ 林辛. 贵州近代交通史略[M]. 贵阳：贵州人民出版社，1985：33.
⑤ 林辛. 贵州近代交通史略[M]. 贵阳：贵州人民出版社，1985：33—34.
⑥ 贵州省贵定县志编纂委员会. 贵定县志[M]. 贵阳：贵州人民出版社，1995：1028.
⑦ 文史资料编审委员会. 贵定文史资料选辑 · 第七辑[C]. 1997：95.
⑧ 文史资料编审委员会. 贵定文史资料选辑 · 第七辑[C]. 1997：97.

水期时尚可，但若遇大雨倾盆时，就异常危险。当地人久睹此情此景，决心设渡载人。“至嘉庆年间，有莫宗岚、赵国明、陈连达、宋士灿等昌为举募化，亲邻得银三十余金，除造舡外，余银二十四两分作三股，莫宗岚、宋士灿领银一十六两生息。”人们行义举，设渡招募船夫，行义渡并购置田产为渡夫所用。但好景不长，至道光十一年，诸多问题逐一显露，碑文言：

> 买戴相品小猴见田一坋，山土一幅，价银二十七两六钱，又买戴相儒田一坵，价银一十九两，招募渡夫，除存留生息，以为造舡之费。每户春秋二季给以粮米一升，尚且不敷渡夫糊口，因向过往之人需索分文，遇空乏者多有延迟，时刻阻滞前程。①

因粮米不敷渡夫应用，致使需索等情时有发生，从而延误了行人路途。究其根本原因，还是经济基础薄弱，难以维持上层建筑。其实质即“今歆草夫旧毙，是必益以口食”。解决了渡夫的生计问题，则其他困难遂迎刃而解。人们深知利害之处，道光二十五年（1845），“是以同心再募与宋德崇，买煤炭窑之田一坋、土一幅，合价七十五两”。因红岩、落尾掌等寨人力财力有限，遂向广大仁人志士募化，捐资人数多达二百三十余人，捐银七十余两，后得买宋德崇之业，“遂将此业交与渡夫耕食，永作义渡，无论往者来者，不费赀财皆得利，于涉川履险如夷”。解决了渡夫的生计，使得渡口得以正常运行，便利了往来客商行旅。渡口关系区域内交通的正常运行，所以当地乡绅在渡口管理上出台了相应规定：“然既兴利又必除害，戒尔招招舟子，慎勿比之匪人，每至戌时将舡栓锁，勿使梁上君子得以乘便于深更。”渡口是此驿道上的生命线，防止不法之人对渡口、渡船的破坏，才能让生命线长久地延续。

3. 水利设施建设与管理

兴修水利关系一个地区的农耕生产和居民的日常生活。在清代，贵州的灌溉工程一般为堰、渠、塘三种。清初，贵州始入版图，明末清初的战乱导致贵州经济极为凋敝，恢复生产为清王朝在贵州之要事。康熙四年（1665）贵州巡抚罗绘锦上疏道：“黔省以新造之地，哀鸿初集，田多荒废，粮无由办，请不立年限，尽民力次第开垦。”②农业生产自然离不开灌溉，然“黔省处丘陵地带，山多田少，稼穑艰难，民食常处不足，一遇灾害，则饥馑立至”③。地形限制，导致灌溉受挫，挽救之法，应“积极提倡灌溉事业以谋农产品之增加”④。乾隆年间，贵州总督张广泗、布政使陈德荣向朝廷进言，说到“水田宜劝修渠堰。查黔地多山，泉源皆由引注。凡贫民不能修渠筑堰及有渠堰而久废者，令各业主通力合作”⑤。清廷对农田水利工程相当重视，不仅劝修农渠，且“计灌田之多寡分别奖赏”⑥。

① 参见贵定县德新镇宝山村落尾掌道光二十五年《永垂不朽》碑文。

② 中国科学院民族研究所贵州少数民族社会历史调查组，中国科学院贵州分院民族研究所.《清实录》贵州资料辑要[M]. 贵阳：贵州人民出版社，1964：2.

③ 张肖梅. 贵州经济[M]. 上海：中国国民经济研究所，1939：29.

④ 张肖梅. 贵州经济[M]. 上海：中国国民经济研究所，1939：29.

⑤ 中国科学院民族研究所贵州少数民族社会历史调查组，中国科学院贵州分院民族研究所.《清实录》贵州资料辑要[M]. 贵阳：贵州人民出版社，1964：21.

⑥ 中国科学院民族研究所贵州少数民族社会历史调查组，中国科学院贵州分院民族研究所.《清实录》贵州资料辑要[M]. 贵阳：贵州人民出版社，1964：21.

在清代的贵定，区域内的广大民众多通过“筑堰灌田”①、修建水渠（或沟）的形式进行农业灌溉。筑堰即筑堤修坝，通过将河水拦腰截断，起蓄水之效果，以进行河流两岸农田的耕作。水渠或水沟，多系“将山泉或溪流之水，挖沟渠引入以灌溉沿渠之田土”②。贵定境内河网密布，靠河之地区往往便于耕作，如“田在西南乡者，有瓮城河、洛白河诸水，滋灌向为沃土”③，故“进城、平坦处水旱无虞”④。但贵州素有“地无三尺平”之称，“山广箐深，重冈叠砦”⑤，而“若田多在山上，凡渠堰之设必系平地，今黔省在在皆山，高者岭，低者箐，何处可以开筑？”⑥这是贵州农业发展面临的问题。贵定及其毗邻地区，世代居住着布依人家，生存环境多处谷地，依山傍水，在农业生产上，具有一定的优越性。

位于贵定县新巴镇与龙里县洗马镇交界处，原虎坠长官司故地的嘉庆十七年《永远遵碑》，记载了嘉庆时期当地苗汉人民修建灌溉工程及设置灌溉管理制度等事。碑文为虎坠长官司颁布的告示，首题为“贵阳府虎坠长官司宋”，此时的长官司应为宋启焕⑦。时人使用康熙时先人修造之水渠，按古人遗留之制取水灌溉，“日夜轮流均讨”，即分日班与夜班放水于田，并规定日夜取水时间，“日水以日出为准，夜水以日入为则，对面交放，切勿乱规”。虎坠境内并无河流，灌溉多靠山涧水或涌泉，可见水源对当地的重要性。然因水源有限，在用水过程中遂出现了诸多问题，“农民历年自建的小型水利工程，多为封建地主所霸占”⑧，如“那人借有近塘，阻札为私，强行霸放，竟害无近田塘者空负水田缺源”，致使“所育是必荒芜，粮赋虚悬”。除此外，更令人发指的是“有凶横之见，以强欺弱，恃富押良，日夜赴沟估霸，啼嚷滋端”。针对种种弊端，虎坠长官司示谕：

> 各宜永心法古，按班期讨，倘再估霸余井，阻塞为私，并暗偷放班水，定禀赔纳等田差粮，猪一百斤，酒一百壶，言出法随，决不宽贷。⑨

虎坠长官司颁布日班、夜班用水章程，每田放水班期俱有明文规定，每年自六月初一日起至七月二十五日止十八班次轮流取水。有清一代，土司权力遭到了较大限制：“雍正七年，因土权叠害，大加裁抑。……后虎坠旋革，补设青岩土千总班姓管辖苗民，自是苗民各安耕凿，一切催缉捕之责，皆经差役乡约，而土司遂无权矣。”⑩不过虎坠长官司行政权虽已削去，但其在经济上、地方秩序维护上亦具备一定的管理权力。否则，维护当地灌溉秩序的告示便不会产生。

乾隆年间，贵州官员在兴修水利上曾进言献策，提出：凡贫民不能修渠筑堰及有渠堰而久废者，令各业主通力合作。调查发现，贵定境内有关水利建设的碑刻多分布于布依族聚居区。这些水利工程是在官府财力、物力、人力未及的情况下，当地布依族先民为寻求生存，自发组织合力兴建水沟、水渠、堤坝，以解稼穑用水之忧愁而兴修的。

---

①（清）爱必达，张凤孙. 黔南识略·卷二[M]. 成都：巴蜀书社，2006：367.
② 贵州通史编委会. 贵州通史·清代的贵州[M]. 北京：当代中国出版社，2003:145.
③（清）爱必达，张凤孙. 黔南识略·卷二[M]. 成都：巴蜀书社，2006：368.
④（清）爱必达，张凤孙. 黔南识略·卷二[M]. 成都：巴蜀书社，2006：365.
⑤（清）廖鸿藻，等. 大清一统志·卷五百[M]. 北京：中华书局，1986：25262.
⑥ 中国科学院民族研究所贵州少数民族社会历史调查组，中国科学院贵州分院民族研究所.《清实录》贵州资料辑要[M]. 贵阳:贵州人民出版社，1964：23.
⑦ 据（道光）《贵阳府志》、贵定县宋氏家族1985年修《黔中宋史》总结得出。
⑧ 贵州省水利电力厅. 贵州的水利与电力[M]. 贵阳：贵州人民出版社，1960：4.
⑨ 参见贵定县新巴镇与龙里县洗马镇交界处台上村嘉庆十七年《永远遵碑》碑文。
⑩（清）爱必达，张凤孙. 黔南识略·卷二[M]. 成都：巴蜀书社，2006：14-15.

盘江镇星溪村上落海是一个布依族村寨，古时人们主要通过修沟引水的方式对农田进行灌溉，其乾隆年间水利碑记对此做了相关记载。落海原叫罗海，有井一口名曰龙井，罗海百姓通过修沟引注达灌溉之目的。如碑文言："罗海所以有田者，必力同心，示乾隆三十八年，捐资以整沟坎。"罗海上下有田土产业者，通力合作，"每班出银壹两伍钱、白米……"，修成此渠，解决了村寨灌溉用水问题。水渠的使用，离不开相关条规的约束，人们遂将全寨上下所有业主及所管之业分为日班与夜班，共二十五班此轮流取水，并明确规定"不出银同修者，永不许讨水。若有强讨水者，执此碑文赴公，自认违律之条例"。班次轮流亦不得错乱，若错乱者罚银三两入公，在日班、夜班引水时还需注意，"日班强讨水者罚银叁两入公，夜间水班未到，私偷水者罚银叁两入公"。这些条例的规定，有利于当地布依族人民的农业生产，同时这些用水条例从某种意义上潜移默化地约束着人们的其他行为。这通碑刻记载与以上略有不同，同为分班次引水入田，但在灌溉秩序维护上一为土司长官之告示，属官方性文书，具有官府法律效应；一方则为民间自治管理条例，虽不具备官府的认可，但却是地方上一种约定俗成的习惯，它凭借公众赋予它权力，约束着区域内每一个人的行为举止。

以上兴修水利多系修渠引注，除此外，贵定一些布依族聚居区，其先民通过拦河筑堤的方法，实现对河水的积蓄利用。"利用天然河流进行灌溉，是最便捷的一种方法，但结合贵州山区雨季河流的特点，水枯时无法引灌，必须在田土下流筑坝做堰，使水位保持一定高度，以便引水入田。"[①]云雾镇燕子岩村令寨，其寨地理环境优越，前临岗利河。岗利河，又名把关河，"发源于贵定、龙里两县交界处的羊雄"[②]。其布依族先民于康熙年间修筑泥塘老古坝，这一史事系作者在田野调查中于令寨祝时华老人家中发现，见于同治五年（1866）《岗利轮水簿》中，据老人说此水薄为底本，当时可能书于碑上。簿中说道："其田亩以来，亦必有沟洫、井泉、山溪以应之"，遂岗利之赋税全凭此而交纳。然"上坝先系甲奉坡乾井、山溪应之，下坝乃系翁鸡乾井、山溪以应之，二处之田，乾井不敷灌溉"[③]。因引水灌田人户之多，加之天旱，致使"平田作渠引水以资灌溉非不善，而久旱水易竭，与无渠等"[④]。布依族先民深知作渠之弊端，"唯有堰始能常蓄涧流，此则横截中流，较平田稍低数寸，水大则直过其上，水小则停蓄不泄也"[⑤]，于是"约众协力同心共修泥塘老古坝，以弊旱潦"。该堰坝使用了一段时间，至康熙五十二年（1713）时，堰坝决堤崩坏，数年未修。至乾隆十二年（1747）大旱，合理分配水源成为当时亟须解决的问题，当地罗、王二族共立合约，维系引水灌田的正常秩序。合约由岗利寨王国用、王国兴、罗世龙、罗世炳、王起凤、罗文现等族人代表签订，合约指出"轮水王宅昼夜复转罗宅昼夜，二比心平意和"[⑥]。并明文规定"水遇各以各之，不许盗于伊之水，如若知盗之人，发椿银六钱修此坝"。遵照合约轮水，分为昼夜二十四轮，把水平均分配，此法合众意，也公平公正。至同治年间，岗利寨布依族先民，每岁举四人以为振沟之首，并给与相应之资。同时议定班水章程：不准盗水通沟，倘盗（水）通沟之人查出，鸣众照老合约议罚银六钱，以入修沟坝之费。

---

① 《贵州六百年经济史》编辑委员会. 贵州六百年经济史[M]. 贵阳：贵州人民出版社，1998：102.
② 贵州省贵定县志编纂委员会. 贵定县志[M]. 贵阳：贵州人民出版社，1995：139.
③ 参见云雾镇令寨《岗利轮水簿》，同治五年（1866）。
④（清）吴振棫. 黔语·卷下·塘堰[M]. 咸丰四年（1854）刻本.
⑤（清）吴振棫. 黔语·卷下·塘堰[M]. 咸丰四年（1854）刻本.
⑥ 参见令寨祝时华老人所藏乾隆十二年（1747）立水合约。

从当地布依族先民兴水利的情况看，其先祖发挥聪明才智修渠筑堤，促进了生产的发展。灾荒年代，家族间的协作为地方用水系统有条不紊地运行创造了可能。

4. 祭祀场所的营建

明清以来，贵定宗教文化相对发达，宗教形式主要表现为佛教、道教、少数民族民间传统信仰三种。其宗教文化有着悠久的历史，已成为人们生活中的一部分，人们通过修庙、设坛、建祠等途径寻求精神上的慰藉与寄托。据调查访问得知，贵定在“破四旧”以前，各乡镇村寨都保留着大大小小的寺庙、道观、祠堂等。[①]见于文献记载的庙宇主要有：“兴福寺、真武观、文庙、城隍庙、旗纛庙、关羽庙、五显庙”[②]“社稷坛、山川坛、厉坛”[③]“康太保祠、郭公祠”[④]“先农坛、文昌阁、炎帝庙、昭忠祠、樊汪熊三公祠、南山寺、高贞观”[⑤]，此外，还有“寿佛寺、后稷庙、牛王庙、节孝祠等”[⑥]。其中城隍庙始建最早，为“洪武二十五年建，万历十年重修”[⑦]。在当地影响最大，辐射最广的当为阳宝山佛教圣地：“阳宝山寺，在贵定县北，前后两寺为一方名胜。”[⑧]阳宝山寺兴建于万历年间，由大理人白云大师所建，“万历八年，至阳宝山探幽采胜，直穷数泽”[⑨]，后去之，“誓去来必建丛林，去十年果来建千佛阁，备极精巧，前后楼数十楹，飞翁建佤，巍然巨观，为黔中名山”[⑩]。康熙中，“火灾佛像契卷半为煨炉”，直至嘉庆年间才由僧永修主持重修。嘉庆九年（1804）《重修阳宝山莲花寺碑记并序》对重修庙宇及相关史事做了记载，可惜碑身残泐不全，只能识别出只言片语。碑文载“永修谋僧众，合志鸠工”，并且还得到了贵定当地官府的支持，如时任贵定知县刘绳爵，典史杨三元，贵定□□□刘兴国，新添营千总赵霆、赵信，甲寅科举人候栋选知县程步青，贵定县学候秉增广生员郭珩等。

在贵定民间对历史人物进行崇拜并为其立祠立庙加以供奉祈福较为常见，如康神祠，又名康太保祠，“在贵定县城北祀，宋康保裔为高阳关都部署，死于军，为神显灵，祈雨恒应”[⑪]。位于德新镇新场村于崇祯二年（1629）《重刻康神祠碑记文》载康太保为宋时人，因其立下赫赫战功，人们为之立祠纪念。“公为高阳关都部署，契丹入寇，围公数重，众劝易甲突出，公不可，血战，二日多蹴践歼馘，尘深二尺，兵尽矢竭，援不至，死之。”后人修建祠宇，多表达自己的一种精神寄托，诸如“二三四月不雨，省中缙绅士民俱云：请新添康神，诚祈必应”。

在贵定少数民族地区，传统信仰较为丰富，从碑刻反映的情况看，多表现为对土地神、树神的崇拜，在村野寨前、山后、山脚、寨尾多建有土地庙，土地庙旁往往有古树。贵定布依族信仰多神，

---

① 笔者据实地调查访问总结得出。
②（明）沈庠修，赵瓒纂．（弘治）贵州图经新志·卷十一[M]．成都：巴蜀书社，2006：125.
③（明）江东之、王来贤、沈思充修，许一德、陈商象纂．（万历）贵州通志·卷十二[M]．北京：书目文献出版社，1990：251.
④（清）鄂尔泰等修，靖道谟、杜铨纂．（乾隆）贵州通志·卷十[M]．成都：巴蜀书社，2006：162.
⑤（民国）贵定县采访处纂．（民国）贵定县志稿[M]．成都：巴蜀书社，2006：14.
⑥（民国）徐实圃．贵定一览[M]．台北：成文出版社有限公司，1927：29.
⑦（明）江东之、王来贤、沈思充修，许一德、陈商象纂．（万历）贵州通志·卷十二[M]．北京：书目文献出版社，1990：251.
⑧（清）卫既齐修，吴中蕃、李祺等撰，（康熙）贵州通志·卷二十六[M]．康熙三十六年（1697）刻本.
⑨（清）鄂尔泰等修；靖道谟，杜铨纂．（乾隆）贵州通志·卷三十二[M]．成都：巴蜀书社，2006：38.
⑩（清）卫既齐修，吴中蕃、李祺等撰，（康熙）贵州通志·卷二十四[M]．康熙三十六年（1697）刻本.
⑪（清）鄂尔泰等修，靖道谟、杜铨纂．（乾隆）贵州通志·卷十[M]．成都：巴蜀书社，2006：162.

多于山垭口和寨脚修建土地庙，在布依族人看来，土地神能保佑一方水土。贵定苗族亦信仰多神，常在寨子路口或岔路口建修土地庙，通过对土地神的祭祀，祈祷村寨平安。[①]位于德新镇宝山村上岩寨苗族后山垭口处建有土地庙一座，其垭口系以前通往贵定县城的驿道上必经之处。从嘉庆十三年（1808）《修土地庙碑记》看，应为嘉庆十三年始修，由当地苗族、汉族先民捐资修建，还得到一些僧侣的资助。此庙于光绪二十八年（1902）重修，捐资修建的主要宋姓、罗姓、陈姓、卢姓、蓝姓等，除宋姓为汉族外，其他均为苗族。

许多庙宇因战乱被毁，后又经重修，这类情况较为普遍。如贵定县盘江镇长江村甲苏堡望城庙，其碑文载“因咸丰年间，苗匪作乱，神像无有”。战乱平息后，幸得“山后排各寨善念同缘□等者仁人，恭心修理补修”。因此庙系往阳宝山的必由之路，所以庙的修成使“上下来往客商得凉”。从捐资的情况看，捐资者为阳宝山脚下各个村寨乡绅、百姓，范围较广，布依族、苗族、汉族均有参与，捐资数量在一两至一钱之间。又如德新镇新场村长坡脚的布依族、汉族于光绪八年（1882）重修的土地庙，《重修土地祠碑记》记载，此庙始建于道光年间，“自道光十九年，众姓□钱又捐谷，处心修建土地祠一所”。后因战乱毁于一旦。

奈咸丰乙卯苗教护猖，同治癸亥定城失守，人民逃散，田土荒芜，神之不安于享献，与人之不得而享献乎。神者殆十数年于兹矣！[②]

咸同战乱，致使人民流离失所，百业俱废，“迨同治戊辰，克复定城，众姓回归故土”。战乱平息后，恢复生产系为第一要务，重建土地庙亦为重要之事，遂“有会中弟子张正发六人者，不肯蹈有初鲜终之戒，而欲践创造守成之说，邀约众会清理所欠账项，所当田业一一斟酌出来，重新整饬依旧还圆，是前此之整兴及乱后之颓废”。碑文反映，当时在祭祀土地神或其他诸神时，当地存在某一组织即碑文中之“会”，是专门负责组织众人祭祀的机构。当地张氏为布依族，或时人所称仲之苗，碑末列出众会弟子七人，张姓居多，说明张氏在“会”中有一定的主导作用，同时也反映家族在地方组织中的重要性。

二、公益事业建设碑刻出现的原因

在地方公益事业建设中，人们为弘扬众人之功德，彰显仁人善士之义举，往往将其事迹刊刻于石，以垂后世，对后人起模范启示之用。立碑纪德，不仅仅是为彰显某人或大众功德之大，更是为把时人善举传于后世，使之得以传承。贵定，在清至民国时期的公益事业建设中，涌现出了一大批仁人志士，他们积极投身到公益事业建设，为区域的发展、民族的融合作出了巨大贡献。

1. 地方社会精英的主导作用

公益事业建设，离不开地方社会精英的参与和组织，而这类群体多为地方乡绅或名门家族等，

① 贵州省贵定县志编纂委员会. 贵定县志[M]. 贵阳：贵州人民出版社，1995：917，938.

② 参见贵定县德新镇新场村长坡脚光绪八年《重修土地祠碑记》。

这类精英群体能够活跃在地方乡野之中，有其特殊的时代原因。清初，贵州始入中央版图，清王朝为加强对贵州乡村的控制，初行里甲之法，至康熙时改行保甲法，雍正四年（1726）时，再次强调“弭盗之法，莫良于保甲”①。又“乡村之保卫政策，重在施行保甲，以期彼此互相牵制”②。从此看来，保甲之目的意在于弭盗和对乡村进行牵制，以达管理之效。而“清代保甲主要针对汉民和部分‘夷化’了的‘夷民’”③。贵州是一个少数民族聚居地区，对少数民族户口的编册，是保甲制度的困难所在。乾嘉时期是贵州地方精英活跃于地方的重要时间点，因乾嘉前后系“清代整个保甲制度之两个阶段，乾嘉以来，不过仍旧制而加以整饬”④。至乾隆后期，贵州社会矛盾逐渐突显，农民起义不断，社会动荡不定，“地方官员执行不力、书役、保甲长等人营私舞弊，加之保甲制度自身的缺陷等”⑤，导致保甲制度陷于困境，致使“朝廷对基层社会的控制力度与清初相比更加趋于薄弱，相反，乡绅的作用得以逐渐加强”⑥。

从贵定公益事业建设碑刻产生的年代看，其地方精英活跃在地方社会主要始自乾隆中后期。在一些公益事业建设中，土司的身影多活跃于其中。清代改土归流“改变了土司家族的世袭方式，它不是土司制度的对立物，而是土司制度本身就必然附带着的整顿和管理措施之一”⑦，它并不意味着土司家族政治、经济和社会地位的完全丧失。“它废除了土司的世袭方式，他们在当地行政机构中的任职改为选贤任能制。在众多土司后裔中，谁的能力卓著，德行超群，知识丰富，就能够胜任。”⑧这样一来土司家族在能力卓著之人的管理下，更能实现家族的长远发展。如修冗山桥者平伐长官司庭绍统：

> 邑庠生，貤赠资政大夫，雄才大略，磊落光明，善事母教弟，以孝友着闻。丰于资，旧县修文庙、武庙、葺城垣，皆输万余金以助，人称盛德。⑨

经改土归流，平伐庭氏土司权利虽被削弱，但凭借世荫的根深蒂固、在当地的威望以及雄厚的经济实力，庭氏积极投身地方公益事业建设。经选贤任能，土司家族首领的身份不仅仅为土司，且渐变为土司兼及地方精英中的精英，助推了地方的发展，对地方影响巨大，在咸同年间尤甚。庭氏作为地方精英家族兼土司家族，其影响力不仅仅只表现在长官司一人上。庭绍统“家颇丰裕，贵定旧县复修文庙，重建武庙，补治城垣三役。绍统输其银一千两造冗山桥，修回龙寺，所输称是。乾隆三十五年，贵定饥，绍统竭家之粟以赈，饥民或相聚夺攘。绍统谕安之，一境晏如。又县境秋粮有无征者三百石，绍统费银数百两偿之，故贵定之人咸讼其好施云”⑩。又如族人庭世依：“贵定人，时尝以其应受之产推予之，复自劳力，别为蓄积，久之家复渐饶。庭绍统之建冗山桥也，世依输三

① 中国科学院民族研究所贵州少数民族社会历史调查组，中国科学院贵州分院民族研究所.《清实录》贵州资料辑要[M]. 贵阳：贵州人民出版社，1964：292.
② 闻钧天. 中国保甲制度[M]. 上海：上海书店出版社，1935：203.
③ 杨伟兵. 清代前中期期云贵地区政治地理与社会环境[J]. 复旦学报（社会科学版），2004（04）.
④ 闻钧天. 中国保甲制度[M]. 上海：上海书店出版社，1935：205.
⑤ 张德美. 清代保甲制度的困境[J]. 政法论坛，2010（06）.
⑥ 修朋月，宁波. 清代社会乡绅势力对基层社会控制的加强[J]. 北方论丛，2003（01）.
⑦ 杨庭硕. “改土归流”：土司家族政治命运的转型[J]. 中央民族大学学报（哲学社会科学版），2011（06）.
⑧ 杨庭硕. “改土归流”：土司家族政治命运的转型[J]. 中央民族大学学报（哲学社会科学版），2011（06）.
⑨ 参见沿山镇新龙村司头《庭氏族谱》，1994 年修，庭开军收藏。
⑩（清）周作楫修，萧琯等纂.（道光）贵阳府志·卷八十[M]. 成都：巴蜀书社，2006：479.

百两助之，其家产之半值也，人咸以为难。”①从文献记载看，庭绍统作为平伐长官司，不仅修庙补墙搭桥，饥荒时还竭家之粟以赈济，其家族精英庭世依倾家产一半助建冗山桥。民国初年冗山桥倾圮，在时任县长黄某②的提议下，“仍令庭氏族中倡首补修”。此种种举动，已超出土司身份本身，其身份亦同于地方乡绅，不同的只是其土司身份能够享有一些特权，在地方事业建设上更易于措手。他们参与并主持地方公益事业建设，在为地方谋发展的同时，也壮大了自身。

推动地方公益事业发展的除身份特殊的土司外还有乡绅阶层。因上层权力对基层社会的管理、控制有所削弱，乡绅集团便乘此机会逐渐活跃在基层社会中，参与基层管理，主导公益事业的建设。作为地方乡绅，其需具备“知识、财富、身份”③三个要素，然而从现有碑刻看，贵定地区的乡绅集团，多具备知识、身份要素，而财富则较少。贵定地方乡绅多为家族元老、耆老、知识分子等类，这三类人均受过一定的文化教育，有一定的文化素养，并且在乡村社会中有一定的威望与地位。他们在基层乡村社会的治理中尤为重要。所谓乡绅治理，即“乡绅作为治理主体对乡村社会的公共事务管理和秩序维护的过程”④。从调查到的碑刻可以看出贵定当地的乡绅治理情况。在云雾镇令寨布依族，据祝时华老人介绍，其家世为书香门第，曾祖父曾为教书先生，家规家训对子孙的教育起着关键作用，其族谱载：一孝父母、一敬兄长、一亲九族、一笃亲属、一和邻里、一戒争讼、一戒奢懒惰、一重农业、一正学术、一详丧祭古制。⑤从令寨布依族祝氏家规家训看，该家族非常重视子孙学识的教育和德行的培育。这种家庭教育产生了一些主导地方公益事业建设的家族精英，在家族精英的主持下兴水利，当水利工程出现问题时，这些家族精英也尤为关键。通过立定用水合约与惩治条约，罗（祝）、王二族有条不紊地进行用水，使地方用水秩序得以正常运行。

家族精英主导地方公益事业的建设，在贵定一隅较为普遍，如沿山镇石板村平寨布依族罗氏族人组织修建的过河石磴，位于其寨的乾隆五十五年（1790）、民国 22 年碑记对此有所记录。又如德新镇光明村小光比道光十九年（1839）汉苗诸族共同修建的福德桥，由杨氏家族主持，集众人之力修建而成。又如道光二十五年（1845）所修落尾掌渡口，为当地汉族、布依族先民主持建成，由莫、赵、陈、宋家族中的人物组织，集结各地仁人志士修建而成。总而言之，家族中的精英人物（或乡绅阶层）在地方公益事业建设和管理中起着举足轻重的作用。

乡绅集团作为乡村社会治理的核心力量，在国家对基层治理相对薄弱时期，为使地方秩序得以正常运行，公益事业得以顺利进行，贡献出了自己的力量。然乡绅集团想要在基层社会树立自己的权威与良好的地方治理者形象，就“必须通过治理活动实现，治理过程对于绅权的彰显具有某种象征性意义。乡绅治理的成功与否依赖于乡绅对于国家所赋予的文化、政治、经济特权的有效运作，其中最关键的是，乡绅能否通过发挥个人及乡绅群体的中介作用来调和国家与乡村社会之间关系的效果，并进一步谋求二者的合作共治”⑥。从现有碑刻看，清代中后期的贵定地方乡绅，积极参与到地方公益事业建设，并有条不紊地实现公益事业的建成，使得该集团在地方上树立了权威和良好形

---

①（清）周作楫修，萧琯等纂.（道光）贵阳府志·卷八十[M]. 成都：巴蜀书社，2006：479.
② 时任贵定县县长，姓黄，具体无考。
③ 徐祖澜. 近世乡绅治理与国家权利关系研究[D]. 南京：南京大学，2011.
④ 徐祖澜. 近世乡绅治理与国家权利关系研究[D]. 南京：南京大学，2011.
⑤ 参见贵定县云雾镇令寨《祝氏族谱》，1993 年版，祝时华收藏。
⑥ 徐祖澜. 近世乡绅治理与国家权利关系研究[D]. 南京：南京大学，2011.

象，其绅权得以彰显。在晚清贵定乡绅中影响最大的应属窑上李春山，其“自幼聪颖好学，十六岁始考秀才，在县落选；十九岁又赴考，县已考取，但至省落选；后到都匀凯口、龙骨力和平伐等地攻读，二十二岁、二十五岁时先后赴考，在县和贵阳府均已考取，到省却又落选；他还是没有灰心，直到二十八岁第五次赴考，省关仍未通过”①。李春山欲通科举以登仕途，然五次落榜，使其对仕途心灰意冷。作为一名知识分子，他既然与功名无缘，遂积极投身家乡事业建设，以此实现自己的人生抱负。光绪年间，李春山以“半生驽钝”之材，为千古万全之事，先后建飞云桥、修镇风路、改福山道、作了迷船。此番善举，为其在乡村社会中树立了权威和良好形象，时人对其的评价为“信义素为人钦”，也为春山日后承建顺天桥奠定了坚实的群众基础。云雾镇老熊冲光绪十五年（1889）《伏虎寺铭碑》，记载李春山凭借自己的德行、义举感化群虎，使行人无畏虎之忧。记载虽颇为传奇，但侧面反映出李春山在当地的权威和在乡村社会的影响力。李春山能有此影响力与其文化水平和投身地方事业是分不开的，文化素养催生其济世情怀，乡村社会为其提供了平台。

在贵定诸多公益事业建设上，大多乡绅也许比不上李春山，但他们的存在共同助推了地方的发展，因为他们“拥有的文化教养和在家族社会中的地位，绝不是一些基层组织所能制约的。被封建制度和传统文化所养育强壮的乡绅阶层，作为一个乡村社会的地方势力始终与社会的利益血脉相系地联结在一起，并自觉扮演着民众领袖的角色”②。他们在管理地方、参与地方事业建设中，积累了民众基础，获得了大众的认可与拥护，因地方管理、事业建设与其利益血肉相连。

2. 地方官员在公益事业建设中的作用

贵定公益事业建设碑刻较为丰富。此种公益事业建设多为地方社会精英促成，其中也不乏地方官员的努力与参与，他们在地方事业建设上也起到了一定作用。在贵定公益事业建设中，各类官员参与的情况见下表 4-1：

表 4-1　地方官员参与公益事业建设情况

公益事业建设项目	施工地点	建成时间	地方官员参与情况
永兴桥	云雾镇平伐村莫下寨	康熙二十五年（1686）	大平伐长官司宋文灿
冗山桥	沿山镇新龙村巩固河	乾隆三十二年（1767）	平伐长官司庭绍统，分县周延菴，孝廉周聿
修谷纪关路	云雾镇窑上茶山村谷纪关	嘉庆五年（1800）	大平伐长官司
永兴桥	龙里县三元镇渔洞寨	道光十七年（1837）	新添营新安汛总司厅万春华
仁寿桥	昌明镇良田村栗寨	咸丰四年（1854）	贵定县新添长官司宋文炳，贵定县岁士侯□伦，正堂郎□□
工固石磴	沿山镇石板村工固	咸丰四年（1854）	平伐长官司

① 文史资料编审委员会. 贵定文史资料选辑·第七辑[C]. 1997：94-95.
② 王先明. 晚清士绅基层社会地位的历史变动[J]. 历史研究，1996（01）.

顺天桥	云雾镇大塘村	光绪十五年（1889）	都匀府正堂曾、独山州正堂吴、平越州正堂杨、平越州游府张、即补清军府署圣□正堂齐、独山州正堂齐、独山厘局即补县正堂彭、广西俸满庆远府经政厅石、广西庆远府宜山县正堂秦、广西庆远府思恩县正堂李、贵阳府贵定县正堂李荣杰、贵阳府贵定县教谕王之珍、大平伐正长官正堂宋广顺、前任江西大主考陈大人老夫人、候选知府正堂杨维藩、云南广南府庭中杰、都匀协镇洪主笙、新添营平伐汛戎府张树清、新添营谷壤汛部厅王之贤、游府荔波营中军雷□□声、四川补用县正堂鲁堃、大桃二等候选儒学正堂卢振德、思南府务川县教谕乐度、留滇总镇音德本巴图鲁陈鲁瞻、拣选知县宋宝森、安顺府厘局
重修冗山桥	沿山镇新龙村巩固河	民国4年(1915)	贵定县长黄伯□，□州巡按使戴□

从表4-1看，地方官员参与的公益事业主要有云雾镇永兴桥、巩固冗山桥、窑上谷纪关道路、三元镇永兴桥、良田仁寿桥、工固石磴、窑上顺天桥七处。七处桥或道路都有一共同特点，均位于交通要道之上。云雾永兴桥系连通云雾走岗坪经平塘掌布到广西古驿道上的重要交通枢纽；冗山桥上通滇蜀，下至粤楚，近接龙贵，远界都、麻、省垣、独山、定番；谷纪关是通往都匀、独山等地交通要道，山路较为崎岖；三元镇永兴桥系贵定经龙里往省城贵阳的重要通道；仁寿桥是贵定西往麻哈州的要道；工固石磴系巩固往龙里羊场驿道上的交通枢纽，二地通过石磴彼此互市；顺天桥亦为下通闽广，上达滇黔的重要交通枢纽。这些驿道即所谓的“官道”，官道是连通各个州县的交通干道，故在修建时地方官员对其较为重视。官道的顺畅与否关乎该州县公文传送、诏命下达、内外交流等运行情况。

州县官员的职责，不仅执掌吏、户、刑、兵等权，而且还包括工权，即“河工与水利、桥道与垣舍修筑等”①。《清史稿》亦云：“知府掌总领属县……河工水利；知州掌粮务、水利、防海、管河诸职。”②地方官员深知桥梁、关隘对官道的重要性，遂多参与和组织修建。同时，贵定行政格局较为特殊，贵定境内保留着诸多土司，而土司均有其属地，与官府形成了分而治之的局面。但总体而言官府在诸多权利上均大于土司。在土司辖地，如大平伐土司辖地、平伐土司辖地，各长官司为寻求自身和地区的发展，亦会选择建桥修路这一方式。

总体而言，地方官参与公益事业建设的行为主要体现于一些交通干道的修建上，如冗山桥、仁寿桥、顺天桥，三座桥梁官员参与最多的为顺天桥，汇集了西南各省官员，以贵州为主。这些官员在地方上口碑较好，民众对其爱戴有加，如独山州正堂吴筠生，为官清廉，爱民如子，其“性俭朴，不修边幅。……每值谳狱，无论童髦咸来争睹，官署几无容足处。严禁门书衙役不许受民间一钱……号吴青天”③。像吴筠笙这样的官员，品行端正，刚正不阿，顺天桥作为下通都匀府，连接独山州达粤西等地的要道，其作为一州之长自然支持修建。又如贵定县正堂李荣杰，在顺天桥未修前，其已

① 周保明. 清代地方吏役制度研究[D]. 上海：华东师范大学，2006.
②（民国）赵尔巽，等. 清史稿·卷一百一六[M]. 北京：中华书局，1976：3356-3357.
③（民国）王华裔修，何干群等续修.（民国）独山县志·卷二十二[M]. 成都：巴蜀书社，2006：493.

参与修建飞云桥；大平伐正长官正堂宋广顺，乐善好施，曾组织修建庙宇、家族祠堂等，热衷于地方事业的建设。地方官员对公益事业的热衷，带动了群众积极性，使广大民众不断投身到公益事业之中。

综上所述，地方官员积极参与到地方事业建设，是地方之福。但其参与空间有限，均为一些交通要道，而村野小道的建设主要还是依靠地方乡绅和广大群众。

3. 地方各族百姓的积极参与

在公益事业的建设过程中，还有一类群体作用巨大，可以说充当了主力军的角色，即当地各族百姓。在贵定公益事业建设碑刻中，不论是建桥、修路、建庙、兴修水利还是修渡，都能见到广大群众的身影，包括汉族、布依族、苗族等，一些公益事业由各民族合作完成，一些则由单一民族独自兴建。乾隆年间的冗山大桥，由平伐庭氏土司（汉族）组织兴建，有布依族、苗族、汉族等族人民捐资参与建设；由窑上往都匀府的驿道上，因山路崎岖，嘉庆年间在大平伐长官的提倡下，当地布依族、汉族等民众纷纷捐资修路，终化崎岖为坦途；德新镇小光比道光年间福德桥由当地汉人杨氏家族承建，地方百姓布依族、苗族纷纷捐助、出力共同完成；德新镇落尾掌道光年间所修渡口，由区域内汉族、布依族人民承建，众人捐资使渡口得以通航；又如光绪年间顺天桥的修建，有当地汉人李春山往各地游说，各族人民捐资修建，贵定各民族有着自己传统信仰，在民族杂居的过程中，彼此相互交流与融合，对某一信仰形成共识，如德新镇上岩组苗族、汉族人民于嘉庆年间共同修建土地庙。

就单一民族兴修公益建筑情况而言，以布依族为多。究其原因与其布依族自身居住环境密不可分。布依族人多依山傍水而居，遇河搭桥已为常事，桥对其来说，是对外交往的主要渠道。如沿山镇平寨乾隆年间、民国年间所修石磴，是当地通往巩固、龙里羊场的要道，由当地布依族人捐资修建，亦有捐物、出力的情况；沿山镇梓木庄光绪年间的修的过河石磴，亦为当地布依族人捐资修建，是继平寨石磴之后通往龙里羊场的交通要道；又如光绪年间音寨布依族人所建石磴，由当地罗氏族人捐资建设。

各族人民参与公益事业建设的程度还与工程对当地的影响力度有关，若该工程在区域内影响范围广，则民众参与度高，如顺天桥，上通滇黔、下达闽广，影响范围空前，有益于区域内外各族人民的交流，亦有利于客商的往来，对区域的发展意义不言而喻，故其修建参与人数多，参与者涉及范围广。一些公益事业往往只涉及一个村或几个村寨，参与者多为一村之人，相对而言其影响范围就小得多。

小　结

贵定公益事业建设类碑刻较为丰富，以建桥类居多，亦有修路、建庙宇、兴水利、开渡口等类。桥梁的修建、山路的开辟、渡口的开通等与区域内各族人民的生活息息相关。因贵定境内大大小小的驿道纵横交错，遇河搭桥，逢石开路，遇“险”修渡便成为人们多数时候的选择。建庙宇、兴水利则和人们的生产生活紧密相连。明清以降，贵定宗教文化发达，呈多元并存的态势，有佛教、道教等，亦有少数民族自身的传统宗教文化信仰，此种情况亦体现在土地庙、土地神的兴建与祭祀碑刻上。兴修水利关系到地方农业的生产，影响着各民族的生活情况，所以在水利工程告竣后，一些地区在水利管理上因俗而治，制定约定俗成的用水制度，这种制度对维护农田灌溉的正常运行起着重要作用。

地方公益事业建设，是地方社会精英、地方官员、地方各族人民共同努力的结果。地方社会精英包括地方乡绅阶层、精英家族中的精英人士、知识分子；地方官员对公益事业建设的参与较为有限，他们更关注一些交通干道，地方各族人民以汉族、布依族、苗族为主，他们积极参与或独自主持地方事业的建设，为地方发展作出了巨大贡献，他们是公益事业建设的主力军。总体言之，地方社会精英统筹基层社会事业建设，地方官员积极参与，上行下效，带动了各族人们的积极性，地方各族人民在地方社会精英主导下和官员的带动下，积极投身于公益事业建设中。

第五章
清至民国时期贵定碑刻所见民族地区生态资源的保护与利用

生态资源与人类生活紧密相关，是人们生存和发展的重要物质条件之一。人们在生产生活的过程中，在对资源开发的同时，也对生态造成了一定程度的破坏。在贵定少数民族地区，人们在开发的过程中，逐渐意识到生态保护的重要性，遂制定有关条规限制人们的不良举动，对资源进行不同程度的保护。在保护的过程中，一些民族特性得以显现。贵定这一类型的碑刻在清中期、清末民初较为突出，这些碑刻的产生，与时代背景紧密相连。

一、保护公共自然资源

在自给自足的封建社会里，公共自然资源对乡村社会来说非常重要，人们在地方乡绅的组织下，以碑刻的形式将保护自然的资源的条款刊刻于石，以此约束时人及后世子孙，使自然资源得到合理利用，达到可持续发展的目的。

1. 水井的保护与管理

贵定境内河网密布，水源较为充足，它与人们生活生产紧密相连，农业灌溉、喂养牲畜、生存与生计等都需依靠水源。从现有碑刻资料看，这里所说的公共水资源即指水井，这些碑刻多分布在贵定布依族人生活的地区。古时生产力低下，人们想要凿井实属不易，多数时候以地下自然涌出的泉水为井，再对其进行维修整理，遂成了村民日常生活饮用的公共水源。“布依族生存、发展及一切活动，物质文明的创造与社会机体的运行，都无不在对其独特的自然环境的依附中展开。”[①]确实如此，在用水的过程中，一些不良的用水习惯或不良举动，对水源造成了不同程度的破坏，布依族人在长期的生活实践中，不断积累教训，总结经验，制定了形形色色的用水公约，对水井加以维护。

贵定境内布依族村寨水井大多分布在村头、寨尾、寨中或山脚等处，经调查发现，水井位于山脚的较多，其次寨头和寨中。当水井受到污染或破坏时，人们多以明文立出井规，刊刻于石并立于井边，以约束众人用水行为。如新巴镇新华村花京小寨的嘉庆十三年（1808）《用水公约碑》，规定

① 韦启光等. 布依族文化研究[M]. 贵阳：贵州人民出版社，1999：2.

“禁洗菜蔬、破布、秽物、吊桶等件”，此规约反映出在规约未制定前，洗菜、浣洗衣物等事时有发生，对水井造成了严重污染。从规约内容看，此井为饮用之水井，人们意识到水源的重要性，遂出此条约，约束众寨人等，且规定“犯者，罚银一两肆”。既制定用水规定，又制定了惩罚款项。在一些苗族地区亦发现护井公约碑记，相较布依族地区要少，这与其生活环境和文化程度息息相关。位于德新镇新明村莱苗的咸丰二年（1852）《莱苗碑》记载，为避免用水秩序的混乱，规定“妇人背水，随到随背”，讲先来后到之理。且对用水有相关约束，“不准谁人洗衣裙井内”，并警示“若有不依者，罚银一两二钱”。光绪二十七（1901）年维修水井时，又对用水公约做了补充，《万古流名碑》记载：“不准洗衣滥裙井内，若有古洗，谁居那人，见者罚银三两，放水井内，罚银五两。”规约的惩罚力度有所加大，咸丰年间不依者，罚银一两二钱，光绪时不仅对违者加以处罚，且见而不报者也要一同受罚，罚银增至三两，其惩罚带有一定的连带性。随着时代的发展，用水过程中，问题层出不穷。光绪年间，竟有放水入井者，这造成水源的严重污染，人们遂立定新规加以限制不良用水行为，且惩罚也最为严厉。至于不准洗衣裙等类，这与当地苗族人民的生活习惯联系密切，衣裙本身即不干净，而其衣裙的制作染料为蓝靛，蓝靛对水源的污染极为严重。

因自然或人为原因，水井受到不同程度的破坏，在当地乡绅的组织下，人们对水井进行维修并加以保护。云雾镇抱管村抱管寨寨边有口井，当地人称龙井，因年代久远“湮沙堆泥积圮，滥□□渐即倾圮”，致使“汲水浣濯，此往往临池，病涉而嗟托，是之无所也”。泥沙堆积，水井倾圮，严重影响着村民的生活，在当地乡绅的倡导下，众寨人等量力捐助，“葺而新之幸”。水井复新，自然要立新规，故人们将水井分为四级，规定“第壹塘汲水，第贰塘洗菜，第叁塘洗布洗衣，第肆塘洗污秽等件”。将水井分为四级，井然有序，这样便不会对水源造成污染，保护水源的同时，井水也得到了合理利用。为防止水井再次泥沙堆积，人们亦列出管理条例，规定“每年淘井四次，每次两家，周而复始”。同时，制定惩罚条款，“以上数条，各宜遵照，如违公罚”。从管理制度中可以看出由少数人意志转变为群体意志的过程，亦可看出清代贵定布依族先民的智慧所在。

人为原因造成水源污染或遭破坏的情况较多。位于昌明镇秀河村龙塘湾的光绪二十一年《众善补修碑》，载“咸丰乙卯岁，干戈扰攘，水阁所被而焚之乎，年已久矣”。咸丰年间贵州苗民起义风起云涌，对地方经济的发展造成一定破坏。“咸丰八年正月，苗匪攻破麻哈，匪徒跃平越、黄丝、贵定东境，无一片干净地。”[①]至光绪二年，“二院阖族商议，共捐合银拾两零四钱五分一厘，补修水阁，永垂不朽。望其永远者，悠悠朽也”。到光绪二十年，人们再次对水井进行维修，“承首谭益邦，邀二院合族敬补修水阁，二院均沾圣泽，亦沐恩波永远矣”。修井就要管理，管理就会有相关规定，经合族商议“一概禁止，不准洗猪草，倘有不遵，罚钱乙千二百文”。兵燹平息后，在地方乡绅的主导下，各族纷纷捐资重修水井，使地方用水得以正常进行。又因一些不良的用水行为，水井无法使用，后经众人重修方才使用。

位于新巴镇谷兵村木姜寨的光绪二十五年（1899）《万古留名碑》，载“今人不知放牛马，洗衣洗菜，而践踏井水，其所不流者久矣”。经“众寨人等以免同心，不约已商议，每家乙百文钱请水，以垂碑计，留以子孙照甘碑计”。通过众寨人等同心重修，使水井得以恢复，并且立碑留以后世子孙，以此为戒：

---

①（民国）贵定县采访处.（民国）贵定县志稿[M]. 成都：巴蜀书社，2006：27.

> 自过之后，见放牛马，洗衣洗菜，践踏井水，务须力擒拿。倘有闻见不拿，与同请罚钱乙千文，请水倘有不遵者，众寨人等牵他耕牛入众，见之即来报之，钱乙百文。[①]

针对此前种种弊病，明文以示，对犯者、包庇者、检举者制定相应的奖惩机制，有利于维护水井的发展。又如谷兵村宣统三年（1911）《警戒碑》载："因为井边有人濯足，洗衣污秽，井泉龙神故㳇。"经过众寨人商议，制定相应条规，以警世人："今已后各人遵之莫违，倘有违犯者，罚钱乙千式百文入公，若有牛、马、猪走至井边有人见者，罚钱乙千式百文入公。"前事不忘后事之师，此前的不良举动致使用水困难，故立碑以戒世人。

从以上水井规约碑的产生过程看，规约碑的内容是人们在漫长的社会生活和实践中，发现问题并不断总结，不断修正、完善，从而形成符合地方秩序安排的条规。它在长期发展中逐渐形成一种水井文化，这种文化作为一种社会意识与社会规范，引导着人们对水资源的合理利用，也对生态平衡起着积极的作用，为地方社会的可持续发展提供了有利条件，同时也对寻求人类与自然的平衡状态有一定意义。

2. 严禁砍伐山林

森林资源是人民宝贵的生产资料，不仅可以为人们带来财富，而且在布依族人眼中尤为重要，所谓的风水山林，即为布依族人所说的"后山龙脉"，此种风水观在贵州布依族地区较为常见。本书所搜集到的碑刻中，有不少反映了当地布依族人的风水观念，布依族的风水观念保护了山林的发展，有利于维系当地生态的平衡与发展。

昌明镇贾戎村贾戎寨，大部分居民为布依族，亦有少量汉族，为后来迁入。其中袁、金两姓为布依族，刘、梅二姓为汉族。其寨中竖立着一通道光二十四年（1844）《永垂不朽碑》，碑文主要记载乾隆至道光年间当地青龙、白虎山遭到了不同程度的破坏，至道光年间，"有独山州鄢姓来此开厂，得买后龙山树木，尽行砍伐"，过度砍伐导致青龙、白虎二山"砍败不堪"，山林破败，严重破坏了村寨的风水，导致人畜不得安宁。为使村寨风水复原，经众议后众人捐资，"求伊（独山州鄢姓）让出此山，退为众人风水山，伊亦慨然允诺，公议价银八两五钱，书有契据一纸，大小树木一并在内"。赎买风水山后，人们立定买卖契约，作为买卖凭证，防止日后彼此产生纠纷。大小树木一并在内，可想而知树木在布依族人风水观中极为重要。风水山回归众人，对其进行保护与管理成为眼下亟须解决的问题，经众议制定护林保寨规定，如碑文言：

> 迄今买封后，此山之柴不许人砍，即枯枝亦不准要，留备四时公用。至于青龙、白虎二山，俱有碑记此不复议。若有砍乱要者，罚银二十两，逐出境外，见来报者，红银二两。若见不报，久后查出以为同情，亦照罚银之项，众等务宜谨体乡规。□□子兄戒其弟世世相传，公同照管。[②]

从惩罚力度可以看出风水山林对村寨的重要性。时人认为后山龙脉关系一村命运，所以亦希望乡规得以流传百世，风水山林才能万久常青。据调查和访问发现，碑刻中有部分汉族人也参与了风

① 参见贵定县新巴镇谷兵村木姜寨光绪二十五年《万古留名》碑文。
② 参见贵定县昌明镇贾戎村贾戎寨道光二十四年《永垂不朽》碑文。

水山林的保护。这反映了当地汉族人口较少，汉族同胞迁入此地，与当地布依族人接触交流，在长期的生活交往接触中，汉族人民不断融入当地布依族文化体系中。

此外，位于盘江镇白龙村杨家寨的光绪十七年（1891）《永垂不朽碑》，既维护了风水山又保护了山林。碑文指出：

> 村边山林树，禁止不准妄伐，如有妄伐，罚银一两；风水山名，石门山以中，院老幼禁止无许妄伐，若不□□□；风水山名，白坟山以外，院老幼禁止无许妄伐。[①]

又如昌明镇秀河村龙塘湾民国7年《护林碑》载，因先年寨后二垄山“伐之尽尽，败之绝绝”，为保全村寨环境，至民国6年：

> 众踊跃协力，同倡转护成林，以垂碑为记，使辑熙于后来□也。垂碑以后，石勿妄拓，土勿妄掘，茅茨茅草一介勿以妄取，枯树枯枝一株勿以乱砍。[②]

因风水山林遭到严重砍伐，为保全“龙脉”，众寨人等踊跃协力保护。位于昌明把虎寨的民国6年《护林碑》记载，因有不存天理，不畏王法，任意妄为之徒，“春则偷□竹木嫩苗，夏则伐砍茎枝，秋冬是物枯槁，放火烧山，是以竹林屡败□”。经陈氏族人议定，“村侧上下左右山之风水竹林，无论亲疏远近人等，禁止砍伐，抗者罚银三两，拿获红银八钱”。明确规定任何人都不能砍伐村寨林木，违者会遭到相应惩治，拿获犯者亦可得到一定的奖赏。

以上碑刻多系对森林资源的保护，一些碑刻也体现在保护森林资源时官府的参与。位于贵定县与龙里县交界处的三江口的道光七年（1827）《永垂不朽碑》，记载当地布依族、汉族先民护古树的规约。“因本境有古木四根……所保一境之族”[③]，基于神树能佑村护寨，人们对古木遂采取了保护措施，规定古木所在地“人、畜不准入内，枝叶若有一人砍折，杖责，众姓知□者，送官究办，罚银数□”。通过杖责、送官究办、罚银的惩罚机制，约束当地不法之人的行为，在一定程度上保护了山林古木的发展。

布依族人依山傍水而居，“很早就有‘靠山吃山，吃山养山’的爱林护林传统”[④]。所以，山林资源对布依族人而言尤为重要，当山林遭到破坏时，人们多众议制定相关保护条例和奖惩机制，也有官府介入解决山林破坏问题的情况。盘江镇太平寨是一个布依族村寨，光绪年间，因当地汉人越界砍伐当地布依族所管山林[⑤]，严重破坏了山林，在当地儒生张德培的组织下，诸寨乡绅把此事告至官府。此寨光绪三十二年（1906）《护林碑》载：“据大坡寨、麦董、平堡、音寨、太平寨生民张德培、罗国藩、陈国香等，亦毁木败山，恳请示谕严禁等情一案”，经官府办理“岩饬广栽”树木，不仅广栽，且令“旧有者加意护蓄”，广栽、护蓄自然要保护，官府告示明文规定“倘有无知之徒任意砍伐，散放牛马践踏，许生民指名具禀，来辕以凭，严拿究办，决不姑宽”。官府作为地方权利的执行者，制定的条规有法律约束力，对一些乱砍乱取行为起着法律约束作用。

---

① 参见贵定县盘江镇白龙村杨家寨光绪十七年《永垂不朽》碑文。

② 参见贵定县昌明镇秀河村龙塘湾民国7年《护林碑》文。

③ 贵州省地方志编纂委员会. 贵州省志·民族志[M]. 贵阳：贵州民族出版社，2002：224.

④ 吴大旬，王红信. 从有关碑文资料看清代贵州的林业管理[J]. 贵州民族研究，2008（05）.

⑤ 据太平寨张培德老人说，砍伐树木者多为小平伐长官司家族，当时当地布依族先民为其所辖。

3. 渔业资源的保护

贵定境内河流众多，水生生物较为丰富。在清代，贵阳府属州县鱼类主要有“鲤、鲫、鲇、青鱼、鳝、鳖、螺、鲮鲤、蚌、龟、虾”①。后又出现其他，如“鱮、鳙（俗名胖头鱼）、乌鱼、荷鱼、鳜鱼、桃花鱼、白小、金鱼、孩儿鱼等”②。经过不断的进化，贵定境内鱼类又有了“倒刺鲃、云南倒刺鲃、北江厚唇鱼、彩虹光唇鱼、长鳍光唇鱼、云南光唇鱼、白鱼、大眼红鲤、乌江鲤、泥鳅、鲶鱼、黄鳝等 34 种之多”③。水生生物资源非常丰富，但在调查过程中，我们发现有关鱼资源保护、利用的碑刻极少，现仅发现两通，为清末民初时段所立。禁渔碑均为官府或政府的禁渔告示，它对一些不良的捕鱼行为加以禁止，有助于维护渔业资源的可持续发展。位于贵定了迷河④流域顺天桥处的光绪十五年（1889）《府县正堂示》碑记，为顺天桥竣工时官府颁布的禁渔告示，首题为“永禁毒网鱼虾”，并指出禁渔范围：“永禁上下各壹百丈，不准取鱼。”最后申明“如违直禀提究”。人们意识到毒鱼、网鱼会造成生态破坏，严重时会使鱼虾灭绝，遂通过官府出台相关明文，加以禁止。

清代中后期，捕鱼、毒鱼的现象在贵州较为普遍。“由于人口增长过快以及对自然资源开发利用的速度加快，自然资源被过度开发利用的现象很普遍，环境问题逐渐凸显。就渔业而言，清代晚期，贵州过度捕鱼或毒河捕鱼的现象较为突出，这严重破坏了江河水生环境。”⑤水生环境的破坏在黔中地区较为突出，安顺人宋劭谷说：“贵阳、安顺、镇远所属乡民，多有毒鱼之事。积习相沿，群趋若鹜。缘黔中多产茶树，民将子榨油，即以渣饼置水中，鱼无大小，靡有孑遗，到处皆然。……恳请大人（时任巡抚贺长龄）转访各地方官，凡有河道毒鱼之处，出示严行禁止。”⑥

至民国年间，过渡捕鱼、毒鱼的现象亦时有发生，民国 10 年，贵定县“桃花寨护河碑，反映贵定县政府及庆熙镇团首对贵定河的保护，在上至林家坝，下至闻江寺河段不准水老鸭下河，不许用网、用毒打鱼，只许执竿垂钓，如有违反，扭送报官重罚白银四两”⑦。这些禁渔章程由当时贵定县政府颁布，后刊刻于石，立于河岸，以警世人。

由此来看，清中期以后贵州在渔业资源开发上出现了诸多问题，在贵定发现的清末民初的两通禁渔碑，在一定程度上反映了当时整个贵州渔业资源在开发利用中存在的弊病。

二、民族地区生态资源保护的动因分析

在贵定布依族、苗族聚居区，人们靠自然资源来维系生产发展和生活，对自然充满了感激和敬

① （清）鄂尔泰等修，靖道谟、杜铨纂.（乾隆）贵州通志·卷十五[M]. 成都：巴蜀书社，2006：285.
② （清）周作楫修，萧琯等纂.（道光）贵阳府志·卷四十七[M]. 成都：巴蜀书社，2006：63.
③ 贵州省贵定县志编纂委员会. 贵定县志[M]. 贵阳：贵州人民出版社，1995：170-171.
④ 了迷河，又名老绵河，贵定县第二大河，流经窑上、谷撒、摆哈等地。
⑤ 严奇岩，陈福山. 从禁渔碑刻看清末贵州鱼资源利用和保护问题[J]. 贵州民族研究，2011（02）.
⑥ 安顺市西秀区大西桥镇志编委会. 安顺市西秀区大西桥镇志[M]. 贵阳：贵州人民出版社，2006：421.
⑦ 赵启华，吴若丁，史迪义. 黔中佳地贵定[M]. 贵阳：贵州教育出版社，2006：86-87.

畏，在利用自然资源的同时也会有意或无意造成生态资源的破坏。为此人们制定相关规约，以保护自然。

1. 水井资源在乡村社会中的重要性

水资源是人们的重要生产资源之一，是生命之源，“对人类的生存与发展起着不可替代的作用”①。水源是农业生产的根本，是维系乡村社会生活的重要资料，所以人们对水源的管理极为重视，在贵定布依族、苗族地区有着诸多有关用水规约的碑刻，人们在用水的过程中，遇到各种各样的问题时，往往经地方乡绅倡导，众人各抒已见，后达成相应条款，对水源进行保护。

水井与地方百姓生活息息相关。抱管寨道光二十四年（1844）碑记载，“盖井养之无穷，我抱管安居此乡，历年已久，所赖以生活”，一方水土养育一方人，当水井不能正常维系村寨生产生活时，当地乡绅罗良惠等“约集同人量力捐助葺”，捐资人多为当地罗氏族人，捐资额度在一钱至五钱之间。修葺水井不仅仅是地方家族的大事，亦是村寨的要事。修复后的水井被分为四级，规定第一级为汲水，供人饮用，第二级留作洗菜用，第三级专为洗衣洗布，第四级专洗秽物。把水井功能彻底细化区分有利于水井功能的发挥，也有利于水井的持续发展。功能细化后，人们根据自身需求“按规”用水，对用水秩序的整合具有重要意义。

水井的重要性还体现在，需要周期性地对水井进行淘洗，使水井能够正常运行，村民的正常生活才能得到保障。以上为水井的管理机制，人们对于违反规定的行为，还制定了相应的惩罚机制，即违反者将受到惩罚。

又如木姜寨布依族人所用之井，因其所处海拔较高，境内又无河流经过，用水多靠天或人工凿井。光绪年间，人为原因致使其寨水井断流，当地乡绅约集众寨商议，重开水井以用，众人遂捐资重建，建成后规定：

> 自过之后，见放牛马，洗衣洗菜，践踏井水，务须力擒拿。倘有闻见不拿，与同请罚钱乙千文，请水倘有不遵者，众寨人等牵他耕牛入众，见之即来报之，钱乙百文。②

从其条规来看，惩罚机制较为严厉，其中最严重的当属牵牛。牛在古时是家庭的重要生产力，没有了牛其耕作难度可想而知。由此，可以看到水井在当地有着举足轻重的地位。人们之所以立定不同的规约制度对水井进行保护，“主要是因为生态环境受到这样或那样的威胁与危害时，引起了乡民对用水、水源、动植物和其他生态环境构成要素能否保持平衡，以资利用的担忧”③。在贵定布依族、苗族地区，人们因这样的担忧而立定相应的规约，并且随着时代的推移，不断改进与完善。

2. 布依族人的风水观念

山林，特别是村寨前山和后山之山林，对布依族人而言，极其重要。长期以来，布依族人“多选择依山傍水之地建村立寨，村寨周围的林木被视为风水林，禁止砍伐，就连干枝残株也不能随意

① 陈彤. 从水井碑刻看侗族饮用水资源的利用和保护——以贵州省从江地区为例[J]. 长江师范学院学报，2016（03）.
② 参见贵定县新巴镇谷兵村木姜寨光绪二十五年《万古留名》碑文。
③ 刘志伟. 乡规民约石刻看西南地区民间环境意识（1368—1949）[D]. 重庆：西南大学，2011.

惊动，相信风水林是村寨守护神藏身和显身之所”①。布依族人相信砍伐风水山林，村寨风水就会被破坏，因为村寨风水系“人类对环境所持有的价值观与心理行为的取向，其宗旨是了解自然环境顺其自然，有节制的利用和改造自然，创造良好的居住与生存环境，赢得最佳的天时与人和，达到天人合一的至善境界”②。布依族人保护风水山林，其目的在于保护村寨自然环境，从而营造良好的居所，以求人与自然的和谐。

在布依族人眼中，风水关系地方人才的培养，关乎村寨的盛衰，所以他们非常重视风水山林的栽培与保护。这种观念在贵州布依族地区多有体现，如贾戎村道光二十四年（1844）《永垂不朽》碑文言，“盖闻贤才挺生，原关风水，而寨场盛衰，亦关风水之培，岂可缓哉！”又如兴义顶效镇绿荫村咸丰五年（1855）《保护山林碑》，载：“山川之毓秀，代产英豪。是以维岳降神，赖此朴棫之气所郁结而成也。”③“屋后自来竹木畅茂，因之人士登贤书，此以知后山为风水所关也。”④他们认为，村寨山林是村寨灵气所在，灵气结则村寨兴。一旦风水林被破坏，灵气则散，村寨就会面临灾难，如贾戎布依族人说道：“即如青龙山树木，在乾隆年间业已砍败不堪，即六畜亦多损坏，兼之官司口角，此息彼炽顷败者大半，其人兴起者寥寥无几，其不利也。”风水破败，则人畜难安，官司口角增多，村寨人才寥寥。然“越数年而山茂成，寨复平安”，“信乎风水诚当培也”。至道光年间，独山州人鄢姓至贾戎开厂，得买其寨后龙山林，砍伐甚多，“是年寨内多疾病，六畜又损伤，甚至履遭回禄，其不利之处尤甚，然不仅以此见效也”。后山古树残败，“自上院起凡居山脚者，无不病，无一畜不损”。凡此种种不祥之兆，让当地布依族人相信维护村寨风水山林已是迫在眉睫。于是，众寨人等商议将山林从鄢姓手中赎买。自买回封山以后，此山之柴不许人砍，即枯枝亦不准要，违者遭罚。又如昌明镇秀河村龙塘湾，民国时期，当地后龙山林颓败，人们相信“壅护后龙种植树木，关系一村之善事也”，经众寨人等商议，于是“众踊跃协力同倡，转护成林”，并规定“砍后龙山擒获者，罚银伍两”。布依族人的这种风水观念，从清代至民国时期，乃至现在依然普遍存在。

“特定的自然生态系统总是与特定的民族传统文化相互联系。世居在贵州的少数民族在利用自然资源的过程中，其传统文化与所处的生态系统经过不断的互动磨合，已经达成了相互依存、相互制衡的共生关系。”⑤布依族人在与山林的接触过程中，逐渐意识到山林对村寨的重要性，在其意识中亦形成了人类与自然休戚与共的观念。在山林保护上，人们认为风水山林的完整能够给村寨带来好运，有利于村寨方方面面的发展。当人们意识到村寨出现各种不祥征兆时，往往会想到风水山林是否完整，当山林出现破败，村寨众人会商议如何保护，并制定相关条约加以限制人们破坏山林的行为，以乡规民约的形式呈现于众人。乡规民约“它是在村民自治的条件下，由全体村民参与讨论，根据习俗和现实共同制定的关于村务管理的自我约束、自我管理、自我监督的行为规范”⑥。贵定县布依族先民根据自身情况和自我需要，制定保林护寨的条规，从而达到人与自然和谐的效果。

① 关传友. 风水景观——风水林的文化解读[M]. 南京：东南大学出版社，2012：229-230.
② 林移刚，刘志伟. 从乡规民约石刻看历史时期云南民间的环境意识[J]. 地理研究，2012（08）.
③ 黔西南布依族苗族自治州史志办公室. 黔西南布依族清代乡规民约碑文选[M]. 册亨：册亨县印刷厂，1986：59.
④ 赵兴鹏. 区域社会史视野下花溪清代碑刻调查与研究[D]. 贵阳：贵州民族大学，2017.
⑤ 贺天博. 贵州地区生态变迁的民族学考察[D]. 吉首：吉首大学，2012.
⑥ 温佐吾. 村规民约与森林资源保护[M]. 贵阳：贵州科技出版社，2007：7.

3. 社会各阶层的互动性

生态资源的保护与维系离不开社会各阶层的努力，不管是公共水资源管理还是森林维护，都是社会各个阶层在接触中不断磨合，最后达成彼此协调的状态。诸如水井管理，就有管理者和被管理者。管理者系众寨人，而被管理者则是企图破坏水井秩序的不法之人。在森林资源管理方面，除民间自行管理外，还有官府介入的现象。官府介入是因地方上山林破坏的现象较为严重，极大损害了诸多阶层的利益，后由地方百姓至官府控告。如光绪年间太平寨布依族人张德培等人控告当地土司越界砍伐山林一事。张德培为当地儒生，为教书先生，在当地享有一定的威望。此事经官府处理，明文规定："倘有无知之徒任意砍伐，散放牛马践踏，许生民指名具禀，来辕以凭，严拿究办，决不姑宽。"从这来看，晚清乡绅与官府共同治理地方，亦是国家权利与绅权博弈的体现："前者追求自身的目标，而后者——乡村控制必须依靠他们——也同样追求自身的目标。虽然从观念上说二者的最终目标通常是一致的，但一旦涉及经济利益就不同了。在不同情况下，地方精英们扮演着不同的角色。"①乡绅在地方利益受到破坏时积极维护，因地方利益往往与自己息息相关。他们积极与官府对话，在一定程度上有利于地方山林的发展，在维护自己的既得利益时，大众利益也得到了维护。"自晚清以来，在社会秩序的混乱和皇权的衰落中，地方精英阶层通过地方秩序的维护崛起，并在晚清民国的'自治运动'中取得了对地方社会的支配。"②此时的地方精英不仅仅是乡绅阶层，亦有保甲长等类。当地方出现一些弊病时，他们多与政府一同治理。

小　结

水井是乡村社会重要的生产资源，在贵定一些布依族、苗族聚居地区，因其生活环境的特殊性，他们对水井的保护与利用尤为重视。人们在用水的过程中，一些不良的用水行为逐渐出现，对水井造成了不同程度的破坏，严重影响到村寨的用水秩序。为杜绝种种不良行为，当地乡绅组织，众人共同商议，对用水秩序进行维护，以乡规民约的形式约束众人用水。在生活实践中，新问题不断地出现，人们也不断对规约进行修正和完善，以此形成符合地方秩序安排的条规。

布依族人对风水山林的保护极为重视，他们相信，风水山林的完好程度关系村寨发展与命运。风水山林保存完好，则有利于村寨的长久发展，若遭砍伐或破坏，则村寨人畜均不得安宁。在贵定一些布依族聚居区，当地布依族人认为，村寨人畜厄运不断，是因风水山林受到破坏，遂在村寨乡绅、家族的商议下，形成保护山林的相关条规，在一定程度上起到保护生态的效果。

贵定境内河流众多，水生生物较为丰富。清中后期，贵定出现毒鱼和过度捕鱼的现象，毒鱼和过度捕鱼易造成生态的失衡，为此官府也有颁发告示加以禁止。

---

① 魏丕信. 18世纪中国的官僚制度与荒政[M]. 徐建青，译. 南京：江苏人民出版社，2003：5.

② 欧阳恩良，潘晓. 民国时期贵州的保甲制度与乡村社会秩序[J]. 贵州社会科学，2013（05）.

第六章

清中后期贵定碑刻所见民族地区社会治安问题及处置

清初，中央王朝通过颁布一系列政策措施，使贵州经济得到一定的恢复与发展，地方秩序逐渐恢复正常。至清中期，随着各种复杂因素不断出现，严重扰乱了贵州地方秩序。从调查到的碑刻中我们可以看出，影响到地方秩序稳定的因素主要有外来人口的迁入、地方不法分子的行为、土司与地方官的不良举动等。为使地方秩序恢复稳定，官方和民间都做出了努力。

一、清中后期贵定地方社会秩序的失衡

从碑刻反映的情况看，清代贵定地方社会秩序的失衡主要在中后期，具体在嘉庆以后。影响贵定地方社会秩序的因素主要有外来因素和内部因素，外来因素表现为流民的涌入，流民中混杂了形形色色的人群，内部因素即贵定境内一些行为不端的平民或官员。

1. 不法流民及地棍对地方的扰害

流民是指“丧失土地而无所依归的农民，或因饥荒年岁或兵灾流亡他乡的农民，抑或四处求乞的农民，还有因自然经济解体的推动和城市近代化的吸力而流入都市谋生的农民，尽管他们有的可能还保有小块土地”[①]。流民中因各种原因又多派生出不同的社会群体。清代以降，流民问题一直存在，一直是困扰中央王朝的一大社会问题，在不同时期表现又有所不同。至道光年间，贵州的流民问题较为严重，这对地方秩序的稳定造成了极大的影响。这个时期的流民多因灾荒等原因流亡贵州等地：

道光十四年，贵州兴义府一带苗疆，俱有流民混迹，此种流民系湖广土著，因近岁水患，觅食维艰，始不过数十人。散入苗疆租种山田，自成熟后获利颇丰，遂结盖草房，搬运妻孥前往。上年秋冬，由湖南至贵州一路，扶老携幼，肩挑背负者，不绝于道。[②]

① 池子华. 中国流民史·近代卷[M]. 合肥：安徽人民出版社，2001：2.
② （民国）刘显世、谷正伦修，任可澄、杨恩元纂. （民国）贵州通志·前事志二十一[M]. 成都：巴蜀书社，2006：291.

近代以来的流民与之前有不同。每每灾荒，在官府赈济不到时，为求生存，流民们就会“沿着主要路线，流向那些他们猜到会有农业剩余并可能找到工作的地区。其结果是，避难地区的劳动市场与收容设施不久即趋于饱和，但即使如此也不能阻止难潮”①。所以才会有湖南至贵州一路，老幼负肩者不绝于道。然而此时贵州人口基本饱和，人地矛盾日益突显，时任贵州总督阮元忧心忡忡地说道：“查黔省在在苗疆，前因各府州县寄居苗寨客户甚多，恐苗民生计日蹙，滋生事端。”②官府为稳定地方秩序，也采取了诸多行动，但是还是难以阻止流民窜入苗寨这一事实：

> 外来流民情形不一，平时不免江楚无业之徒乘间而至。今外省贫民虽经递送出境，而黔省上通川粤，下接楚南，诚虽保其不因边省苗民愚拙，便于谋生，日久又复潜涉入黔，致被混迹苗疆，盘踞占夺之渐。自应再行严禁，严行防范以期苗寨久安，边陲永靖。③

因黔省驿道纵横交错，流民的流入之势态遂不可挽回。流民不断涌入，诸多社会问题逐渐显现暴露。道光十八年（1838），“查禁滇黔两省外来流民盘剥苗人土司田产”④。贵州流民问题直至清末都还存在，光绪年间，“贵州巡抚庞鸿书奏设警务工厂，称黔地贫瘠，流民极多”⑤。可见，清末流民问题终未得到有效的治理。

贵定地处要冲，流民的涌入亦多。流民中一些生计无所寻觅的人借机生端，滋扰地方，严重扰乱了地方秩序。他们往往勾结地方“地棍”为害一方。“以强力取不义之财者曰棍徒，俗称无赖之徒，又曰地棍、土棍、痞棍等类。”⑥不法流民为求生计，与地方无赖之徒相互勾结，对地方秩序的影响不言而喻。贵定县昌明镇摆耳村摆耳寨系苗族村寨，清道光年间，不法流民、地方无赖之徒竞相勾结，为害地方，使摆耳苗民付出了沉重代价。位于其寨土地庙道光十八年（1838）《永远□□碑》记载：“因于道光十二年，年岁饥馑，多出无耻之人，恶磕估借，外勾内合，于中取利，诬控良善。”碑文指出，道光十二年（1832）因年岁饥荒，地方多出无耻之徒，为求生计，他们外勾结不法之人，里应外合，为害地方，强索强借，并诬告广大民众，这严重扰乱了地方苗民的生产生活。至道光十八年（1838），“摆耳一带地方，近有不法地棍，勾引外来之人⑦，磕害强讨夜偷，欺压良善”。

早在道光六年（1826），地方贼匪与外来之人沆瀣一气祸害乡里之事就常有发生，时任广顺知州但明伦就说道：

> 贵州地僻山深，向有红尚、黑尚两种贼匪，各结党行强，民遭扰害。甚至勾结外来游民，盘踞各州县交界，及云南、四川、广西等省接壤之处，出没无常。其地近广西之贵阳府、安顺府、都匀府所属地方，为害尤甚，匪徒恃强滋事，扰累平民。⑧

在州县交界处，贼匪之害尤甚，摆耳村地近都匀府境，从碑文可以看出，但明伦所说不无根据。道光六年至十八年间，内外勾结遥相呼应的恶行有增无减。随着时间的推移，除贼匪外，又多了地

① 魏丕信. 18世纪中国的官僚制度与荒政[M]. 徐建青，译. 南京：江苏人民出版社，2003：36.
②（民国）刘显世、谷正伦修，任可澄、杨恩元纂.（民国）贵州通志·前事志二十一[M]. 成都：巴蜀书社，2006：291.
③（民国）刘显世、谷正伦修，任可澄、杨恩元纂.（民国）贵州通志·前事志二十一[M]. 成都：巴蜀书社，2006：291.
④ 章开元. 清通鉴：嘉庆朝、道光朝、咸丰朝[M]. 长沙：岳麓书社，2000：639.
⑤（清）刘锦藻. 清朝续文献通考·卷三百八十四[M]. 上海：商务印书馆，1936：11310.
⑥（清）徐珂. 清稗类钞·棍骗类[M]. 北京：中华书局，1986：5378-5383.
⑦ 外来之人，指不法流民或游民。
⑧（清）周作楫修，萧琯等纂.（道光）贵阳府志·卷二[M]. 成都：巴蜀书社，2006：27.

棍等扰乱地方秩序的群体。随着不法流民的不断涌入，两者臭味相投，狼狈为奸，严重干扰了乡村社会秩序的正常运行。

乞丐扰乱地方的情况在贵定境内亦有发现，有些乞丐甚至与地方无赖相互勾结，强索强讨，危害较为严重。位于新巴镇乐邦村毛栗寨的道光二十九年（1849）告示碑，载："日后若有此等恶丐在地方滋扰，有□留之家，到官府指名□，迭以惩究，永不姑宽。"此告示为贵定知县连同广顺州知州共同颁布。广顺知州深知恶丐滋扰地方的严重性，道光二十四年（1844）广顺州有恶丐者"三五成群，结成伙党，沿门求吃，将不遂意，为所□强□□□指端滋事，毫不畏惧"[①]。道光年间，贵阳府所辖其他州县，乞丐滋扰地方的情况亦较普遍，道光十四年（1834）贵筑县《县正堂示碑》[②]记载："近有不法游民，纠集男妇百余人于各寨人家，沿门乞讨，列坐盈门，不由出入，喧哗骗赖，去而复返，以致村民深受其累。"[③]又道光十六年（1836），贵筑县城外：

> 有等无赖恶少，专于游手好闲，不寻生业。每日向铺户居民强讨钱米，如不遂，则肆闹不休，或睡地不去。若遇人家有婚丧等事，彼此邀约，三五成群，拥挤门首，必遂所欲而后散，民间深受其扰。[④]

这类乞丐，为流民群体派生出的人群，亦系扰乱地方秩序稳定的因素之一。乞丐的产生多因流入地区人口饱和，许多人无从生计，进而只能通过行乞度日，行乞不得，遂强索强讨。他们使地方付出了沉重代价。

总而言之，清代中期，贵阳府所辖州县的流民群体中，一些不法流民为求生计，与地方无赖之徒相互勾结，祸害地方；一些流民因寻不到生计，迫于生存压力，不得不靠行乞维持，有时亦强讨强索，若不遂，则肆闹不休。凡此种种，严重扰乱了地方秩序的正常运行，在地方治理问题上造成极为棘手的问题，同时打乱了百姓的生活节奏，阻碍了生产的再进行，对人民群众的生命财产安全等构成了严重威胁。

2. 土司、地方官磕害苗民

道光年间，由于流民的不断涌入，加之地棍等对地方的骚扰，贵州地方秩序较为混乱，这些因素给官府和地方带来了不少麻烦。同时，从现有的碑刻看，情况不仅仅如此。在贵定一些土司管理的地区还出现了土弁、土役以及地棍彼此勾结，鱼肉乡里，诬陷良善，于中取利的情况。贵定是一个多民族聚居区，云雾镇鸟王村排上寨为苗族聚居区，清代时为大平伐长官司辖地。道光年间，该地苗民王起明、陈万邦等赴贵定县正堂军门状告当地土司、地方官磕害苗民等情况，道光十五年（1835）《永垂万古碑》言："土司、地方官磕欺害民□"，缘因"不法之徒，图诈□□□，衙门[⑤]与土弁勾通捏词"。苗民有口难辩，无处申冤，事经贵定县衙门查办，县衙经实地勘查，发现土司、土弁等类磕害地方尤甚，"磕诈苗民，种种弊端，实勘痛恨"，遂申明"嗣后尔等如遇，不得已必须告，

---

① 范兴卫. 花溪区三通清代中晚期乞丐碑考论[D]. 贵阳：贵州民族大学，2013.

② 此碑位于贵阳市花溪区桐木岭村石头寨。

③ 赵兴鹏. 区域社会史视野下花溪清代碑刻调查与研究[D]. 贵阳：贵州民族大学，2017.

④ 赵兴鹏. 区域社会史视野下花溪清代碑刻调查与研究[D]. 贵阳：贵州民族大学，2017.

⑤ 这里的衙门指土司衙门。

□□□事务须前赴县□□呈控，不得□□□”。地方土司层层串通，苗民在他们面前弱小无力，只能听其裁决。官府因此弊病，于是通告苗民，日后若有何冤屈，务须到县呈控。地方棍徒等与土司、土弁相互勾结，欺压良善，地棍往往充当土司等类的鹰犬，祸害地方，从中取利，土司又通过地棍获得利益，沆瀣一气，彼此之间构建了一层紧密的利益关系。土司通过地棍对苗民进行盘剥或掠夺苗民土地。

出现此种弊病，与时代背景紧密相连：“乾隆后期，吏治腐败极其严重，各种吏治弊端层出不穷，整个官僚阶层对国计民生冷漠与麻木，一味追求安逸生活，从而导致封建政治和国家行政工作的极端废弛。”[①]就贵州而言：“督、抚与藩、臬至于上下一气，串通结纳，任意营私，将何事不可为！”[②]如此这般，以致朝廷都发出“黔省吏治狼藉如此，实为情理之外”[③]的感慨。而清代的贵定是一个土司数量较多的地区，并且每一土司都有所管之地，吏治腐败伴随而来的即是土司乘此加强对少数民族的盘剥：“黔省苗民甫定，宜严禁土司横征苛敛并汉奸盘剥。”[④]

道光年间，流民遍地，地棍横行，吏治腐败，致使官府对地方的控制与管理有所松弛，给土司、土弁、地方官员有了可乘之机，贵定云雾镇鸟王村排上寨道光十五年碑记正是时代的缩影。流民的涌入，一些不法之人融入地方“黑势力”中，他们很容易被土司、土弁所利用，成为土司等盘剥苗民、侵占苗民土地的工具。于此我们可以看到，这一时期的民族关系较为紧张。

3. 地方盗贼不断

流民涌入，官府对地方管控的失当，使当时的社会秩序较为混乱，一些不法之人便蠢蠢欲动。昌明镇摆耳村的道光十八年（1838）《永远□□碑》记载，因不法地棍勾结外来之人，磕害地方，白天强讨强索，夜间则偷鸡摸狗。新巴镇毛栗寨的道光二十九年（1849）《社会治安告示碑》记载一些乞丐不仅在地方强讨，而且还有偷窃行为。以上两通碑文均为官府发布的告示，具有一定的官方法律效应。新巴镇谷兵村甘塘的道光三十年（1850）《乡规碑》，由当地布依族人所立，为民间自发商议后订立。碑上首题载：“窃闻朝廷设例禁以警佥壬，草野立乡规以防奸宄。”说到朝廷的种种例禁，是警告奸佞小人的，而在乡村社会中，百姓议定乡规，是专门防范奸宄之徒。社会秩序的不稳定，导致该地多“有寡廉鲜之徒”，这些人专门磕害地方，“日窃山林五谷，夜盗牛马家财，扰害乡村，人所共恨”。在乡村社会中，牛马是农耕生产的重要物质资料，牛马等被盗，严重扰乱了民间百姓的正常生产和生活秩序。

清代中后期，贵州各地偷盗情况极为严重，咸丰元年（1851），贵州学政翁同书奏：“贵州盗风日炽，镇远、黎平二府尤甚。”[⑤]如贵阳府下辖广顺州，咸丰年间“偷窃六畜、五谷瓜果山林的事常

① 张国骥. 清嘉庆、道光时期政治危机研究[D]. 长沙：湖南大学，2011.

②中国科学院民族研究所贵州少数民族社会历史调查组，中国科学院贵州分院民族研究所.《清实录》贵州资料辑要[M]. 贵阳:贵州人民出版社，1964：374.

③中国科学院民族研究所贵州少数民族社会历史调查组，中国科学院贵州分院民族研究所.《清实录》贵州资料辑要[M]. 贵阳:贵州人民出版社，1964：381.

④中国科学院民族研究所贵州少数民族社会历史调查组，中国科学院贵州分院民族研究所.《清实录》贵州资料辑要[M]. 贵阳:贵州人民出版社，1964：398.

⑤（民国）刘显世、谷正伦修，任可澄、杨恩元纂.（民国）贵州通志·前事志二十二[M]. 成都：巴蜀书社，2006：304.

有发生，严重扰乱了地方秩序”[①]。前文说到，贼匪通常盘踞州县交界处，位于都匀府与独山州接壤的今都匀市阳和水族乡，道光年间，不法流民纠集此处，祸害地方，使地方付出了巨大代价。其地道光二十年（1840）《永禁碑》载：

外来流匪，借乞丐名色，勾通本属奸民，或唆讼而夸雀角之能，或番控而逞芭苴之熟，或纠众坐守图骗，或结伙而估抢窃偷，甚则隐匿僻途截行夺货，种种作奸犯科，为害愚民。[②]

流匪即不法流民，他们常借乞丐名义，与地方无赖相互勾结，为害一方。“当遭受灾荒，背井离乡的人们当陷入极度困境而又不愿束手待毙时，他们就会力图寻求生路，所以在饥荒年代，流民经过的道路和乡村，无安全可言。”[③]为求生存，他们不择手段，这样一来，乡村社会必定遭到严重的滋扰。《永禁碑》碑文为世袭贵州都匀府服色长官司王氏颁布的告示，王氏土司深知其弊，遂出此禁例加以整饬。

至道光二十五年（1845），此地盗匪层出不穷，因地方棍徒渐多，多勾结外来不法流民。地方棍徒日增，亦有以下原因：“乾隆、嘉庆年间，吾等地方三年皇册，一伙盗家磕索者少，地方富户者多，是以地方清静。至道光一三年以来，皇册连年苛派，于年即三四者也。地方之穷者多富户少，苛派之频难出。”[④]从碑文记载看，道光以前，地方秩序相较稳定，地棍等类甚少。然因道光年间，苛派频频，致使苗民难以承担，贫者日盛，地棍日渐增多，为求生计，“本乡之滥棍勾串外来匪徒，若有一毫小事，波成包天大祸，或磕银几十或几两方休，不然非刑而民不安。再者外来面生歹人，日间三五吃食为名，夜间偷窃为事，偷鸡盗狗，磕害良人，遭者甚众”[⑤]。足以看出，清代中后期，贵州地方社会秩序中存在一个普遍的现象，即不法流民与地棍等类狼狈为奸，借故生端，偷鸡摸狗，滋害地方尤甚。

贵定碑刻反映出了在这样的时代背景下，贵定因自身地理位置的特殊性，盗贼等难以杜绝，给地方造成了巨大影响。贵定碑刻亦折射出了当时整个贵州所处的状况，即外来因素及地方内部因素的交织造成地方秩序的失衡。

4. 赌博之风

目前，贵定境内仅发现一通记载有关赌博现象的碑刻，此碑位于云雾镇抱管村田坝寨土地庙旁。田坝寨为布依族聚居区，生活在这里的布依族人，光绪年间为防止子孙因沉迷赌博而倾家荡产、家破人离，于光绪三十年（1904）商议立定条款，严行禁止赌博之风。“近来有诸后生，每学赌钱、打牌、掷骰、挞十三等事”，“恐输去银钱，势必荡产倾家，穷极无他，必为挖墙狗盗，且因锱铢之利，以致争斗相伤，酿出人命也”。倾家荡产者势必做出一些偷盗之事，又会因利益而相互争斗，以致酿成命案，于地方而言，必然破坏地方社会秩序。从众人参与商议的情况看，此次共议涉及周边毗邻

① 赵兴鹏. 区域社会史视野下花溪清代碑刻调查与研究[D]. 贵阳：贵州民族大学，2017.
② 政协贵州省都匀市委员会. 都匀文史资料选辑·第五辑[C]. 都匀：黔南自治州人民印刷厂，1986：210.
③ 魏丕信. 18 世纪中国的官僚制度与荒政[M]. 徐建青，译. 南京：江苏人民出版社，2003：41.
④ 政协贵州省都匀市委员会. 都匀文史资料选辑·第五辑[C]. 都匀：黔南自治州人民印刷厂，1986：215.
⑤ 政协贵州省都匀市委员会. 都匀文史资料选辑·第五辑[C]. 都匀：黔南自治州人民印刷厂，1986：215.

地区，范围较大，“爰邀乡邻族长议”，说明赌博现象涉及区域较广，若此种恶习不除，恐对地方造成巨大的危害。赌博之危害毋庸置疑，因为赌博导致生产停滞、倾家荡产者皆有之，且势必诱发更多社会问题。此碑记立于土地庙旁，有其深刻的意义。土地庙是布依族乡村社会信仰的中心，人们立碑于庙旁，通过这种形式对子孙予以警醒。

贵州赌博之风在清代中后期尤甚。“不但政府官员和警察机关人员参与赌博，而且民间亦有春节放赌及婚丧喜庆聚赌的恶习。赌博形式主要为聚赌和散赌。聚赌有固定场所，多是由官府人员参与封建帮会头目或地痞流氓开设的赌馆、赌摊或赌局，人数较多。散赌没有固定场所，人数较少，随意性较大。赌资一般以大洋或银毫为注，也有以房产、家具甚至老婆为注。此种恶习，造成社会动荡不安，家庭不和，乃至妻离子散，严重影响了人们正常的生产和生活秩序。”①由此看到，清代中后期，赌博之风在贵州较为普遍，影响较为深刻。贵定地区关于禁赌的碑刻较少，未反映出整个贵州在清中后期的赌博盛行现象，但就贵定地区而言，可以看出赌博对当地布依族地区百姓的正常生产和生活秩序造成了影响。

二、官府对地方的管控及民间的“自治”

清代中后期，自然灾害频发，百姓流离失所，为求生存，大量流民不断涌入贵州，造成贵州人口压力剧增。流民到来，诸多社会问题亦随之而来，这些问题造成地方社会秩序的失衡，使地方付出了沉重代价。贵定地处交通要道，深受其害，为使地方秩序得以恢复，官府与民间社会都做出了不同程度的努力。

1. 官府对地方秩序的整治

官府作为地方治理的中枢机构，上承中央王朝，是情报的传达者，下接地方百姓，为地方社会秩序的维护者，所以官府在地方治理中最为关键。清代中后期，灾荒连连，大量流民涌入贵州，贵州地方社会秩序极为混乱。贵定地属要冲，自然抵挡不住流民的涌入，这对贵定地方社会的秩序造成了极大影响。

道光十五年（1835），在贵定一些土司所辖地区，地方秩序极为混乱。当时流民流窜于各个乡村社会，作为地方治安管理者和维护者的土司、土弁应当尽权尽职，然而他们却与不法之徒互相勾结，盘剥欺压苗民，使苗民深受其害。贵定县大平伐长官司辖地，因不法流民磕诈苗民，石门等寨苗民王起明、陈万邦等遂告至土司衙门，谁知土司、土弁竟与其沆瀣一气，致使苗民无处喊冤，此事惊动了时任贵州巡抚嵩溥，遂责令时任代理贵定知县裴奉钧②查办，嗣后令众寨苗民“若日后遇不得已必须告官者，须前赴县衙呈控，不得赴土司衙门”，并严饬该地土司、土弁，若嗣后倘敢再有勾结妄告良善者，被告之家据实赴县具控，定将妄告棍徒及该管土司一并惩究，决不姑息。朝纲不振，吏治腐败，助长了土司等地方官员的种种磕害行为，加之外来流民涌入，二者相互勾结，为害大平

① 吴大旬. 从有关碑刻看贵州社会治安管理[J]. 贵州民族学院学报（哲学社会科学版），2010（01）.

② 参见（清）周作楫修，萧琯等纂.（道光）贵阳府志·卷十二[M]. 成都：巴蜀书社，2006：211.

伐境内百姓。幸得贵州巡抚、贵定代理知县的及时查办，得以还人公道。

这反映出在贵定土司、官府二元结构并存的地区，当土司长官昏庸无道时，地方则难得安靖，此时地方百姓只能寄希望于官府。若官府能秉公执法，是为百姓之福，若官府腐败无能，百姓则穷途末路。前文说到，改土归流并未完全废除土司制度，对其的改革之一是改变了土司袭位制度，即由血缘继承改为选贤任能，但又因时代背景的特殊性，选贤任能制的实行步履维艰。

为使地方社会长治久安，贵定县官府严厉打击不法势力对地方的滋扰。贵定县正堂俞汝本，浙江新昌人，进士，道光十七年（1837）九月任贵定知县。“为政仁恕不苛，以经术饰吏治，故莅任期月，政通人和，百废俱兴，而培材一项，尤卓卓可纪者。”[①]这是其在任天柱县知县时其他人的评价，可见俞汝本为官清廉，对地方爱护有加。任务川知县期间，“倡疏城河，教民缫丝”[②]。任贵定县知县时，“上乐育斯文，崇奖好义之至意。造魁山书院，建立考棚”[③]。可见，俞汝本不仅为官清廉，而且重视地方教育的发展。对于贵定境内的社会治安，道光十八年（1838），知县俞汝本亲自访查摆耳一带，发现地方近有不法地棍勾结外来之流民，强讨夜偷，欺压良善，磕害地方尤甚。为使地方安靖，俞知县严饬：“尔等不法痛改前非，毋蹈故辙，倘敢又扰害，惩约甲等将名禀报。”通过告示的形式警告不法之徒，望其能洗心革面，勿再执迷不悟，若再犯，定将究治不贷。

此前，贵州一些官员就提出编查保甲之法，“就编查保甲，申明互保连坐之例，分别举首”[④]，保甲之后还施行了较为严厉的管理机制：

> 凡有苗寨各属地方，责令土弁、乡约、寨头实力稽查，以后倘有流民潜入，借以垦种纳租为由，立即禀明地方官，将流民责惩、递解。若有占据开垦情事，即治以强占山场之罪，土弁等不行举首一并严惩，并将失察徇纵之地方官分别参处。[⑤]

他的治理之法为“安选地方公平之人，乡中理事，不俱乡中大小事件，必经约甲新讲，若有杂人上前理论，捆赴官前，不得妄为”。约甲等多为当地声望好、威望高的人，一切事件经由他们处理后上报官府，在一定程度上维护了乡里秩序的稳定。但仅此不足以稳定地方治安，他还按照贵州巡抚部院的指示：

> 责成地方官督率土弁、乡约、头人留心稽查，并示谕。倘有暗地私相勾引入寨者，即由土弁等随时指名首报。倘审有盘踞占扰情事，将新入之客户流民按例从重定处。[⑥]

从碑文看，俞汝本的做法基本符合了贵州巡抚嵩溥的要求，他令村寨：

> 不许招留外来之人，如有私相勾引磕害，亲族大寨居住乡约指名具禀，理讲之人必要公平公断，不得为情望利扰害地方。邻□□□不许自磕自讲，不经约甲理论，横行多端，今于众等议合，若有乡中大小事物必经约甲理论，若无乡长以□乡亲等情，有事之家不准约长二家对理，不与众等相对理，不清捏词诬控，众等直禀赴公。倘有地方地棍指控良民，不经

①（清）林佩纶等修，杨树琪等纂.（光绪）续修天柱县志·卷六[M]. 成都：巴蜀书社，2006：246.
②（清）夏修恕、周作楫修，萧琯、何廷熙纂.（道光）思南府续志·卷四[M]. 成都：巴蜀书社，2006：153.
③（清）林佩纶等修，杨树琪等纂.（光绪）续修天柱县志·卷八[M]. 成都：巴蜀书社，2006：298.
④（清）周作楫修，萧琯等纂.（道光）贵阳府志·文征一[M]. 成都：巴蜀书社，2006：45.
⑤（民国）刘显世、谷正伦修，任可澄、杨恩元纂.（民国）贵州通志·前事志二十一[M]. 成都：巴蜀书社，2006：291.
⑥（民国）刘显世、谷正伦修，任可澄、杨恩元纂.（民国）贵州通志·前事志二十一[M]. 成都：巴蜀书社，2006：291-292.

约甲差役到寨，有事之家必请约长当差面理。有等横行占骗，此以强欺弱拥赴送官，偷民作诬，众等出名公禀送官。①

可以看到，俞知县赋予了乡约、保甲长一定的自治权力，遇有内外勾结的情形，需经乡约处理，有事之家在约甲不到的情况下，必须请约长处理，大小事务亦经乡约，对于一些蛮横无赖之徒，直接报官处置。俞汝本因俗制宜既符合了省城的要求，又有利于维护地方秩序的稳定。

2. 民间乡规民约的自我管控

社会治安的管理，除通过官府外，亦可通过民间自治。一般村民自治是在官府力量未能或不能及时进入地方时，地方百姓自发以众议的形式，议定相关条规章程，对地方进行自我控制。

清代中后期，地方社会秩序的混乱给乡村社会造成了极大损害，在盗贼、地痞流氓横行的年代里，乡村百姓为求财产生命的安全、乡村秩序得以正常运行，通过议定乡规民约的形式，对不法之人加以制裁。贵定县新巴镇谷兵甘塘寨，清代时是通往清水江流域的古驿道，据甘塘《陈氏族谱》记载：

从贵阳经巴香（今新巴镇）走平越一线是贵阳通往湖南的重要驿道。其中一条从龙里洗马河经新巴黄土寨、花金、龙井、新巴香、尖坡马场、干塘（今甘塘）、谷兵、半坡到清水江。②

驿道自古以来驿运频繁，商客、马帮、脚夫日夜往来。因甘塘处于驿道沿线，道光年间流民的涌入在所难免，而流民的涌入对地方秩序造成了严重威胁，偷盗等事时有发生。为防止此种恶行，陈氏族人“爰集各寨乡耆明人，合议乡规”。据《陈氏族谱》载，陈氏家族在道光年间创办过私塾，可见当时陈氏家族在当地有一定的地位和财富，所以才能爰集各寨耆老明人，共议乡规。乡规规定：

一议课早完，开征后，即运食米上仓，不得拖欠取累 。一议乡间大小事故，不得以强欺弱，逞刀蛋骗。一议乡户不得窝藏匪徒，勾引外棍磕害地方。一议盗窃牛马家财，各散户自备饭米追赶捕捉。一议盗窃三林五谷园圃瓜菜者，勤拿。一议牛马践踏五谷，相地赔还，不准田坎牧牛。一议米秆不得乱获。一议各寨守卡，不得疏虞。一议失主被盗，拿获送官，自备盘缠，不得多派失主，仍照散户出钱，不得推委。被失五谷甲首，亦不得安派酒饮。以上各条倘有不遵议者禀官。一共乡户十六寨。③

条规不仅对不法之人加以制约，而且对村内村民的生活秩序亦予以规定，如村内不能恃强凌弱，牛马践踏庄稼要赔偿，不能乱拾人财物。这反映出，当地耆老意识到在外患将至时，村内的社会秩序必须维护好，只有内部团结一致，才能够抵御外患，所以稳定乡村内部秩序极为关键。“各寨守卡，不得疏虞”，从这条乡规来看，村寨间组织人员彼此联合防止贼匪、地棍等类扰乱地方，这种组织具

① 参见贵定县昌明镇摆耳村道光十八年《永远□□》碑文。
② 参见贵定县新巴镇谷兵村甘塘《陈氏家谱》，2012 年版，陈勇收藏。
③ 参见贵定县新巴镇甘塘道光三十年《乡规碑》碑文。

有一定的军事防御性质。人们于各个村寨关卡设人守备，监视村寨往来之人。当一个村寨受到滋扰时，守备人员可迅速告知其他村寨前往支援。据《陈氏族谱》记载，道光年间，匪盗猖獗，劫杀单家独户、抢夺过往商客、偷盗牛马时有发生，地方官发动乡民维持治安。陈氏家族乡儒耆老参与了改牌各寨耆老组成的“议事会”，并担任“榔首”，组织各寨人等抵御外来威胁。议事会，即军事防御性组织。该组织对外具有御敌之效，对内具有维护内部秩序的功能。乡规的议定即是众人意志的反映，它得到了众人的认可后，其功能才能发挥，才能约束村寨的一举一动，对外才能抵御外敌。

赌博亦是影响社会治安稳定的重要因素之一。清末，此种不良现象在贵定抱管地区较为盛行，严重扰乱了地方秩序。为杜绝此种恶习，当地布依族人制定乡规民约，对乡民赌博现象行为加以制约，以杜其弊。碑文记载“爰邀乡邻族长议”，说明赌博现象在该地区较为普遍，范围较广，而其族长多为一些在地方威望较高之人，立定的条规具有一定的权威性。云雾镇抱管村田坝寨光绪三十年《禁止赌博》碑文如下：

> 一议稻梁菽麦黍稷，因人所食而种，若乱放牛马践踏者，罚银一两入众，格外照地赔还。俗言庄稼望收成，皇粮须要紧，其是之谓欤。一议赌钱打牌、挞十三等事，罚银三两。不从者送官究治，以作强盗论。一议偷田间稻草，山林树菌中小菜，罚银二两，赏号钱五百文。一议公众山之树木，留培合寨风水，有偷去砍伐者，拿获赏银乙两，格外议罚。①

由此看来，当地布依族人不仅禁止赌博，对地区的社会秩序亦多有规定，如不准放牛马践踏庄稼，违者罚银并相地赔偿，田间瓜果蔬菜亦不能偷取，违者罚银，同时布依族人对风水山林的保护尤为重视。需要说明的是，赌博者多以强盗论处。前文说到，赌博之人在倾家荡产后，常做偷鸡摸狗之事，甚至相斗酿成命案。赌博害人害己，阻滞生产的进行，对乡村农业的发展破坏极其严重，扰乱村民的生产秩序，同时对乡村社会治安构成了不同程度的威胁，所以重处之。

3. 官民共治

官府作为地方社会治理的中枢机构，对地方社会秩序的维护自然责无旁贷，同时地方社会秩序也离不开民间社会的共同努力。不论是官府颁布的告示，还是民间自发形成的乡规民约，在一定程度上都体现经官民之间的互动而达到对地方的治理与管控。如摆耳寨知县俞汝本颁布的告示中，一些告示条规均是同村民商议后双方彼此达成共识后才定立的。官府在共治中扮演的角色是权威者，颁布的告示代表官方，具有官方威慑力；乡村社会则扮演参与管理者，官府通过在地方施行保甲、乡约制，通过保用长等人实现间接治理，每当乡村社会内部出现问题时，先由保甲长处理，后上报官府，官府通过国家赋予的权力对不法者进行制裁。

在一些少数民族聚居区，每当地方治安出现问题，官府又不能及时予以处理时，民间多会自发组织起来维护地方治安，以乡规民约的形式实现对地方的治理。这时候双方扮演的角色又发生了变化。在治理过程中，乡村社会扮演着治理者的身份，官府则通过自身的权威间接参与治理，在一些乡规民约碑中我们往往会看到“送官究治”“禀官处置”“拿获送官”等措辞，这说明官府凭借自身权威实现间接治理，其权威在大众的意识里是被接受、被承认的。在地方社会治理上，官府可能会

① 参见贵定县云雾镇抱管村田坝寨光绪三十年《禁止赌博》碑文。

“不作为”，因为他们在地方事务处理上，可能不会得心应手。他们让地方自行处理，由地方乡绅或威望高的人主持，这些人熟知地方情况，处理效果往往会比官府好。这时，官府需要做的是凭借官方权威对不法之人予以惩处。

小　结

清代中后期，吏治腐败，流民不断涌入，贵州社会极为动荡。又因贵定地处要道，社会秩序的失衡亦有影响。这一时期影响贵定地方社会秩序的因素主要有：流民的不断涌入，造成人地矛盾日益突显；一些流民因生存面临危机，不断滋扰地方，他们通过与地方棍徒相勾结，里应外合磕害地方，多表现为强讨、偷窃、诬陷良善等形式；时代背景导致的土司、地棍、不法流民互相勾结，盘剥人民，诬告良善；清末，地方赌博现象较为普遍，赌博带来的连锁效应是影响地方社会秩序稳定的重要因素。以上种种，影响了地方生产、生活的继续，对人们的生命财产安全构成了极大威胁。

为使地方秩序得以恢复正常，官府出台了相应的处理方案，民间社会也通过自治组织对乡村进行治理。官府通过颁布告示，在民间实施保甲、乡约制，通过地方精英治理地方；民间社会以乡规民约的方式，对内巩固其村寨内部结构，对外抵御外患维护地方安全。官府颁布的告示与民间自发形成的乡规民约彼此联系又相互合作，共同维护地方秩序。

第七章 清至民国时期贵定碑刻所见地方利益纠纷

清代中后期，贵定地方社会发生着深刻的变化，外来因素和内部因素共同作用导致贵定境内利益矛盾较为突出。在一些少数民族聚居区，因流民的涌入，不同群体之间的田土纠纷较多。贵定驿道纵横，因国家政策的需要，多设驿站夫马，地方官员滥派夫马，索取包袱致使苗民苦累不堪，使驿站的发展面临诸多问题。咸同乱后，朝廷颁布了一系列恢复措施，在生产恢复的过程中，由于部分政策悬而未落，使土司、官差、书役等乘势加强了对苗民的盘剥，导致地方矛盾重重。

一、因田土山林引起的地界纠纷

贵定碑刻中，反映民间田土山林纠纷的碑刻较为丰富，这些碑刻多为官府颁布的告示，民间为使告示永存，遂多刊刻于石，以为根据。这些碑刻反映了不同时期的民间关系，时代上主要为乾隆末期以后直至民国初年。

1. 苗民与汉人的田土问题

清代贵州经过改土归流，“土司大部分被铲除，封建割据的政治壁垒彻底打破，汉人源源而入”[①]。这改变了以往贵州民族的分布格局，随之而来的是土地问题逐渐突显。德新镇宝山村石牛寨，嘉庆时有苗民马氏和汉人宋氏，因田土山林地界不清，互控多年，结果未定。碑文载有石牛寨：

> 马图礼、宋士宽、马连意、宋士和、马辉衢、宋士祥、马图连、宋士伦、马辉太、宋斋信等，因先年马氏祖遗柏家山庄北界，宋氏祖遗白秧坪庄南界址石中，奈如杂争占，互控多年。[②]

经访问石牛寨现已无马姓人家，仅宋氏居住。从记载看，二姓地界不清均因年久后世子孙不知

① 侯绍庄，史继忠，翁家烈. 贵州古代民族关系史[M]. 贵阳：贵州民族出版社，1991：349.
② 参见贵定县德新镇宝山村石牛寨嘉庆七年《永垂万古》碑文。

界址所至，后经府约陈连达、陈德中，县约刘绍统等人亲自踏勘，地界四至得以明确。

清代中后期，流民不断涌入，一些流民为求生计，进入苗寨向苗民租种田土，然因年代渐远，一些入之人借机霸占田地据为己用，苗民为讨回田土遂告至官府。此种情况在贵定境内较多见，一般多发生在苗民聚居地区和州县交界地带。贵定县德新镇菜苗寨是一个苗族聚居村寨，其寨中《地界碑记》记载了当地苗民与汉人因田土问题互控的情况。乾隆五十年（1785），因邱南高妄占苗民“颜阿天、蓝□□、颜阿□、阿措等”产业，苗民遂告至贵定县衙，知县陈联潘[1]据实查办，查邱南高“先年欺占不绝”，着令邱南高归还所占苗民田产，“将菜苗寨粮田八斗归还苗民管业，及山林等”。当地苗民为使产业得到保障，便把官府所给执照刊刻于石，作为根据，防止再有人侵占。道光年间，菜苗地方仍有人侵占苗民田土。“菜苗田土山林，苗民蓝文成、颜老大、颜成云、颜老唐、颜□文、蓝阿殃、颜老么等，具告叶万全等，霸占□井地一案。”叶万全为乾隆年间流入菜苗寨的流民，当地苗民“留住居菜苗寨沙子坡一碗等处”，为求生存，于菜苗寨租佃田产耕种，并“于乾隆年间立有讨约同”。至道光年间，叶万全将田产据为己有，二家争控数年，“叶万全等不肯认给”，后由时任贵定县知县缪玉成[2]查办。缪玉成，“历任贵定、镇远、遵义诸县，所在有治声”[3]。他在治理上有一定声望，对于此事据实查处，“所占之产业均为苗民所属”，严饬叶万全如数归还，并“每年认给苗民谷花五石，黄豆□□”。叶万全作为外来人口，于菜苗寨安身，以佃农的身份向苗民讨佃，然因年岁久远，霸占之心渐起，事经贵定知县查办，有凭有据，苗民产业才得以保全。

在一些州县接壤地带，前有流民进入，后长久居住，与当地苗民相互交往。有些人在交往的过程中认为苗民好欺，相互勾结，盘剥苗民。贵定县德新镇四寨村，清代时隶属于麻哈州，是贵定县、麻哈州的插花地带，此地世代居住着苗族同胞。道光年间，三厂（地名）一些人互相勾结，霸占四寨苗民田土。此事影响较大，惊动贵州巡抚，后贵州巡抚嵩溥令都匀府属麻哈州知州缪玉成亲自查办。据四寨村大坤主的道光七年（1827）《永远不朽碑》记载，事件缘因彭姓于嘉庆十九年（1814）以前霸占四寨苗民产业卖与丁姓，丁姓又将产业复卖与四寨苗民，诚如碑文所言：“前彭姓霸占苗民四寨业产，卖与丁姓，后丁姓择四寨田土转卖给苗人四寨，谁知丁姓复占，二家具禀到案。”丁姓与四寨苗民互控至都匀府，由都匀知府雷[4]查办，“雷府主天恩断，系苗田，即率四寨苗民当堂兑价赎还，追契存案，永远管业”。尔后，丁姓欲再霸占，二家控至麻哈州署，知州杜[5]恩断“揭卖契与苗民管业，安靖无事”。但此事并未因此作罢，道光七年（1827）二家仍纠缠不休，经麻哈州知州缪玉成查办，“四寨议价银壹仟贰佰两与丁姓，当堂卖与苗人四寨，不许丁姓仍属赎”。从处理结果看，前因丁姓卖与苗民价银短少，认为自己财亏，想赎回四寨苗民田产，二家遂互控至道光七年。为使产业不再被侵占，四寨苗民遂将官府处理之告示刊刻于石，并世代保护，可见此碑对四寨苗民的重要性。

四寨苗民产业纠纷案，反映了当时官府办事效率的低下和苗民自我保护意识淡薄的情况。事件因彭姓霸占苗民产业而起，霸占民田理应论处，然官府在处理案件时对彭姓霸占民田一事只字未提。

---

① 参见（清）周作楫修，萧琯等纂.（道光）贵阳府志·卷十二[M]. 成都：巴蜀书社，2006：208

② （清）周作楫修，萧琯等纂.（道光）贵阳府志·卷十二[M]. 成都：巴蜀书社，2006：210.

③ 南通盐业志编纂委员会. 南通盐业志[M]. 南京：凤凰出版社，2012：656.

④ 时任都匀府知府，姓雷，具体无考。

⑤ 时任麻哈州知州，姓杜，具体无考。

官府在处理此事上，根本问题没有拿捏准确，彭姓系此案件的始作俑者，若将彭姓霸占苗民产业一事查清，便无后面丁姓、苗民二家互控之说，并且苗民亦不用付出一千二百两的代价。

以上各碑刻反映出清朝中后期，随着流民的涌入，地方社会土地矛盾日益尖锐，外来人口于苗民聚居地区租佃耕地。随年代日久，一些不法之徒遂妄图霸占苗民田产。早在嘉庆年间，贵州官员就提出贵州“土旷人稀，近则附居客户与夫本地民苗生齿日繁，人烟实属稠密，苗人全赖垦种度日，一经租给流民则失业堪虞，且势必欠租欺压日相控争”①。贵州官员对流民流入苗寨后的结果做的预测令人担忧。道光年间，也有人预测：“外来流民租种山田络绎不绝，愚民唯利是图，趋之若鹜，将来日聚日众，难保无狡黠之徒始以租种为名，继且据为己有，苗民受其盘剥。”②莱苗寨产业纠纷，正好印证了贵州官员的预测。

> 汉、苗交涉田土事件或因借欠准折，或因价值典卖，历年既久，积弊已深。请查明实系盘剥准折、利过于本者，令苗人照原借之数赎回；其出价承买，如田浮于值，以汉民应得田土若干，划分执业，余田断回苗民耕种，俟备价取赎时全归原户。③

以上材料可以看出，田土纠纷之复杂。又如四寨苗民与丁姓互控一案，二家互控多年，原因诸多。清代，四寨地方为麻哈州与贵定县插花地，至光绪年间，该地才划拨贵定管辖，“光绪三十一年，拟拨插花地岔河马家屯、大蜂塘、三厂、四寨苗、谷撒隶贵定”④。在光绪三十一年（1905）以前，四寨地方隶属麻哈州管辖。“插花地往往为经济纷争、命盗事件的滋生地，但因地处两界，成为地方官推卸责任的借口，地方官员缺乏自愿清理插花地的动力，每遇命盗等事则互相推诿，矿厂盐茶等有利之事则互相争竞。”⑤对于官员办案推诿等情，朝廷早有明文规定：

> 苗疆闻有督抚自行归结之案，地方官因无限期，遂生怠玩，以致案件稽迟，民人受其拖累。嗣后遇有民苗争讼事件，该督抚严饬该管各官作速查审完结，如地界两省或有关提之人，或有会勘之处，尔省大吏务须和衷办理，不得互相推诿，其有不肖有司讬故稽迟，巧为推卸者，亦当指名题参，毋得徇庇。⑥

四寨苗民田土争讼一案，因官员竞相推诿，以致案件推迟，民受其累之深矣。

2. 苗民与官军之间的山林争讼

贵定碑刻中，涉及苗民、官军之间因山林相互控诉的碑刻较少，目前仅发现一通，虽然此类型的碑刻数量较少，但这对研究清代中后期贵定民族关系具有重要的史料价值。此碑位于云雾镇乌王村关口寨，为嘉庆十八年（1813）官府颁布的告示。碑刻内容主要是为平伐营与仰王苗民因山林地界不清引起二家互控等事。

① （民国）刘显世、谷正伦修，任可澄、杨恩元纂.（民国）贵州通志·前事志二十一[M]. 成都：巴蜀书社，2006：291.
② （民国）刘显世、谷正伦修，任可澄、杨恩元纂.（民国）贵州通志·前事志二十一[M]. 成都：巴蜀书社，2006：291.
③ 中国科学院民族研究所贵州少数民族社会历史调查组，中国科学院贵州分院民族研究所.《清实录》贵州资料辑要[M]. 贵阳：贵州人民出版社，1964：352.
④ （民国）拓泽忠、周恭寿修，熊继飞等纂.（民国）麻江县志·卷二[M]. 成都：巴蜀书社，2006：342-343.
⑤ 马琦，韩昭庆，孙涛. 明清贵州插花地研究[J]. 复旦学报（社会科学版），2010（06）.
⑥ （清）周作楫修，萧琯等纂.（道光）贵阳府志·卷一[M]. 成都：巴蜀书社，2006：16.

平伐营于清朝初设，“顺治十六年，贵州初入版图，其时总督驻贵阳城，督标凡设四营，外有定广二营，贵阳、新添、平伐三营皆驻于贵阳境内”①。平伐营设置以后，驻防不断增加，据康熙《贵州通志》载：“平伐营，额兵二百八十名驻扎平伐司，分防贵定旧县谷穰寨各处地方。”②后因“平伐营盖国初旧制，乾隆十年始裁，而并于新添营”③。至乾隆十年（1745），平伐营裁撤，改为平伐汛，仍设驻防，由营降为汛，其驻防人数相应减少，“平伐汛，在贵定西南九十里，驻右哨，千总一员，马兵八人，步兵二十七人，守兵四十人，共七十五人”④。从营到汛，驻防人员较之前少二百余人，但兵员仍有七十五人，在地方上亦具有一定的影响力。

仰王寨，隶属于“大平伐西排土弁，在城南八十里，辖户二千一百二十三，口一万二千一百三十”⑤。仰王寨为苗族村寨，据史料记载当时平伐地区的苗被民称为平伐苗，“别有苗在平伐者曰平伐苗，花衣短裙，妇人桶裙，绾髻，祭鬼杀牲，葬以木槽，性喜斗”⑥。《皇清职供图》对平伐苗的介绍为：“男子披草衣，女系长裙，婚姻及享宾皆屠狗。性喜斗，出入必持枪棒，近则驯服。力田、输税与齐民一体。”⑦从记载来看，平伐苗种类繁多，多因服饰不一而各有其类，并且要向朝廷交纳赋税。平伐营（汛）在驻防人数上虽兵额不多，作为镇守一方的官方力量，在与地方交往的过程中，难免会因一些事与地方苗民发生利益关系。仰王“兵苗”互控事件起因是“生员郑士品等，越界砍薪”，生员郑士品即为平伐汛千总也，负责管理平伐汛一切事务，然其作为管理汛内事务之人，领兵越界砍占苗民柴薪，险些酿成事端。仰王西排苗民雷阿豆等将之控告至贵定县衙门，此事经由时任贵定知县刘绳爵查办。刘绳爵，“湖南益阳人，以举人起家。嘉庆十二年六月，授贵定知县，每听讼，细心审究，惟恐稍有冤，抑必问其家口，田土多少，作何生计。谕以勤耕作务职业，息争讼”。⑧刘知县每每查办案件，均认真听民诉说，细心审判与究查，惟恐百姓含冤，对百姓爱护有加。刘绳爵在处理这起案件时，会同大平伐土弁宋开勋等一同亲自勘查山林地界，又查验雷阿豆先年得买土司宋经贵山场一契及得买高寨山场水田一契，四至分明。因山场范围大，导致“生员郑士品、兵丁陈宗华称系官山，以致彼此互控”。地界一经查明，所查山场“应付雷阿豆等管业，郑士品等毋得再行冒占干咎”。因山场涉及“官苗”利益，平伐营官兵在争讼中理亏，知县怕官兵日后以此报复苗民等，遂严饬“嗣后设有砍伐柴薪毋得越占苗寨地土，致启事端，其苗民等赶场贸易之时，该营兵如敢欺凌滋扰，立即严办勿纵”。清代，平伐地区有平伐场，“在县西南九十里大平伐司境，旧省千总驻防，申丑日集，赶集者三四千人”⑨。此地赶场贸易人数多，在鱼龙混杂的集场里，平伐营官兵若想报复仰王苗民，苗民则防不胜防。刘绳爵爱民之心可见一斑。

此碑文亦透露出山场有“民山”和“官山”之分，民山为普通百姓所有，百姓可自我管理和使用，而官山为官府所有，禁止私人砍伐买卖。官府对官山有明文规定：

①（清）周作楫修，萧琯等纂.（道光）贵阳府志·卷四十八[M]. 成都：巴蜀书社，2006：71.
②（清）卫既齐修，吴中蕃、李祺等撰.（康熙）贵州通志·卷九[M]. 康熙三十六年（1697）刻本.
③（清）周作楫修，萧琯等纂.（道光）贵阳府志·卷四十八[M]. 成都：巴蜀书社，2006：79-80.
④（民国）贵定县采访处纂.（民国）贵定县志稿[M]. 成都：巴蜀书社，2006：32.
⑤（清）周作楫修，萧琯等纂.（道光）贵阳府志·卷二十九[M]. 成都：巴蜀书社，2006：431.
⑥（清）爱必达，张凤孙.（乾隆）黔南识略·卷二[M]. 成都：巴蜀书社，2006：368.
⑦（清）傅恒，等. 皇清职贡图·卷八[M]. 扬州：广陵书社，2008：532.
⑧（清）周作楫修，萧琯等纂.（道光）贵阳府志·卷七十一[M]. 成都：巴蜀书社，2006：333
⑨（民国）贵定县采访处.（民国）贵定县志稿[M]. 成都：巴蜀书社，2006：19.

今查石门之北一带官山，应付平伐营兵民护畜砍伐。禁私卖并苗民等私买，如有擅行买卖者，除追价入官将其它地土仍归公外，并将私行买卖之人严行治罪。①

从规定看，官山仅供官兵砍伐，但不能买卖，这也说明此前曾有山林买卖的行为。一些官兵为谋财而妄砍官山林木卖与苗民，当其生财之道受到禁止，便会越界砍占苗民山场，滋生事端。

平伐营（汛）官兵与仰王苗民的山场纠纷，究其根本，为营兵兵饷日蹙，难以维持生计。有清一代，贵州兵饷延误或短少已是常事。贵定境内驿道纵横，不仅要解决兵饷问题，亦要应付夫马饷银，这使得粮饷更为拮据。早在康熙年间，王继文便上疏说到：

黔省山高土脊，彝多汉少，比他省为最苦。各营兵丁昼夜防御，保固地方，专盼月饷按时散给，庶堪糊口。各兵俱属赤贫，且一兵名下尚有家口，既无可耕之田，又无可营之业，望饷不到，枵腹难支，势不得不重利揭债。②

可以看到兵饷延误严重影响到官兵及一家的生计。至雍正年间，此种弊病得到一定程度的缓解，为解决营兵饷银问题，朝廷对官兵之家进行奖赏分红，雍正二年（1724）起：

赏天下营汛，银有差令之生息，以为营兵婚丧之用。……平伐营二百七十三两三钱六分有零，皆以为本。初例婚丧咸予银二两，乾隆二十一年□□五钱，四十八年，始令兵娶妻及长子、次子娶妇，长女、次女嫁人皆予银二两五钱，祖父母、父母妻及兵自卒，皆予银三两五钱，随婚丧时给予，岁终报销，此又饷外之费也。③

有了朝廷的额外补贴，营兵的生计得以维持，每当家庭婚丧嫁娶需要银两周转时，额外的补贴亦可解燃眉之急。然贵定地属要冲，“差遣尤繁，往时兵之被□者，虽予费，然为数特少，不给于用”④。当平伐营兵入不敷出时，为求生计，就会利用一些特权，侵占苗民产业，砍伐山林牟利。碑刻中的雷阿豆，为当地雷氏族人的先祖，在此次争讼中，他能够挽回所管产业，其所保存之买卖契约起到了极大作用。为避免事端再起，贵定县衙“为此出示晓谕，仰王青苗雷阿豆等，平伐营生员郑士品，兵民陈宗华等，各执一纸”。

3. 僧侣、民苗、土司之间的山场地土纠纷

贵定是一个佛教较为发达的地区，早在明代万历年间，白云大师便在此建阳宝山寺。白云者，“大理人，戒行精严杖锡，几遍天下。万历庚辰，至阳宝山探幽采胜，直穷薮泽。建千佛阁，备极精巧，前后楼数十楹，飞翁建佤，巍然巨观，为黔中名山寺”⑤。白云修建阳宝山庙宇，为佛教文化在贵定的传播打下了基础。明代中后期，又有无量大师徙自四川，阳宝山嘉庆九年（1804）《重修阳宝山莲花寺碑记并序》载，无量“率其道友徒众，自川中避兵于黔，新添卫指挥使，其察人品，清□□□士民，公呈令其执牒”。无量及其道友徒众因兵乱入黔，于新添卫阳宝山落脚，阳宝山《地界碑》载：

① 参见贵定县云雾镇鸟王村关口寨嘉庆十八年《万古留芳》碑文。
②（清）卫既齐修，吴中蕃、李祺等撰.（康熙）贵州通志·卷三十一[M]. 康熙三十六年（1697）刻本.
③（清）周作楫修，萧琯等纂.（道光）贵阳府志·卷四十九[M]. 成都：巴蜀书社，2006：84.
④（清）周作楫修，萧琯等纂.（道光）贵阳府志·卷四十九[M]. 成都：巴蜀书社，2006：84.
⑤（清）卫既齐修，吴中蕃、李祺等撰.（康熙）贵州通志·卷二十四[M]. 康熙三十六年（1697）刻本.

举陈尧谟、陈尧年，生员王道隆，左所殷友经，右所萧胜祖，前所王道惠，后所高全龙，耆民王廷阳、陈世俊等。公呈访得僧人无量师徒数众，自川来黔，果系诚实心地，和平戒行，精洁伏乞给牒，付僧令其住持焚献，重新庙宇等语。[①]

为使无量僧众有栖息之所，时任新添指挥同知陈尧年协其弟陈尧谟等[②]向新添指挥使司禀明无量等人来黔缘由，后“本司即率领僧人无量师徒数众，会同僧耆军民，踏勘山场周围各界明白，以作常住奉佛之需”。其界址四至所到均载于碑上，四至分明，有利于防止庙宇界址同民间发生纠纷。严禁军民人等进入，不得容留游方僧道，免生歹人，防止庙产为外人侵占。但实际上，以上种种情况在有清一代终究难以避免，直至民国初年仍时有发生。

位于盘江镇晏城寨土地庙四通清代中后期碑刻，记载了阳宝山僧众同山下苗民、汉民因地界不清而互控的事件。贵定阳宝山下住居着苗、汉、布依等民族，此次事件主要涉及苗、汉两族，涉及村寨主要有晏城寨、甲苏堡等寨，晏城寨原为苗族聚居村寨，现寨中多为汉族。据长江村鲁庆[③]老人介绍，晏城寨原为苗族，后因汉人迁入，不断入赘，遂形成今天格局，其寨姓氏众多，多达近二十种。在清代乾隆、嘉庆时期，此地仍以苗族为主。甲苏堡为汉苗杂居村寨，苗族居住地靠阳宝山脚，汉族居住地则与苗族相望，苗族为罗姓，汉族为陈姓。阳宝山地界问题，在明中后期就已勘定，然因年代久远，后人对界址的认识模糊，至清乾隆后期，便出现了僧与民、民间内部的地界纠纷。乾隆四十八年（1783），因阳宝山界址与甲苏堡、晏城寨界址不清，致使彼此相互争占毗邻山场地土，即碑文载“僧方印，民陈祥开等，互争毗甲苏、晏城二寨山场地土”。像这样的民事诉讼案件，多由官府亲自处理。二家互控至官府，由时任贵定知县张五诰查断，“张五诰，陕西泾阳人，贡生”[④]。地界界址，关系各方利益，所以在勘定界址时，需多方参与，才可保证界址勘察的公开、公正、公平，有利于使各方利益达成一致。张县主协同僧方印，民陈祥开以及乡约长陈良汉一同“亲临勘段”，勘明清楚后，埋石立碑为界，以免日后再生事端。此过程中，陈良汉身为当地乡约长，自然要参与，因乡约“是用通俗的语言规定了处理乡党邻里之间关系的基本准则，规定了乡民修身、立业、齐家、交游所应遵循的行为规范及各种社会活动的俗规”[⑤]。陈良汉作为管理地方的乡约长，地方上出现此种利益纠纷，他监管失当也是原因之一。

至嘉庆年间，事端再起。事件亦因地界问题而起，乾隆年间之事讼是陈姓与阳宝山寺僧因地界发生纠纷，然嘉庆年间之事端，是佃户与佃户之间因界址不清而起。阳宝山寺庙产，历来都租佃予山下苗民耕种，苗民需定期交付谷粮，陈姓产业亦是如此。然因二家佃户不清界址，遂发生越界侵占等事。官府为息事宁人，时任贵定知县王志敬[⑥]特颁布阳宝山所管产业执照给阳宝山僧广种、永修等人。在这次产业纠纷中，发生了命案。嘉庆三年（1798），陈姓佃户苗人罗阿章越界争占阳宝山寺佃户王国安、邱道武等产业，二家遂互控至县衙，苗人罗阿章理亏，还其业。然至嘉庆十三年（1808），罗阿章因不满先年之事，又复争占。但奇怪的是罗阿章并未争占王国安、邱道武等业，而占了陈子

① 参见贵定县阳宝山《地界碑》碑文。
② 参见贵定县甲苏堡《陈氏家谱》1994年版，陈治宇收藏。
③ 鲁庆，男，汉族，时年92岁，贵定县盘江镇长江村人氏，小时候上过私塾。
④（清）周作楫修，萧琯等纂.（道光）贵阳府志·卷十二[M]. 成都：巴蜀书社，2006：208.
⑤ 董建辉. 明清乡约：理论演进与实践发展[M]. 厦门：厦门大学出版社，2008：20.
⑥（清）周作楫修，萧琯等纂.（道光）贵阳府志·卷十二[M]. 成都：巴蜀书社，2006：209.

贵、夏文发产业。罗阿章令其妻牧牛越界践踏陈子贵麦粮，并行侵占。因此事，二家发生斗殴流血冲突，致使罗阿章毙命，事经官府查办，陈子贵、夏文发等人抵偿其命并发配广东。此次产业纠纷案，对地方造成了极其恶劣的影响，罗阿章丧命，陈子贵等人被发配广东，对双方都造成极大损失。在此次命案中，因陈子贵等人为阳宝山庙产佃户，其又以佃主的身份将产业佃与罗阿章耕种，罗阿章因先年争占庙产不遂，后又复争占，陈子贵等人为保全庙产，与其发生冲突，酿成命案。作为当地最大的佃主阳宝山寺，自然难脱干系，遂将庄业出作抵偿之费，买夏文发、陈子贵充罚抵罪。于此，陈子贵、夏文发等人所管阳宝山产业尽为自身之所有，但仍需向阳宝山寺照数纳租。陈、夏二姓以前所管业产虽归自己名下，但却付出了沉重代价。

晏城寨、甲苏堡、阳宝山寺三者之间，关系复杂，三者即为租佃关系，在晏城、甲苏堡二寨中又有二次租佃关系。因租佃关系的复杂，阳宝山庙产界址纠缠不清，佃户不清界址，为使生产扩大，越界争占的情况时有发生。多方利益群体的杂糅，致使互相之间矛盾日益尖锐，加之地方乡约、官府处置的不及时，便出现了以上局面。

此前虽然官府出示了相应的明文规定，对阳宝山庙产地界所到均已勘明，但阳宝山庙产纠纷，直至光绪年间，仍有发生。时代变迁，阳宝山与晏城寨、甲苏堡等寨已历经几代人，后人对界址的了解难免模糊。光绪年间，阳宝山住持维清控告夏光祖等图谋庙业。陈、夏二姓子孙除耕种阳宝山庙产外，另新辟田土，然住持以为新辟之田土尽为阳宝山庙产，遂控告至官府，官府凭嘉庆时的案例为依据，及时处理了此事。事实上，“种户夏姓等多年当经勘明，除茶田、养客田以外，尽是零星小块，并不成丘数。姑念阳宝山系业主断，令照前纳黄豆壹石八斗，外复加白米壹石，年年照数上纳，不得短少。以后即有将土作田，和尚亦不得再生妄故兴讼加租，所有以前之废契，俱行涂销，不得借以生事”。住持维清因不清前事根据，加之误听人言，险些酿成事端，幸得陈氏、夏氏等子孙留有根据，才避免了冲突的发生。

阳宝山上建有庙宇，山下庙产为其重要的生产资料来源，在山下分布着众多脚庙，这些脚庙也有各自的庙产。位于贵定德新镇新庄的道光二十五年（1845）《永垂不朽碑》，记载了当地僧侣与布依族之间的租佃关系以及当时的相关史事。在当地有一庙宇名为延寿寺，为心禄大师所建，但因先年所留僧众将产业瓜分殆尽，庙宇失去了大部分的重要生产资料，香火日渐颓败，只留得新庄等几处产业。道光时期，流民不断地涌入，盗匪日渐猖獗，一些不法流民为求生存，不免有借出家为由，入寺盗取庙产，这类人群被视为匪僧，对地方造成了严重的损失，尤其是对佛教文化传播以及当地民众的生产生活。庙产的损失，使寺庙生计难以维系，也造成了当地一些靠租佃庙产维系生活的佃农无地可耕。此事在当地绅耆的主持下，报由新添长官司和贵定知县处理。官府严饬“如有匪僧入寺滋扰，许绅耆等毋□情容隐，致干查究”。在官府的大力支持下，庙产得到了有力保护。新庄地方为布依族聚居区，在道光年间，当地张、唐二姓布依族人，向寺庙讨种庙产，以佃农的身份租种庙产，定期向寺庙纳租。此种情况反映了当地民间与寺庙之间建立了信任，庙僧相信朴素务实的布依族人不会当卖产业，而布依族人勤勤恳恳，也将会定期纳租，二者之间关系和谐融洽。

时至民国初年，阳宝山庙产纠纷依然没有终止。阳宝山下有座脚庙，名为闻江寺，有其庙产。其庙产在清代嘉庆、道光年间均有碑文记载，然因时代变迁，有不法之人借讨种为由，乘机侵占。如碑文言：“始则讨种生萌，继则鲸吞。”当事人杨锡恩借租种为由，勾结新添长官司宋兆龙侵吞闻江寺庙产。碑文载："一切不良之事，已被众人知觉，直至伪难弥缝，方将借宋压众。"一切不良之事即侵占庙产等事，宋即指新添土司宋兆龙。此事讼至代理贵定县长雷[①]处，雷县长经查验，分别列出了数条证据，有力地证明了民杨锡恩、土司宋兆龙所占之业为闻江寺所有。

> 闻江寺证据系嘉庆二十三年清册，及道光二十年碑。据杨姓向宋姓所立讨约，系在同治九年。碑册在前，而佃约在后，宋姓自不能执在后之佃约，占闻江寺有碑册在前可据之业。[②]

闻江寺庙产在嘉庆、道光年间早有明文记载，杨姓、宋姓所立契约在后，不足为据，是二家相互勾结，妄吞庙产。又"佃约系宋姓与杨姓私人所书立，可以伪造，而闻江寺册碑有印文官示，种种证明非一时及私人可以伪造"。闻江寺庙产为官方认可，其碑册上印有官印，而杨姓、宋姓等私人书立契约，并无官方证明，难以证明产业为其所有。杨锡恩为佃农，耕种土司宋兆龙产业，杨姓与闻江寺田产之争，实质为土司宋兆龙借杨锡恩之手侵占庙产。

以上各碑文反映出贵定阳宝山僧侣在明清乃至民国时期，握有大量土地所有权，其土地均得到官方认可，有明文规定。这足以看出，佛教文化在贵定境内影响之大及官府对其之倚重。阳宝山寺僧握有大量土地，对阳宝山脚下各民族生活造成了极大影响，这致使一些人土地稀少，只能以佃农的身份租种阳宝山庙产，所以阳宝山辐射区的乡村社会人地矛盾异常尖锐，这是导致阳宝山庙产从清代中期以后纠纷不断出现的根本原因。作为管理地方事务的官府衙门，没能意识到人地矛盾的尖锐性，抑或有意为之，致使矛盾纠纷不断出现，实为地方管理的失当。

二、清代中期驿传制度中"夫马"的困境及整治

清代，贵定因其地理位置的特殊性与重要性，驿道得到了充分的发展，境内驿道纵横交错，北可至四川，南达粤西等地，东至湖广，向西可走云南。驿道途中多设有驿站，驿站一经设立，就需用"夫马"来维持驿站的正常运转。"夫马"制度在发展历程中，出现了诸多问题。本节以贵定境内有关夫马问题的碑刻为依据，结合文本文献，对驿站夫马发展进行阐述。

1. 摊派"夫马"面临巨大挑战

贵定境内有新添驿，又名且兰驿，"设于县署左侧，马匹站夫均有定额"[③]。"上走龙里，下走黄丝，贵定知县管理。"[④]新添驿至平越府这段路途，道路崎岖，地势险峻，用夫用马面临严峻挑战。康熙年间《贵州通志》载：

> 平越以至新添驿，实有一百余里。除无名坡岭不计外，中有五圣关坡、倒马坡、虎场营坡、酉阳坡、黄丝坡、倮罗坡、打杵坡、望城坡，皆石如狼牙，人足马蹄，无有不伤者。[⑤]

---

① 民国六年贵定代理县长，姓雷，具体无考。

② 参见贵定县城关镇宝花村民国六年《闻江寺远志云》碑文。

③（民国）贵定县采访处.（民国）贵定县志稿[M]. 成都：巴蜀书社，2006：32.

④（清）卫既齐修，吴中蕃、李祺等撰.（康熙）贵州通志·卷八[M]. 康熙三十六年（1697）刻本.

⑤（清）卫既齐修，吴中蕃、李祺等撰.（康熙）贵州通志·卷三十一[M]. 康熙三十六年（1697）刻本.

从贵定县至平越州，其间崇山峻岭不计其数，且路遥难行，致使夫马无有不伤者。对此，雍正九年（1731），鄂尔泰上疏言："黔省驿站，下游至黄丝驿至平越府，道路崎岖。……请裁去黄丝一驿。"[①]因道路崎岖难行，为使驿站通畅，裁去黄丝一驿，选择道路较为平坦之道，有益驿站的发展，亦有利于夫马的利用效率。

驿站夫马缺乏之困难一直是朝廷想解决的问题，却始终未果。其中最大的客观因素即自然条件的限制。贵州地处云贵高原，山地众多，地势陡峭，驿站使用夫马十分困难。康熙年间贵州巡抚佟凤彩上疏言：

> 惟天下之苦累者，莫过于驿站。驿站之险远，更苦者莫甚于黔省。夫黔省为滇南咽喉之地，在在皆是石山峻岭，上则登天，下则履壁，上而后下，下而复上，俗言地无三里平者，委无虚谬也。夫抬一站势必足破肩穿，马走一站亦必蹄瘸脊烂，甚至力不能胜，中途逃毙者，往有之。且以每驿额马不过伍拾匹，夫不过壹百名，每马日支稻谷不过五仓，升草一束。每夫日支米不过一仓，升银壹百分五厘，当比滇黔之扎道，往来差使如织，司驿者徒被参处，究竟无补实用，此黔省道路之艰险。[②]

早在康熙时，贵州巡抚就洞察到驿路难行对摊派"夫马"造成了极大影响。且夫马费用极为有限，致使夫马制度发展更加拮据。清代一些官员也曾说过，"支撑黔滇两省驿站运转的驿夫较他省最为苦累，经费最为紧张"[③]。驿路的险峻，经费的拮据，为黔省驿站发展亟须解决的问题之一。

2. 官差滥索滥应

前文所述为限制驿站发展的客观因素，然究其用夫用马困难的根本原因，多系人为所致。目前在贵定境内发现的有关夫马问题的碑刻共有七处，碑刻所在地方多为驿道经过之处，且为布依族、苗族聚居区，这些碑刻记载了官府在地方上摊派夫马的情况。

嘉庆四年（1799），时任云贵总督富纲颁布的夫马定章告示中说到：

> 滇黔僻处边徼，罕有京差经过，需用夫马，本属无多。前因办理军需，遇送粮饷，差务纷烦，额设夫马不敷应用，不得不借民力，拨用乡夫乡马，原属暂时权宜，迨后军务告竣，即当停止。乃各衙门视同成例，滥索滥应，有加无已。[④]

从碑文记载看，借用乡夫乡马是因战事所需，为暂时权宜之计，军务告竣，即当停止，然而各府州县衙门却视其为成例，滥索滥应，严重干扰了地方百姓的正常生活。碑文提及"前因办理军需"，指的是乾隆末期至嘉庆初年贵州多地相继爆发的规模不等的农民起义，在乾隆三十二年（1767）时：

> 续派京兵赴滇进剿缅匪，黔省一切办运差务派用民夫之外，势必兼用苗人供役，伊等出力，急公固属分所应，然而国家军行所知，甚关紧要，此等民苗均宜随时体恤，俾伊等益知

① 中国科学院民族研究所贵州少数民族社会历史调查组，中国科学院贵州分院民族研究所.《清实录》贵州资料辑要[M].贵阳:贵州人民出版社，1964：84.

②（清）卫既齐修，吴中蕃、李祺等撰.（康熙）贵州通志·卷三十一[M].康熙三十六年（1697）刻本.

③ 刘文鹏.清代驿传及其与疆域形成关系之研究[M].北京：中国人民大学出版社，2004：256.

④ 参见贵定县德新镇丰收村牛屎寨道光十三年《夫马定章》碑文。

踊跃奉公。[①]

因国家战事的需要，驿站额设夫马不敷应用，遂取民间之力，“所用夫马有七分出自苗民”[②]。地方百姓积极响应了国家号召，但战事结束，地方仍以战时之例，滥索滥派，丝毫没有体恤百姓之意。虽有国家明文规定严行禁止，然在地方上却悬而未落，实为吏治腐败所致。乾嘉时期，贵州农民起义不断，主要有黔湘交界处的松桃、凤凰等地爆发的石柳邓领导的苗民起义以及嘉庆二年（1797）南笼府韦朝元等领导的布依族人起义。清王朝为平乱，需要通过驿道，通过驿道就需用夫用马。贵定地处要道，其用夫用马尤为频繁。战乱平息，摊派夫马事宜并未及时革除，导致官差滥索滥应日甚一日，致使地方苦累不堪。

滥索滥应还表现在过境官员对境内的盘剥、需索上。一些督抚司道官员路过境内，除需派夫马之外，又有酒席门包规礼。家人、差弁以及书役，或借名迎送，或因公过站，无不用夫用马，无限索取。一些朝廷官员出差办事，将要到距其最近的府厅州县时，借用夫马，徇情滥应已是常事。在站司事人役，指一派十，苦累闾阎，已难枚举。此种恶习在贵州乃至整个清代地方都普遍存在，据《清通鉴》记载：

> 各省驿站，惟奉差人员例有应付，其督抚内若非奉特旨驰驿者，原不准轻动驿站。然外省陋习相沿，上司经历所属，不必明言驰驿，而州县得信预备，车马惟恐其不多，供帐惟恐其不盛。甚且门包使费，需索无厌。属员既视为固然，上官亦以为应得。且别省大员过境之时，亦皆一律承迎。[③]

记载指出了驿站的积弊。根据规定，除办差人员可应用夫马外，督抚司道官员过境时一律不准摊派夫马，然一些官员却无视规定，需索门包规礼，贪得无厌。可以看到，一些官员知法犯法，吏治腐败之深。“督抚司道经过所属州县，随从动百余人，公馆至五六处，而需索规礼供应，以致州县借词派及闾阎。”[④]一些官府大员，往他处就任或办差，亦有拖家带口，人数众多，严重干扰了地方百姓及地方秩序。

滥索滥应的情况在贵州较为突出，贵州多地均有发现夫马问题的碑刻。碑刻多分布在驿道沿线，所在地方多为少数民族聚居区域，印证了“所用夫马七分出自苗民”的事实，如麻江县冷水营《通饬禁革驿站积弊碑》、施秉县六合中寨《通饬禁革驿站积弊碑》[⑤]、都匀市江洲凌云乡《禁革驿站积弊碑》[⑥]等。这些碑文与贵定境内夫马定章碑文同为嘉庆四年（1799）云贵总督富纲颁布的告示，告示内容基本相同，不同的是碑末刊载了各地滥派、勒折案件。“在镇远府偏桥驿，地方州县官吏的贪蠹则指向过往驿站的各项差事和夫役的征派，视之为肥己之术。”[⑦]足以看到，滥索滥应在贵州地方州县影响的严重性，州县官吏废公肥私，过度摊派夫马，导致“沿途村落凋零，民苗困惫”[⑧]，由此

①（清）周作楫修，萧琯等纂.（道光）贵阳府志·卷一[M]. 成都：巴蜀书社，2006：24-25.
②（清）周作楫修，萧琯等纂.（道光）贵阳府志·卷一[M]. 成都：巴蜀书社，2006：25.
③ 章开沅. 清通鉴：嘉庆朝、道光朝、咸丰朝[M]. 长沙：岳麓书社，2000：253-254.
④ 中国第一历史档案馆. 嘉庆道光两朝上谕档·第四册[M]. 桂林：广西师范大学出版社，2000：74.
⑤ 安成祥. 黔东南碑刻研究丛书：石上历史[M]. 贵阳：贵州民族出版社，2015：68.
⑥ 刘世彬. 黔南碑刻研究[M]. 都匀：黔南州机关印刷厂，2004：86.
⑦ 刘文鹏. 清代驿传及其与疆域形成关系之研究[M]. 北京：中国人民大学出版社，2004：270.
⑧（清）卫既齐修，吴中蕃、李祺等撰.（康熙）贵州通志·卷三十一[M]. 康熙三十六年（1697）刻本.

产生了恶性后果，村落凋敝，人民疲惫，随之而来的即是人民“耕不能耕，织不能织，苦累难堪，流离日甚”[①]。因驿路多为崇山峻岭，遥路难行，百姓为躲避摊派之苦累，流离失所，以致“躲逃废业，米价胜贵，村落荒残，民穷不堪”[②]。综上所述，滥索滥应对地方造成了严重影响，尤其在少数民族地区，百姓苦累不堪，流离失所，百业荒废，严重扰乱了地方的生产生活秩序。究其根本，为吏治腐败，层层剥削所致。

3. 官役、土司鱼肉苗民

夫马定章告示为嘉庆四年（1799）颁布，在嘉庆四年前后，贵定县官役、土司勾串，任意派拨苗民，勒折钱银，致使苗民苦累不堪，苗民因此控告至省城贵阳府，在当时社会各阶层引起不同程度的影响。

贵定县德新镇牛屎寨，为苗族聚居村落，以罗、蓝两姓为主。此地为清朝时期通往平越和贵阳的交通要道。因其地理位置的重要性，清代差务纷繁，需夫马应用，地方官役等向苗民胡乱派拨夫马，从中牟利，苗民苦累，民怨载道。牛屎寨中一通清乾隆末期的碑刻，记载了当时官役在当地派夫用马的历史。

牛屎寨中乾隆五十七年（1792）《永远革除碑》载：“贵定路当北道，往来差务繁复，经需夫马宜系向苗民催募，以致苗累不均。”因差务繁多，驿站额设夫马不敷应用，不得已借民力而用之，然地方官役丝毫无体恤苗民苦累之意，任意派拨，勒折钱粮，致使苗民怨声载道。有压迫势必有反抗，当地苗民遂联名至省城督抚辕门控告地方官役扰害地方。如碑文道：“苗民苗阿田、苗阿逵、苗阿拈、苗阿弟、苗阿章等赴督宪辕门，具控书差陈应辛、柳英、殷国周、罗文贤，土宦张得明等，滥派包折。”此案由贵州提刑按察使司监管邮传事务的姜开扬审理。“姜开扬，湖北黄陂人，进士出身，乾隆五十六年至五十八年任。”[③]事经查实：书差派累勒折钱银等事为实：“书差并不无不累折银钱情弊。”官役借应用“夫马”欺压苗民，盘剥成风，诚如《夫马定章碑》指出：

> 一有差使过境，任意混拨，勾通办差，长随假以先行雇应，任意浮冒，马则按粮折银，夫则按户折钱，倘不清交，禀官追此差役，因之需索，甲保借此各肥，层层朘削，民实难堪。[④]

官府明知此种行为严重扰累了苗民的生产生活，然在檄文告示中对有过失之官役应受到的惩罚只字未提，这也反映了在吏治腐败的当时，官官相护已是常事，最终遭苦受累的还是百姓。吏治腐败，官员彼此包庇纵容，视朝廷律法为一纸空文，这种情况在道光年间暴露无遗。

清道光时期是一个不平常的时代，在贵定地方社会，流民不断涌入，打乱了境内秩序的平衡。而在驿道方面，因吏治腐败，在驿站夫马的摊派上，官役胡乱派拨，剥削苗民。道光年间，贵定官役摊派夫马情况更为严重，贵定境内的《夫马定章碑》，在其碑末记载了各地官役、土司等摊派夫马、磕害地方的史实。贵定县云雾镇把关《夫马定章碑》记载，道光二年（1822），县役丁士雄串同大平

① （清）卫既齐修，吴中蕃、李祺等撰.（康熙）贵州通志·卷三十一[M]. 康熙三十六年（1697）刻本.
② （清）卫既齐修，吴中蕃、李祺等撰.（康熙）贵州通志·卷三十一[M]. 康熙三十六年（1697）刻本.
③ 侯清泉. 贵州历代职官一览表[M]. 贵阳：中国近现代史料学学会贵阳市会员联络处，2002：168.
④ 参见贵定县德新镇丰收村牛屎寨道光十三年《夫马定章》碑文。

土司宋承鼎“勒折夫价不遂，将苗阿古等私刑拷打，磕索得赃”。此事在牛屎寨《夫马定章碑》中亦有记载：“道光二年十一月初九日，苗阿拈、阿古在守攻寨立碑，大坪司宋承鼎捉拿二人，下贵定顾押班房。”苗民所立碑文为革除驿站积弊等事，丁士雄、宋承鼎等人，知法犯法，欲通过摊派夫马从中取利，然苗民阿古、阿拈等不从，遂以各种罪名将二人关押，私刑拷打。此案交由贵州按察使司景谦提审，然却不了了之。至道光三年（1823），此案又由贵州巡抚程国仁查办，然其批示为：“苗民提控县役丁士雄等，串同土司、地棍滥派押诈等情，如果属实，大为地方之害，仰贵阳府速即亲提一干人证，严行訊究详办，毋得徇延。”可以看到，地方官员遇事互相推诿，案件一拖再拖，查来审去，最终不能给百姓一个满意的交代，实为官官相护，官场黑暗所致。此外，位于昌明镇摆耳村谷纪寨道光七年（1827）的《夫马定章碑》，记载了县役关押磕害苗民的史实。道光五年五月二十日，“苗人往贵定赶场，周世攀等锁拿苗人阿古押住班（房），加以刑拷磕”。直到道光六年二月十九日，有官府大员过站，“苗人古之子往岩头铺山，控告周世攀等”，后经裁断“审訊批断，差役等滥派夫马，以示将滥派革除”。苗阿古因不从摊派，遂致关押，其子控告至官府，官府不予理会，致使此案从道光五年五月拖至六年二月，近一年之久。地方官员不予理会，百姓只能向过境官员申冤，然苗民虽得以释放，但问题之根本并未得到解决，这是导致夫马问题始终未能解决的根本所在。

除碑刻文献外，贵定境内一些地方家族谱书对夫马问题亦有记载。牛屎寨《罗氏家谱》[①]记载，道光年间其罗氏先祖罗国仲，出力首告官役任意摊派夫马一事，经都宪衙门裁决，撤销贵定之夫马，案存藩司，碑立本寨，并且在贵定各处地方要隘均立碑。为此贵定夫马一事撤销了一段时间，但怎奈咸丰乙卯，因战乱贵定城失守，同治年间，夫马如故也。因咸同贵州苗民起义，清王朝为平乱，又恢复摊派夫马制度以应战时之需。

官役、土司滥派包折，从中取利，这在当时贵州较为普遍。如当时都匀府属麻哈州，道光十二年（1832），苗民阿海控告：“土司宋世祥何得串同州差胡登绍等借名派累。”[②]在地方上，土司与差役相互勾结，以摊派夫马为名，从中谋取利益，置苗民于水火。道光十七年（1837），苗民阿海“复控该州丁役滥派、勒折、强掳、伤人、毁碑、禁押种种不法”[③]。但此案拖了足足三月之久，可以看到官府衙门办事效率的低下，后经贵州布政使司庆禄批示，着令都匀府究办。十八年（1838），都匀府最后批示：“麻哈州丁役土司妄冀捏故滥派、强掳、毁前碑、禁押。州役、土司情亏，自愿赔抄掳银壹百两，赔碑五十两。”[④]足以看到，官差、书役、土司等在驿站发展中扰累之严重。

有清一代，夫马问题在贵定地区以至整个贵州甚是严重，对地方社会造成了消极的影响，严重扰乱了地方百姓的生产生活。地方官员、土司等类视应用夫马为牟利手段，大肆派拨苗夫苗马。“闻探报驰传某差将至，即兴致勃勃以为奇货可居矣。夫用几名派必数倍，近村则强拿白捉，远乡则重价干折。官既索银于上，而蠹胥、虎役有不乘机倍索于下者乎。”[⑤]用夫必以倍数，而派夫多为强掳，勒折钱银。强派勒折等情在贵定《夫马定章碑》中记载已十分明晰。驿站夫马问题始终未能解决，其根本原因在于吏治腐败，官官相护，层层剥削，苗民苦累，含冤至府，然官员互相推诿，致使案

① 参见贵定县德新镇牛屎寨《罗氏家谱》。
② 安成祥. 黔东南碑刻研究丛书：石上历史[M]. 贵阳：贵州民族出版社，2015：70.
③ 安成祥. 黔东南碑刻研究丛书：石上历史[M]. 贵阳：贵州民族出版社，2015：71.
④ 安成祥. 黔东南碑刻研究丛书：石上历史[M]. 贵阳：贵州民族出版社，2015：71.
⑤（清）瞿鸿锡修，贺绪蕃纂.（光绪）平越直隶州志·卷四[M]. 成都：巴蜀书社，2006：70.

件稽迟不下。即使官府受理，结案多不了了之，对蠹役、土司等类惩处也只字不提。此种纵容，助长了官役、土司贪腐之风。从碑刻可以看出，从乾隆末期至道光年间，苗民控告差役、土司滥派包折的案件已是屡见不鲜，基本从未中断。事经官府究办，然办事效率极为低下，包庇纵容等情已为常，清王朝在这些问题上，是治其标未能去其本，这种挖肉补疮的做法，势必使地方矛盾日益激化。

4. 官府对驿站“夫马”问题的整治

为使驿站秩序得以正常运行，官府颁布了用夫用马的条例。嘉庆四年（1799）云贵总督颁布的告示中，对各级官员用夫用马的标准作出了明确规定。至道光年间，此告示依然为地方百姓所传抄或刻录于碑上，说明驿站积弊之深。

告示明确规定，督抚大员巡视地方，都院用马七匹，民夫六十名，抚院用马六匹，夫六十名，并严饬照数应付，不得滥应一夫一马，无马之处，正价顾备，不许派累里民。布政按察使、道员、知府盘查地方，或因公差委，用夫三十名，布政按察使用马七匹，道员用马六匹，知府用马三匹，如若随从人役有额外多索，丝毫滋扰，许即扭禀究治。

此外，对私自包办夫马的投机倒把之人，将其驱逐出境，并革除所办夫马。督抚司道过境往往有家人、门包、跟班等随从，这些随从常以迎送照料为名，实则索取酒席规礼，此等情况实为骚扰地方。此种恶习概行禁革，倘家人差役索取不遂，视为误差滋闹，许州县立时锁拿。

前因摊派夫马严重超过了地方承受能力，并且超出部分又无钱银，而苗民在维持家庭生计的同时，又要承受摊派之累，承担着双重压力。基于此情，官府明确规定，督抚各宪经临，如需夫在百名、马在五十匹以外，须出钱照户均匀雇募，每夫一名给银八分，每马一匹给银六分，许书差人等经手包折，各该户亦不得稍有折违。夫在百名、马在五十匹以内者，悉以该县站夫驿马应付，均不得向该苗民等混行派雇。以前夫在百名、马在五十匹之外的情况，超出的夫马不会得到官府雇价，在此范围之内才能得到官府价银。可以想象，派夫派马对苗民滋扰之深。

然而，无论官府出台何种措施、政策，对驿站已有的种种弊端也只能进行一定的改善，无法根治。对此，嘉庆时名宦王杰认为：

> 各省亏空之弊，起于乾隆四十年以后，州县营求馈送，以国帑为夤缘，上司受其挟制，弥补无期。至嘉庆四年以后，大吏知尚廉节，州县仍形拮据，由于苦乐不均，贤否不分，宜求整饬之法。又，旧制，驿丞专司驿站，无可诛求。自裁归州县，滥支苛派，官民俱病。宜先清驿站，以杜亏空。[①]

因乾隆年间驿站的改制，驿站不再由驿丞管理而交由州县，而官员一经过境，州县官员势必攀援附会，滥索滥应，致使地方苦不堪言。而在贵定地方不仅有州县，亦有土司所管之地，州县衙门在摊派呼应不灵时，往往会借助土司的权威强行摊派，二者相互勾结磕害地方。所以，对驿站的整治需求极为迫切。

---

① 赵尔巽等. 清史稿·卷三百四十[M]. 北京：中华书局，1977：11088.

三、清末民初少数民族纳赋中存在的弊病及整治

在贵定碑刻中，记载布依族、苗族纳粮交赋的碑刻较为丰富，时间多为光绪初年至民国初年。贵州经过咸同战乱后转向一个休养生息的过渡期。光绪时期，清王朝颁布了一系列恢复生产的措施，贵州地方经济有了一定程度的起色，然因封建制度的局限性，一些问题逐渐暴露。如在纳赋中，地方官员盘剥勒索，乱取浮收等情况日益严重。本节以贵定境内十余通丁粮章程碑刻为线索，对地方纳赋系统的弊病试作阐述。

1. 官差书役对地方的磕害

咸同战乱以后，贵州经济百废待兴，恢复生产实为当务之急。就赋税而言，时人罗应旒认为："查地征粮，大乱初平，地多荒芜，宜暂免征粮。"①战乱使贵州人口锐减，田土荒芜，朝廷欲向百姓征粮并不现实。光绪年间，清王朝"多次下令蠲免部分府州县的钱粮，并谕令各地不得苛敛、盘剥百姓，要地方官刊发告示永远遵守"②。清王朝深知咸同贵州各民族起义的根本原因，即贪官污吏对百姓的盘剥极为严重，故战乱平息后着令蠲免。经过几年的休养生息，贵州经济有了一定起色，但种种弊病犹存。所以，在清末民初时，贵州民间竖立着大量有关丁粮赋税的碑刻，其原因即在于此。贵定县属要冲，更是如此。

清光绪五年（1879），时任贵州巡抚岑毓英向各府州县颁布丁粮章程。在贵定旧治小学内，竖立着光绪五年巡抚岑毓英颁布的这一告示，记载了贵州各府、州、县纳赋中存在的种种弊病："严禁加收钱粮，以苏民困事。照得维正之供，本应征纳，而乱后之民，尤当抚恤，本部院下车以来，明察暗访，得悉各府、厅、州、县征收钱粮弊端。"诚如岑毓英在奏折中说道："适臣毓英奉命查阅营伍，往来上下两游各府、厅、州、县，复周咨博访。"③咸同战乱后，安民为第一要务，安民首要在于整顿官治。前贵州巡抚黎培敬在总结咸同贵州苗民起义动因时指出：

> 讵地方官吏承办不善，积久弊生。或以挽运私行折交，虚出仓收，冒领运费；或以采买虐民，将领获米价侵入私囊，责令民苗照数上纳；甚或勒折浮收，变本加厉，大为闾阎之害。从前苗疆构乱，未始非此酿之也。④

官吏的腐败酿成祸乱。战乱虽平，但黎培敬意识到：

> 黔属被贼蹂躏垂二十年，百姓颠沛流离，不胜其扰。辰下逆氛虽已平靖，而疮痍未复，田土多荒，钱粮无力完纳，委系实在情形。历年所欠丁粮，分别被灾轻重全免、减征，以苏民困。⑤

为使百姓生产有所恢复，前因战乱所欠钱粮遂全免或减征，这对百姓而言实为幸事。然好景不长，

---

① 凌惕安. 咸同贵州军事史[M]. 台北：文海出版社，1932：1191.
② 刘桂林. 咸同起义后贵州社会的变迁——以碑刻史料为中心的探讨[D]. 贵阳：贵州师范大学，2008.
③（民国）刘显世、谷正伦修，任可澄、杨恩元纂.（民国）贵州通志・前事志四十[M]. 成都：巴蜀书社，2006：162.
④（民国）刘显世、谷正伦修，任可澄、杨恩元纂.（民国）贵州通志・前事志三十九[M]. 成都：巴蜀书社，2006：144.
⑤（民国）刘显世、谷正伦修，任可澄、杨恩元纂.（民国）贵州通志・前事志三十九[M]. 成都：巴蜀书社，2006：145.

至光绪五年，官吏种种陋习又逐一显露。如贵定旧治《丁粮碑》记载：

收秋粮市价每石银一两，折收贰两，是加一倍也。又改银收钱，价换一千六百文，折收三千贰百文，又加一倍也。复加以粮房票价、雇差杂费，又加一倍也。如上实米除例征耗米外，另有地盘样米、尖斗尖升等项浮征，故上粮一石，非二、三石不能完纳。[①]

从此则材料足以看到，官吏对百姓的盘剥之严重，交纳钱粮常以倍收取，征收时又以尖斗尖升浮征，而尖斗尖升余下的部分遂入官吏之私囊。种种弊病，着实加重了百姓的负担，但在当时的时代背景和官僚体制下，这些弊端欲杜绝是难上加难。

光绪五年后，贵定地方官吏乱取浮收的现象层出不穷。位于云雾镇抱管寨的光绪八年《永垂不朽碑》，记载官吏借征收兵饷之由，向地方多取浮收。缘因国家养兵自有粮饷，断无派及地方百姓供纳兵谷之理。而且地方官吏都有俸禄、津贴以资公用，亦断无派及地方百姓供应一切杂费之理。然贵定地方官吏认为当地苗民不识汉字，可任其颠倒欺蒙，恣肆剥削。致使“怨则归官，利则归己”。此类官吏的盘剥，导致官府声名狼藉，虽有人一心革除积弊，但政策落到地方，为此类人等所曲解，使民怨日益堆积。此外，地方官吏串同当地土司肆意磕害地方亦为常事，土司勒收钱粮，地方民苗告至官府，衙门则勒取门包、规费，此种恶习，至民国时仍在延续。民国5年，贵定县萝卜寨、高枧坝、裤子田等寨苗民，控告书役需索一事。因苗民祖先于前清道光时与本区邻近安此寨，与许姓为山场、六寨不清称讼，经年报书差勒索以炭豆抵销，继案既结，遂援以为例，历年追收，致使苗民认纳，佣工度日，生活尚不能自给。

种种弊病，由来已久。道光时期，积弊已深，结合前文，此种积弊在乾隆后期已开始显露，时至清末民初，依然犹存，可见吏治腐败已是根深蒂固。咸同乱后，清王朝欲通过整治吏治以杜此弊，实则难上加难。吏治问题没能根本解决，这是促使清王朝覆亡的原因之一。蠹役纵横，民国时仍然存在，清朝的后遗症落到民国，官吏依旧磕害地方，导致地方百姓负担大大加重。

2. 土司的盘剥勒索

贵定县境内记载丁粮赋税的碑刻较为丰富，除记载地方官吏借故磕害地方外，也记载了地方土司在向当地布依族、苗族等民族征粮的过程中，对其进行盘剥的史实。贵定境内土司众多，碑刻主要涉及“新添长官司宋氏，（其）管新添、米孔诸寨。平伐长官司庭氏，（其）管平伐、工固诸寨”[②]。清代，虽通过改土归流削弱了土司的权力，但所改多为势力较大、威胁到清王朝在地方统治的土司，而给散布在府州县境内的小土司却带来了发展机遇。清王朝深知民族地区的土司熟知地方情形，在管理上比流官更方便，遂在民族地区多依赖土司管理。“贵阳等七府，汉、土司钱粮，若归并附近知县管理，恐呼应不灵。请仍令该土司管理，责令知府督催。”[③]所以，清代贵定县管理机制实为二元制。在赋税方面，土司所管村寨，赋税由土司代收，县属管辖地区，为官府征收。

光绪年间，贵定县新添长官司代县征收赋税，但在征收过程中出现了种种弊病。位于贵定境内

---

① 参见贵定县昌明镇旧治光绪五年《丁粮定章》碑文。

②（民国）贵定县采访处.（民国）贵定县志稿[M]. 成都：巴蜀书社，2006：43.

③（民国）刘显世、谷正伦修，任可澄、杨恩元纂.（民国）贵州通志·前事志十八[M]. 成都：巴蜀书社，2006：166.

云雾、谷纪、良田等地《丁粮定章碑》记载了新添长官司宋光斗苛虐地方的恶行。碑文载："据本县禀，新添司宋光斗浮收民粮，苛虐苗民，私加火烟[①]，并瞒征短，解请拨归县征收一案。奉批据禀，已悉查该县土司宋光斗浮收民粮，控经该县，集实部断，亟为公允。乃该土司复敢狡辩抗违，咆哮公堂，实属不安本分。"新添土司宋光斗，苛虐苗民，私加征粮数额，致使苗民负担渐重。苗民至官府告发，经官府查实，宋光斗浮收民粮一事铁证如山。从记载看，土司在清末尚存一些权力，其"咆哮公堂"，视官府为无物，可见其嚣张程度。新添土司如此磕害地方，官府体察民情，"将代征之粮全数拨县征收，其有火烟，仍照向章办理，以示体恤之处"。"其所管村寨丁粮，拨归县署征收。"[②] 此地前因知县管理，恐呼应不灵，遂以土司管之，然因光绪年间，土司对地方的盘剥日甚一日，致使地方怨声载道，为使民怨得以平息，故废除土司代收钱粮等制。

土司对地方百姓的盘剥，时至民国初年依然存在。位于昌明镇猛安村猛壤寨的民国8年《免租堂判碑》，记载了平伐长官司庭氏对当地布依族人盘剥勒索的史实。猛壤寨为布依族聚居村落，民国以前为平伐长官司管辖，其钱粮均为庭氏土司代收。至中华民国成立，土司制度不复存在，但庭氏土司仍按前清时制度，向地方征收钱粮，使地方百姓不堪重负。诚如猛壤寨先民所言："似我猛壤寨，田野农家，知识无人，每为土司需索者不少，常被欺凌压制者良多。"猛壤寨，农耕人家，识字之人无多，因此常为庭氏土司盘剥勒索甚至欺压。碑文载：

> 据猛壤寨等称，对于庭土司家供奉之黄豆，亦不知始于何时。惟知自我祖陈某之后，分为数房，此豆亦由各房分担，数共每年一石五斗。但亦久邀误，开锦之父宽免，迄今将近十载未尝供纳。今岁庭开锦始请县提追云云，据庭开锦称，此项豆租传来已久，特请饬仍岁岁照纳。[③]

前因庭开锦之父宽免，猛壤寨布依族人有近十年未曾向庭氏土司交纳钱粮。至民国时，庭开锦以土司之权力，又向猛壤等寨索取钱粮。中华民国成立后各族平等，无论苗汉，当同受治民国政府之下，土司与普通百姓一样再无任何特权。"军政府成立后，即严正宣布：凡各属丁粮照旧征收，勿得勒索增加。即除正赋照收外，其余所有附加、浮收、丁耗、摊派、徭役等苛政以及门包、收柜、茶封等陋习一律废除，以减轻人民负担。"[④]地方钱粮交由地方行政系统统一征收，一切陋规、陋习均废除，以减轻人民负担。庭氏土司需索地方，"于地方为苛政，于国家为违法"。可以看到，随着时代的变迁，土司命运发生了巨大的转变，然庭氏土司没有积极地寻求转型机遇，仍以前清之姿态对待眼前之事，仍想凭借土司特权索取地方，这种陈旧的观念在新的时代势必被抛弃。

3. 官府对纳赋积弊的整治

对于以上种种弊端，贵州巡抚部院也出台了相应的对策进行整治。贵定旧治光绪五年碑记载：

> 嗣后，尔等完纳钱粮，无论秋粮、条银，无论收银、收钱，除例征耗银、耗米外，只准

---

① 火烟，在当地又叫土司粮，即为交纳给土司的钱粮。

②（民国）贵定县采访处.（民国）贵定县志稿[M]. 成都：巴蜀书社，2006：43.

③ 参见贵定县昌明镇猛安村猛壤寨民国8年《免租堂判》碑文。

④ 贵州通史编委会. 贵州通史·民国时期的贵州[M]. 北京：当代中国出版社，2003：12.

折□收价，每两加收银贰钱，每石加收二升，以为倾工、批解等项公费。此示后，凡秋粮之地盘样米、尖斗尖升、条公之横征勒收，加平加水，一切积弊，概行革除。[①]

巡抚部院深知官役在征收过程中，乱取浮收以饱私囊，故出示了征收标准，使地方百姓有所参照。为杜绝此种恶行再发生，官府严饬："倘再有书差仍前勒索，呈控地方官不究，与书差同恶相济，许尔等来辕据实陈告，本部院定行重参办，决不宽贷。"此外，在贵定境内，丁粮有大亩小亩之别，为使征收顺利进行，贵定县衙颁布了大亩小亩的征收标准，并革除盘地样米、簸尾垫席、尖斗尖升等陋规恶习。而对于土司盘剥苛虐地方等情，官府的处理措施即将土司代收之权拨归县属，由县署征收，土司不再代收所管地方钱粮，并对有过失的土司加以惩治。

虽然整治政策在地方均已施行，但吏治问题已是病入膏肓，地方官吏得过且过，政策施行时间一长，蠹役等类又不断活跃起来。巡抚部院、地方县署虽颁布了相应的政治措施，但只是抑制了弊病的蔓延，随时间的推移又渐渐恢复原貌，这种治标不治本的做法，根本不可能剔除种种弊病。究其根本在于整治吏治，贵州巡抚黎培敬曾指出：

黔本瘠区，承平时候补人员甚少，军兴糜烂，服官者尤视为畏途，以故保举捐纳两项人员，票到即可差委，遂致渐积多，势成雍滞，流品日杂，吏治日非，奔竞夤缘，纪纲败坏矣。[②]

地方差役逐渐增多，其中一些唯利是图之人只顾利益，从而造成种种积弊不断产生。地方官役冗杂，"各员在省守候坐困，稍有不自爱者，因处约日久，一旦得差得缺，难免朘削于民"[③]。凡此种种，足显吏治腐败之严重，而所行政策，亦只能缓解官役对地方的盘剥，不可能从根本上解决问题。

小 结

在贵定碑刻中，反映地方利益纠纷的碑刻较为丰富，时间主要集中在清乾隆末期以后。利益纠纷主要表现为民间的田土地界纠纷、驿传制度中的利益纠纷以及清末民初的钱粮纠纷三方面。清中期，流民不断涌入贵州，贵定地属要冲，亦是如此。流民涌入使地方人地矛盾日益尖锐，民族关系日益紧张，然一些地方官在处理地界纠纷上互相推诿，致使苗民苦累。又有官军与苗民的山林界址纠纷，官军因军饷极为短少，生活拮据，常侵占砍伐苗民山林，从中牟利，导致地方各阶层关系逐渐紧张。贵定佛教文化发达，其庙产多为官方派给，然而庙产的集中，致使周边普通百姓土地甚少，造成人地矛盾激化，最终酿成命案。官府未能意识到问题的根本所在，是导致民间同僧侣长期因田土发生纠纷的根本原因。

清朝中叶，贵州各地驿站并不安静，因战事迭兴，驿站夫马不敷应用，遂不得已而借用民力。战事即完，地方府厅州县却将摊派视同成例，对地方胡乱摊派，致使地方苗民苦累不堪。在贵定又有土司等双重剥削，导致地方民怨载道。咸同乱后，贵州经济迎来了恢复期，各种蠲免、减征的政

① 参见贵定县昌明镇旧治光绪五年《丁粮定章》碑文。
② 凌惕安. 咸同贵州军事史[M]. 台北：文海出版社，1932：1246.
③ 凌惕安. 咸同贵州军事史[M]. 台北：文海出版社，1932：1246.

策纷纷下达，使贵州地方经济有所发展，但从贵定现存《丁粮章程碑》看，官差、书役、土司等盘剥勒索地方的情况非常严重，且从未中断，时至民国时期依然存在。清王朝通过施行各种政策予以治理，没能从根本上解决问题，故效果甚微，治理步履维艰。

结语

从清至民国时期贵定碑刻看地方社会运转规律

通过对清代至民国时期贵定县以碑刻文献为中心的区域社会发展历程的初步考察，本书讨论了碑刻文献记录下的区域动态史，即地方社会内部以及官府与地方之间极其复杂的互动过程，从而探讨贵定地方社会的“治乱”历程。

笔者以碑刻这一记录性载体作为分析和讨论的切入点，主要是因为其记载的内容涉及区域社会的方方面面。清代以来尤其是清代中期开始，贵定区域社会的碑刻数量急速增加，这不得不引起我们的重视。这些碑刻是对区域社会发展历程的及时记录，体现的是地方社会活动主体的主观诉求与行为活动，它们是区域社会发展状况和社会内部互动的缩影。从全书内容来看，清代中期以后的贵定，社会发展状况发生了深刻的变化，总体上呈现为“治乱交替，乱中有治”的局面。

碑刻是区域社会群体互动的结果，是社会运转的关键产物，它对社会运转的良性发展起着积极作用，是社会运行、地方秩序构成的重要载体。前面我们说到，贵定地理位置的特殊性、环境的复杂性以及文化的多元性，为碑刻的产生奠定了重要基础，而通过碑刻，我们仍须归到“人的活动”上来。

自明代开始，大量的境外家族通过军事行动、经商、迁徙、避难等行为不断进入贵定并定居下来。贵定地处要冲，为大部分家族定居的首选地区之一。至清代，这些家族已逐渐发展为地方大族，在地方的治理上有着重要的地位与话语权。家族的壮大，自然离不开家族内部有效的管理。在本书调查到的相关碑刻资料中，其内容多为记载祖先美好德行、事迹以及功劳的，这些多是经口传后记载下来的，难免有一些附会、提升家族地位的色彩。但总的来说，这些资料包括祖先溯源、族规、祭祀、字辈排行等，在提升家族的凝聚力上产生了重要的作用，潜移默化地约束着家族成员的言行。此外，当地家族在地方上不仅善于对家族内部进行管理，而且还努力发展文化事业，试图通过文化站位谋求政治上的上位，但却未能如愿。清中期，当地的文化发展秩序出现了较为严重的混乱局面，一些读书人对文化、圣贤等亵读，在地方上形成了一股不好的风气，文化发展面临巨大危机。为此，地方上的家族也做出了很大努力，试图纠正学风，扭转这一局面。而从调查到的情况来看，这些努力收效甚微。贵定为津要所在，清中期的流民洪流势不可挡地涌入，对当地文化事业的发展产生了巨大冲击，以致家族的努力杯水车薪。应该说，文化事业发展的困境，是家族力量、外来因素、地方社会自身发展逻辑等交互作用的结果。

从本书对清至民国时期贵定碑刻记录的区域社会史观察来看，家族作为区域互动的重要主体，在本书讨论的一系列“治乱”情况中，基本上都能看到家族的身影，或多或少，家族内部的“治”与“乱”是其中非常重要的一部分，总体表现为“治”大于“乱”。然家族内部的“大治”并不等同区域社会的“大治”。但不可否认，家族在地方的治理上发挥了积极作用。从贵定碑刻文献反映的历史现象来看，地方“治乱”的消长始终相伴相随。

在对贵定生态治理的考察中，笔者发现，家族意志的变化和民族文化的特性是维系生态资源可持续发展的主导性因素。就目前掌握的碑刻文献来看，主要表现在清中期和清末民初这两个时段。在当地乡村社会里，水资源、山林资源、渔业资源等是地方不可或缺的生产来源，但人们在利用的过程中，往往出现先利用再保护的情况，这种情况造成了乡村社会生产生活秩序处于一种不平衡的状态。首先表现为人与自然矛盾的加剧，资源的破坏影响了生产生活的再继续，而后人们又不得已继续如此，由此形成恶性循环；其次是人与人之间利益的争夺，资源稀缺或已被破坏，不可避免地会引起利益上的冲突，这便打破了乡村社会的稳定与和谐，所幸这些问题地方家族已深刻意识到，只有先保护再利用才能更好地发展，这是地方家族生态观念的一个重要转变。地方家族通过众议等约定俗成的方式，制定符合地方发展秩序的护井公约、护林公约等乡规民约来维系地方社会的正常运转。在这个过程中，家族起到了关键作用，尤其是家族中的精英群体。

在生态环境的保护方面，还有一个重要的因素，即民族性。笔者所考察的贵定这一区域内生活着布依族等少数民族，其居住环境多系依山傍水，所以他们对山水有着深厚的情感，久而久之便形成了山林风水观念，他们深信山林的完好关乎整个家族、村寨的命运，极其重视对风水山林的保护，可以说此种观念在山林的保护上具有极强的约束力，但又不可否认它所保护的范围十分有限。地方家族将风水观念融入地方生态治理中去，是其文化特性所决定的，而并非空穴来风。总之，清至民国时期，贵定区域社会在生态治理方面总体呈现了从利用中的“乱”到保护中的“治”再到利用中的“治”的历程。

贵定地方社会“治乱”情况的变化还表现在官府、民间对地区复杂社会关系的处理上。乾隆前期，贵定地方社会相对安靖，但至后期，祸乱不断出现。贵定地属要冲，罕有京官过境，驿站夫马应用正常。乾隆后期，贵州战事不断，驿站夫马不敷应用，不得不借用苗夫苗马。贵定为交通枢纽，此问题尤为突出。战事平息后，地方官员却将征用夫马视同成例，乘势加重了对驿道附近乡民的滥索滥应，致使地方苦累不堪，苗民不负重荷，严重扰乱了地方百姓的生产生活秩序。嘉庆年间虽然颁布了《夫马定章》告示对夫马应用存在的弊病进行整顿，却难以解决根本问题，至道光时已极为严重。在贵定发现的四处《夫马定章碑》中，碑末分别记载了不同时间地方官吏、土司、书役等磕害地苗民的史实，这些碑文都为当地百姓自发刊刻，其目的就是将贪官蠹吏的恶行以及上级对夫马问题的规定公之于众。驿站夫马问题始终贯穿有清一代，在驿道纵横的贵定，其害更重。这些问题看似经济制度的紊乱，实则是吏治上的腐败，致使清王朝在夫马问题的治理上一度处于“失位”的状态。

需要指明的是，贵定不仅交通发达，而且佛教文化兴盛，这是该地较为特殊的一个情况。因其佛教文化的不断发展，清中期以后，与之相关的一系列社会问题不断显现，且持续性极强。本书搜集到的碑刻主要涉及僧侣集团与民间的土地纠葛。官府划拨大量的土地予僧侣，土地过度集中，导致人地矛盾的激化，造成当地百姓可耕之地少之又少，苗民越界争占亦不可阻挡。笔者认为，人地矛盾的激化实为官府处理偏颇所致，此应为官府有意为之。贵定是一个佛教信仰十分浓厚的地区，官府欲通过发展佛教实现对民间的治理，然而官府却低估了民间百姓对土地的渴望。当生产资料面临危机时，官府的明文规定已是废纸一张。从乾隆年间开始的“地界纠纷案”始终没能解决，究其根本是官府对僧侣集团的偏护及遇事推诿敷衍的行为所致，官府的为或不为，都与僧侣集团有着千丝万缕的联系。需要指出的是，贵定阳宝山作为贵州佛教文化的重地之一，其文化的特殊性是贵州众多地区所没有的。基于此，官府在地方治理上便将佛文化纳入考量，而最突出的一个表现即在土地资源的分配上僧侣始终优先，庙产远远胜于周遭。土地资源的过度集中，必然导致民间矛盾激化，阳宝山僧侣集团同民间百姓围绕着“地界问题”的纠纷一直持续了一百多年，这是治理者始料未及的。这一状况直至民国时期依然尚存，可以说是清朝时期留下的后遗症，可悲的是新治理者仍旧秉承了清时的态度，尚未意识到土地过度集中对民间的危害性，从而导致二者纠纷一生再生。治理者欲通过佛教文化来实现对地方的有效治理，但却事与愿违，非但不能达到“治”的成效，而且使地方治理更为混乱。

嘉庆年间，因营汛的废置，导致官军军费吃紧，官军为求生计，越界砍伐苗民山林，为此官军、苗民互相控诉，导致民族关系紧张，这给地方治理增加了不少麻烦。道光时期，流民不断涌入贵州，打破了贵州秩序的平衡。流民问题在道光时期的贵州各地普遍存在，就贵定而言，流民的涌入，使地方问题不断出现。一些流民始借租种苗民田土为由，日积月累，遂生霸占之心。流民大量的进入，使地方人地矛盾日益尖锐，官府县衙则屡屡兴讼，门庭若市。若官府在有担当有作为的知县任上，就能及时处理这些矛盾，但遇一些遇事推诿、办案稽迟的官员，百姓则深受其累。然因吏治的腐败，此种局面难以逆转。此外，流民中一些不法之人，为求生存，勾结地方恶棍，甚至串同官役磕害地方，这使地方付出了沉痛代价。为使地方安靖，官府以告示的形式严饬此类人等，民间则通过乡规民约实现对地方的管理，官府和民间的做法在一定程度上对问题进行了解决，但从收效上来看，官府的告示更多起到震慑的作用，主要还是在于民间的自治，民间乡规民约的出现，对地方秩序的维护起着积极作用。官府告示与乡规民约相结合可以说是基层治理中的经验总结，二者的结合解决了以往治理上的单一性，大大降低了告示颁发后执行不力或规约执行后无保障的尴尬局面发生的可能性。贵定流民问题是清中期整个贵州流民问题的一个缩影，同时期的贵州各地存在的流民问题，同样也给地方治理增加了很大难度，这对贵州的历史发展影响深远，但这么一个具有深远影响的问题，目前学界的关注度却十分有限，笔者的研究仅立足贵定一地，范围十分有限，很难全面的反映出此问题对贵州的历史影响。笔者亦希望此问题能够引起学界的重视。

清末民初，贵定地方社会在运行的过程中出现了诸多问题，主要表现为“乱”的一面。咸同战乱后，贵州百业待兴，为此清王朝实施了一系列恢复生产的措施，经过一段时间的休养生息，贵州社会各方面的发展略有起色，然一些弊病也逐渐突显。就贵定而言，地方官役及土司乘势加紧了对地方的盘剥。在赋税的征收上，贵定较为特殊，分“官税”“土税”两种，“官税”顾名思义即向官府纳税，“土税”则是向土司纳税。前面我们说到贵州巡抚岑毓英向各府州县颁布丁粮章程告示，对征收“官税”存在的各种弊病做出的明文规定，即是为了惩治不法之人。岑毓英虽然意识到吏治腐败的严重性，但对于病入膏肓的吏治，仅凭一两道告示檄文是不可能彻底解决问题的。至光绪年间，吏治更加腐败不堪，官差书役乱取浮收中饱私囊的现象屡见不鲜，时至民国初年依然存在，政权的更迭一时无法改变人们的意识观念，二者很难同步。贵定境内土司众多，且都有所管村寨，虽然有清一代实行了大规模的改土归流，但土司经济上的权利并未被彻底废除，咸同战乱后，土司经济遭受了重大打击，战乱平息后土司乘势加大对地方百姓的经济掠夺，此系土司经济的实质，不可避免。清朝灭亡后土司制度虽被废除，但这种经济上的剥削仍旧延续，部分土司始终以此种经济特权向民间征税，如平伐庭氏长官司就是一个突出的例子。可以说清末民初贵定赋税的混乱是地方治理“无力”的表现，同时它也是这一时段贵州赋税实情的一个缩影。

纵观贵定区域社会清代中期以来的历史发展，呈现在眼前的是一个围绕“治乱”展开的清晰脉络，从全书展现的情况来看，主要表现在清中后期和清末民初两个时段。一个值得注意的现象是，这两个时段有“乱”也有“治”，可以说是“治乱交替”。前面讨论的更多的是“乱”的一面，但碑刻反映的历史脉络中亦能看出“治”的态势。从乾隆中后期至民国年间，民间地方公益事业不断兴起，建桥开路、兴修水利、渡口修建等较为突出。不得不承认在动荡的年代里，公益事业能够顺利建成，乡绅阶层和地方精英家族发挥着不可替代的作用。譬如建桥等事，主要由地方乡绅主持，他们在地方上享有一定的威望，且具有一定的财力，能够带动群众参与。在国家权力在基层治理方面较为薄弱的时期，乡绅阶层积极寻求机会实现对地方的治理，他们通过修建公益事业，在地方树立权威和良好形象，从而实现对地方的治理。如修顺天桥的乡绅李春山，在地方上有很高的声望，至今当地还流传着其善举感化老虎的故事。可以看到，乡绅阶层的崛起，在一定程度上有利于地方的发展。此外一些家族精英，在公益事业发展中的作用不可忽视，如土司家族。清代时期的土司已大不如前，为求自身的发展，土司家族中的精英积极寻求转型，通过参与地方公益事业建设，在地方上重新塑造自身良好形象，这对家族的发展有益。此时的土司家族渐渐向乡绅阶层转变，加上自身固有的权力，对地方的治理游刃有余。平伐庭氏土司的转型就是一个很好的例子。可以说清中期后，贵定地方社会的紊乱，加之官府治理的“无力”，为乡绅阶层和精英家族参与地方治理提供了契机，也为地方事业的发展和治理效能的提升创造了条件，使地方最终呈现出“乱中有治”的局面。

本书是以贵定县清代至民国时期的124通碑文为基础的区域社会史研究，是从碑刻文献的角度对区域社会“治乱”历程进行研究的一次尝试。遗憾的是，本书并未全部收录贵定境内的相关碑刻文献，致使研究存在一定的局限。本研究也给了笔者一些新的思考，诸如清代贵州的流民问题，这是清代的贵州各地普遍存在的现象，笔者也留意过贵州各地这一方面的资料，相当丰富，但却没有系统的研究成果，还有贵定阳宝山宗教文化与地方治理关系的研究，这些将是未来几年笔者努力的方向之一。

参考文献

一、史志类

1. 沈庠，赵瓒.（弘治）贵州图经新志[M]. 成都：巴蜀书社，2006.
2. 郭子章.（万历）黔记[M]. 成都：巴蜀书社，2006.
3. 江东之，王耒贤，沈思充，许一德，陈商象.（万历）贵州通志[M]. 北京：书目文献出版社，1990.
4. 卫既齐，吴中蕃，李祺，等.（康熙）贵州通志[M]. 刻本，康熙三十六年（1697）.
5. 鄂尔泰，靖道谟，杜铨.（乾隆）贵州通志[M]. 成都：巴蜀书社，2006.
6. 爱必达，张凤孙. 黔南识略[M]. 成都：巴蜀书社，2006.
7. 廖鸿藻，等. 嘉庆重修一统志[M]. 北京：中华书局，1986.
8. 周作楫，萧琯，等.（道光）贵阳府志[M]. 成都：巴蜀书社，2006.
9. 夏修恕，周作楫，萧琯，何廷熙.（道光）思南府续志[M]. 成都：巴蜀书社，2006.
10. 吴振棫. 黔语[M]. 刻本，咸丰四年（1854）.
11. 刘锦藻. 清朝续文献通考[M]. 上海：商务印书馆，1936.
12. 徐珂. 清稗类钞[M]. 北京：中华书局，1986.
13. 林佩纶，杨树琪，等.（光绪）续修天柱县志[M]. 成都：巴蜀书社，2006.
14. 瞿鸿锡，贺绪蕃.（光绪）平越直隶州志[M]. 成都：巴蜀书社，2006.
15. 傅恒，等. 皇清职贡图[M]. 扬州：广陵书社，2008.
16. 沈云龙. 近代中国史料丛刊·皇朝经世文编[M]. 台北：文海出版社，1966.
17. 罗文彬、王秉恩，贵州大学历史系中国近代史教研室. 平黔纪略[M]. 贵阳：贵州人民出版社，1988.
18. 徐实圃. 贵定一览[M]. 台北：成文出版社有限公司，1927.
19. 凌惕安. 咸同贵州军事史[M]. 台北：文海出版社，1932.
20. 赵尔巽，等. 清史稿[M]. 北京：中华书局，1976.
21. 窦全曾，陈矩纂. 都匀县志稿[M]. 成都：巴蜀书社，2006.
22. 王华裔，何干群，等. 独山县志[M]. 成都：巴蜀书社，2006.
23. 贵定县采访处. 贵定县志稿[M]. 成都：巴蜀书社，2006.

24. 刘显世，谷正伦，任可澄，杨恩元. 贵州通志[M]. 成都：巴蜀书社，2006.
25. 拓泽忠，周恭寿，熊继飞，等. 麻江县志[M]. 成都：巴蜀书社，2006.
26. 张肖梅. 贵州经济[M]. 上海：中国国民经济研究所，1939.
27. 中国科学院民族研究所贵州少数民族社会历史调查组,中国科学院贵州分院民族研究所编. 《清实录》贵州资料辑要[M]. 贵阳：贵州人民出版社,1964.
28. 中国第一历史档案馆. 嘉庆道光两朝上谕档 ·第四册[M]. 桂林：广西师范大学出版社，2000.
29. 章开元. 清通鉴：嘉庆朝、道光朝、咸丰朝[M]. 长沙：岳麓书社，2000.
30. 姚忠. 贵定文物志 · 第一辑[M]. 益阳：湖南省益阳人民印刷厂，1983.
31. 贵定人民政府. 贵州省贵定县地名录[M]. 内部资料，1983.
32. 贵州省民族研究所. 贵州民族调查之二[C]. 贵阳：贵州省民族研究所，1984.
33. 政协贵州省都匀市委员会. 都匀文史资料选辑 · 第五辑[C]. 都匀：黔南自治州人民印刷厂，1986.
34. 黔南布依族苗族自治州史志编纂委员会. 黔南布依族苗族自治州志 · 文物名胜志[M]. 贵阳：贵州民族出版社，1989.
35. 贵州省地方志编纂委员会. 贵州省志 · 交通志[M]. 贵阳：贵州人民出版社，1991.
36. 贵定民族事务委员会,贵定史志办公室. 贵定民族志[M]. 贵定:贵定史志办公室,1992.
37. 黔南布依族苗族自治州史志编纂委员会. 黔南布依族苗族自治州志 · 交通志[M]. 贵阳：贵州人民出版社，1993.
38. 贵州省贵定县志编纂委员会. 贵定县志[M]. 贵阳：贵州人民出版社，1995.
39. 贵州省龙里县地方志编纂委员会. 龙里县志[M]. 贵阳：贵州人民出版社，1995.
40. 文史资料编审委员会. 贵定文史资料选辑 · 第七辑[C]. 1997.
41. 贵州省地方志编纂委员会. 贵州省志 · 民族志[M]. 贵阳：贵州人民出版社，2002.
42. 瞿正顺. 贵定文史资料选辑 · 第八辑[C]. 贵定：贵定政协文史学习委员会，2003.
43. 贵州地方志编纂委员会. 贵州省志 · 文物志[M]. 贵阳：贵州人民出版社，2003.
44. 刘世彬. 黔南碑刻研究[M]. 都匀：黔南州机关印刷厂印刷，2004.
45. 贵定县文物管理所. 贵定文物 · 第三次文物普查成果[C]. 贵定：贵定县文物管理所，2016.

二、著作类

1. 闻钧天. 中国保甲制度[M]. 上海：上海书店出版社，1935.
2. 杨开道. 中国乡约制度[M]. 济南：山东省乡村服务人员训导处，1937.
3. 贵州省水利电力厅. 贵州的水利与电力[M]. 贵阳：贵州人民出版社，1960.
4. 林辛. 贵州近代交通史略[M]. 贵阳：贵州人民出版社，1985.
5. 黔西南布依族苗族自治州史志办公室. 黔西南布依族清代乡规民约碑文选[M]. 册亨：

册亨印刷厂，1986.

6. 拉德克利夫·布朗. 社会人类学方法[M]. 夏建中，译. 济南:山东人民出版社，1988.
7. 张仲礼. 中国绅士——关于其在19世纪中国社会中作用的研究[M]. 李荣昌,译. 上海：上海社会科学院出版社，1991.
8. 侯绍庄，史继忠，翁家烈. 贵州古代民族关系史[M]. 贵阳：贵州民族出版社，1991.
9. 蓝勇. 西南历史文化地理[M]. 重庆：西南师范大学出版社，1997.
10. 《贵州六百年经济史》编辑委员会. 贵州六百年经济史[M]. 贵阳：贵州人民出版社，1998.
11. 韦启光,等. 布依族文化研究[M]. 贵阳：贵州人民出版社，1999.
12. 池子华. 中国流民史·近代卷[M]. 合肥：安徽人民出版社，2001.
13. 侯清泉. 贵州历代职官一览表[M]. 贵阳：中国近现代史料学学会贵阳市会员联络处，2002.
14. 周新成，李爱国. 中国桥文化[M]. 徐州：中国矿业大学出版社，2002.
15. 《贵州通史》委员会. 贵州通史·清代的贵州[M]. 北京：当代中国出版社，2003.
16. 《贵州通史》编委会. 贵州通史·民国时期的贵州[M]. 北京：当代中国出版社，2003.
17. 魏丕信. 18世纪中国的官僚制度与荒政[M]. 徐建青,译. 南京：江苏人民出版社，2003.
18. 蔡丰明，窦昌荣. 中国祠堂[M]. 重庆：重庆出版社，2003.
19. 颜之推. 颜氏家训·治家篇[M]. 北京：中国文史出版社. 2003.
20. 刘文鹏. 清代驿传及其与疆域形成关系之研究[M]. 北京：中国人民大学出版社，2004.
21. 刘沛林. 风水——中国人的环境观[M]. 上海：上海三联书店,2005.
22. 《安顺市西秀区大西桥镇志》编委会. 安顺市西秀区大西桥镇志[M]. 贵阳：贵州人民出版社，2006.
23. 赵启华，吴若丁，史迪义. 黔中佳地贵定[M]. 贵阳：贵州教育出版社，2006.
24. 温佐吾. 村规民约与森林资源保护[M]. 贵阳：贵州科技出版社，2007.
25. 董建辉. 明清乡约：理论演进与实践发展[M]. 厦门：厦门大学出版社，2008.
26. 毛远明. 碑刻文献学通论[M]. 北京：中华书局，2010.
27. 赵世瑜. 小历史与大历史——区域社会史的理念、方法与实践[M]. 北京：三联书店，2010.
28. 南通盐业志编纂委员会. 南通盐业志[M]. 南京：凤凰出版社，2012.
29. 关传友. 风水景观——风水林的文化解读[M]. 南京：东南大学出版社，2012.
30. 瞿明安,等. 象征人类学理论[M]. 北京：人民出版社，2014.
31. 安成祥. 黔东南碑刻研究丛书：石上历史[M]. 贵阳：贵州民族出版社，2015.

三、论文类

1. 陈庆德. 人类经济发展中的民族同化与认同[J]. 民族研究，1995（01）.

2. 王先明. 晚清士绅基层社会地位的历史变动[J]. 历史研究，1996（01）.
3. 修朋月，宁波. 清代社会乡绅势力对基层社会控制的加强[J]. 北方论丛，2003（01）.
4. 杨梅. 敬惜字纸信仰论[J]. 四川大学学报（哲学社会科学版），2007（06）.
5. 伟兵. 清代前中期云贵地区政治地理与社会环境[J]. 复旦学报（社会科学版），2008（04）.
6. 吴大旬，王红信. 从有关碑文资料看清代贵州的林业管理[J]. 贵州民族研究，2008（05）.
7. 余欢. 民族村寨旅游业发展的路径选择——以贵定县音寨为个案[J]. 贵州民族研究，2009（01）.
8. 吴大旬. 从相关碑文资料看清代贵州的社会治安管理[J]. 贵州民族大学学报（哲学社会科学版），2010（01）.
9. 孟学华，刘世彬. 明清时期贵州平塘县毛南族地区的社会组织形式探析——平塘县毛南族地区的几处碑刻的社会学价值[J]. 黔南民族师范学院学报，2010（04）.
10. 马琦，韩昭庆，孙涛. 明清贵州插花地研究[J]. 复旦学报（社会科学版），2010（06）.
11. 张德美. 清代保甲制度的困境[J]. 政法论坛，2010（06）.
12. 严奇岩，陈福山. 从禁渔碑刻看清末贵州的鱼资源利用和保护问题[J]. 贵州民族研究，2011（01）.
13. 杨庭硕. “改土归流”：土司家族政治命运的转型[J]. 中央民族大学学报（哲学社会科学版），2011（06）.
14. 林移刚，刘志伟. 从乡规民约石刻看历史时期云南民间的环境意识[J]，地理研究，2012（08）.
15. 朱铁军. 江南古桥及文化的地域性功能研究[J]. 安徽农业大学学报（社会科学版），2012（02）.
16. 欧阳恩良，潘晓. 民国时期贵州的保甲制度与乡村社会秩序[J]. 贵州社会科学，2013（05）.
17. 林移刚，刘志伟. 乡规民约石刻视角下的民间环境意识——以西南地区为例[J]. 云南民族大学学报（哲学社会科学版），2013（03）.
18. 施剑. 清前期贵州卫所之裁撤及其屯田处置[J]. 历史档案，2014（02）.
19. 许南海. 贵州民间的生态意识——以乡规民约碑刻为例[J]. 原生态民族文化学刊，2014（04）.
20. 叶成勇. 贵州沿河县万历时期《军门禁约》碑文考论——兼论贵州明代中晚期“夷”汉关系[J]. 民族研究，2014（05）.
21. 陈芳，刘晓冬. 字库塔小议——从成都武侯祠博物馆馆藏清代字库塔说起[J]. 中华文化论坛，2014（08）.
22. 朱文广. 清代山西上党禁赌碑刻解读[J]. 历史档案，2015，（04）.
23. 叶成勇. 从贵州锦屏《戒谕文》摩崖石刻看宋朝对湘黔桂边地的治理[J]. 中华文化论

坛，2015（08）.
24. 陈彤. 从水井碑刻看侗族饮用水资源的利用和保护——以贵州省从江地区为例[J]. 长江师范学院学报，2016（03）.
25. 严奇岩. 当江制度与清水江流域的生态变迁——以碑刻资料为考察重点[J]. 中央民族大学学报（哲学社会科学版），2016（04）.
26. 陆庆园. 清咸丰时期贵州广顺州《禁碑告白》碑文考论[J]. 长江师范学院学报，2017（01）.
27. 周永健. 论贵州贵定县宗教文化格局及其特征——以祠宇寺观为中心的考察[J]. 青海民族大学学报（社会科学版），2017（01）.
28. 王路平. 黔中贵定阳宝山临济禅宗突空系法脉传承揭秘[J]. 贵州民族大学学报（哲学社会科学版），2017（05）.
29. 周保明. 清代地方吏役制度研究[D]. 上海：华东师范大学，2006.
30. 刘桂林. 咸同起义后贵州社会的变迁——以碑刻史料为中心的探讨[D]. 贵阳：贵州师范大学，2008.
31. 李小兵. 祠堂的教化功能研究[D]. 重庆：西南大学，2009.
32. 刘志伟. 乡规民约石刻看西南地区民间环境意识（1368—1949）[D]. 重庆：西南大学，2011.
33. 徐祖澜. 近世乡绅治理与国家权利关系研究[D]. 南京：南京大学，2011：
34. 张开邦. 明清时期的祠堂文化研究[D]. 济南：山东师范大学，2011.
35. 李娜. 清代、民国民间惜字信仰研究[D]. 武汉：华中师范大学，2011.
36. 张国骥. 清嘉庆、道光时期政治危机研究[D]. 长沙：湖南大学，2011.
37. 贺天博. 贵州地区生态变迁的民族学考察[D]. 吉首：吉首大学，2012.
38. 范兴卫. 花溪区三通清代中晚期乞丐碑考论[D]. 贵阳：贵州民族大学，2013.
39. 潘春. 花溪区村寨水井及其碑刻调查研究[D]. 贵阳：贵州民族大学，2014.
40. 董学林. 清前期云贵卫所变革研究[D]. 昆明：云南大学，2016.
41. 赵兴鹏. 区域社会史视野下花溪清代碑刻调查与研究[D]. 贵阳：贵州民族大学，2017.
42. 莫其波. 贵州平伐长官司文化遗存调查研究[D]. 贵阳：贵州民族大学，2017.
43. 毛威. 贵州平伐长官司庭氏家族历史文化诸问题初探[D]. 贵阳：贵州民族大学，2017.

四、其他类

1. 贵定县云雾镇令寨《岗利轮水簿》，同治五年（1866），祝时华收藏。
2. 贵定县德新镇牛屎寨《罗氏族谱》，民国年间。
3. 贵定县宋氏家族修，《黔中宋史》，1985年版，宋大中收藏。
4. 贵定县云雾镇令寨《祝氏族谱》，1992年版，祝时华收藏。
5. 贵定县盘江镇甲苏堡《陈氏家谱》，1994年版，陈治宇收藏。
6. 贵定县沿山镇新龙村司头《庭氏宗谱》，1994年版，庭开军收藏。

7. 贵定县沿山镇晓寨《甘氏族谱》，2007年版，甘福祥收藏。
8. 贵定县新巴镇甘塘《陈氏族谱》，2012年版，陈勇收藏。
9. 贵定县昌明镇猛壤寨《陈氏族谱》，2016年版，陈朝皆收藏。

图录编

告示碑

1.《告示碑》

【基本概况】

此碑位于贵定县盘江镇长江村岸城寨，立于其寨土地庙旁。碑高 149 cm，宽 72.5 cm，厚 12 cm，圆首碑，青石质地。碑阳经打磨后刊刻文字，为阴刻。碑额镌刻“告示碑”三大字，碑记现保存完好。此碑系地界纠纷碑，阳宝山僧侣集团与其山周边村寨村民因地界不明而互控，后经官府查办，划明地界。此碑反映僧侣集团与当地百姓的土地矛盾较为尖锐。

【碑文】

告示碑

候補分府攝貴定縣正堂隨帶加一級紀録五次張　為曉喻事案據
僧民方印陳祥開等互爭毗甲蘇晏城二寨山場地土一案業經本攝縣
親臨勘断分清隨飭鄉約陳良漢埋石定碑後因佃民王連明等複行紊
爭詎陳祥開曉□具稟又復差提到案訊明各責示警並出具各遵照勘
明界址耕管甘結附卷外合行出示曉喻為此示仰該處僧民各佃戶人
等知悉嗣後如敢不遵界址持強伯佔及混伐樹木者立即指名具稟到
縣審實定行重處決不姑貸各宜凛遵毋違特示
右喻通知
乾隆四十八年十月　二十八　日示
發晏城寨石名曉喻
晏城寨原無□□□□□但其山林留心護植應赴無誤
陽山僧界侍方印合山大眾暨本寨頭人秦春等　敬立

【碑刻图片】

2.《万古留芳》

【基本概况】

此碑位于贵定县云雾镇鸟王村关口寨，现立于贡茶碑亭内。乾隆五十五年碑记在当地称为贡茶碑，圆首，青石质地，现保存较完好，高 125 cm，宽 57 cm，厚 11 cm。此碑原立于关口寨路边古树下，同治初年，当地苗民将其迁至寨中。碑阳经过打磨后刊刻文字，为阴刻楷书，碑额镌刻“万古留芳”等字。

碑文主要记载当地苗民上贡茶叶于朝廷一事。因当地茶树年久枯死，无法上贡定额茶叶，苗民遂告与官府，经官府查明，批复“其余所派之茶，准行停止，以免采办之累”。后拨四百二十两于当地，恢复生产。

【碑文】

萬古畱芳

署贵陽府贵定縣事定番州正堂程爲據稟給照事案據□□方文
超等稟稱本年四月二十日接奉鈞札因仰王苗民雷阿虎稟年久茶枯
仰□前往确查據實稟覆奉此約遵前往臨山踏勘茶老焦枯并無一
株生发實非苗民冶枯捏稟情弊緣奉札查迄稟明伏乞查核施
行上稟等情據此查茶樹既俱枯壞并無出産□□除批示外合行
給照爲此照給該苗民等遵守嗣后該處年年貢茶定数茶觔及
其餘所派之茶准行停止以免采辦之累如有差人以辦茶爲
名下鄉滋擾者許尔等指名稟究须至照者據呈□□□銀肆佰
貳拾两收後發交殷實之户生复再年購辦該處貢茶
乾隆五十五年四月　吉日立

【碑刻图片】

3.《永远革除》

【基本概况】

此碑位于贵定县德新镇丰收村牛屎寨，立于其寨中。牛屎寨为苗族村寨，主要有罗、蓝二姓。碑为方首，砂石质地，高 192 cm，宽 101 cm，厚 14 cm。此碑碑阳风化较严重，碑文识别难度较大，碑文书体为阴刻楷书，碑额镌刻“永远革除”等字样。

碑文记载当地苗民控告书差滥派包折，经官府查访属实，后颁布新规，对用夫用马有明文规定，碑文末列出派夫派马之村寨实为晓谕众寨人等知悉。

【碑文】

永遠革除

欽命貴州等處提刑按察使司按察使兼管郵傳事三級記録八次[王] 奉
雲貴兩省總督部堂富蒙批示定章程為曉諭事照得貴定路當北
道往來差務繁復經需夫馬宜係向苗民僱募以致苗累不均今據苗民苗阿
田苗阿逵苗阿拈苗阿弟苗阿章等赴
督憲轅門具控書差陳應辛柳英殷國周羅文賢土宦賢張得明等濫派包折案奉批本司提齊
原被告赴省飭委貴陽府徐會同八寨同知官獨山州蕭審訊書差並不無不累折銀錢情弊至此
後便力夫馬議定章程詳奉　督憲批飭示諭在案合出示章程曉諭焉此示仰合屬紳士民苗人
等知悉嗣後督撫各憲經臨如需夫在百名馬在五十匹以外始準照户均匀僱募每夫一名給銀
八分每馬一匹給銀六分許書差人等經手包折各該户亦不得稍有折違其餘火杆摺子及貢杆
一切□常日行夫在百名馬在五十匹以内者悉以該縣站夫驛馬應付均不得向該苗民等混行
派雇致需用料豆包穀及眾[裝]草料並木桔苛雜煩永遠革除均應平價買備不得混派買官民亦
永遠遵守毋得陽奉陰違致於查究各宜稟遵毋違特示

右　諭　通　知

計開中山排十六寨
牛屎寨　米孔寨　阿以寨　阿馬寨
阿株寨　徐家寨　大　寨　朱胡寨
長　寨　路　寨　龍　塘　甲　多
翁　多　小山裏　堵　山　光　比
中　寨　小光比　岩　腳　阿木寨
苗　甲　阿人寨　喇啞上寨

乾隆五十七年七月二十八日

【碑刻图片】

4.《万古留传》

【基本概况】

此碑位于贵定县盘江镇新峰村小山组，立于其寨马路土地旁，高 161 cm，宽 72 cm，厚 18.5 cm。圭首，现保存完好，碑座埋于地下，碑阳经打磨后刊刻文字，书体为阴刻楷书，碑额镌刻“万古留传”等字。此碑文内容与德新镇牛屎寨“永远革除”碑文大体相同，所载同为一事。

【碑文】

萬古留傳

欽命貴州等處提刑按察使司按察使兼管驛傳事三級記録八次姜　為曉諭事照得貴
定路當扎道往來差役繁多所需夫馬歷係向苗民僱募以致苦累不均今據苗民苗阿身苗阿
陸苗阿拈等赴
督憲轅門具控書差柳英殷國周王觀賢張德明陳應辛等濫派包折一案奉批本司提齊原被
赴省飭委貴陽府會八寨同知官大老爺獨山州蕭太爺斷案審訊書差並無派累折銀情弊至此
後便力夫馬議定章程詳奉
督憲批飭示諭準案合將酌定章程出示曉諭為此仰闔屬紳士民苗人等知悉嗣後
各督經臨如需夫在百名馬在五十匹以外始準照户均勻僱募每夫一名給銀八分每馬一匹給銀□錢六分毋許書差人
等經手包折各該户亦不得稍有折違其餘入摺子及貢摺并一切□□日行差使夫在百名馬在五十匹以內者悉以該縣
站夫差馬應付均不得向該苗民等混派僱至需用料豆包桿及衆□□□植等宜永遠革除均應該縣平價買備不得混派
買官民亦永遠遵守毋得陽奉陰違致於察究各宜稟遵毋違特
示　　右諭通知
乾隆五十九年七月二十八日　立　實貼

【碑刻图片】

5.《永垂万古》

【基本概况】

此碑位于贵定县德新镇宝山村石牛寨，立于其山头路旁土地庙内。碑为弧首，碑阳经打磨后刊刻文字，碑额镌刻“永垂万古”字样，阴刻，碑高 132 cm，宽 62 cm，厚 10 cm。碑现保存较为完好，碑质为白棉石，容易被侵蚀风化。

碑文记载宋、马二姓因土地产权归属问题产生纠纷，后互相控告，闹至官府，几经周折，终达成协议，双方立碑为据。

【碑文】

永垂萬古

具合碑記馬圖禮宋士寬馬連意宋士和馬輝衢宋士祥
馬圖連宋士倫馬輝太宋紊信等因先年馬姓祖遺柏家山
莊北界宋姓祖遺白秧坪莊南界址石中奈如雜争佔互控
多年　龍是谷主合勘數次未結今　承　府約陳連達陳德
中縣約劉紹統不忍二比終訟於中𨂂踏照古地界　自石牛
後順溝繞空懸田係由沖空上小尖嶺椿谷為界馬姓祖以
係馬姓之業代姓之坟宋姓之業外有坟後出乙沖馬姓界
内係宋姓界外復賣給宋姓合莊管業價銀四十二兩宜約
空四至為憑各□遵依自後子孫永無□佔滋事為此史祈隣
約稟懇
府主劉大老爺
龍　李
縣主　大老爺
定　梁
賣準銷案示給等　□同心合垂石碑永遠為據
嘉慶七年四月　□□□　立

【碑刻图片】

6.《执照》

【基本概况】

此碑位于贵定县盘江镇长江村岸城寨，立于其土地庙旁，《告示碑》左侧。方首碑，青石质地。碑阳经打磨后刊刻文字，为阴刻，碑额镌刻“执照”两大字，碑高 132 cm，宽 77 cm，厚 14 cm。碑阳除部分有风化外，其余大体完好。

碑文记载僧侣集团将庙田佃与他人耕种，而其界与甲苏堡陈姓产业相连，陈姓佃户罗阿章又与僧侣发生土地纠纷，后经官府查办，其地界在乾隆四十八年（1783）已为张县主清定，现仍照前处。为防止再有纠纷，特颁布此执照与阳宝山僧侣。

【碑文】

執照

署貴定縣事仁懷縣正堂加五級記録七次王　為給照遵守事照[得]
晏城寨山土田業乃陽寶前山廟産歷佃與王國安邱道武等耕種納租其界□
陳熙模等甲蘇堡莊業相連前因廟僧與陳姓爭界互控經張前縣勘以一壕溝□
南洛北河直至北甘家岩大河為界溝□東陳姓招佃經溝西廟僧招佃管理二山
遵依具結在案後因陳姓佃户羅阿章又復訴訟經前任劉繆俱照原案斷結茲
阿添保等復所强争上控奉報復勘仍照張前任所斷空界繪圖申詳在案□
恐事遠年深復滋事端合行給照為此照給廟僧廣種永修遵照嗣後照依所斷
址安佃耕種收花毋許争佔倘佃戶王國安等日久叛佃抗租許令執照□□□
官究治各宜禀遵毋違須照
右照給陽山廟僧廣種　永修準□□□
嘉慶十三年　十二月　二十　日
縣　右附訖

【碑刻图片】

7.《结案碑》

【基本概况】

此碑位于贵定县盘江镇长江村岸城寨，立于土地庙旁，《告示碑》右侧。方首碑，青石质地，碑阳经打磨后刊刻文字，为阴刻，碑额镌刻“结案碑”三大字，高 130 cm，宽 78 cm，厚 14 cm。碑阳除部分有风化外，其余大体完好。

碑文记载地界纠纷的原委，前因陈尔讯强占阳宝山产业，而后僧侣方印控诉，至乾隆四十八（1783）年划清地界。至嘉庆时复生纠纷，酿成命案，经官府查办，案件告结。

【碑文】

結案碑

聞之作善德報為惡禍臨斯言無謬如晏城寨山場地土田業雖與甲蘇堡界□
原系陽寶前山古莊歷佃　等祖人住耕納租數十餘年流傳數量俱各分照□
納租毫無為誤滋事廟内僧徒亦無額外重索擾界因乾隆四十六年甲蘇堡□
惡陳尔訓持强越占此莊經莊主僧宗方印互控至四十八年縣主張　斷明□
二壕為界立石栽椿無紊嘉慶三年甲蘇堡苗人羅阿章越界争占庒内胡尔□
邱道武王國安等具控無失嘉慶十三年羅阿章氣忿令伊妻顔氏牧牛越界□
踏陳子貴麥糧複行增占陳子貴具控苗人與莊内斗毆苗人傷死二命莊内□
死文有聰二比具報縣主劉驗明祥報幸莊主僧會永修挺身呈控生切盤□□
觧□自處無界莊户賞結陳子貴夏文發抵償苗命發配廣東文有聰被毆命但
莊業保全若非莊主僧會永修福庇所致庒則庒户王國安陳子貴夏文發文有
聰等焉能捨身命擯争訟永息尔等恐後人心不古罔知先人前烈勤恃為□□
載泐石永垂俾莊内各姓嗣續均知其由永遵前規各户照古納租毋誤額外□
增滋界是序

文有聰毆傷文有倫每年地租黄豆五升若有□租各位老爺□出自願□□

陽寶山前山廟僧老爺廣種永修

嘉慶十三年　十二月　二十日　立

【碑刻图片】

8.《永远遵碑》

【基本概况】

此碑位于贵定县新巴镇与龙里县洗马镇交界处，立于台上村司头寨对门坡脚下水利沟旁。司头寨原为虎坠长官司旧地，宋氏土司。碑文主要记载当地百姓分水灌田之事。因时日较久，班期废弃，以强欺弱、恃富押良、日夜赴沟霸占的现象屡屡发生，宋氏土司对此行禁止，列出相关规定及班期、灌田班次。

此碑碑座埋于地下，有碑帽，碑阳经过细致打磨后刊刻碑文，阴刻，青石质，碑额镌刻“永远遵碑”四个大字，碑高 140 cm，宽 80 cm，厚 12 cm。此碑侧原有护石，因修水利沟壑时碑被放倒，碑侧便毁，碑也差一点被毁，幸得寨中极力反对遂得以保存至今。

【碑刻图片】

【碑文】

貴陽府虎墜長官司宋　為恐乾旱照康熙年間先人定制大溝水班日夜輪流均討庶使國賦有賴民

資國民攸帰自古日水以日出為準夜水以日入為則対面交放切勿乱規至於王保阮渡二井

日出放至巳刻日落討至戌時午夜放入大溝其有大小餘井週年歷流溝内勿許那人藉有近

塘阻札為私強行霸放竟害無近田塘者空負水田缺源所育是必荒蕪糧賦虛懸又有兇横之

見以強欺弱恃富押良日夜赴溝估霸啼嚷滋端實堪髮指

本司　示諭各宜永心法古按班期討倘再估霸餘井阻塞為私並暗偷放班水定稟賠納等田差粮

猪一百斤酒一百壺言出法隨決不寬貸尔等知悉各宜凛遵毋違特示

計開田名班期每年自六月初一日起至七月二十五日止十八班次序找輪刊於左

永遠

遵碑

日班

六月初一日規檀田

初二　印田

初三　大鍋盖

初四　猫見田

初五　大四方

初六　台上田下院麻窝共

初七　小沖田

初八　小四方麻窝共

初九　林札台上阿寅田

初十　阿草田

十一　長田台田

十二　梘檀長田

十三　褲襠田溝坎□□共

十四　大麻窝

十五　小鍋盖大秧地過路邊水田秧地共

十六　普龍田三岔旱米田

十七　大溝田

十八　三岔馬桑阿寅田

夜班

初一夜大□三岔□

初二　玉保田

初三　大湾田

初四　太婁田大甲郎

初五　鬼田大猪腿田

初六　下杉木阿衣路下阿竹大秧地

初七　藍垻田小甲郎寨脚共

初八　盛光三岔帶司内官田大秧地

初九　小四方小倫沖大小猪下杷共

初十　犬甲郎太婁田

十一　台上田下猪腿田

十二　楼梯田上四坵

十三　大三岔帶上下秧地

十四　中杉木阮渡田

十五　楊世茂坑边阿衣路下再興坑田阿烏下杉木阿竹大秧地

十六　太婁田大田郎寨脚田

十七　印田

十八　上杉木小猪腿下楼梯田一坵共

又王保阮渡二井定日出落討至□

者仍議小班照上大班六七月七止

日落各井定四班一日一班照輪

王保井　　阮渡井

初一日早□　初一日小坋上

廠常住田晚　初二　小坋下

王保塘坎田上　長田

初二　青龍　初三　早小

坡常住田　坋秧地晚小

初三甘家田　秧地

初四　小正　初四　溝边

保田

嘉慶十七年六月初一日規古示

9.《万古留芳》

【基本概况】

此碑位于贵定县云雾镇鸟王村关口寨，现立于贡茶碑亭内。圆首，青石质地，现保存完好，高167 cm，宽 63 cm，厚 15 cm。碑阳经过打磨后刊刻文字，为阴刻楷书，碑额镌刻“万古留芳”等字。碑文主要记载苗民雷阿豆控告大平伐营生生员郑士品、兵民陈宗华越界砍伐苗民山林。官府处理后，告诫汉族官兵不得欺压苗民。

【碑文】

萬古留芳

特授貴定縣正堂加五級紀録六次劉　　　為
出示曉諭事照得西排仰王苗阿荳等府具控生員鄭士品等越界砍薪一案蒙　府憲親查結文
行縣票開仰縣官惠查照來文事理立即束裝前詣勘明該苗阿荳等四至界址出示諭令照界永遠管
業□官山口四至以外官山亦帶同□處土司勘明何處係官山何處係屬民地定立界址出示曉諭
嗣後設有砍伐柴薪毋得越佔苗寨地土致啟事端其苗民等趕場貿易之時該營兵如敢欺凌滋擾
立即嚴辦勿縱仍將遵緣由於三日內具文報府備查等因奉此今本縣於七月二十四日帶同書一辦
徐玉卿差土弁宋開勳等登山勘查雷阿荳所呈之契除乾隆十一年二月內雷阿荳阿若得買土司宋
經貴仰王山場上抵牛坡溝下抵母猪沖左抵高寨丫口右抵深河坡並無爭竟外有乾隆十二年三月
內雷阿理等得買□□鐘山高寨山場水田一契東抵老五寨坎南抵排上田西抵老密寨岔路北抵羊
蹄莊田小溝除東抵南抵並無爭竟外惟西抵之梅子沖生員鄭士品兵丁陳宗華稱係官山以致彼此互控
今查勘得梅子沖南抵老密寨岔路之內應付雷阿荳等管業鄭士品等毋得再行冒占干咎但該處兵民人
等甚多柴薪皆仰給官山今查石門之北雲霧山之下五道河之上四五里之內一帶官山應付平伐營兵民護
畜砍伐禁私賣並苗民等私買如有擅行買賣者除追價入官將其他地土仍歸公外並將私行買賣之人嚴行
治罪五道河之外其餘各處官山一並付兵民護蓄永禁私買私賣至該處趕場民苗兵丁應敦和好毋得相擾
致生事端為此出示曉諭仰王青苗雷阿荳等平伐營生員鄭士品兵民陳宗華等各執一紙各宜凛遵毋違
嘉慶十八年八月初三日

【碑刻图片】

10. 把关寨《夫马定章》

【基本概况】

此碑位于贵定县云雾镇燕子岩村把关大寨，立于其寨公路旁。方首，青石质地，保存较完好，碑阳部分有风化现象。碑阳经打磨后刊刻文字，书体为阴刻楷书，碑额无字。此碑立于古驿道上，且立于苗族、布依聚居区。碑高 203 cm，宽 114.5 cm，厚 14 cm。

碑文主要记载两件事由，一为云贵总督富纲颁布的关于各驿站派夫派马之规定，并革除一些派夫索马之弊病等事；一为道光年间按察使司景处理关于丁士雄等串同大坪土司宋承鼎勒索、私刑拷押苗民一案。碑刻落款时间为两则，一为嘉庆四年（1799）告示颁发的时间，一为道光四年（1824）将告示刊刻于石的时间。

【碑刻图片】

【碑文】

兵部尚書兼都察院右禦史總督雲貴二省等處軍務兼理糧餉富　為通飭禁革驛站積弊以肅郵傳而甦民困事照得滇黔僻處邊徼罕有京差經
過需用夫馬本屬無多前因辦理軍需遇送糧餉差務紛煩額設夫馬不敷應用不得不借民力撥用鄉夫鄉馬原屬暫時權宜迨後軍務告竣即當停
止乃各衙門視同成例濫索濫應有加無已如督撫司道往來夫馬之外又有酒席門包規禮家人差弁□書役或借名迎送或因公過站無不用夫用馬索取站
規加以鄰境府廳州縣借用夫馬□徇情濫應在站司事人役指一派十苦累閭閻已難枚舉且各州縣特有鄉夫鄉馬其額設號馬站夫轉不足數不但冒支草
乾并所需草料亦俱按糧派買甚至夫有聽堂馬有值日非按户輸出即派自田糧并有多事生監設成差局包辦夫馬無差之日開消火食遇費一有差使
過境任意混撥勾通辦差長隨假以先行雇應任意浮冒馬則按糧折銀夫則按户折錢倘不清交稟官追此差役因之需索甲保借此各肥層層朘削民實難堪
茲欽奉　諭旨飭令加意整頓仰見
聖主保赤心殷無微不至本部堂訪悉情弊積習以深自應亟為整頓庶可以甦民因而清郵政除通行各府廳州縣嚴行禁革外所有應革各條合行開列出示
曉諭為此示仰地方驛站官役以及紳士漢夷人等知悉嗣後凡遇差務照後開條款內有定例應用夫馬者照數應付此外不得徇情濫應倘各衙門
家人差弁書役仍敢似以前濫索茲擾許即拏解本管衙門儘法重處若有驛州縣尤敢濫派折收擾累□百姓或經查出或經被告發官則嚴行參究　役則立
弊杖下本部堂言出法隨斷不寬貸各宜稟遵毋違特示　計開　一督撫巡閱照例督院用馬七匹夫六十名撫院用馬六匹夫六十名預發傳牌知沿途
地方官即將傳牌抄貼四門照數應付不得濫應一夫一馬無馬之處正價顧備不許派累里民違者參究一布政按察使道員知府盤查及因公差
委用夫三十名布政按察使用馬七匹道員用馬六匹知府用馬三匹倘隨從人役有額外多索丝毫滋擾許即扭稟究治　一各州縣衙門所設廳堂
夫役值日馬匹及逢有差使派撥民夫民馬一概革除如有不遵許百姓指名控告立即拏究　一各屬生監在城盤踞設局包辦夫馬即行革除驅逐出
城責成設管知府就近密察如有因循不革立即詳揭請叅並將該生監嚴辦治罪　一各州縣額設馬匹原有日給草乾所需草料自應平價向市買未豈容派
買里下致胥役攬折收滋累貧民此番示禁之後各驛需用料仍有短價派民買交者定行參究不貸　一上司過境各該州縣供應飯食公館□□私情
豈容派及里民以慷化人之概此後凡遇上司過往只須掃除潔淨住房數間以資棲息其餘酒席飯食一概不許備辦倘跟隨人役敢於借端滋事許即稟明
懲究　一督撫司道過境向有家人門包跟班小封押包規禮廚役使費實屬騷擾地方此後概行禁革倘家人差役須索不遂指為悞差滋鬧許州縣立時鎖拏
具稟直陳儘法法究處　一上司凡遇陞調或進京回任無不自備夫馬乃向來惡習稱為長駝短價家人每站收銀中飽以本主恤民之夆為若此□需索之端言
之殊堪痛恨嗣後仍有借此名目向各站折收脚價該州縣立即鎖拏稟報不得徇縱　一督撫司道過往各衙門向差家人隨待迎送名為照料實則挑
夫挑馬索取酒席規禮添各站一番累墜殊屬無謂此後倘必須迎送者本官自僱夫馬發給監費無許濫索夫馬供應以及折銀送席□擾一站一文武員弁
以及佐襍等官如奉上憲差委查辦事件所需夫馬賫有兩院概夫雜等官如奉印票或司道牌文方許將驛馬堡夫照票撥應如無印票不許徇情濫應違者一併查
叅　一各該州縣各該州縣驗踏勘查廠查鹽及徵觧錢糧一切因公需夫馬及衙署所用支更水火夫役均著自行僱備不許濫派里民當差倘敢違犯參究不貸
一督撫司道府廳各衙門出差長隨無有不發盤費所有夫馬飯食各站一概不許支應倘有持貼勒索夫借馬亦不許徇情濫應該長隨敢恃强滋事許即鎖拏稟究
一各司道差役奉稟前往各處催提事件本無騎用驛馬之例嗣後本官不得給與馬票各州縣一不許私自濫應倘有索夫索馬許即稟報憑提究一撥滇
兵餉銅本俱係由黔入境大驛州縣自有堡夫抬送各屬招解人犯斬絞重因始用木籠舊例用堡人抬送其餘軍流以下乃遞解往來軍流本無用籠之例
如照例一犯二觧且撥營兵押護小心管押斷不致有疏虞派用民夫抬送之弊永遠革除一凡奉調凱旋兵弁應用夫馬例有定額且準報銷僱價應令
各州縣照額給價應付毋任兵弁多索至各營員上省到任及奉調考驗均應自行僱用不得向經過州縣借該地方官不許濫行借給違差查叅　右諭通知
嘉慶肆年陸月十九日　示
道光二年九月初九日為大平土司提拏苗阿古到縣欠押十月二十日赴省臬憑景據控批示貴定縣係屬衝突驛站夫不敷應用需用
民力但應發價僱用不准濫派擾累今據控該縣役丁士雄等弊串大平土司宋承鼎勒折夫價不遂將苗阿古等私刑拷打磕索得贓如果
隨府經辦何以延不觧審仰貴陽府即速勒限提齊冬月初五日按察司景批示索經本司批行提審該縣阿拈併觧仰貴陽府即速催齊嚴審
親如本縣役寔有串同土司濫派勒折及私刑拷押磕詐情事嚴行究辦如係砌瀆亦速照例究報毋稍徇延　右仰通知
道光肆年二月十八日　立

11.《永远不朽》

【基本概况】

此碑位于贵定县德新镇四寨村大坤主，立于其寨距公路近百米地埂处，立碑地点较为封闭。碑阳经打磨后刊刻文字，阴刻，碑额镌刻“永远不朽”及田土四至所到等字，总体来说此碑书写格式较为复杂。有碑座，埋于地下约 20 cm。碑高 161.5 cm，宽 94 cm，厚 14 cm。碑体得益于大坤主村民的保护，保存完好。因其涉及此寨地界问题，人们非常重视此碑。

此碑为四寨地界碑，包括大新、大坤主、夹耳沟、谷上四寨，全系苗族聚居村落。据当地百姓所言，四寨在当时非常贫瘠，属州县之插花地，没有哪个县愿接纳。亦有说当时当地主产红米，因贵定县不予接受所纳之红米，叫其往他处纳之，所以在当时四寨系麻哈领之。大坤主为苗族聚居村，以罗、蓝二姓为主。碑文主要反映丁姓与四寨苗人罗、蓝等姓因田土产生纠纷而互控，此事经官府办理，彼此达成妥协。

【碑刻图片】

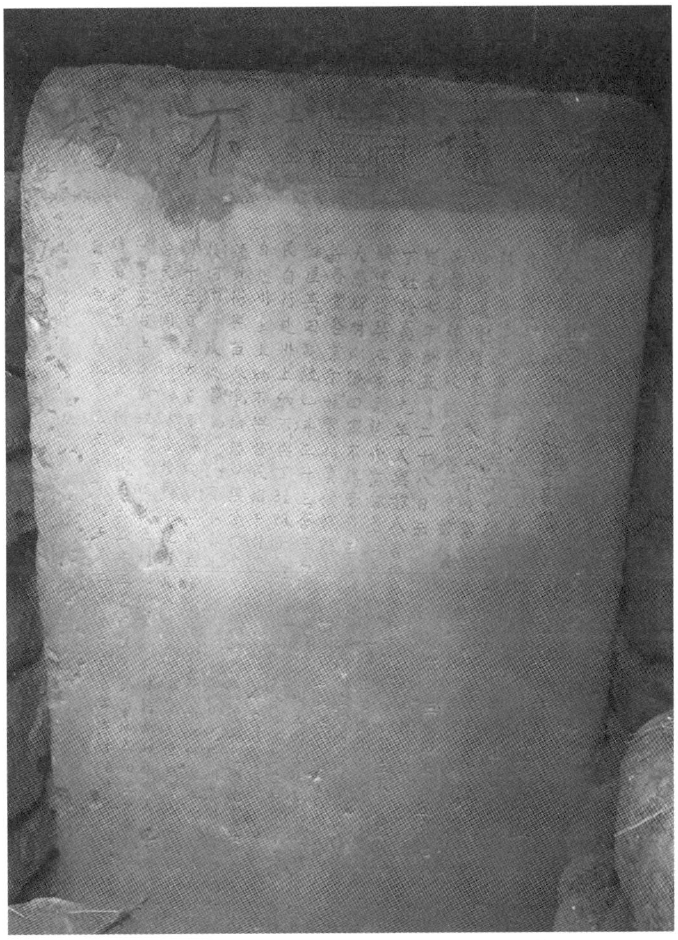

【碑文】

四永遠　外有　上整田　不朽至

東界抵羅已卡黑石頭三進坡野貓坡長嶺崗豬槽潭姊妹巖鍋底凼三分田石版井蜂子巖土地了十字路抵平越界

呈上

南界抵炮木山　場門口　楊漆山　梅山坡　兩岔河　黑石頭　月亮洞　石版坡　甲打鼓　馬頭坳　大龍井　老道坡抵平越界

欽命署理贵州巡撫部員署都匀麻哈州正堂加五級紀録十次繆　為

南鄉屬大蜂塘苗民田土一案蒙　恩堂議明四寨自祖以来開挖耕食稽之八九十年未有争端前

彭姓霸佔苗民四寨業産賣與丁姓後丁姓擇四寨田土轉賣給苗人四寨誰知丁姓復佔二家具稟到案日後

四寨議价銀壹仟貳佰兩與丁姓當堂賣與苗人四寨不許丁姓仍屬贖四至今明自賣以後丁姓不得

向苗敷補節外餉銀自今以后苗人不得多佔丁姓三厂田土各宜禀遵毋違特示　□孰不曉

道光七年閏五月二十八日示　右諭實貼大峰塘晓諭

丁姓於嘉慶十九年又與苗人告赴府堂一案蒙　雷府主天恩斷係苗田即率四寨苗民當堂兑價

贖還追契存案永遠管業雷主以後蒙　杜卅主恩断揭賣契與苗民管業安靖無事蒙繆州主

天恩斷明以後四寨不得牵連三厂田庄此當堂立賣與藍保受羅阿保藍阿土藍老三藍阿照

等各管各業丁姓實得賣價文銀壹仟貳佰兩整並無货物準折即日親手領銀明日不得少欠

分厘其田載種乙斗三升三合三勺地丁條銀照州主内古額每年完納玖錢伍分玖厘肆毫苗

民自行赴州上納不與丁姓相干丁姓亦無互混自此四寨不與三厂相干三厰各派地丁条銀丁姓

自赴州主上納不與苗民相干自賣之後認憑苗人子孙永遠管業四寨田莊各有四至丁姓子

孙毋得與苗人争論恐口無憑當堂領示存册竪碑永遠照此案在河南司案呈有所本部議

后河南布政使　富有本奏此業　領日送府州藩司住驗契因一摺于本年十二

月十二日奏本日奉　班並頒發式行文贵州巡撫欽遵　辦理可也

苗民等因□　咨移到本院准此合就　吏查照票内准此本部咨奉

國恩旨意各台上憲辦理　便欽遵刊刷酌量頒发移行辦理仍刷樣呈勘查毋違須至契尾者實

結案與藍保受羅阿保羅阿士藍老三藍阿照等買丁士傑田土坐落地名載契内賣價壹仟

貳佰兩爲號　道光七年閏五月二十八日示　本年十月十九日苗　民人等子孫[必]廷吉日立

北界抵貓背坡　萌蘆井　蟲蟻坡　坳頸青　何家坳　雁子洞　白榨石　大深洞　涼水井　石板棹　高梘坳　大栗樹抵貴定界

分　西界抵自□□猪槽井坳頭坡□風□磨□石將軍沖馬倒坎剮樹皮長嶺崗□竹坡石門坎抵貴定界　明

12. 谷纪寨《夫马定章》

【基本概况】

此碑位于贵定县昌明镇摆耳村谷纪寨，立于其寨后山三岔路口。碑体由两碑组成，左碑高164 cm，宽102.5 cm，厚8 cm，右碑高171 cm，宽101 cm，厚7 cm，均方首，青石质地。现保存完好，因当时刻工较浅，字迹识别较困难。碑阳系经打磨后刊刻，书体为阴刻楷书，碑额无字。据当地百姓所述，两碑与土地庙丁粮碑于二十世纪六七十年代一同埋于地下，才得以保存至今。

碑文为嘉庆四年（1799）云贵总督富纲颁布的革除夫马弊病之告示，告示与牛屎寨、把关、麦董、大新寨等禁派夫索马碑文内容大体相同。碑末附有各官员对当时贵定县存在的夫马问题的批示，主要涉及当时县役串通土司滥派夫马，勒折钱粮，磕诈苗民等事情，该案件从道光三年（1823）始，直至道光六年（1826）才得以立案。道光六年谷纪先祖苗阿古等状告县役、土司滥派折收银两及私刑拷押苗人等情，此种恶习才得以革除。从碑文末尾看，此碑为谷纪先祖苗阿古、苗阿有所立，以警后人。

【碑刻图片】

【碑文】

兵部尚書兼都察院右禦史總督雲貴二省等處軍務兼理糧餉富　為
通飭禁革驛站積獘以肅郵而甦民困事照得滇黔分處邊徼罕有京差經過需用夫馬本屬無多前因
辦理運送糧餉差役紛繁額設夫馬不敷應付不得不借資民力撥用鄉夫鄉馬原屬暫時權宜迨後軍務
告竣即當停止乃各衙門視同成例濫索濫應有加無已如督撫司道往來夫馬之外又有酒席門包規禮
家人差弁書役或藉名迎送或因公過路無不用夫用馬索取站規加以鄰府廳州縣借用夫馬徇情濫應
在站司事人役指一派十苦累閭閻已難枚舉且各州縣特有鄉夫鄉馬其額設號馬站夫轉不足數不但
冒支草乾所需草料亦俱按糧派買甚至夫有聽堂馬有值日非按户輸出即派田糧并有多事生監設成
差局包辦夫馬即行革除無差之日開銷火食寓費一有差使過境任意混撥勾通辦差長隨假以先行僱應
任意浮買馬則按糧折銀夫則按户收錢倘不清交稟官追此差役因之需索甲保藉此圖肥層層朘削難堪
茲
欽奉
諭旨飭令加意整頓仰見
聖主保赤心殷無微不至本部堂訪悉情習已深自應亟為整頓庶可以甦民用而清郵政除通行各府廳州縣
嚴行禁革外所有應革條合行開列出示曉諭為此示仰地方驛站官役以及紳士漢夷人等知悉嗣後凡
遇差務往來務照後開條款内有定例應用夫馬者照數應付此外不得徇情濫倘各衙門差弁書役仍
敢似前濫索茲擾許即挐解本管衙門儘法處若有驛州縣尤敢濫派折收擾累百姓或經查出或發官則
嚴行參究役則立獘杖下本部堂言出法隨斷不寬貸各寔稟遵毋違特示
計開
一督撫巡閱照例督院用馬七匹夫六十名撫院用馬六匹夫六十名預發傳牌知沿途地方官即將傳牌抄貼四
門照數應付不得濫應一夫一馬無馬之處平價僱備不許派累里民違參究
一布政按察使道員知府盤查及因公差委用夫三十名布政使用馬七匹道員用馬六匹知府用馬三匹
倘隨從人役有額外索丝毫滋擾許即扭稟究治
一各州縣衙門所設廳堂夫役值日馬匹及逢有差使派撥民夫民馬一概革除如有不遵許百姓指名控告立即挐究
一各屬生監在城盤踞設局包辦夫馬即行革除驅逐出城該管知府就近密察如有因循不革立即詳揭請叅並將該
監嚴辦治罪
一各州縣額設馬匹原有日給草乾所草料自應平價向市買喂豈容派買里下致胥役包折收滋
累貧民此番示禁之後各驛需用料仍有短價派民買交者定行參究不貸
一上司過境各該州縣供應飯食館原屬私情豈容及里民以慷化人概此後凡遇上司過往祇須掃除潔淨住房數間
以資棲息其餘酒席飯食一概不許備辦倘跟隨人役敢於藉端滋事許即稟明懲究

一督撫司道過境向有家人門包跟班小封押自規禮廚役使費實屬騷擾地方此後概行禁革倘家人差役需索不遂情為悮差滋鬧需州縣立
時鎖拏具稟直陳儘法究治
一上司凡遇陞調或進京回任無不自僱夫馬乃向來惡習稱為長駝短價家人每站收銀中飽以本主恤民之舉為若此輩需索之端言之殊堪
痛恨嗣後仍有借此名目向各站折收腳價該州縣立即鎖拏稟報嚴究不得徇縱
一督撫司道過境各衙門向差家人隨行迎送名為照料實則挑夫挑馬索取酒席規禮添各站一番累墜殊屬無謂此後倘必須迎送者本官自顧
夫馬發給監費勿許濫索夫馬供應以及折銀送席騷擾
一文武員弁以及佐襍等官如奉上憲差委查辦事件所需夫馬賫有兩院印票或司道牌文許將驛馬堡夫照票撥應如無印票不許徇情濫應違者一併查参
一各該州縣驗踏勘查廠鹽及徵解錢銀一切因公需夫馬及衙署所用支更水火夫役均著自行僱備不許濫派里民當差倘敢違犯参究不貸
一督撫司道廳各衙門出差長隨無有不發盤費所有夫馬飯食各站一概不許支應倘有持貼勒索夫借馬亦不許徇情濫應該長隨或敢恃勢滋事許即鎖拏稟究
一各司道差役奉稟前往各處催提事件本無騎用驛馬之例嗣後本官不得給與票各州縣一不許私自濫應倘有索夫索馬許即以憑提究
一撥滇兵餉銅本俱係由黔入境大驛州縣自有堡抬差各屬招解人犯斬絞重罪及迎解往來軍流本無用籠之例如照例一犯二解且撥營兵押護小心管押斷不
致有疏虞派用民抬送之弊永遠革除
一凡奉調凱旋兵弁應用夫馬例有定額且準報銷僱價今各州府縣照額給價應付毋任兵弁多索至各營員上省到任及奉調考驗均應自行僱用不得向經過州
縣借該地方官不許濫行借給違参
嘉慶肆年六月十九日示　右右諭通　告示發實貼曉諭
欽命貴州按察司景批貴定縣係屬衝途遇驛站夫馬不敷應用之時不得不藉民力但崔發價雇用不準濫派擾累今具控該縣役丁士雄等弊串土司宋承鼎勒折
夫馬價銀不遂將苗阿古等私刑拷押磕得贓如果屬實殊干法紀既經府提該縣何以延不解審仰貴陽府即速勒限提齊嚴究虛實分別詳辦
欽命貴州提刑按察使司景批案經本司府提審該縣何以延不將苗阿古併解仰貴陽府即速催提齊集明原案親加察審如果縣役有串同土司濫
勒折及私刑拷押磕詐情事即嚴行究辦倘係砌瀆亦速照例究辦毋稍徇延道光二年十二月初五日批示
兵部尚書巡撫貴州全省提督軍務都察院右副御史程批貴定縣屬苗民阿古等訴詞衝途差事繁多設額夫馬間多不敷用自應照市價雇募不得派累百姓苗民
提控縣役丁士雄等串同土司地棍濫派押詐等情如果屬實大為地方之害仰貴陽府速即親提一干人證嚴行訊究詳辦毋得徇延　道光三年五月初二日批示
署貴定縣正堂加五級紀録七次富　為出示革除以杜派累事案據縣民金起元等稟稱緣定邑路當扎道因先年兵差遇境差役浩繁蒙前縣主令約於城□
內外排門雇募夫馬應付追後以為成規奈本城內外除紳耆無役鰥寡孤獨外應付夫役者不過數十户具係貧民日僅傭工沾生實難分累只得邀恩賞準示免
苗民窮黎苦累等情據詞批准外合行出示革除為此示仰本城約保及諸色人等知悉嗣後每遇差使過境除照價雇募外毋許派放排門夫馬倘敢故違一經查出
或被告發定行重究各宜凜遵毋違特示嘉慶二十四年三月初十日告示實貼曉諭　右諭通知　道光五年五月二十日苗人往貴定趕場周世攀等鎖拏苗人阿古
押住班加以刑拷磕　道光六年二月十九日
憲□大人過站苗人古之子往岩頭鋪山控告周世攀等據□□□縣審訊批斷差役等濫派夫馬以示將濫派革除苗父苗人阿有遵示立碑
永遠革除　谷紀寨
道光七年九月二十三日立

13. 牛屎寨《夫马定章》

【基本概况】

此碑位于贵定县德新镇丰收村牛屎寨。牛屎寨为苗族村寨，罗、蓝二姓为主。碑立于其寨寨中，碑体由两石块构成。方首，青石质地，高 204 cm，宽 153 cm。碑刻现保存较完好，碑阳经打磨后刊刻文字，书体为阴刻楷书，碑额无字。

碑文主要记载两件事，一为云贵总督富纲颁布的关于各驿站派夫派马之规定以及革除一些派夫索马之弊病等事；一为道光年间按察使司景处理关于丁士雄等串同大坪土司宋承鼎勒索、私刑拷押苗民一案案件。碑刻落款时间为两则，一为嘉庆四年（1799）告示颁发时间，一为道光十三年（1833）将告示刊刻于石的时间。

【碑刻图片】

【碑文】

兵部尚書兼都察院右禦史總督雲貴二省等處軍務兼理糧餉富　為通飭禁革驛站積弊以肅郵傳而甦民困事
照得滇黔僻處邊徼罕有京差經過需用夫馬本屬無多前因辦理軍需遇送糧餉差務紛煩額設夫馬不敷應用不得不借民
力撥用鄉夫鄉馬原屬暫時權宜迨後軍務告竣即當停止乃各衙門視同成例濫索濫應有加無已如督撫司道往來夫馬之
外又有酒席門包規禮家人差弁□書役或借名迎送或因公過站無不用夫用馬索取站規加以鄰境府廳州縣借用夫馬□
徇情濫應在站司事人役指一派十苦累閭閻已難枚舉且各州縣特有鄉夫鄉馬其額設號馬站夫轉不足數不但冐支草乾
并所需草料亦俱按糧派買甚至夫有听堂馬有值日非按户輸出即派自田糧并有多事生監設成差局包辦夫馬無差之日
開消火食遇費一有差使過境任意混撥勾通辦差長隨假以先行雇應任意浮冒馬則按糧折銀夫則按户折錢倘不清交稟
官追此差役因之需索甲保借此各肥層層朘削民實難堪茲
欽奉
諭旨飭令加意整頓仰見
聖主保赤心殷無微不至本部堂訪悉情弊積習以深自應亟為整頓庶可以甦民因而清郵政除通行各府廳州縣嚴行禁革外
所有應革各條合行開列出示曉諭為此示仰地方驛站官役以及紳士漢夷人等知悉嗣後凡遇差務照後開條款內有定例應
用夫馬者照數應付此外不得徇情濫應倘各衙門家人差弁書役仍敢似以前濫索茲擾許即挐解本管衙門儘法重處若有驛州
縣尤敢濫派折收擾累□百姓或經查出或經被告發官則嚴行參究　役則立斃杖下本部堂言出法隨斷不寬貸各宜稟遵毋
違特示　計開
一督撫巡閱照例督院用馬七匹夫六十名撫院用馬六匹夫六十名預發傳牌知沿途地方官即將傳牌抄貼四門照數應付不得
濫應一夫一馬無馬之處正價顧備不許派累里民違者參究一布政按察使道員知府盤查及因公差委用夫三十名布政按察
使用馬七匹道員用馬六匹知府用馬三匹倘隨從人役有額外多索丝毫滋擾許即扭稟究治　一各州縣衙門所設廳堂夫役值
日馬匹及逢有差使派撥民夫民馬一概革除如有不遵許百姓指名控告立即挐究　一各屬生監在城盤踞設局包辦夫馬即行
革除驅逐出城責成設管知府就近密察如有因循不革立即詳揭請參並將該生監嚴辦治罪　一各州縣額設馬匹原有日給草乾
所需草料自應平價向市買未豈容派買里下致胥役攬折收滋累貧民此番示禁之後各驛需用料仍有短價派民買交者
定行參究不貸　一上司過境各該州縣供應飯食公館□□私情豈容□及里民以慷化人之慨此後凡遇上司過往只須
掃除潔淨住房數間以資棲息其餘酒席飯食一概不許備辦倘跟隨人役敢於借端滋事許即稟明懲究
一督撫司道過境向有家人門包跟班小封押包規禮廚役使費實屬騷擾地方此後概行禁革倘家人差役須索不遂指為悞
差滋鬧許州縣立時鎖挐具稟直陳儘法法究處　一上司凡遇陞調或進京回任無不自備夫馬乃向來惡習稱為長駝短價
家人每站收銀中飽以本主恤民之辛為若此□需索之端言之殊堪痛恨嗣後仍有借此名目向各站折收脚價該州縣立
即鎖挐稟報不得徇縱　一督撫司道過往各衙門向差家人隨待迎送名為照料實則挑夫挑馬索取酒席規禮添各站一
番累墜殊屬無謂此後倘必須迎送者本官自顧夫馬發給監費無許濫索夫馬供應以及折銀送席□擾一站
一文武員弁以及佐襍等官如奉上憲差委查辦事件所需夫馬賚有兩院概夫雜等官如奉印票或司道牌文方許將驛馬堡夫照票撥應

如無印票不許徇情濫應違者一併查參　一各該州縣驗踏勘查廠查鹽及徵解錢糧一切因公需夫馬及衙署所用支更水
火夫役均著自行僱備不許濫派里民當差倘敢違犯糸究不貸　　　　一督撫司道府廳各衙門出差長隨無有不發盤費所有
夫馬飯食各站一概不許支應倘有持貼勒索夫借馬亦不許徇情濫應該長隨敢恃强滋事許即鎖挐稟究　　　一各司道差役
役奉稟前往各處催提事件本無騎用驛馬之例嗣後本官不得給與馬票各州縣一不許私自濫應倘有索夫索馬許即稟
報憑提究一撥滇兵餉銅本俱係由黔入境大驛州縣自有堡夫抬送各屬招解人犯斬絞重因始用木籠舊例用堡人抬
送其餘軍流以下乃遞解往來軍流本無用籠之例一犯二解且撥營兵押護小心管押斷不致有疏虞派用民夫抬送
之弊永遠革除一凡奉調凱旋兵弁應用夫馬例有定額且準報銷僱價應令各州縣照額給價應付毋任兵弁多索至各營員上省到
任及奉調考驗均應自行僱用不得向經過州縣借該地方官不許濫行借給違差查參右諭通知

按察使司景遞呈批示貴定縣係屬衝途遇站夫不敷應用之時不得不借用民力但須發價僱用不准濫派擾累今且
控該縣役丁士雄等弊串土司宋承鼎勒折夫價銀兩不遂將苗阿古等私刑拷押磕作得賍如果屬實殊干法紀既經
府提該縣何以延不鮮審仰貴陽府即速勒限提齊嚴究虛實分別評辦至於道光二年十一月初九日苗阿拈阿古在
守坟寨立碑大坪司宋承鼎捉拿二人下貴定顧押班房又冬月初五日續呈按察司景　批示案經本司批府提審該
縣何以不將阿拈併鮮仰貴陽府即速催提齊集查□原案親加察審如果縣役寔有串同土司濫派勒折及私刑拷押
磕作情事即嚴行究辦倘係砌瀆亦速照例究報毋稍徇延道光二年告

計開此排上中寨名　牛屎寨　阿以寨　燕子洞　毛草坪　泥寨岩腳寨　光比中寨　小山　野豬山　翁多　小坡旧司寨
米孔中寨　阿□寨　龍塘甲　多喇啞上下寨　小光比　養客田　新寨　三岔田　媽寨
嘉慶四年六月十九日告示□發
大清
道光十三年　　　　實刻曉諭　仲冬月吉旦立

14.《永垂万古》

【基本概况】

此碑位于贵定县云雾镇鸟王村排上寨，立于其寨寨口大树下土地庙旁。方首，砂石质，碑阳系经打磨后刊刻文字，阴刻楷书，碑阳大面积被风化，大部分文字难以识别，碑体现略向前倾，约有高 20 cm 的部分被泥土掩埋，此部分字迹遂不得见。碑高 143 cm，宽 80 cm，厚 13 cm。

碑文虽大部分不能识别，但从识别出的文字看，碑文主要记载当地土司与地方官串通磕害地方，使苗民生活不堪，而土司与地方官串通主要表现在土弁、土役与地方恶棍勾通诬控苗民，诬控一方则从中取利。从行文看，他们在苗民纳征与钱赋时以“莫须有”之罪名迫使苗民屈服。经苗民告至官府，官府改革种种弊端，颁布告示，广而告之。

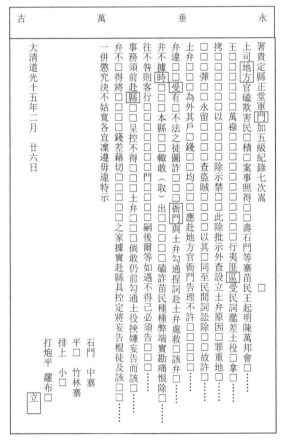

【碑文】

永垂萬古

署貴定縣正堂軍門加五級紀錄七次嵩 □

土司地方官磕欺害民□積□案事照得□□壽石門等寨苗民王起明陳萬邦會□……

王□□□□□萬祿□□□□□□□□行夷匪區受民詞濫差土役□拿□……

拷□□□□□以□□□除示禁□□此除批示外查設立土弁原因□罪重地□……

□□彈□□永留□□□□查盜賊□□□□以其□同至民間詞訟除□□故許□……

土弁□□□為外其戶□錢□□均□□□應赴地方官衙門告理不許□□□□……

弁違□□受有□不法之徒圖詐□□□衙門與土弁勾通捏詞赴土弁處救□該弁□……

并不據時□□□本縣□□輒敢（取）出□□□□□磕詐苗民種種弊端實勘痛恨除□……

往不咎則客行□□□□□□門□□□嗣後爾等如遇不得已必須告□□□……

事務須前赴縣□□呈控不得□□□土弁□□□倘敢仍前勾通土役挾嫌妄告而該□……

弁不□得將□□□錢差藉切□□□□□之家據實赴縣具控定將妄告棍徒及該□□……

一併懲究決不姑寬各宜凜遵毋違特示

石門 中寨

平□ 竹林寨

排上 小□

打炮平 蘿布□

大清道光十五年二月 廿六日 立

【碑刻图片】

15.《永远□□》

【基本概况】

此碑位于贵定县昌明镇摆耳村摆耳寨，立于其下寨土地庙前。立碑时间已残泐，但从行文看，应为道光十八年（1838）官府颁布的告示。方首，青石质地，碑阳经打磨后刊刻文字，阴刻楷书。因刻字较浅，要仔细观察、琢磨才能识别其内容，碑额镌刻现存“永远”等字样，因碑额左半部分已残毁，另外两字无法识别。碑高 98.5 cm，宽 62.5 cm，厚 11 cm。

此碑为告示碑，亦为地方治安碑，碑文主要反映当地当时的治安问题。当时地方极不安定，时有地棍、盗匪磕害百姓，甚为猖獗，这对地方百姓生产生活造成极大的影响。地棍亦有寨中之人，内外勾结，互相呼应，祸害地方。基于此种情况，县主俞明察暗访当机立断，出示相关告示，以约甲、乡长为纽带，共同治理地方，维护地方秩序的稳定。

摆耳寨为苗族村寨，主要有杨、刘、王等姓氏。据其寨老人口述，碑正前方原为此寨寨门，建有朝门，外人入寨需有证明方可进入。此朝门在当时为具有军事防御性质的工程，对恶棍、盗匪起到一定的抵御作用。道光年间的流民问题从此碑中亦能体现，流民入贵州，有一部分变为扰乱地方秩序的势力，或为盗匪，或为强丐。

【碑刻图片】

【碑文】

永遠□□

□□□□□□□□□□□□□□□後□恐多有不法之人乱干地方擾害良民約甲

□□□□□□□□□約來禀明　官府因于道光十二年年歲饑饉多出無恥

之人惡磕估借外勾内合于中取利誣控良善特此約等見其不忍衆議鄉規不准

唆使磕害況有官府臨出示與約甲若不清其鄉規恐出大事責令約甲等又于道光十八年蒙縣主

俞大老爺訪問擺耳一帶地方近有不法地棍勾引外來之人磕害强討夜偷欺壓良善□不法痛

改前非毋蹈故轍倘敢又擾害徽約甲等將名禀報約甲聽示得弊鄉規安選地方公平之人鄉中理事

不俱鄉中大小事件必經約甲新講若有雜人上前理論捆赴官前不得妄為不許招留外來之人如有私

相勾引磕害親族大寨居住鄉約指名具禀理講之人必要公平公斷不得為情望利擾害地方鄰□□□不

許自磕自講不經約甲理論横行多端今于衆等議合若有鄉中大小事物必經約甲理論若無鄉長以□鄉

親等情有事之家不準約長二家對理不與衆等相對理不清捏詞誣控衆等直禀赴公倘

有地方地棍指控良民不經約甲差役到寨有事之家必請約長當差面理花費銀錢各自招抬

不與約甲相干有小事不落店内當場理論無理此約甲親送官有等横行估騙此以强欺

弱擁赴送官經棍睹告等語倫民作誣衆等出名公禀送官特是天理

計開擺耳大寨小河半坡落□□城山南鄉山上下院大塘寨抱惱中寨

小寨團坡大石板毛□□□茶蘭馬坪等

聞五家為鄰二十五家為里可知古未□何等仁厚之風哉我擺耳分居數□□歷來相愛相親尓不懷異心我□生

□□為高之輩恐偷□非慕利之流乱若長短不明公道難免争□是以□等邀我鄰人同力禁戒勿益人勿利己勿□家

□□有黨有則同登古穆□□無黨鄉編共泯□□之氣合歌樂土户户處安居將見理仁之風不難復覩矣豈大休哉

道光十八年四月十六日示　　吉日　　立

16.《永垂不朽》

【基本概况】

此碑位于贵定县德新镇新场村新庄组寨中，立于民居墙角处。方首，碑阳经打磨刊刻文字，阴刻字，碑额镌刻“永垂不朽”字样。碑刻现保存完好，除碑阳部分文字被人为破坏外，其余文字基本能识别。碑高 153.5 cm，宽 94.5 cm，厚 10 cm。

碑文记载阳宝山之脚庙延寿寺田产被僧众瓜分当卖，几乎所剩无几，仅存新庄之田土。为维持田土正常运行，庙僧招佃唐、张等姓氏耕种田土，他们每年需交纳一定数量之田花。此事得到了当地乡绅耆老及官府、土司的支持。

【碑文】

永垂不朽

定邑北鄉原有茅庵一所開山僧心禄□□□□建廟宇名延壽寺置田産於莊業因年僧眾

瓜分當賣業幾殆盡當住僅存新莊田土莊業等處諸僧四散收花之日上廟收賣一空仍歸他處

以致廟宇徒存　香燈不繼莊户等請乞□紳耆酌議蒙　紳耆等呈乞

新添正長官司宋　詳請

署貴定縣正堂加五級紀録七次葉　准詳給札示諭

司主協同紳耆即將延壽寺田業清查所遺

焚獻租穀壹拾五石捌斗造册收租管理另招妥僧焚獻如有匪僧入寺滋擾許紳耆等毋□

情容隱致干查究等因奉此業經查明造册莊户等因其田畝討種各處共計壹坵坐落新莊門□

小丕計坵數上抵寨□□□下抵興福寺田左抵劉姓田右抵超一田一坵坐落龍田埧共捌□

坵名王椿杵二坵名月亮田一坵名牛角田四坵名柏蠟樹田一坵坐落下院門首大小不計□

名黃泥榜上抵劉姓田下抵張姓大四方左右具抵李姓田中夾李姓田一坵劉姓田一坵一□

落落鶯山名桐梓凹一大小六坵上抵張姓田下抵張姓田左抵路右抵溝一坵坐落場背後土□

坵上抵興福寺田下抵李姓田左右俱抵劉姓田一坵坐落落鶯壩名養客田只一坵在張□

下坎每年耕種一共實認田花晒乾風净過貳斗一升桶橋不得少欠顆粒莊户等恐具年□

仍出田業荒廢致負

縣主仁恩是以勒石俾田土不致當賣租黃豆一斗肆升

香燈不致廢

馳神人均感　莊户　唐應朝　張以元　張以榮　張以禄　張以全

同心紅氣千年在

道光二十五年十二月初二日

萬季神明世古注

【碑刻图片】

17.《告示碑》

【基本概况】

此碑位于贵定县新巴镇乐邦村毛栗寨。毛栗寨为布依族村寨，以罗姓为主，不能操布依语。碑立于毛栗寨寨中路旁大树下。碑阳较为粗糙，凹凸不平，为未经打磨直接刊刻文字，风化较为严重，大部分文字难以辨别。此碑高 95 cm，宽 67.5 cm，厚 22.5 cm。

碑刻主要反映当地当时的一些治安问题，当时有盗匪猖獗、强丐横行等现象。从行文看，此碑属于告示碑。告示碑最先由官府发出告示，后经当地百姓刊刻于碑上。时广顺州盗匪、强丐亦猖獗。

【碑文】

署貴定縣事廣順州正堂加□
級紀錄十次　趙　為
曉諭□□□□使□也毛栗高田寨民人宋家□□□□□
有進□□□□□□□等寨相□□真然□□□□□□
□□□□□□□□□則□行偷竊凡有□□包谷民食□□
犬牛□□古木□符估偷若有拿估易則恃强逞兇妄則撤□
□□□□□□□凡此者亦□□懲□禀請驅禁等（筹）情抓除部（即）
□□行□□□□此示仰宋家等知悉日□若有此等惡丐在□□□
□佼□毋違特示
□　□　右　諭　通　知
道光二十九年七月　初四　日　立
實貼光□　河邊毛栗□
告示

【碑刻图片】

18. 旧治《丁粮晓谕》

【基本概况】

此碑位于贵定县昌明镇旧治古城村，立于旧治小学大门内侧。砂石质地，方首碑，碑阳风化较为严重，碑阳系经打磨后刊刻文字，阴刻楷书，碑额无字。此碑高 122 cm，宽 79.5 cm，厚 14 cm。

此碑文为时任贵州巡抚岑毓英颁发的告示，主要记载当时贵州地方在纳征过程中普遍存在官差书役多取浮收的弊病，官府针对种种弊病，令行禁止，另外对纳征做出新规，让百姓照此纳粮。此碑文在省内多地都有发现，说明当时贵州此问题十分严重。

【碑文】

太子太保頭品頂帶兵部尚書貴州巡撫部院一等輕車都尉岑　為
严禁加收錢糧以蘇民困事照得維正之供本應徵納而亂後之民尤當撫恤本部院下車以來
明察暗訪得悉各府廳州縣徵收錢糧弊端如收秋糧市價每石銀壹兩折收弍兩是加壹倍也
又改銀收錢價換壹仟六百文折收叁千貳百文又加壹倍也復加以糧房票價催差雜費又加
壹倍也如上實米除例徵耗米外另有地盤樣米尖斗尖升等項浮徵故上糧壹石非貳叁石不
能完納至收條銀百姓納銀到時則曰銀水不足秤頭不足多方刁難或改錢折收籍稱市錢市
價必加庫平庫色任意勒索以至每完條丁銀壹兩加至貳叁兩不等各省定賦之例雖有加收
耗銀而查貴州田賦照例條銀壹兩最多不過准收耗銀壹錢伍分秋米壹石准收耗米壹斗五
升何至加及數倍苦累良民又聞興義各屬戶書糧差於百姓上糧時先勒索報到錢文出錢者
給墨飛壹張方准赴衙門上斛如不先交報到錢文甚有延至兩叁月不能上糧者種種弊端難
以枚舉在官吏書差以為民愚而我智焉萬般盤算無奈我何誰知
朝廷圖治源以保民若如此暴虐蠹也非官也本部院奉
令莅黔旨在安民察吏斷不容此等貪污以殃百姓除徵飭該地方官遵照外合行出示曉諭為此仰
閤省紳屬民人等知悉嗣後爾等完納錢糧無論秋糧條銀無論收銀收錢除例徵耗銀耗米外只
准折口收價每兩加收銀貳錢每石加收二升以為領土批解等項公費此示後凡秋糧之地盤樣
米尖斗尖升條公之橫徵勒收加平加水一切積弊概行革除倘再有書差仍前勒索呈控地方
官不究與書差同惡相濟許爾等來轅據實陳告本部院定行重參辦決不寬貸爾
紳民亦不得藉故拖延並干治罪各宜稟遵毋違特示
右諭通知
光緒五年八月二十四　日
告示　實貼縣倉曉諭

【碑刻图片】

19. 高坎子《丁粮定章》

【基本概况】

此碑位于贵定县德新镇新场村高坎子组，原立于康神庙，后因庙毁坏，改庙建校，现立于新场中学围墙上。方首碑，碑身有破损，有裂痕，碑阳经打磨刊刻文字，阴刻楷书，碑额镌刻“丁粮定章”字样。碑高 166.5 cm，宽 70 cm。

碑文主要记载当地纳粮情况，因当地官差书役有多取浮收的现象，经即补县事新定丁粮章程，对纳粮制度重作调整，一定程度上缓解了矛盾。

【碑刻图片】

【碑文】

丁糧定章

钦加同知衔署贵定县事即补县正堂　卓异加一级纪缘五次扎　为

据禀出示晓谕事照得地方钱粮攸关

国课不得稍有拖欠亦不得多取浮收兹查贵定丁粮向有大亩小亩之分历任征收纷纷不一自应定章上纳方足以昭公允现据阖县紳民人等

会同将大小丁粮数目议定章程禀请转详立案前來除批示并据禀转详

各憲立案照办外合行将所谕章程张贴示谕为此示仰县属軍民人等一体遵照现已明定章程嗣后尔等务须仰体

宪意各当激发天良踊跃输将况现值承日平已久务宜年清年款照章上纳毋再仍前拖欠违延致千重究切切特示

计开

一大亩每畝正丁连耗羡库平火耗共上纳贵平足色银三钱三分

一小亩每畝正丁连耗羡库平火耗共上纳贵平足色银壹钱八分

一大小畝每正粮壹石运耗羡共折净谷上纳平斗贰石柒升

一岁用正银连耗羡库平火耗共上纳贵平足色银壹钱八分

一江谷六寨排每亩正银连折征及耗羡库平火耗共上纳贵平足色银贰钱六分

一丁粮二票每票一张定给制钱大亩拾文小亩拾贰文

一丁糧陋规所謂隨封墊戥坐平各名目今均一概革除

一粮米陋规所谓盘地样米簸尾垫席尖斗尖升各名目今均一概革除

以上各条均经各绅民等妥议明晰禀请转详照办该花户等各当照章上纳毋得违误至于各项陋规均一概裁革禁止倘再有书役

人等仍敢舞弊勒索浮收许该民人等查明指名具禀或扭禀赴县以凭重究切切此谕

右谕通知

光绪六年三月二十六日

阖鄉紳民公立

20.《永垂不朽》

【基本概况】

此碑位于贵定县云雾镇抱管村抱管寨，立于寨中球场马路边。方首，砂石质地，碑阳经打磨后刊刻文字，阴刻楷书，碑额镌刻“永垂不朽”等字，碑侧有护石亦刻有字迹，碑阳风化较为严重，碑脚约有 10 cm 的部分为水泥覆盖，保存不完好。碑高 111 cm，宽 185 cm。

碑文为两份告示，第一则告示主要记载官差、书役与当地大平伐宋氏土司串通向少数民族居民勒收兵谷和一切杂费一事，此种做法大大加重了地方百姓的负担。官府知此事后颁布告示，严行杜绝此类事等。第二则告示主要记载当地百姓纳征一事，事因所纳之地点路遥而远，负运维艰，当地百姓表示希望能够在贵定县城旧治完纳。经官府批准，遂行。

【碑文】

永垂不朽

頭品頂戴兵部侍郎貴州巡撫□□□□□□□□□
嚴禁土司勒收兵穀及□□□□□□事照得□□□□□□□□□
家設官收民其取於民老□□□正供之外即不得無取□□□□□
也今本部院訪查各屬地方官類多潔身自愛不致妄取□□□□□
富庶惟聞各屬土司以苗夷□樸可欺每有勒收兵穀□□□□□□
派規費之事豈知
國家養兵自有糧餉斷無派及苗夷供納兵穀之理即文武官員□□
俸津貼以資公用亦斷無派及苗夷供應一切雜費之理此□□□□
不識漢字任其顛倒欺朦恣肆剥削怨則歸官利則歸[己]□□□□□
惡實不容誅為此曉諭苗夷人等知悉須知百姓之□□□□□□□
者更不必論別無絲毫科斂如係奉有官諭勸辦義倉所□□□□□
選派倉□[國]經管為爾等春借秋還預備災荒之用此則理應□□□
借□□□□□□□衙門規費等事準該苗夷等將該土司扭□□□
□□□□□□□□管即刊嚴禁土司勒收兵穀及一切規費□□□
遵後□覽□□□書[役]毋得與該土司串通舞弊致土司等得以□□
正本清源之諭□□志之毋違此諭
右 諭 通 知
光緒八年七月
告示 實貼抱管卜明寨擺沙下甲□□□
欽加四品銜儘先即□□軍府署理貴陽府貴定縣正堂加五級紀録□□□□
曉諭事照得定邑地方□□征收丁糧向設有本城舊治平伐□□□□□□□
住居寫遠負運維艱誠□□管之一大端也茲據抱管擺沙卜明□□□□□□
啟霖等稟稱各額地方先年□□□倉完納嗣因變亂暫撥□□□□□□□□
請役舊治情願於開征後約齊各額花户趕赴舊治掃數完納□□□□□□□
不曲加體恤況現在征收章程此倉彼倉原無□□□畸輕□□□□□□□□
歸自應聽從民便俯如所請以順輿情合行示諭為此□□□□□□□□□□
户人等知悉自示以後爾等須約集應納各户齊□□□倉□□□□□□□□
屢次差僱有負
本縣愛民之至意也凜遵毋違特示
右 諭 通 知
光緒八年八月 二十六日
告示 實貼抱管卜明擺沙下甲□□□
稟羅如淵羅天煦羅士林羅元連羅邦壽□□□

【碑刻图片】

21.《府县正堂示》

【基本概况】

此碑为顺天桥碑记中有关生态保护的碑刻，位于贵定县云雾镇大塘村。碑高 94 cm，宽 57 cm，厚 16 cm；方首，为青石质地，阴刻楷书，碑额镌刻“府县正堂示”等字。碑为修桥竣工后官府颁布的禁止毒网鱼虾的告示，能够体现当时官府的生态保护意识。

【碑文】

府縣正堂示

永禁毒網魚蝦
聖王之世澤梁無禁茲獨請示禁之者何哉誠以此河
渡船之時風波足患修橋之日下石維艱因恭同各郡
名公默禱上蒼但願此橋功成永禁上下各壹伯丈不
准取魚今幸神天垂佑厥功告成人既獲履坦之歡物
當適成若之性於牣魚躍可再覩焉因勒石永昭禁例
如違拮稟提究

【碑刻图片】

22.《丁粮定章》

【基本概况】

此碑现保存于贵定县城关镇城隍庙内，原立于贵定县云雾镇，至于立于何寨，已难访其源，但从碑末文字分析，应为小南排。除碑阳有小部分风化外，碑体基本保存完好，青石质地，为阴刻楷书，碑额无刻字。碑高 167 cm，宽 83 cm。碑文主要记载百姓在纳粮过程中土司多取浮收较为严重，后百姓控告至官府，官府除此弊端，颁给上粮造册，对上粮标准作出规定。

【碑刻图片】

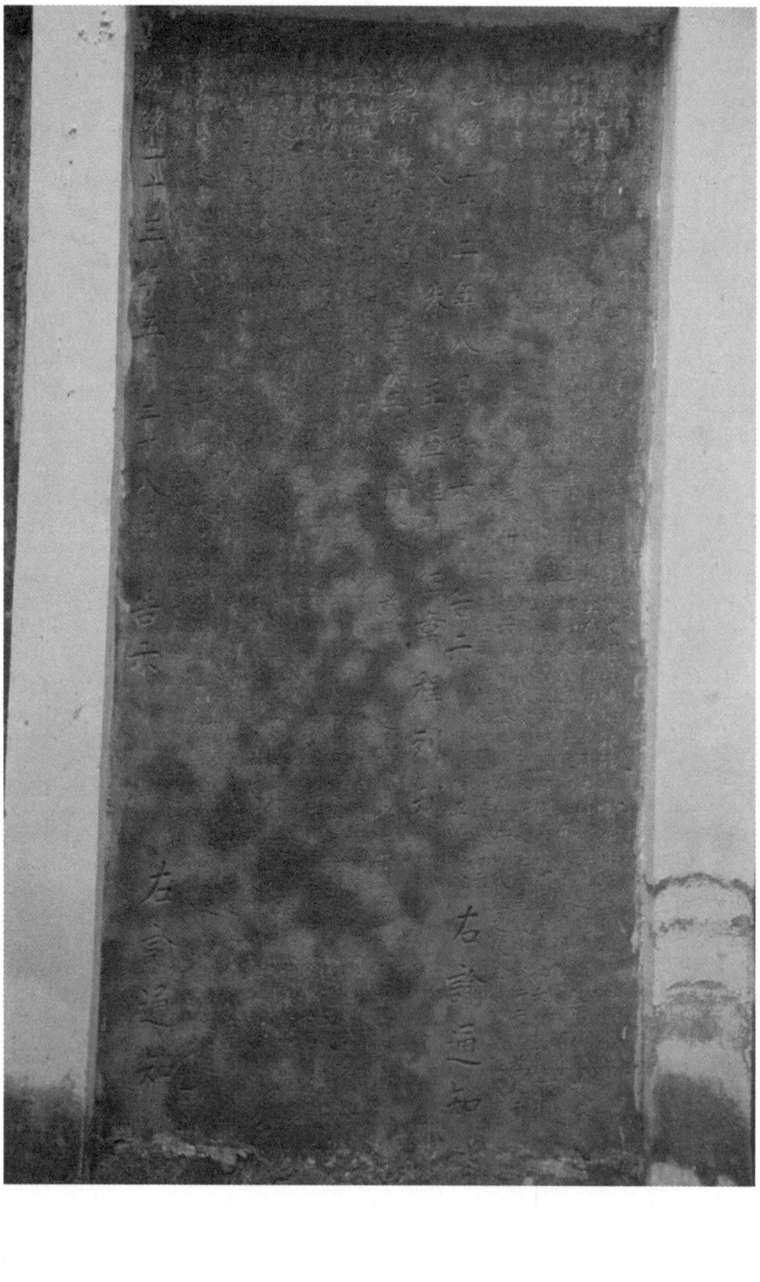

【碑文】

録批出示曉諭事案奉　布政使司李　糧儲兵備道嚴　行奉
撫部院嵩　批據本縣禀新添司宋光斗浮收民粮苛虐苗民私加火煙並瞞征短解請撥歸縣征壹案奉
批據禀已悉查該縣土司宋光斗浮收民粮控經該縣集實剖断亟爲公允乃該土司復敢狡辦抗違咆哮公堂實属不安本
分所将代征之粮全數撥縣征收其有火煙仍照向章辦理以示体恤之處自應照准仰署布政司會同粮儲道核明轉飭遵
辦並将土司嚴行申飭庶儆将来仍候　督部堂批示繳等因行司奉此查此案前經該縣具禀業經由司批示外兹奉前因
合就録批會飭爲此仰該縣遵照　院批辦理切切等因奉此除札飭總甲宋文彬並各保長造册呈繳外合行示論为此示
仰附五甲民苗人等知悉自示之後凡先據該民等呈報册畝户柱共貳百捌拾餘畝向歸土司代征之粮全數橃縣征收查
照民粮章程歸縣完納以免户書浮收滋事其有火煙仍照向章歸土司征收各宜恪遵毋違特示
光 绪 二 十 二 年 八 月 初 六 日 告 示　　實貼附五甲晓論　　右谕通知

又將　朱 縣 主 查 准 折 征 章 程 列 刊

钦加同知衔　特授贵陽府贵定縣正堂加五級紀録十次朱　為明定章程遵照完納以杜弊端而垂永遠事案據附五甲
粮民茶山甕水額陽宜邦陳光後宋和羅開貴徐茂山栗寨額陶子清羅國儒陳文輔擺港河頭額蒼志儒蒼秀亭黄多福谷
紀額王文彬王啟盛刮蜡額湯年貴金荣玺打鉄湾寨額羅邦才羅小山羅培恩趙元保谷拐額刘荣堂张述先王天倫王開
甲龍永顺都六額宋元厚宋文星擺挪額宋文箤羅國士等具懇呈明情形查照定章給示勒石以便折征等情一案到縣據
此查該處差粮向係新添土司代征前據該民等迭控經本縣禀奉　各大憲　批准撥歸縣征在案兹據該民等所禀以該
處離倉寫遠懇請查照喇唎排歴来折征舊章遵照折納係属便民杜弊之至意自應自應俯知所請以順輿情查喇唎排差粮概
係小畝然該額有大畝小畝之分今照喇唎小畝攤定該額附五甲大畝每差粮壹畝收銀叁錢叁分粮壹斗折銀式錢差粮
共合折征貴平足色銀五錢叁分小畝每差壹錢收銀壹錢捌分糧伍升柒厘合折銀錢壹分肆厘差粮共合折征貴平足色
銀式錢玖分四厘亟應遵照完納合行明定示諭為此示仰附五甲糧户人等知悉自此明定章程之後務激發天良永体
本縣剪除民害之苦心遵照完納所有每年應納折征差粮本縣已另立定小南排厫册名目於開征後各備足色净銀一俟
户書下鄉赶紧掃數完納庶免差役提追之苦以杜戶書浮收之弊各宜恪遵切切毋違特示　右諭通知
光绪二十三年五月二十八日　告示　　實貼小南排晓諭

23. 栗寨《丁粮造册》

【基本概况】

此碑原立于都六乡良田村栗寨，现保存于贵定县城隍庙内。碑为青石质地，阴刻楷书，碑额无刻字，除碑阳部分有风化现象外，碑体基本保存较完好。碑高 168 cm，宽 84 cm。碑文主要内容是官府颁发给百姓上粮的印册，对田粮亩数与上粮标准作了具体划分，有利于防止百姓被土司、官差书役勒索浮收。

【碑刻图片】

【碑文】

外将各處遵奉　朱縣主核原額差粮印册各本總數列後
打铁湾寨等處□□□册壹本　铁湾額共大畝正銀弍拾陆畝壹分伍厘米弍石陆斗壹升五合　分何額共大畝正銀拾肆畝捌分五
□壹石肆斗捌□五合
□等處共领□册壹本　高下擺挪額大畝共正銀玖畝玖分柒厘米玖斗玖升柒合　高家額大畝正銀肆畝叁分叁厘米肆斗
并叁合
麻高山　蝦高額大畝正銀伍畝伍分叁厘捌毫米伍斗伍升弍合捌勺
上□河坡龍鋤叁額□領印册壹本　擺鋤等額大畝共正銀柒畝陆分米柒斗陆升
蜡　刮蜡額大畝正銀捌畝壹分壹厘米捌斗壹升壹合
□□寨額領印册壹本□額力大畝正銀弍拾壹畝米弍石壹斗
谷紀額領印册壹本　額内大畝正銀壹拾肆畝米壹石肆斗
都六額領印册壹本　額□大畝正銀叁拾柒畝壹分伍厘米叁石柒斗壹升
茶壅額領印册壹本　額□大畝正銀壹拾肆畝零捌厘米壹石肆斗零捌合
□□畝正銀弍两肆錢捌分柒厘米壹石肆斗壹升柒合伍勺玖抄
額内大畝正銀捌两捌錢肆分弍厘米伍石零叁分　玖合玖勺肆抄
□□□額内用無開墾水打小畝正銀伍錢玖分伍厘米叁斗叁升玖合壹勺伍抄
□坡背後額附大畝正銀壹畝零壹厘米壹斗零壹合入合捌册
以上捌册共　大畝正銀壹百陆拾叁畝柒分柒厘捌毫正米壹拾陆石叁斗柒分柒合捌勺正
小畝正銀壹拾壹两玖錢弍分肆厘正米陆石柒斗玖升陆合陆勺捌抄正
光绪二十有三年孟秋轂旦　小南排眾花户閤立

24. 栗寨《丁粮定章》

【基本概况】

此碑原位于昌明镇良田村栗寨，立于其寨垭口处，原立有四通，后因各种原因仅此一通保存下来，现此碑立于贵定县城关镇城隍庙内。此碑除碑阳部分有风化现象外，基本保存完好。碑高 168 cm，宽 80 cm。碑质为青石质，碑阳系经打磨后刊刻文字，为阴刻楷书，碑额无字。碑文主要记载新添土司乱取浮收火烟一事，百姓控告至官府，由官府查证确有其事，遂警告土司等。

【碑文】

□□ 朱縣主查該斷□□火煙　告示　列刊
欽同知銜　特授贵陽府贵定縣正堂加五級紀録十次朱　爲
示諭勒石以垂夂遠以杜争端事照得谷拐額差糧柒两伍錢俱係田内之差前經本縣稟奉
大憲批示撥歸縣徵業經給示定章完納在案兹因新添土司稟稱谷拐額内红岩良田秧葉龍
塘曾有火烟無人認完並據各花户等亦以有差無烟等情争控到縣　本縣覆查此案有高
坡額内曾有土司火烟正銀壹两玖錢零柒厘前因花户混與查糧一並稟撥歸縣現據土司分
晰稟明實係火烟　本縣查明無異既係火烟應歸土司徵收此数撥去而附五甲原額式百捌
拾餘畝又不足额特傳集訊断谷拐只完縣糧照原額小畝徵收不准土司私收火烟以足附五
甲原額式百捌拾式畝伍分叁厘之数至高坡火烟仍飭花户赴司完納谷拐火烟不准土司私
收額徵撥縣差糧柒两伍錢亦不准土司挾嫌藉端滋訟庶官不擾民不累官民悦服除取具两造
甘結偹案外合行示諭以垂夂遠為此示仰谷拐花户人等知悉自示之後尔花户等既遵断
認舊額完糧應照納　本縣另給額印册玖两肆錢叁分柒厘總数於每年開徵後歸数完納其
土司高坡火烟　本縣亦已断給復舊不得仍向尔谷拐花户等以差糧火姻等事在行滋累各
宜遵照毋違切切特示　右諭通知
光绪二十四年閏三月十五日　告示　實貼谷拐晓諭
光緒二十四年　孟秋谷旦　红岩良田秧業龍塘等寨門立

【碑刻图片】

25. 谷纪寨《丁粮堂判》

【基本概况】

此碑位于贵定县昌明镇摆耳村谷纪寨，立于其寨山头土地庙旁。碑在“文化大革命”期间埋于地下，遂免遭劫难，后又重立。此碑保存完好，青石质地，碑阳系打磨后刊刻文字，阴刻楷书，碑额无刻字。碑高 157 cm，宽 94 cm，厚 14 cm。碑刻记载苗民等控告新添土司浮收银粮，经官府查证，确属事实，遂颁此告示，申饬土司等令行禁止，以平民怨。谷纪寨民特立此碑以示。

【碑文】

欽加同知銜特授貴陽府貴定縣正堂加五級紀錄十次朱　　為

錄批出示曉諭事案奉

撫部院嵩　批據本縣禀新添司宋光斗浮收民糧苛虐民苗私加火烟並瞞徵短解請撥歸縣

征收一案奉　批據禀已悉查該縣土司宋光斗浮收民糧控經該縣集實部斷亟為公允

乃該土司復敢狡辯抗違咆哮公堂實屬不安本分所請將代征之糧全數撥縣征收其有火

烟仍照向章辦理以示體恤之處自應照準仰

署布政司會同糧道核明轉飭遵辦並將土司嚴行申飭庶儆將來仍候

督部堂　批示繳等因行司奉此查此案前該縣據禀業經由可批示外玆奉前因合就錄批

會飭為此仰該縣遵照院批辦理切切等因奉此除札飭總甲宋文彬玆各保長造冊呈繳外

合行出示曉諭為此示仰附五甲民苗人等知悉自示之後凡先據該民呈報冊畝户柱共二

百八十餘畝向歸土司代征之糧全數撥縣征收查照民糧章程歸新縣完納以免户書浮收

滋事其有火烟仍照向章歸土司征收各宜恪遵毋違特示　　差壹拾肆畝

右　諭　通　知　谷紀額　正

糧壹石肆斗

光緒二十二年八月初六日

告　示　　實貼谷紀寨曉諭

光緒二十八年八月吉日　　公立

【碑刻图片】

26. 谷纪寨《丁粮堂判》

【基本概况】

此碑位于贵定县昌明镇摆耳村谷纪寨，立于其寨山头土地庙旁。碑在“文化大革命”期间被埋于地下，遂免遭劫难，后又重立。碑现保存完好，青石质地，碑阳经打磨后刊刻文字，阴刻楷书，碑额无刻字。碑高 161 cm，宽 96 cm，厚 13.5 cm。

碑主要记载保甲下辖八个村寨寨民连名控告新添土司及官差书役浮收银粮一事。此甲向来征收有大小亩之分，因土司浮收以致混乱，经官府查证，于光绪二十三年重新统一征收标准，防止官差书役、土司等肆意浮收。

【碑文】

欽加同知銜特授貴陽府貴定縣正堂加五級紀錄十次朱　　　為
明定章程遵照完納以杜弊端而垂永遠事案據附五甲糧民茶山甕水額楊宜拜邦陳光俊宋和羅開貴
徐茂山栗寨額陶子青羅國儒陳文輔擺港額蒼志儒蒼秀亭谷紀額王文彬王啟盛王啟階王德高刮
腊額金榮璽打鐵灣寨額羅邦才羅培培恩谷拐額劉榮堂王天倫都六額宋文星宋元厚擺那額宋文萃
羅國士等具懇呈明情形查照定章給示勒石以便折征等情一案到縣據此查該處差糧向係新添土
司代征前據該民等迭控經本縣稟奉　各大憲　批准撥歸縣征在案茲據該民等所稟以該處離倉
寫遠懇請查照喇唎排歷來折征舊章遵照折納係屬便民杜弊之至意自應俯如所【請】以順輿情查喇
唎排差糧概係小畒然該額則有大畒小畒之分今照喇唎小畒攤定該額附五甲大畒每差壹畒收銀
叁錢叁分糧壹斗折銀貳錢差糧共合折征貴平足色銀五錢叁分小畒每畒差壹錢收銀壹錢捌分糧伍
升柒合折銀壹錢壹分四厘差糧共合折正貴平足色銀貳錢玖分肆厘□應遵照完納合行明定示諭
為此示仰附五甲糧户人等知悉自此明定章程之後務各激發天良永體本縣剪除民害之苦心遵照
完納所有每年應納折征差糧本縣已另立定小南排廒册名目於開征後各備足色净銀□侯□書丁
鄉趕緊掃數完納庶免差復提追之苦以杜户書浮征之弊各宜恪遵切切毋違特示
右諭通知
光緒二十三年五月二十八日　告示　實貼谷紀曉諭　至二十八年桂月吉日公立

【碑刻图片】

27.《结案碑》

【基本概况】

此碑位于贵定县盘江镇长江村岸城寨，立于土地庙旁。碑高 106.5 cm，宽 67 cm，厚 16 cm，方首碑，青石质地，碑阳经打磨后刊刻文字，为阴刻，碑额无刻字，碑记现保存较完好。碑文主要记载至光绪年间，因年岁日久，阳宝山后来之和尚因不知庙产归属，向晏城寨村民索要田土，彼此互控至官府，后经官府办理，田土产业仍归晏城寨村民之所有。

岸城寨四通碑刻，反映出当时当地主要有陈姓、罗姓（苗族）、文、夏、王、邱等姓。据说岸城寨原系苗族聚居区，后汉人不断涌入，苗族渐少，遂形成今岸城寨全系汉族的格局。岸城寨今之所以多为汉族，据洛北河鲁庆老人所说，岸城寨以前多是汉人入赘此地，因年岁渐而远之，民族不断融合，遂形成今之格局，现此寨主要有陈、王、万、赵、付、鲁、牛、柳、何、罗、于、黄、班、彭等姓人家。在所有碑刻中，两条主线从乾隆时至光绪年间始终存在，即土地纠纷问题和僧侣集团与当地的矛盾问题。

【碑文】

蓋聞樹摸根毛鐮刀可□□有處□□管耕吾等先祖得耕管陽山晏城
寨之業也有功於前傳流於後前因嘉慶年間乃有苗民羅阿章等聚
眾逞兇爭占廟業吾等先祖不忍失遺佛地知會莊主和尚督令吾祖
等為神效力捨命鬥毆苗民傷斃數命和尚愿將庄業出作抵償之費
買夏文發陳子貴充罰抵罪前控上憲劉張判決奪回原庄飭吾祖等勒
石垂碑永远住耕每年照碑納租不得增減至光緒年間有後來之和
尚僧維清不知根拠屢次妄控承蒙　石縣主親臨勘驗明確履行判
斷謹將判詞録列於此遵奉
貴定縣正堂石示案拠陽寶山僧維清告夏光祖等图謀廟業等情案
批勘明晏城寨耕種陽寶山之田并無許多因和尚誤听人言以為新
開田新有若干屢興訟害種戶夏姓等多年當經勘明除茶田養客田以
外俍是零星小塊並不成坵數姑念陽寶山係業主斷令照前納黃豆
壹石八斗外復加白米壹石年年照數上納不得短少以後即有將土
作田和尚亦不得再生妄故興訟加租所有以前之廢契俱行塗銷不
得籍以生事仍飭晏城寨業戶勒碑以垂永遠陳玉全萬必有秦顯名
業戶陳起鳳王廷斌胡光元遵照
光緒三十年四月二十六日　叛斷

【碑刻图片】

28.《护林告示》

【基本概况】

此碑位于贵定县盘江镇清江村太平寨，立于其寨寨口公路旁，原立于寨中，幸得张德培老人保护，得以保存至今。碑高 92 cm，宽 60.5 cm，方首，碑阳经打磨刊刻文字，阴刻楷书，碑额无字，是为护林告示碑。

碑文记载当地乡绅张德培等人至官府控告当地不法之徒乱砍滥伐，此事得到官府的处理，严禁砍伐等事，颁布此告示，以警世人。太平寨为布依族村寨，大部分为张姓。张德培时为当地教书先生，因不能容忍不法之徒砍伐树木，遂告至官府。

【碑文】

花翎四品銜知府用特授貴定縣正堂斌　為
出示嚴禁事案據大坡寨麥董平堡音寨太平寨生民張德
培羅國藩陳國香等亦毀木敗山懇請示諭嚴禁等情一案
到縣據此查種樹乃本地自然之利其事甚易其甚利甚溥迭奉
大憲嚴飭廣栽何等軫念民艱廣開生路均應仰體此意認
真辦理該生民等所禀栽培新種護蓄舊有不為無見所請
示禁砍伐自應照準除此批示外合行嚴禁為此示仰各寨居
民人等一體遵照凡新種者務須實心培養舊有者加意護
蓄倘有無知之徒任意砍伐散放牛馬踐踏許生民指名
具禀來轅以憑嚴拏究辦決不姑寬各宜凛遵切切毋違特示
右　諭　通　知　義送碑石　羅天祿
光緒叁拾弍年閏四月　日　眾寨公立
告示　實貼太平寨　曉諭

【碑刻图片】

29.《丁粮结案》

【基本概况】

此碑原位于云雾镇，现保存于贵定县城隍庙内，保存较完好。碑高 168 cm，宽 82 cm，青石质地，碑文为阴刻楷书，碑额无字。碑文主要记载贵定县各处在上粮时遇到的案子，碑刻时间已不见，经与其他碑刻比较，碑应为光绪二十四年后。

【碑刻图片】

【碑文】

附五甲遵刊　縣主朱批示

一案打鐵各寨花民以勒索浮征借差霸田等情具禀奉　批候彙查併究

一案高家擺挪等寨花民以浮收苛派虐暴狼貪等情具禀奉　批候存案密查分別辦理

一案谷紀寨花民以破□盤剥勒磕□害等情具禀奉　批候彙查併究

一案甕水等寨花民以浮征虐取破柱改額等情具禀奉　批如果破柱浮征情實可恶候彙查併究

一案栗寨擺港等寨花民以横征暴斂夾柱重收等情具禀奉　批候彙查併究

一案谷拐等寨花民以仗勢苛索无利不放灯情具禀奉　批民田正供何得混入官庄此田究係何人撥送土司有何案卷可凴候查明併究

一案红岩龍塘秧業良田四寨花民又以害中加害拖累無辜等情具禀奉　批候彙查併究

一案都六寨花民以恃官辱長奪權忘宗等情具禀奉　批土司借官欺壓宗族是否屬實候查確分別究辦

附刊

貴陽府正堂陳批　據禀土司浮收民粮各情均悉既經通禀仰候各憲批示□遵此繳

縣主詳奉

粮儲兵備道嚴批　據禀土司浮收民粮各情均悉既經通禀仰候两院憲暨藩司批示繳

各大憲批示

署布政使司李批　據禀該縣土司瞞征丁粮懇請□□歸縣以補縣中缺額其有應征火煙仍照向章歸該土司征收等情已悉仰即如禀辦理仍候督部堂撫部院暨粮道批示繳

又縣主録奉　撫憲嵩批示告示壹張

加同知銜特授貴陽府貴定縣正堂加五級紀録十次朱

30. 旧治《丁粮晓谕》

【基本概况】

此碑位于贵定县昌明镇旧治古城村，镶嵌于旧治小学围墙上。碑高 126 cm，宽 74 cm，为方首碑，砂石质地，风化严重。碑阳经打磨后刊刻文字，阴刻楷书，碑额无字。因风化严重，大部分文字较难识别。立碑时间不详。碑文主要记载当时贵定百姓纳征时存在官差书役多取浮收的问题，经官府查实，严刑禁止此种弊病。

【碑文】

欽加三品頂戴補用道貴陽府正堂隨帶加五級紀録十五次江
示諭事案據貴定新舊縣民王求恩等具稟徵收□□□□現奉
□憲檄□本府馳赴該縣查辦宜加提訊復傳新舊縣□□胡炳□等□
詢各情據稱貴定縣屬丁糧經此前縣官妥議貴定□□□□現然照□
前縣官稟定章程完納斷不違悞等情□與該民王求恩□所供無異□
本府查該縣丁糧既據該紳民人等僉稱前署令扎克當阿歲有章程稟
請立案既願照札前署令舊章完納自當準如所請以順輿情□所稟二起
卯□柱加□□□墊戥費均應戥革再糧完斗省應用斗量完□□應用
升量并應斗斛□概庶百姓不致受累而
國賦□以早□除以明
□□弁札飭責該縣遵照外合行示諭為此仰□縣紳耆老民人等□□自
示之後□□□即照札前署令舊章將應完納依限即速完納切勿違延
有完□□□柱加平□買墊戥費均行裁斗糧應完斗者以斗□□應
□□□□□糧平斛響概一律完收至以縣事人等亦不得徇私舞弊
致□重究各宜凛遵毋違特示
右　諭　通　知

【碑刻图片】

31.《沾恩无暨》

【基本概况】

此碑位于贵定县德新镇高枧平村萝卜寨，立于寨中土地庙左侧路坎下，原立于古树下，因古树枯萎，修路时便把碑镶立于路基上。碑高 131 cm，宽 75 cm，厚 11 cm，青石质，方首，碑体现保存较完好，碑阳经打磨后刊刻文字，阴刻楷书，碑阳部分有风化，碑额镌刻“沾恩无暨”等字样。

碑文记载当地苗民纳赋过程中因有官员、书役等多取浮收的现象，前清道光时就有此恶习，代理县长黄查证，豁免此地炭豆税，以苏民困。萝卜寨为苗族村寨，有王、后、金等姓氏。

【碑文】

沾恩無暨

代理貴定縣縣長黄　　為
出示永遠豁免以蘇民困事民國五年六月二十三日據□□□苗民□□
王士林羅仕成侯應林侯文彬顏成明侯成品侯應才侯□□□均全侯均朝侯均
發等年歲不一住居第八區羅卡寨高枧平褲子田三寨距城三十里為懇免炭
荳以緑民因事緣苗民等每年認縣署林炭二十一挑規定炭一十六筒□又認黄荳三斗四升□
須上納非屬原有正供情因苗民祖人於前清道光時與本區鄰近安此寨許姓為山場六寨不
清構訟經年報書差勒索以炭荳抵銷繼案既結遂援以為例歷年追收苗民等欲呼籲而勿闕敢
違抗似此欵項在縣署收穫固屬□區□之數無甚重輕而在苗民認納傭工度日尚不自給□每於應
納之外復受書役□求是完有形之數少而完無形之數較多苗民何辜其害幾無終止際茲□成立
除清舊弊又幸□□恩星重治弊邑大施仁政関心民瘼除暴安良兩治均沾此有草弊興利
本區咸荷生成凡屬苗民尤其格外矜恤直淪肌髓如前縣署所收炭荳果係正額苗民等輸
將恐後何敢妄干豁免自負深恩惟因前吏苛取以致永罹困窮是以不揣冒昧合辭哀懇賞准宥免
給示勒石苗民等永沾功德頂祝公侯萬代等情據此當以查貴州地瘠民貧甲於全球而□貴定
苗民瘠貧又甲於貴州本縣屬之於茲□焉三載自漸力材棉補救之術茲據呈各情同之
不免淚下苗民何辜而遭此苛政哉所請豁免之處自應照准仰候出示永遠遵行以除□
弊而蘇民困□諭因批示在案合行示諭為此仰該苗民等知悉看即從此免除此種苛
政趕緊僱工勒石以資遵守可也切切毋違（延）此諭
民國五年丙辰歲七月吉日　立

【碑刻图片】

32.《闻江寺远志云》

【基本概况】

此碑位于贵定县城关镇宝花村闻江寺，立于寺庙旧址右前方，为民国 6 年所立，青石，方首，碑刻现保存完好。碑阳经打磨后刊刻文字，阴刻，碑额无刻字。碑高 170 cm，宽 103.5 cm，厚 13.5 cm。

碑文主要记载新添宋氏土司协力杨姓侵占阳宝山脚庙闻江寺田土产业，后贵定县代理知事雷查办，列出十条证据证明宋氏土司所说田产之契据，系子虚乌有，勒令其将田土产业还与闻江寺管业。闻江寺为阳宝山莲花寺之脚庙，主要管代山下之庙田。碑刻亦反映当地百姓、土司、地主、僧侣集团之间田土产业纠纷的复杂关系。

【碑刻图片】

【碑文】

聞江寺遠誌云

聞之善承前者固賴夫冊文書善後者尤切乎右誌誌者何記是也殆記其往来之興替先後之得失也時也惟斯寺所有之田産以暨失範圍之山場前均載在碑冊犹然歷歷可考兹復勒而誌之者何哉而其势不得不然也近年来厥因中寨等衆窃於寺对門之乾庄以及二岩頭之土地始則討種生萌继則鯨吞無厭甚者陰拷聞庙真界暗立無姓假庄估葬乾庄坟塋隱納公冊弗露一切不良之事已被衆人知覚直至偽难弥縫方將借宋壓衆幸賴人人奮意個個協心遂控等於　縣長案下蒙縣長宏仁下逮两次踏勘燭照其奸恩給判卷旋命栽庄重泐碑文使衆等不得再朦情斯寺得以長執其據噫是可謂人心之暗昧天理之昭彰也不信然乎所有　縣長判詞曾因碑狭难以盡録惟謹將判決十條循叙於後

理由

本案曲直當辯明两造所執之証據是否與所爭之地有力相符合為断持為辯別於下

一聞江寺有嘉慶年間僧會佛緣清冊道光年間碑文均載明寺对門乾庄一所倒水灣河对門山坡一幅云寺对門河对門其地点甚為明顯宋姓不得謂聞江寺為張冠李戴　二聞江寺證據系嘉慶二十三年清冊及道光二十年碑據楊姓向宋姓所立討約係在同治九年碑冊庄前而佃約在後宋姓自不能執在後之佃約占聞江寺有碑冊在前可據之業　三佃約係宋姓與楊姓私人所書立可以偽造而聞江寺冊碑有印文官示種種証明非一時及私人可以偽造　四據宋姓佃約西抵王福源土地庙交界東抵童保上寨交界東西相距約四裏長而中隔他人之土甚多被告楊姓何以不能照佃約所抵將他人之私業一並耕種歸宋姓完全管業而他人所有佃約範圍内之地並不向宋土司完納火煙租僅占聞江寺乾庄倒水灣一部分之業五　一佃約載南抵聞江寺河坎查河岸之土皆聞江寺之田至今均由聞江寺收租安佃若據其佃約抵河坎則聞江寺之田亦應在佃約範圍之内何以被告楊錫恩並不將田業一並耕種由於田業歷来由寺安佃與人無誤生風覆種土乃逐漸墾荒易於侵占且河岸田之上亦尚有舊墾之熟土至今亦歸寺安佃收租楊錫恩等又何以不照佃約直抵河坎將田土亦並耕種亦由熟土向由寺安佃與人难於侵占也　六佃約載東抵王福源土地庙交界據查王福源死方数年至今僅五十三四歲其妻尚存在同治九年時王福源不過十一二齡其土地庙係王姓一族所立當指一當時王姓一族長何以指一十餘齡之童子其佃約顯係後造並非同治九年所立　七佃約載明年納宋土司火煙黄豆四斗查納土司火煙糧皆有土司票印既係同治九年佃種納租當有歷年印票而質問楊錫恩等並無此票其云歷年还火煙者皆虚偽　八佃約載明坟山基園一並在内質問楊錫恩坟山基園係指何處楊錫恩等云我等佃約並無坟山基園此佃約不知從何而來質問佃約内四抵地面範圍甚寬何以不照佃約耕管独占聞江寺業耕種楊錫恩等但云歷來相傳耕種現在之地此外係他人地不能耕管是佃户楊錫恩即不承認宋姓之佃約為真確詞竅語遁但云係前人所書立我輩不知　九宋兆龍稱祖宗歷来所管官庄質問除佃約外有無他種証明所爭之地為官庄其証據或較聞江寺碑冊更為强而有力自可比較其曲直並不能呈出一証據但云經亂遺失冊據此地歷来相傳由楊姓耕種納煙火租黄豆四斗查別處納土司火煙租其性質如納粮但給土司印票並無書立佃約者既無印票即不成為火煙粮在前清土司制尚有即有經乱遺失亦可請縣署清查給發印冊何以除私立佃約外並無別種反誣若係私業則应有契據又不应佃約上載明火煙租　十宋兆龍謂係歷来相傳聞江寺現嵌於寺壁右廂之碑載明所有寺對門乾庄一所於光緒四年中有中寨人等勾引新添司宋土司將乾庄陰地一隙偷賣與庙庄之史以偷葬母宋氏寺衆首領請四門鄉約丁藍孫等理講並調各地界冊簿同驗宋土司等知非己庄憑鄉約議價拾三两另向寺首人另賣等語是在光緒四年宋兆龍之父已自承認乾庄之地非己業聞江寺之地界冊簿為可據現史姓葬地之所即宋姓以佃約與聞江寺所爭之地即系同治九年相傳管有何以有光緒四年之事尤足為此案鐵據

代理貴定縣知事雷　為

民國六年歲次丁巳　桂月　吉　旦　立

（贵定县印）

33.《免租堂判》

【基本概况】

此碑位于贵定县昌明镇猛安村猛壤寨，立于其寨寨中巷道屋檐下。猛壤寨为布依族村寨，居民以陈姓为主。碑高 131 cm，宽 88.5 cm，厚 18.5 cm，方首，青石质地，现保存完好，碑阳经打磨后刊刻文字，书体为阴刻楷书，碑额镌刻“免租堂判”等字。

此碑文属官方文告，由时任贵定县县长李所颁布。碑文记载猛壤寨陈氏状告平伐庭氏土司至民国时仍向当地催收租税一事。末代土司仍有向当地百姓征纳的现象，这是时代残留的痕迹。清末民初是土司制度消亡的过渡期，许多大量残余一时难以转变。

【碑文】

免租堂判

貴定縣縣長李
夫國家不修律法以淑世宇宙何以啟文明官長不操權衡以化民區
團何來絃歌之治況此强彼弱藉故生端公廷之上無一日不告控紛
紛矣似我猛壤寨田野農家知識無人每為土司需索者不少常被欺
凌壓制者良多蒙　縣長水清鏡明當堂判斷飭令庭開錦土司制度
早已無存特恐事久生變故不得不垂碑云云遵奉堂判録列於左
堂訊　據猛壤寨等稱對於庭土司家供奉之黃豆亦不知始於何時
惟知自我祖陳某之後分為數房此豆亦由各房分擔數共每年一石
五斗但亦久邀誤開錦之父寬免迄今將近十載未嘗供納今歲庭開
錦始請縣提追云云據庭開錦稱此項豆租傳來已久特請飭仍歲歲
照納云云查民國成立五族平等無論苗漢當同受治民國政府之下
所謂土司制度早已無存況自改土歸流久經同化則土司者亦齊民
之一天下烏有以齊民而已特別供奉給齊民之理且今日假使認
此種供奉為正當是苗民於一方對於國家負納稅之義務一方復對
土司納稅之義務兩種負擔[蓋]得謂平則此種特別之供納於地
方為苛政於國家為違法當然無再保存之理由自今以後凡猛壤寨
一姓對於庭家歷史上每年供納黃豆一石五斗之橫例亟應破除所
有舊欠一概豁免庭姓不得再行催收餘如國家稅及地方捐等爾等
亦勿得誤會視為一口律此判
民國八年三月二十三日　批

【碑刻图片】

34. 菜苗《地界纠纷》

【基本概况】

此碑位于贵定县德新镇新明村菜苗寨，立于其寨中马路旁，为残碑。菜苗为苗族聚居村寨，主要有颜、蓝、罗等姓。此碑高 157 cm，宽 123 cm，厚 13.5 cm，碑体断裂为三部分，立碑时间已亡佚。

碑文主要记载两件事，一为邱家葬地占菜苗寨田土，菜苗百姓遂告至官府处理一案；一为菜苗百姓控告叶姓侵占菜苗沙子坡地一案。两件事主要记载地界纠纷之事。据笔者调查到的碑刻看，这类碑刻在道光年间较多，故此碑疑为道光年间立。

【碑刻图片】

【碑文】

貴定縣正□□帶加一級紀録五次□　為

□□守□乾隆五十年三月初九日據苗民顏阿天藍□□顏阿□阿措等稟陳緣因邱南高妄佔菜苗田土告經

□□□□林均屬□田□土歸苗耕管在案無如邱南□□年欺佔不絶苗等喊稟

□□□計給□詳報各照界限管耕業若不懇賞遵照或恐伊□□覬覦倘乞賞照得有遵守永絶訟疏頂祝不朽等情據此隨□査此

□□□田詳報將菜苗寨糧田八斗歸□□管業其餘菜苗並無一碗□□山林均屬苗民顏阿天等照舊管業除讞判存卷外滋據且

稟前□□□苗民顏阿天等□□其四至仍照所繪□圖照舊耕管輸納糧賦毋得越界侵佔滋事

□□□□□稟之遵之毋違特　照　　顏阿天

□□□□□　六日　　右照給　藍老四　準此

顏阿措

右　附　記

□□□□□□□□級紀録七次繆

□□□□□菜苗田土山林苗民藍文成顏老大顏成雲顏老唐顏□文藍阿殃顏老么等具告葉萬全等霸佔□井地一案叠控來給

□聚□□□□茲本縣蒞任查案提設又據藍文成顏老大顏成雲顏老唐顏德文藍阿殃顏老么等稟懇前來緣由留住居菜苗寨沙

子坡一碗等處係留等□界葉萬□□□□於乾隆年間討佃立有討約同因葉萬全等不肯認給爭控數年未結□□□經差提訓斷

業已訓確查明卷内沙子坡一碗等田土山林均為□□□之□□□□□□屬實斷今葉萬全等每年認給藍成文等谷花五石黄豆

□□□□□除讞判各結附卷具文詳銷外合行給照為此照仰　藍文成顏老大等

□□□□□毋得越佔茲訟如敢故違即究辦不貸容宜凜之遵之毋違□□

□□□三□□人等　日給　準此

附記

35.《阳宝山地界碑》

【基本概况】

此碑位于贵定阳宝山后山，移动过，被砌于“辗家人”民居基脚处。碑额左部分已残泐，碑刻具体年代遂不详。碑高 137 cm，宽 58 cm，青石质，方首，碑阳经过打磨后刊刻文字，为阴刻楷书，碑额无刻字。

碑文主要记载无量大师及徒众自四川至新添阳宝山，经新添官员批准，给其阳宝山地界文牒，并将山寺四至所到一并指出。

【碑文】

舉陳堯謨陳堯年生員王道隆左所股友經右所蕭勝祖前所王道惠後
所高金龍耆民王廷陽陳世俊等公呈訪得僧人無量師徒數衆自川來
黔果系誠實心地和平戒行精潔伏乞給牒付僧令其住持焚獻重新廟
宇等語　本司即率領僧人無量師徒數衆會同僧耆軍民踏勘山場週
圍各界明白以作常住奉佛之需東至鮑家坡沖領南至頭天門坡□西
至馬講北至梯子岩以上四至分明為界盡踏給付本僧常住坎壈開墾焚
獻管理日後無紊合行給牒永為執照為此牒仰僧人無量照牒理事即
便遵照修建山門坎伐樹木開挖地土任從取便毋得軍民人等入山阻
□□□毀謗佛門無量等亦不得容留遊方僧道面生歹人在彼妄作橫
□□□未便須至牒者　右牒下陽寶山主持僧無量執照准此
□□□□二年八月初一牒

【碑刻图片】

规约碑

1.《用水公约》

【基本概况】

此碑位于贵定县新巴镇新华村花京小寨，立于其寨水井机电房基脚处。碑为方首碑，青石质地，碑高 69 cm，宽 43 cm，厚 11.3 cm。碑阳经打磨后刊刻文字，阴刻，碑额无字，现保存完好。水井现分三级，第一级为人饮用，第二级为洗菜等，第三级为洗衣物等。此碑内容较为简单，为当地百姓对水井使用做出的规定。花京境内并无河流经，多靠水井，水井在当地十分重要。

【碑文】

嘉慶十三年冬月吉旦修

禁洗菜蔬破布穢物吊桶等件

犯者罰艮乙兩肆

【碑刻图片】

2.《永垂千古》

【基本概况】

此碑位于龙里县与贵定县交界处三江口，立于其寨半山腰山王庙古树旁。碑高 109 cm，宽 61 cm，厚 11 cm，方首碑，有碑座，是护林碑，其亦有保护村寨风水的内容。除碑阳部分有风化外，碑体大体保存完好。书体为阴刻楷书，碑额镌刻“永垂千古”等字样。

碑文大概讲述了当地在康熙至乾隆初期，山林丰茂，至道光年间盗砍山木情况较为严重，严重破坏当地风水，后经当地众姓商议形成相应护林规约之事。

【碑文】

永垂千古

□經來止□□原議折為規謨正古吾□來□□林豐宜歲□然夫不昌本古多亦但小樹
衆因本境有古木四根林樹生於對門二□□龍□□慮顯一□亦能成□大體林木康熙初
下至乾隆初上所生之木故□□□久能華□之瘟瘴所保一境之族是故□□□
用借護□畜不準一人入內枝葉若有一人砍折杖責衆姓知□者□官究辦罰銀數□□石
牌一面以為千古永垂不朽衆姓敢□是為序

大清道光柒年六月初七日　衆姓議新立

【碑刻图片】

3.《唯一□□》

【基本概况】

此碑位于贵定县盘江镇白龙村杨家寨，立于其寨土地庙左侧。碑高 163 cm，宽 94 cm，厚 20 cm。碑体为白棉石质，碑文为阴刻。碑额镌刻“唯一□□”四个大字，因碑体部分风化，部分文字难以识别。

碑文主要记载杨家寨祖上与他寨（应是密腊司）之间的地皮纠纷问题，经官府调解后互相妥协，并对各自所管山业作了相关规定。杨家寨为布依族村寨，居民在全系杨姓，不能操布依语。

【碑文】

惟一□□

具周業□衆□□同心合議公　祖于　康熙年間得买　欽明公□庄業
四至分明其有　嘉慶十一□□昌楤族孫巫控在府蒙府　左□明　山歸
我寨立有憲退可憑买于本年三月内有草猫彭林二行巫控在縣蒙裴主
詆明山歸□我其十月内又捏控在興蒙潘主明断山歸我等立書據可憑
至今用督艮兩賠戶均貪□等同心自願將本各下之山一□如衆上抵狗聞洞
下抵擦耳岩不准那人私偷欲伐倘有乱砍罰艮三兩如衆或當或砍聽明均
分其有庄山邊界□圍吹草□將此公山之艮用□若當此山要存積各[就]
以及寨有牛坡在明除艮者居皆有坋参名之人丝毫不得粘望不準放牛归坡
道光十六年十一月穀旦　立

【碑刻图片】

4.《永垂不朽》

【基本概况】

此碑位于贵定县昌明镇贾戎村，立于其寨篮球场旁。碑所在地为贾戎村委驻地，居民多为布依族与汉族，袁、金等姓为布依族，刘、梅等姓为汉族。碑阳经打磨后刊刻文字，阴刻楷书，碑额镌刻“永垂不朽”等字样，青石质地，方首，现保存完好，高 142 cm，宽 98 cm，厚 12 cm。

碑文主要记载当地布依族人保护山林的意识和行为。在广大布依族聚居区，普遍存在着布依族所居住之后山为其龙脉所在，山上一草一木均不能破坏，否则会破坏风水、影响龙脉，使整个村子陷入危机，人畜等都会不得安宁的意识。此碑既是护林碑，亦是规约碑，也是功德纪事碑，相关内容都有涉及。

【碑刻图片】

【碑文】

永垂不朽

蓋聞賢才挺生原関風水而寨場盛衰亦関風水之培豈可緩哉即如青龍山樹木在乾隆年間業已砍敗不□□□
□不清古即六畜亦多損壞兼之官司口角此息彼熾頃敗者大半其人興起者寥寥無幾其不利也已至於斯積之日□□
□知此山之關係非小後又禁止不砍越數年而山茂成寨復平安信乎風水誠當培也又於嘉慶年間見砍向□□
亦與昔日毀青龍山不利相似由此即封自封之後雖未至於大利亦不見其不利愈信風水不可不培也至道光年间
有獨山州鄢姓來此開廠得買後龍山樹木盡行砍伐是年寨内多疾病六畜又損傷甚至屢遭回禄其不利之□□□
尤甚然不僅以此見效也又於二十三四年秋□後斷大樹一株不祥之兆自上院起凡居山腳者無不病無一畜不損久之□□
皆病皆損矣更信風水之培為急□也是山也雖屬袁姓管業之山寔関衆寨禍福之□豈坐視其毀乎於本年冬月□□
衆議求伊讓出此山退為衆人風水山伊亦慨然允諾公議價銀八兩五錢書有契據一紙大小樹木一並在内東抵大□□□
上頭為界西抵大楓香對小岩橫過抵嶺照小巖直下抵賣豊土頭□□東邊抵袁騰友土定□石為界南抵巖□□□
邊為界北抵蓋水塘順西邊沖頭直下抵大楓香以小岩為界蓋水塘以東邊大路為界上抵金應政屋前墻坎為界四至
分明迄今買封後此山之柴不許人砍即枯枝亦不准要留備四時公用至於青龍白虎二山俱有碑記此不復議□□
砍亂要者罰銀二十兩逐出境外見來報者紅銀二兩若見不報久後查出以為同情亦照罰銀之項衆等務宜謹體鄉規□□
子兄戒其弟世世相傳公同照管足徵一道同風之盛俟後世遠年湮有不遵前訓估霸寨場朽壞此山者□□□□□□
神靈監察教伊之嗣脫皮害癩其有所捐之銀共壹拾餘金繳山價去銀捌兩五錢餘剩之項移在雜項上用開石匠打碑□□□
貲去銀七錢立碑之日貿豬買雞炮燭紙火雜用兼開龍燈等項所去之銀有數可算是以連山帶銀垂諸另石俾人人識花銀之出處
使代代知封山之來由矣是為序
合將捐款姓名各列於左　後添自嘉慶年間有袁德寬不准寨内誣磕捏控籍事生端賭博做賊等情徒此寨□□□□
可期發達　右録封三出開塘首士　袁德寬　梅映蘭　袁德興　金世舉　梅映桂　袁騰才
計開　袁德舉　袁騰友　袁騰興　金榮崇　金榮先　金錦欽等
袁騰寬　袁騰才　以　袁騰德　六　金代衢　梅春芳　一錢　梅春奇　一錢　□鑑欽　袁騰鵬
金世舉　羅正餘　上　梅映桂　人　金榮富　袁騰貴　梅春元　一錢　袁顯濤　劉德周　梅映萱　銀七卜
梅映蘭　袁良奶　二　金世杰　各　二人各一錢七分半　金代壽　十　梅春早　八分　金榮周　羅百壽　金世玉　銀七卜
袁德舉　余銘欽　袁騰祥　出銀　梅春翠　袁正貴　二　金世廣　袁勝清　王祖應　金世珍　銀七卜
金榮先　袁騰友　十　梅希賢　三　金代科　金代禮　人　文興祖　金德海　金世端
袁德隆　金代乾　六　梅春華　錢　金代舉　五　劉禮顯　各　袁富正　袁勝慶　以上二十八人各銀七卜
金錦欽　袁正松　人　金榮海　二錢五　金榮陞　人　金世貴　一　金榮春　王老滿　金世舉執掌後龍山契據
袁騰興　楊德品　各　羅永財　二錢五　袁世富　各一　金世堂　錢　袁正德　袁顯發　梅春華執掌白虎山字據
金榮崇　袁正倫　出　金榮現　四　袁正教　錢　金代美　五　金榮光　金代良　袁德舉執掌白虎山買契
袁德顯　袁騰宗　銀　金世度　人　金代洪　四卜　梅映同　分　梅國楹　袁德榮
金代賢　袁騰國　五　金世吉　各二　袁德用　梅春信　一錢　袁勝隆　朱朝貴
袁德□　袁騰奎　錢　金代茂　錢　金世旺　梅春英　一錢　金德美
楊德貴　袁富本　袁德茂
大清道光二十四年三月穀旦　立

5.《龙井》

【基本概况】

此碑位于贵定县云雾镇抱管村抱管寨，立于寨龙井砌石上。抱管寨为布依族聚居村寨，此寨有罗、陈二姓。居民多能操布依语。此碑无碑座，青石质地，保存完好，碑阳经打磨后刊刻文字，阴刻，碑额无字。碑高 78 cm，宽 148 cm。碑文主要记载修井之原因，以及用水之规定，对每一塘水的使用都做了明确规定，最后为修井众人捐资情况。此碑既是水井碑，又是规约碑，亦是功德纪事碑。

【碑文】

重修龍井碑叙

蓋井養之無窮實源泉之有本我抱管安居此鄉歷年已久所賴以生活此惟此全[屬]春夏秋冬歷四時而昌元明唐宋□百代而長活□□有賴水旱無憂無□代遠年湮沙堆泥積圮濫□□漸即傾圮凡汲水滌濯此往往臨池病涉而嗟托是之無所也是以約集同人量力捐助葺而新之幸衆志之成城喜功成於不日勒石留記以垂不朽

條規

第壹塘汲水　第貳塘洗菜

第叁塘洗布洗衣　第四塘洗污穢等件

每年淘井四次每次兩家周而復始

以上數條各宜遵照如違公罰

羅良惠

人吉　啟雲　啟霜　如疇　如海　以上各捐銀五錢

啟祥　四錢

啟哲　啟璞　啟宇　啟江　各三錢五分

啟瑜　宋春遠　啟瓊　各三錢

邦武　如錫　天文　啟芝　各三錢

啟爵　各二

安邦　錢五

邦雄　天發　各二

天理　天富　錢

啟明　啟龍　啟昌　啟後　各一錢五分

啟中　啟彦　邦登　邦鰲　如中　邦要　邦貴　邦盛　邦乾　邦友　邦成　天佩　天位　天元　以上各捐一錢五分

邦堯　邦佑　六弟　邦海　邦福　邦先　羅元　天奇　天智　天星　小心　天相　吴阿皆　應福　以上各捐一錢五分

阿西　士林　各一錢五

啟顯　啟朱　如槐　邦陞　田保　紅科　天德　天安　應周　啟邦　邦禄　天壽　各捐壹錢　各二錢

道光二十四年嘉平月谷旦羅人吉并書

【碑刻图片】

6.《乡规》

【基本概况】

此碑位于贵定县新巴镇谷兵村甘塘寨寨口大树下，碑额呈弧首带方状，圭首，碑移动过，现保存完好，字迹较清晰。碑质为青石，阴刻，碑额镌刻“乡规”二字。碑高 114 cm，宽 53 cm，厚 8.5 cm。碑刻记载道光年间当地治安问题较为严重，社会极不稳定，盗匪猖獗。因此，当地乡绅爰集于此共议乡规，以警世人。

【碑文】

鄉規

竊聞朝廷設例禁以警僉壬草野立鄉規以防奸宄古來夜不閉
户路不拾遺者有由致吾黨僻居三莊固多說禮敦詩之士亦有
寡廉鮮之徒日竊山林五穀夜盜牛馬家財擾害鄉村人所共恨
爰集各寨鄉耆明人合議鄉規值茲五穀將熟薄俗宜維使之各
務正業國課早完由義居仁非風清俗美庶乎出入相友守望相
助安見三代同風之盛不可複見於斯時耶是為議
一議課早完開徵後即運食米上倉不得拖欠取累 一議鄉間大
小事故不得以强欺弱逞刀蛋騙一議鄉户不得窩藏匪徒勾
引外棍磕害地方一議盜竊牛馬家財各散户自備飯米追趕捕
捉一議盜竊三林五穀園圃瓜菜者勤拿一議牛馬踐踏五穀相
地賠還不准田坎牧牛一議米杆不得亂獲一議各寨守卡不得
疏虞一議失主被盜拿獲送官自備盤纏不得多派失主 仍
照散户出錢不得推委被失五穀甲首亦不得安派酒飲
以上各條倘有不遵議者稟官 一共鄉户十六寨
道光三十年荷月二十一日立 旦

【碑刻图片】

7.《菜苗》

【基本概况】

此碑位于贵定县德新镇新明村菜苗寨，立于其寨水井边上。碑高 92 cm，宽 51 cm，厚 12 cm，方首，青石质地，碑阳未经打磨直接刊刻文字，阴刻字，碑额镌刻“菜苗”等字。碑现保存完好。碑文内容较为简单，对用水作出相关规定，违者罚银。规定不得洗濯衣裙，因衣裙多是苗家妇女自己制作，染料多为蓝靛，其对水源的污染较为严重。

【碑文】

菜苗

蓋聞修井衆姓人等議
婦人揹水随到随揹不
准誰人洗衣裙井內若
有不依者罰艮一兩二
錢開列於後

大清咸豐二年壬子三月吉日立

【碑刻图片】

8.《永垂不朽》

【基本概况】

此碑位于贵定县盘江镇白龙村杨家寨，立于其寨土地庙右侧。杨家寨前临洛北河，环境宜人。碑本不立于此处，原立于杨家寨洛北河段，后因水患移至土地庙。碑高 151 cm，宽 99 cm，厚 24 cm。碑阳较粗糙，从碑的情况来看，碑阳应经打磨过，但因碑质为砂石，石质较差，易风化，碑阳字迹较模糊，需仔细观察，文字基本能识别。除碑体左下角已残泐外，总体上保存较好。此碑无碑座。碑文为阴刻，碑额镌刻“永垂不朽”四个大字。

该碑是护林乡规碑，碑文记载了杨家寨祖上众人为保护山林环境而制定了相关条规，体现了当地居民的生态保护意识。

【碑文】

永垂不朽

蓋聞

五家為鄰昔人猶擇地而處二十五家為里古亦有仟厚之[居]□

休哉乃區區鄰里喧不因乎古而成其今也哉因我楊家村自古

以來前覽風山敗壞左右古木俱空年年田禾雖阜歲歲久物□

是以約我閤族老幼親朋人等同心商議出入相友守望相助□

踴躍從公户户欣然向往然而要不栽植風水靈秀奚以有□□

界乎遵我者昌滅我者亡若不議永遠章程恐後子孫無□□□

謹將條規開列於後

一議村邊山林樹禁止不准妄伐如有妄伐罰銀一兩入□□□

一議村中水塘閤寨人等捐銀得買永遠不違

一議風水山名石門山以中院老幼禁止無許妄伐若不□□□

一議風水山名白坟山以外院老幼禁止無許妄伐□□□□

一議前後山林樹木各人照界管業無許乱伐雜木

一議内院外院各人禁止老幼若拿獲者罰猪一百□□□□

一議遠處山林親戚族内各家老幼照界管業無許□□

一議村邊屋後竹林生笋一寨老幼乱討伐違□□□□□

一議祠邊山名大园山外院屋後山自古及今不得入□□□□

清光緒十七年歲次辛卯孟月　十八日　□

【碑刻图片】

9.《众善补修》

【基本概况】

此碑位于贵定县昌明镇秀河村龙塘湾。龙塘湾为布依族聚居村寨，居民多能操布依语，谭姓居多。此碑立于其寨水井旁，方首碑，青石质地，现保存完好。碑阳经打磨后刊刻文字，阴刻楷书，碑额镌刻“众善补修”字样。碑高 97.5 cm，宽 62 cm，厚 13 cm。

碑文记载此寨先祖捐资修井之事。咸丰年间战乱致使水井被毁，战乱平息后至光绪时，为全寨生计重修此井，主要为谭姓家族捐资修建。此既是功德碑，又有规约之功能，碑末对用水作出相关规定，并规定违者遭到相应惩罚。

【碑文】

眾　善　補　修

蓋聞祖父伯叔所修源泉水閣而來者議萬湧永道後矣孰知咸豐乙卯歲
干戈擾攘水閣所被而焚之乎年已夊矣至光緒丙子年二院閣族商議共捐合艮拾
兩零四錢五分一厘補修水閣永垂不朽望其永远者悠悠朽也至光緒二十年
承首譚益邦邀二院合族敬補修水閣二院均沾　聖澤亦沐　恩波永远矣
謹將人名開列於後　譚均邦　陳永興
譚崇邦　六錢　譚士重　各　譚友邦　各　韋更上　各一錢
譚士選　六錢　譚士炳　艮　譚壽邦　改木匠去艮乙兩五錢四卜改
譚煥邦　五錢　譚士興　譚福邦　銀泥水匠去艮四兩
譚羅氏　四錢　譚士來　一　譚士成　磚瓦去艮乙兩六錢八卜
譚能賢　三錢　譚能柔　譚士紀　壹碑去艮八錢　幹樑去艮二錢
譚能銓　三錢　譚能銘　弍　譚士令　錢監閣之日抬匠石灰小用一共去艮一兩六錢三卜
譚治邦　一錢二　譚　奎　譚士春　吃食一共作艮二兩四錢五卜
譚大邦　一錢五　譚能盛　譚喬邦
譚益邦　陸兩五錢三卜　一共用去艮拾弍兩二錢　余剩先前□乙千二百五十塊占介
閤族議定一概禁止不準洗豬草倘有不遵罰錢乙千二百文
益邦樹料一並不算艮錢　士達地一堂送具合族作井永远管業
大清光緒二十一年六月十三日　復敬　立

【碑刻图片】

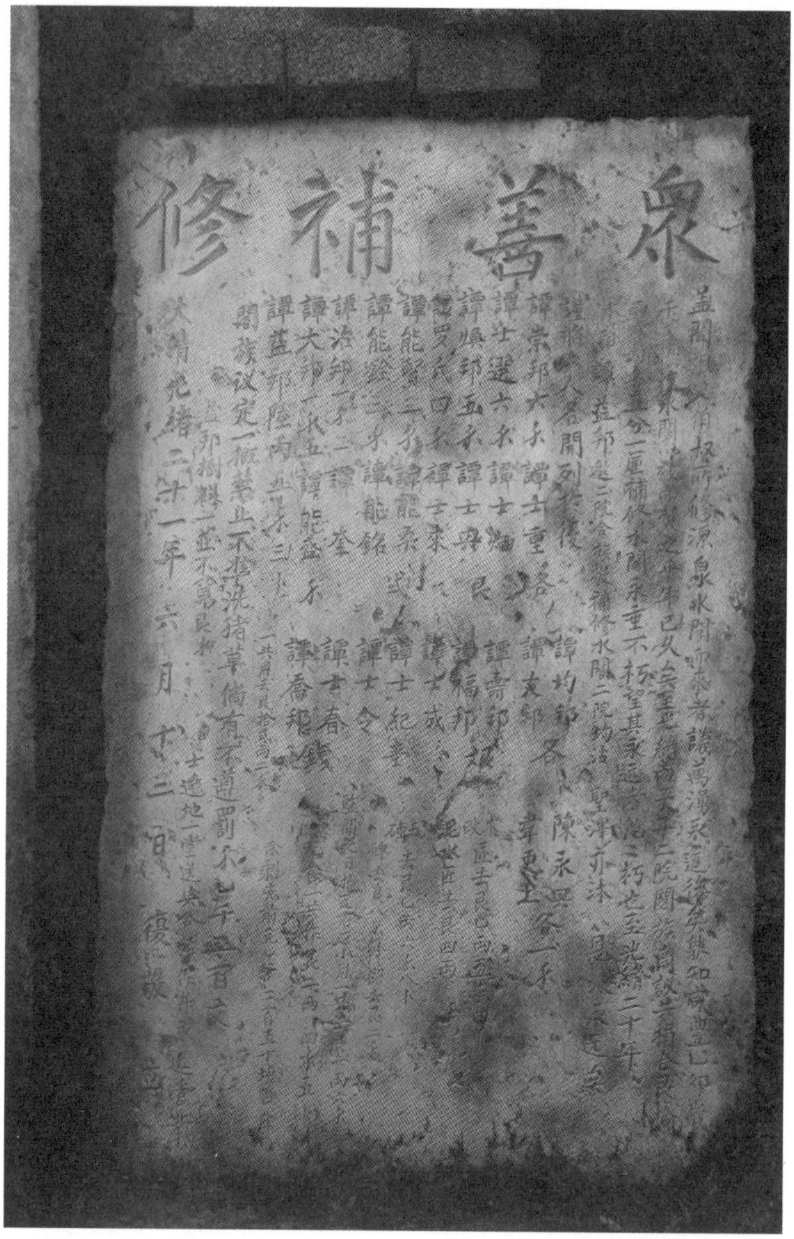

10. 木姜寨《万古留名》

【基本概况】

此碑位于贵定县新巴镇谷兵村木姜寨，立于其寨水井处，保存完好，青石质，是为水井规约碑。碑呈长方形，为方首碑，碑座埋于地下；阴刻，字迹清晰可辨，碑额镌刻“万古留名”四个大字。碑高 94 cm，宽 51.5 cm，厚 6 cm。

碑文主要记载当地百姓对水井的保护。因前有乱放牛马践踏水井、井内洗衣洗菜等行为，为杜绝此类行为，人们列出条规对水源予以保护。木姜寨居民全为布依族，罗姓，其字辈排行主要有“绍、世、应、永、维、文”等。

【碑文】

萬古留名

蓋聞今天請水之事自古有然矣嘗古有言曰在天
有井星在地而有井田而今人不知放牛馬洗衣洗菜
而踐踏井水其所不流者久矣茲有我村中之井不敢
稱黃河亦勘稱為井泉衆寨人等以免同心不約已商
議每家乙百文錢請水以垂碑計留以子孫照甘碑計
自過之後見放牛馬洗衣洗菜踐踏井水務須力擒
拿倘有聞見不拿與同請罰錢乙千文請水倘有不遵
者衆寨人等牽他耕牛入衆見之即來報者錢乙
百文爰是集我同鄉公酌謹将請水碑計開列於左

強 世□
羅林 世贵 □
羅紹玉 紹福 羅紹保
羅 紹顯 老紹數
與 保 張榮孝
光绪式十五年二月十一日 立

【碑刻图片】

11. 菜苗寨《万古流名》

【基本概况】

此碑位于贵定县德新镇新明村菜苗寨，立于其寨水井边上。碑为方首，青石质地，碑阳经打磨后刊刻文字，阴刻字，碑额镌刻“万古流名”等字。现保存完好，碑高 84 cm，宽 57 cm，厚 8 cm。碑文内容较为简单，对用水作出相关规定，此碑为光绪年间重修水井时所立，和咸丰年间井规碑内容大致相同。

【碑文】

萬古流名

蓋聞修井衆姓人等議
話不准洗依濫裙井内
若有古洗誰居那人見
井泉龍王神位
者罰銀三兩放水井内
罰銀五兩開列於後
大清光緒二十七年辛丑仲秋月重修

【碑刻图片】

12.《禁止赌博》

【基本概况】

此碑位于贵定县云雾镇抱管村田坝寨，立于其寨土地庙旁。碑为方首，青石质地，碑阳经打磨刊刻文字，阴刻楷书，保存较完好。碑额镌刻“禁止赌博”字样，有碑座。碑高 102 cm，宽 64 cm，厚 10 cm。

碑文主要记载光绪年间当地后生赌博现象较为严重，寨中长者深知赌博之利害，遂勒石以禁止赌博，并对破坏庄稼、偷盗、砍伐山林等行为亦做出相关规定，规定违者必遭惩罚。碑刻反映出当地社会风气、地方治安等问题较为严重，也反映出清末官府管理和地方管控的失调。

【碑文】

禁止賭博

管子有言倉廩實而知禮節衣食足而知荣辱盖必習之以
正業然後得之以豐亨近来有諸後生每學賭錢打牌擲骰
撻十三等事我等若不约而戒之情恐輸去銀錢勢必蕩産
傾家窮極無他必為挖墻狗盗且因錙銖之利以致争鬬相
傷釀出人命也害□[于]胡底矣是以爰邀鄉鄰族長議而戒
之庶使我新興之後生苦讀勤耕俾倉廩實禮義興革諸陋
習改過自新則我等後代豈不興而又興者欤
謹将公議條規開列於左
一議稻梁菽麥黍稷因人所食而種若乱放牛馬踐踏者罰
銀一兩入衆格外照地賠還俗言莊稼望收成
皇糧滇要緊其是之謂欤
一議賭錢打牌撻十三等事罰銀三两不從者[送官]究治以作强盗論
一議偷田間稻草山林樹薗中小菜罰銀二兩賞號錢五百文
一議公衆山之樹木留培閤寨風水有偷去砍伐者拿獲賞銀乙两[格]外議罰

光绪三十年花月　朔日　新興閤寨　公立

【碑刻图片】

13.《警戒碑记》

【基本概况】

此碑位于贵定县新巴镇谷兵村谷兵组，立于其寨水井旁右侧围墙上，是为水井规约碑。碑为青石质，碑身较小，无碑座，方首碑，呈正方形状。阴刻，字迹仍清晰可辨，碑额镌刻“警戒碑记”四个大字。碑高 55 cm，宽 46.5 cm，厚 5.5 cm。

【碑文】

警戒碑記

立出同心合議碑文眾人
承首因為井邊有人濯足
洗衣污穢井泉訣神故沵
約齊眾寨人等同心立碑儆
戒今已後各人遵之莫違倘
有違犯者罰錢乙千弍百文入公
若有牛馬猪走至井边有人見者罰
錢乙千弍百文入公
宣統三年八月廿日眾寨同心立

【碑刻图片】

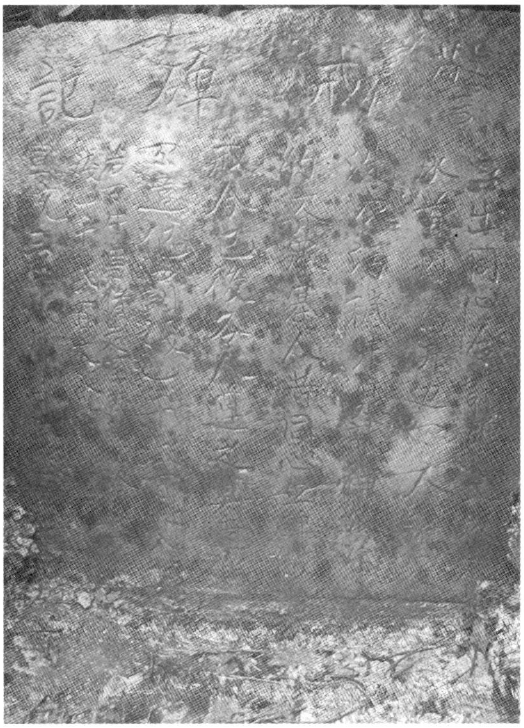

14.《护林碑》

【基本概况】

此碑位于贵定县昌明镇白马村把虎寨，立于其寨寨中一人家房屋基脚处。碑高 78 cm，宽 64 cm，方首，青石质地，碑阳经打磨后刊刻文字，阴刻楷书，碑额无字。碑阳因建房时保护不当已附有一层水泥，碑脚部分文字埋于地下，难以识读。此碑既是地界碑，又有护林禁盗之规约，从其护林意识中能看出当地布依族的风水观。

【碑文】

蓋聞愛花者先護其根導水者必濾其源保護山林竹木者先建其□□
維山窮水盡風衰氣類尚有不存天理不畏王法任意妄為春則偷□
竹木嫩苗夏則伐砍莖枝秋冬是物枯槁放火燒山是以竹林屢敗□
此敗俗傷風安日得靖矣現國以保護森林竹木況吾共有之地[上]
尤宜公□認真保護苟其不然是掘根之以賞花塞源以求流也□□
屬我把呼先祖陳公應　三祖所管遺下之地土東抵尹家坟至林□
冲南抵黄土寨後之白頭坡西抵袁家庄坡頂至羅乍坡頂北抵林□
山至白馬山後此地界内之山土日後不許賣與異姓埋坟抗者公義□
罰銀又有小平寨之地界東抵岩頭山西北抵沙冲兩村四至分明□
會衆人互相商議揞規共敦古道雖為草野成規亦與國家設法公□
規條書言於下　一議村側上下左右山之風水竹木無論親疎遠
近人等禁止砍伐抗者罰銀叁兩拿獲紅銀八錢次議界内四山樹□
□□竹笋其左右鄰村人等□□□新□□伐木放火燒山盜其苗□
田上内食物槩行嚴禁犯者公義罰銀壹兩拿獲紅銀五錢立石為□
永不朽矣　先祖東騰遠留下宋先礄頭之東山土乙幅
上抵岩脚下抵付□□□
左抵宋界右抵□□□□
□□□□□□　□□□
□□　□□□　爰會衆族人等公義
□□□□□□　□□□
中華民國陸年　季春　月　穀旦　立

【碑刻图片】

15.《护林公约》

【基本概况】

该碑位于贵定县昌明镇秀河村龙塘湾，立于其寨土地庙前。碑为方首碑，青石质地，碑阳系经打磨刊刻文字，阴刻楷书，碑额无刻字。碑高 93 cm，宽 63.5 cm，厚 14 cm。

碑文内容较为复杂，既涉及护林公约，又有田土买卖等情况，亦有规约之例。因前有人乱砍后龙山之树木，碑文介绍了破坏山林对村寨的危害等事。在布依族人的观念中，后山之龙脉，关乎整个寨子之兴旺，可见布依族人的风水观。全寨于民国 6 年，协力同倡保护后龙山林，列出护林之公约，以正人心。

【碑文】

蓋聞壅護後龍種植樹木關係一村之善事也然而依古以來背後二垄山長林□
嘗盛嘗存乃今□華一旦而伐之盡盡敗之絶絶任從斧斤斬除以為美乎蓋斧□
動雖有深山巨木而不盡絶焉由是則衆物之表裏皆盡廢於斧斤者也是以若□
濯人見其濯也以為未嘗無美才此豈人之咎也哉雖然先人始護不知經幾許□
難遭幾許手足歷幾許保護始能成茂林焉嗚呼凡物成之甚難毁之甚易不可不戒
今之人多有不然者何以大抵物之不惜德之不修善之不講任意所欲則其罪亦
矣所以至民國六年冬衆踴躍協力同倡轉護成林以垂碑為記使輯熙於後來□
也垂碑以後石勿妄拓土勿妄掘茅茨茅草一介勿以妄取枯樹枯枝一株勿以□□
然絶其妄伐者奈何惟禁止而已矣詩曰蔽芾甘棠勿剪勿伐人所共好衆共樂之□
不保護為尤甚焉由此觀之人得以養物得以長不數年間而仍恢復其古之茂林也
立掉約人譚能鉚今掉到背後山一幅上抵三歧路埋石為界下抵墳一直巖腳為□
左抵大路為界右抵下套巖脚又順巖腳抵土地廟為界四至分明憑到中人□
出掉與
[宋]自遺下田壹坵計種弍升坐落地名翁谷田差玖分粮伍升能鉚自上完納恐口無
憑立掉約為據又護門首塘一口千萬禁止勿　承首 能輔　昌
許亂掘塘水至於各家灌溉田薗勿許亂挑以貯　能銘　釗
積培風違者衆罰並列罰條於後第一條　砍　代筆 學忠　正德
後龍山擒獲者罰銀伍兩　第二條　掘塘坎罰　能鈺　權
銀三兩　第三條　挑塘水罰銀弍兩伍錢　憑中 能鉚　杰
中華民國七年寒食節合寨共　立

【碑刻图片】

16.《众议》

【基本概况】

此碑位于贵定县昌明镇古城村风雨亭水井旁。碑为方首，青石质地，碑阳应经打磨后刊刻文字，现碑阳部分风化，部分字迹难以识别，因保护不当，碑阳附有水泥，碑文遂不能全部识别。碑文为阴刻楷书，碑额镌刻“众议”二字，碑高 108.5 cm，宽 62.5 cm，厚 11.5 cm。此碑应为修井碑，对水井用水做出规定，碑文提及男女地位的变化等。

【碑文】

衆議

□□□□地點□□眾議修為五塘
□□□□挑水□□一下可洗衣裳
□有□□之物□□再下去洗無妨
當今世界各□□□男女爭進自強
衛身是為至要□□更宜速求改良
□勸諸姑姊妹□□告誡下女驍張
□□□稱賢□□□總以自愛為崗
人□行規蹈矩□□預下後世必昌
勿□□諄切勉□□亦應各本□良
民國拾叁年□月貳拾叁日立

【碑刻图片】

17.《龙泉》

【基本概况】

此碑位于贵定县沿山镇星溪村高寨，立于其寨水井边上，是为水井规约碑。碑为方首，青石质地，已残泐。阴刻楷书，碑额无刻字。碑文记载护井条规，规定违者将遭到相应惩罚。残碑高 56 cm，宽 61.5 cm，厚 10.5 cm。

【碑文】

窃思我□□□□□□全村共仰
向來有無知婦□□□致使水滅泉消
是以同人等爰□□□□竭□湧甘露
沸騰是敘　　謹□□□后

龍　泉

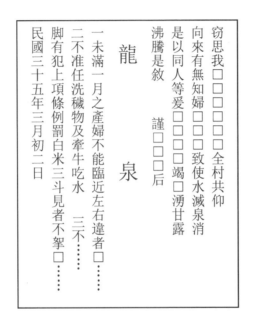

一未滿一月之產婦不能臨近左右違者□……
二不准任洗穢物及牽牛吃水　三不……
脚有犯上項條例罰白米三斗見者不拏□……
民國三十五年三月初二日

【碑刻图片】

18.《利济碑》

【基本概况】

此碑位于贵定县德新镇喇哑村妈寨，于其寨水井边上，此碑为残碑，碑体下半部分已损毁，现碑用作水井砌石，因人们常年在碑阳洗濯衣物，碑阳大部分文字已消失，难以识别。残碑高 76 cm，宽 59 cm，厚 7.5 cm。从碑文只言片语看，应为水井公约碑，记载了对水井加以维修，扩宽面积之事，并水井用水作了相关规定。妈寨有布依族、苗族、汉族等民族居民，有罗、蓝、刘、廖、王等姓氏。

【碑文】

利濟碑

蓋聞落之有井[沒]有宗耶乃家中宗係後生族……
等情有見之[新]食乃井斗□崩坯直渠[雖]井之……
悔出矣以[百]一切穢物流漩極滯猶因衆人……
生□石□□□也每遇無水而滾滾□入此……
□此經興□家族自覩乃此就罰是□正……
神[天][歲]□水井之□提物豈□[罰]身約[酬]……
□□□然收之吠□□□此外付交家□……
□□□□□製石料添新補建加寬面積……
□□□以□乃神編斜□建□砌堅以防[欲]……
□□□□□□者以□□石□□招□……
□□□□□□□□□□□□□□□石□休□
□□□□□□　十月……

【碑刻图片】

功德纪事碑

1.《永兴桥》

【基本概况】

此碑位于贵定县云雾镇平伐村莫下寨，立于莫下河下游永兴桥头处。碑为圭首，青石质地，因其所处位置易受风雨侵蚀，所以风化较严重。碑高 94 cm，宽 62 cm，厚 20 cm。碑阳经过打磨后刊刻文字，为阴刻楷书，碑额镌刻“永兴桥”等字。碑文记载当地士绅、土司捐资修建桥梁一事，土司参与民间公益事业的建设，对地方的发展起到了一定作用。此桥是连通云雾走岗坪经平塘掌布到广西古驿道上的重要交通枢纽。

【碑文】

永興橋

蓋聞爵發峻□兩□愛際天眷德拖地喜功渡蟻□强
功德俱利是以狀□高撿□聯□人為積善於憂之
中自和築干蒼蒼之□□□應之理如影隨形必不弊耳今
□親信□東□□□□風者歷年老大虛度光陰□僕
□偕□□□□於本年拾月朔造石屬河橋樑□盛
為方之出現德千秋之□記乃志於言以為諮予思常
人□□合□□□□愛人一善興善遇彼人之芳馨若
□□啟哲□而語□善無大小動念天知嘗誦
上加恐□有□□□□□當□之□後無一善也況
□□□□□□□□□援仁之橋乎其善心善行
□□□□□□□不朽矣□皇天後土實式鑒之□吉□喜
水□□□□□□□□扶乎造□其方保助乎附曹自今
而□以□□□□□以錢□河東之間□□□祥以
毓□□□□□□□結美老伴□於生珠寶□□□宗
□□□□□□□□□□之□圓隆乎□伏德□念□
□□□常作□然自書衍於□□是以偶□□□鄙
使之□代為橋□之□□□尓
修橋人陳潘唐同德宋世昌陳祖榮陳祖□祖富祖貴孫□陳□
郎□元
大平土司宋文粲　助艮□錢　女婿汝鼎助艮六錢　郎仕慶　助修艮一兩
□□□　劉壅元
皇清康熙貳拾伍年拾月　□□　日　吉旦

【碑刻图片】

2.《冗山桥记》

【基本概况】

此碑位于贵定县沿山镇新龙村冗山桥桥头。碑为方首，青石质地，有碑帽，碑侧有护石。因碑所处位置较周围高，风化非常严重，碑阳已大部分面积脱落，字迹难于考读。碑高263 cm，宽134.5 cm。碑文书体为阴刻楷书，碑额镌刻“冗山桥记”等字样。

碑文记载平伐长官司庭氏主持修建冗山桥。修建规模庞大的冗山桥，绝非一人之力能完成，碑文中捐资人员众多，来自数十寨，空间范围广阔，足以见得此桥的建成对该区域百姓的重要性。此桥上通滇蜀，下至粤楚，近接龙贵胥商贾往来之区，远界都麻亦行通道，连接省垣、黔阳、独山、定番以及乡村市井，各堡寨场皆紧要之关头，俱行走之要隘。

【碑刻图片】

【碑文】

冗山橋記

貴定建縣平伐設營百里水多病□□□橋樑此尤為最余家世□□□□□□□□□□□□□□□□□□□□□□□□□□
國恩守有□□膚災切近詎容謨然奈余祖父因建縣遷此皆未遑□□□年門□□□□□□□□□□□□□□□□□□□升公
蓋□由招渡庶幾利濟然水泛或沮患□木工乾隆初年叔□□父募集□□橋□□撮工少□促成□□□道缺未□歷□餘□
族□□瞻翁樂助有言周極弟思補父志以商於余念意□機□月□□□□飭族之負義殊深□□□□□□□□□□□□□□
周□封翁曾枉白金今其次君延菴善述家居宜迎共□□□□更□□賢焉班與周極出募□□□□□□衆喜王成始□□□□□
度橋□謀葉神人即卜丙戌春正歲村秋仲起腳□□□因合在班□□食□□章心經理□翁年□□猶日來臨□亦□□□□□成□□
間且勳事宜力則近屬數十餘寨無不踴躍奔趨者□□□雨雪俱無功程不沮大橋□□移豎平安儼若□□□□□□□□□□□□
五百有奇越歲有二月而功竣□定彩虹巍煥勢□□□千□□之□患除康莊慶余□之願□□家之□□□□□□□□□□□□
衆善之盛德大□□錫惠遺曷克有就於今日也若或不彰名□滋殺梗概以勒貞珉記功德姓□於□□
庭興□□□□兩分縣周延菴貳□孝廉周聿修貳拾宋□□拾叁兩□平宋敬□□兩　宋席尊捌兩宋熙民柒兩徐克繩庭治實□□□羅文乃□□兩□□
州公銀拾兩陳敬菴庭□憲陶濱楊上達四人各□□□□陳忠經□□具陳起龍四人各□兩周泰□曾友閔王敬錫宋□□羅□□羅成理□□□□□□□
人各五兩龔美堯陳登相羅世友羅文元羅文華□□□六人各四兩周國鼎□□□羅明信三人各□兩五錢南昌公銀□□徵□□□□□□
永侯王修聘閔奇美郎懋功庭友竹丁文龍楊□□王成爵□□善羅明啟人各六兩□□□兩□錢楊秀榮□□□□□□□□□□□□□□
李惠侯宋繼可黃永安張□□張□麟□□□鄧世明桂金名□元春庭光□丁□□□□彭敬□郎大善庭德全□□□□□□賢楊□貴龔□□
商基宏庭永吉楊文富潘士賢羅□□羅國賢二十□人各貳兩郎開□莫萬王□仁三人各□□□庭永升彭增文冷□□□□□高舉王□□□□人各□兩
張文盛繞瓊冷安桂全魁周□錫庭又明王起鳳庭德勳陳起□羅世□羅芝□□□□□與光李俊楷王文□□□□□□□□□李大乾劉□□
才羅連登王起林六人各乙兩二錢能崑山汪天一鄧世相庭漢山向□□□□□庭永和□□□鄧位泉□□□□□□宗□□□□□□芳宋□□周帝□
彭祖周李如珪宋起□□熾郎瑤□王銓□□□胡□□魏宗□□□□□士鳳□□□能寬才□□□□□政彭世臣宋□□□□□□□□□
右選饒必遠王庸德周愛□夏文光桂仝□戴□□柳□□□伯鄭□□□□□裴□□殷□儒陳□□□□□庭世達庭德□向□□□□□□向
國佐李士興陳必明王朝相龍友義□榮學□□王楊朝興楊□□□□□□□□□□羅文□□□□異士賢陳啟倫楊□□金□□□□□□王
羅興仁唐有道唐成倫羅連科陳國用楊應□羅有福羅永豐王□□□朝□□□□□□□□□□馬列金阿咬□□□□應□□□各□□羅
文□楊應春三人各九錢夏之升翟發□二人各八錢王桀士七錢王肢臣庭心士□□□殷□□□□□□□□□□七人各六錢□□□□□胡大
本梁□□庭明遠庭蘭緋庭自淑張文科張文甲曹□劉□王弼臣王維亮楊登海周天蓋張□級王忠□□□□□□□楊□雲王□□楊世祿天國恭
羅朝□楊□□陳應吉陳王氏三十二人各五錢毛松□□□□楊成明羅榮□四人各四錢□□□□□李友青□□□□□□王現文□□□陳文濤羅□
仁九人各三錢□□□□□各二錢五分李宜春陳其□□□□□□□劉望中羅□□陳應鰲羅□□□□□□□□□兩庭□秀□□倫□世□
光宗祠□□昇銀叁拾貳兩義倉公銀貳拾兩□□□□□□有年祖置船田時□叁拾兩以上銀□壹千□□□□□□□□米共羅□□□拾□□
計修建工銀捌百玖拾柒兩四錢食米□□□□灰價銀玖拾四兩用木除□□銀叁拾弍兩諸項雜□□玖拾叁兩孫□□各三錢□□□□□人乙兩
旨
大清乾隆三十二年歲次丁亥夏四月十六日穀旦平伐長官司庭紹濟□□建立

3.《永固流芳》

【基本概况】

此碑位于贵定县沿山镇石板村平寨，立于其寨石磴南岸。碑为方首，青石质地，现保存完好，高 98 cm，宽 68 cm，厚 17.5 cm。碑阳经打磨刊刻文字，书体为阴刻楷书，碑额镌刻“永固流芳”等字。碑刻为乾隆五十五年（1790）始修过河河磴时所立，主要记载平寨罗氏“明”字辈先祖目睹河流之凶险，遂倡建此石磴，亦有工固百姓相助之事。此石磴为当地通往龙里县的要道，时有马帮经此处，多为经商，亦是此地通往龙里羊场赶场的必经之路，是研究驿道文化的重要史料。

【碑文】

永固流芳

窃惟善無論大小有便于人物即為福德無分巨細
有俾於後世即為功我考平寨後山前河往來津要
原在過信車輿每遇水漲人物難過考與侄明珠明
遠明成等目擊情形讓山開路首為之倡邀衆砌磴
而閤寨又為之樂成爰將衆積公銀七兩請師修砌
外衆各捐食米供給人工　不計其數以成此舉
語云廣種福囗田善緣功　德非造千萬人往來
之益聊為數寨後世子孫之便云尔
計開捐米　工固等寨幫夫每户数名鄉有薄存
文考 三石　明貴 二斗
文海 三斗　明志 五升
明珠 五斗　成佑 五升　君祿 一錢
羅明遠 三斗　恩榮 五升　陳殿明 一錢
明成 六斗　天奇 乙斗　朝綱 五分
罗斌 六斗　天佑 乙斗　名 五分
由吉 二斗　德全 一錢
茂祥 六分
石匠 王德昭 宋士瑶
乾隆五十五年歲次庚戌仲秋月　穀旦立

【碑刻图片】

4.《功德碑记》

【基本概况】

此碑位于贵定县云雾镇茶山村谷纪关，立于其寨水井边。碑为方首，青石质地，保存完好，高166.5 cm，宽86 cm，厚19 cm。阴刻楷书，碑额镌刻“功德碑记”等字。

碑文记载谷纪时路险难行，大平土司行经此地亦叹息，遂想独担修路之事，但力不从心，幸得罗氏二人与众人商议，捐资修此路，捐资者各地皆有之。此路南可到达都匀、独山、粤西等地，为重要交通驿道，对区域间的民族交往、经济发展、文化互动等产生了重要影响。

【碑刻图片】

【碑文】

功德碑記

從來泰山不擇土壤故能成其高河海不擇細流故能成其大作善不資□□□廣其功哉茲查我屬四隅惟陟□途自平伐一□□達匀屬上下將百餘里村墟絡繹人民輻輳實為緊要之區乃巨石照巖□□署步本司因公經此每□據夫靖竭□易遠巡役行感慨深為浩歎顧百十年來仍此溪徑無有加闢此豈無一好善耶大抵亦心力不相濟耳即本司覩此險隘亦時興利濟之思奈自遠既難獨任亦□欲諉之無可如何幸得首領羅永空羅永忠二人商及於衆□特□兩踴躍往公即臨境亦贊堪恐後此可見□之所在有同好焉茲幸功已告成化崎嶇為坦蕩開山徑作康莊是亦土壤之益于□山細流之□于河海也不紀親□何以為後勸耶爰將各處捐資姓名開列於左

何德仁 耿孟列一兩二錢 耿羅氏八錢 莫廷珍一兩二錢 羅阿了五錢 羅永興二錢 羅永城一錢五卜 羅永道三錢 羅士明五錢 羅文資五錢

莫仲芳五兩 羅世哲五錢 羅世仁三錢 莫廷光五錢 雷王坤五錢 羅永祥二錢 羅興祿五錢 羅士相三錢 羅士孝三錢 羅士榮三錢

羅朝興五兩 趙阿人一兩一錢 王良工一兩 莫廷順二錢 陳世榮四錢九卜 陳文章二錢二卜 羅朝書三錢 羅阿攸四錢三卜 黃仲隆五錢 羅阿海三錢

陸文卯四兩 陳任東一兩 莫文貴一兩 莫興恒五錢 劉士仁三錢 羅永壽二錢 羅明進五錢 田□先柒錢 黃仲冬柒錢 羅世先三錢

羅國璽二兩 羅□甲一兩 莫文宇六錢 雷德坤五錢 羅友□□錢□卜 羅萬空二錢 羅永華八錢 吳阿里三錢 楊仲冬三錢 羅成隆三錢

譚君仲一兩 廖阿田一兩五錢 莫文輝六錢 羅士才五錢 羅友本三錢一卜 羅　英五錢 羅良友五錢 吳起志五錢 陳永諱三錢 孫大位三錢

彭良舉一兩 廖應元一兩五錢 莫文孝三錢 羅應廣五錢 徐天□三錢 羅□軍五錢 羅仕□六錢 吳長□三錢 羅維春五錢 楊大位三錢

吳阿再一兩五錢 廖喬妹一兩 莫文彥六錢 羅友亮三錢 羅能秀九錢 陳□□□錢 羅士志六錢 □□相三錢 楊文開五錢 王國如二錢

吳建祥一兩 廖大木一兩 羅朝動九錢二卜 譚君義五錢 陳阿□□□ 莫士□□□ 羅進保三錢 □起倫三錢 官永榮四錢 白士祥一錢□卜

吳周忠一兩 譚君華一兩 羅世登一兩 譚萬高五錢 陳萬兵□□ 羅□兵二錢 羅士□二錢 陳新□□錢 王曰富二錢 □登奉三錢

陳阿唐一兩柒錢 譚君佐一兩 羅仁堂一兩 譚君來五錢 陳□志三錢 羅□□五錢 羅永錫三錢 陳世文六錢 廖良住九錢九卜 姚昌人二錢

羅文秀 譚萬鵬一兩二錢 陳應成一兩 譚萬清六錢六卜 羅永興二錢 羅世立 羅永宗三錢 羅□月二錢 廖保十五錢 楊榮和三錢

羅朝兵五錢 羅　丘五錢 羅　韶五錢 羅　申 羅朝顯二錢 羅建光五錢 李運奇五錢 李□發二錢 廖登連四錢二卜 吳永德六錢

羅文負 陳世用五錢 林六錢 起城四錢

羅文健五錢

匠人宋志元

莫時興筆

大清嘉慶伍年仲冬月 穀旦 立

5.《修土地庙碑记》

【基本概况】

此碑位于贵定县德新镇宝山村上岩组，上岩寨为苗族村寨，居民能操苗语，现有一百多户人家。碑高 32 cm，宽 77.5 cm，厚 12.5 cm，立于其寨后山坡头土地庙内，镶嵌于庙墙上，无碑额，无碑座，阴刻，保存完好，碑体较小，记录了当地百姓捐资修庙的情况。碑文中亦有僧侣集团参与捐资修建的内容，说明佛教在当地有一定程度的传播，现土地庙已损毁，无人修葺。碑刻涉及姓氏较多，捐资多以宋姓牵头，而其他姓氏尾随其后，为苗族。

【碑文】

謹將馬路山一路導
神祠各衆姓樂助功德銀
兩開列於後
計開　馬輝明一錢
肖定惠二兩　宋宗初一錢
宋廷德四錢　董尚仁三錢
宋廷申三錢　藍廷彩二錢
劉回珍伍錢　李玉英一錢
王金勝一錢　李汝云一錢
唐士發一錢　龍大有一錢
宋廷泰一錢　悟　元二錢
藍义秀一錢　盧天倫五錢
盧天相一錢　陳　文四錢
陳良開五錢　宋廷寬□錢
楊　連五錢　楊　發一兩
宇居堂回龍山納錢
廣　憲二兩　洪　彌五錢
洪　寬五錢　洪　亮五錢
洪　倫二錢　永　行一錢
募化僧
嚴　世助銀二兩
唐成忠陳大永二錢
嘉慶十三年　四月　立

【碑刻图片】

6.《万古不朽》

【基本概况】

此碑位于贵定县盘江镇兴隆村大烂冲组，立于邱氏祠堂前。碑高 110 cm，宽 65.5 cm，厚 11 cm，碑阳经打磨过，刊刻文字为阴刻，碑额镌刻“万古不朽”四个大字。碑移动过，碑阴无字，保存完好。

碑文主要记载邱禾实后人于嘉庆年间修建祠堂时的捐资情况，此寨全系邱姓，为汉族。捐资人除了邱氏族人外，亦有罗姓、韦姓、史姓、莫姓、金姓等，且有少数民族参与其中，说明邱家在当地声誉较好，得到了众姓的支持，民族关系融洽。碑中还记载了僧侣的资助，或说明邱家与当地僧侣有较好关系。嘉庆后，邱家祠堂又于光绪九年（1883）重修，现基本保存完好，堂内供奉邱禾实墓志铭（复制品）。

【碑文】

萬　古　不　朽

廣嗣庵艮五兩魯師夫五尺
邱逢年　乙兩八錢
邱德觀　乙兩乙錢四卜
邱直方　七錢式卜
邱全淙　六錢□四錢式分
羅應方　四錢八卜
邱德秋　三錢六卜
邱德海　三錢六卜
邱德興　三錢六卜
邱成元　三錢六卜
邱德令　三錢六卜
邱德隆　二錢二卜
邱德明　二錢五卜
邱全福　二錢二卜
邱德峻　二錢四卜
史元章　八錢四卜

邱德彩　乙錢二
邱德盈　乙錢
邱德廣　乙錢乙卜
邱德洪　乙錢
邱德深　二錢四卜
邱德安　乙錢二卜
邱德由　乙錢二卜
邱德遠　乙錢八卜
韋正仁　乙錢二卜
韋天秀　李必榮
韋如瑩　金老三
阿　邦　苗老二
袁子明　老　王
莫南義　乙共各五分
魯老大
金老三

大清嘉慶十六年六月　吉日　立

【碑刻图片】

7.《太平桥碑》

【基本概况】

此碑位于贵定县德新镇蓝家寨寨尾，立于坡脚皂荚树下土地庙旁。碑高 82 cm，宽 67 cm，厚 8 cm。碑为蓝家寨村民修桥时所立，由蓝、张二姓带头捐资修建，桥呈拱形，保存完好，现仍在使用。为方便当地耕作及放养牲畜，遂建此桥。碑阳凹凸不平，可能未经打磨便刊刻文字，为阴刻，碑额镌刻“太平桥碑”四个大字。蓝家寨之蓝姓据当地人说前为苗族，后逐渐演变为汉族。

【碑文】

太平橋碑

碑記匠士刘朝　頭人藍　張洪宗

藍朝進 興　藍廷彩 英　盧天倫　藍廷芳　孫永壽 志　夏榮祖 一百七　周世榮 一百四 林 五十　陳檜　刘盛儒　馬見　孫賓　柏尚和　藍文成

藍廷玉 二百二　藍登明 朋 共九十　藍義成 成發 共一百　張明富 貴　彭志才　盧天相　刘思□　藍義賢　宋士有　藍廷元　馬輝貴　藍成一　古受中　藍廷貴　宋士科　嚴陽 三十　洪寬　□

三人各一百　高尚功 一百五　楊士敏 一百　班紹元 肖　班林 □　楊士海 偉　陳明得 遠　大順　楊春榮 茂

道光三年二月初五日立

【碑刻图片】

8.《芳名□□》《万善同修》

【基本概况】

两通碑刻位于贵定县昌明镇良田村栗寨，立于仁寿桥北岸路坎下。两通碑为道光五年（1825）立。右边碑碑高 118 cm，宽 63.5 cm。碑文为修桥之序言及捐资情况，方首，砂石质地，碑阳经打磨后刊刻文字，阴刻楷书，碑阳镌刻有文字，有两字不清。碑文序言中主要记载修桥之原因，碑左原刻有众姓捐资情况，但因碑质问题，碑阳大部分风化，遂不能辨别，实属遗憾。左边碑高为 137 cm，宽 69.5 cm。碑文主要记载修仁寿桥众人捐资情况与捐资姓名，涉及姓氏众多，且不止一寨之人，捐资最多为三两，最少五钱。两碑都有碑帽，碑侧均有护石。

【碑文】

芳名□□

竊惟莫為之前□寨□□□□□後雖盛豐行如仁壽磄地處僻隅原非扎要然人跡絡繹

不絕道[窮]□先人昔年□□□□經修延□□□□□磄旅已圮圖圮如不□□□

□□□□圮不惟有負先人之雅意□□□□□友之善緣於爰集□同人共商其事

共代□□先人之□□□□先人之勸助承親人不棄相助十餘金約照舊規桓加

助修整不不逾月而落成□□日而告竣雖非□等善□善述尤見□友志同德同心也

是為序

道光五年秋月 穀旦 立

萬善同修

金□□ 余□欽 金代萬 金袁氏 孫培英 楊覲光 朱廷燦 劉先全 余化龍 袁聖友 楊萬先 文星壽 宋毓璪 胡光德 蒼立言 陳應壽 詹忠林 金代倫 金代本

以上各式兩 以上各助壹兩伍錢

□□□ 田□應 張三友 宋毓性 宋正興（一兩五） 文天錦 宋翠 鐘大業 徐祖貴 盧興邦 傅佐朝 劉秀云 陶隆陞 宋董祁 金代仁 羅亨乾 羅正先 羅正倫 羅應祿

各助銀壹兩式錢

□□□ □□□ 盧興海 黃本心 張華全 孫遠本 孫元本 蒼立仁 龔國珍 傅大秩 傅大維 馮上斗 假文富 施政 馬廷杰 章文清 羅維高 向思餘 楊宦佶

各助銀壹兩

金□□ 楊□興 □□亭 羅朝□ 羅國□ 胡相居 袁富本 宋毓班 黃茂柏 王全忠 王永達 湯萬祥 王勝禹 余銘欽 唐年通 唐萬邦 史琴書 李啟明 艾尚元

各助銀壹兩

□□□ □國發 徐茂陞 龍國恭 金代□ 金榮□ 孫多林 郃成富 段文魁 鄧慶才 宋才林 羅正翠 羅天吉 羅天慶 張思文 劉大燾 向忠富 陳宗善 □希風

各一兩各八錢 以上各助銀六錢

□□□ □□□ 羅朝發 田宗文 詹忠乾 傅佐邦 劉思啟 謝光乾 陳德信 金榮宗 羅必順 金代玉 羅必玉 劉積堂 袁德舉 □映閏 金代乾 金代□ 余鑑欽

各助銀五錢

□□□ 袁勝乾 羅正鳳 王□猷 金代恩 王勝宗 宋吉元 宋慶元 徐大祥 湯萬云 王志玉 金榮慶 文天福 張思興 張繼清 周良位 □德□ 黃茂槐 李百年

各助銀五錢

【碑刻图片】

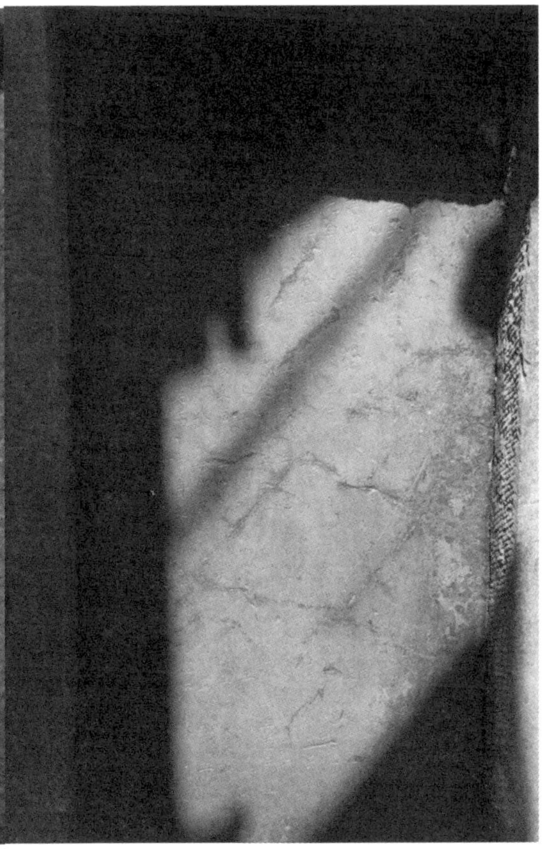

9.《毓秀峰》

【基本概况】

毓秀峰碑记共五通，位于贵定县沿山镇星溪村晓寨，其中三通为晓寨百姓士绅捐资建塔的情况。此寨百姓均为罗姓，现改为甘姓，为布依族。尺寸分别为高 49 cm、宽 59 cm，高 45.5 cm、宽 59 cm，高 49 cm、宽 59 cm，所捐银两多少不一，碑末载有塔基转卖情况，犹如契约文书，塔分为三层，于 1968 年时因历史原因被破坏，只留下底层，后于 1994 年重修。

【碑文】

兹將捐資姓名開列於如左
羅　顯　六兩
羅　斌　六兩
羅　才　各　六兩
羅齊慶　六兩
羅齊開　六兩
羅賢登　六兩
羅齊富　助　四兩
羅齊雍　四兩
羅世貴　三兩
羅夫申　三兩
羅齊登　銀　二兩
羅其勳　二兩

羅登美　錢一千二百
羅起林　錢二千文
羅永後
羅齊考
羅起明
羅登海
羅登明
羅起秀　八百文
羅齊興
羅齊山
羅齊空
羅齊連
羅起元

羅登級
羅登品　各錢四百文
羅品萬　二百文
眾上公銀　十兩
所有此塔地基連山坎樹木係羅齊登
賣與眾寨價銀四兩五錢日後任□□
人栽培竹木不得後悔砍伐特勒於石
永存遵照
匠士　羅珍
谷理有　等
道光十四年穀旦立

【碑刻图片】

10.《寿星桥》

【基本概况】

此碑位于贵定县盘江镇马场河村红岩组，立于寨尾古桥桥头上。红岩寨居民多系布依族，以雷姓为主。据雷氏家谱记载，当地雷姓为李姓改姓而来，碑高 115 cm，宽 67.5 cm，厚 26.5 cm。此碑现保存较完好，但碑阳部分有风化现象，亦有缺损。碑为方首，碑座为裸露于地表的大石，碑经过打磨刊刻，碑额镌刻“寿星桥”三个大字，青石质地。

碑文记载了修桥之原因。因溪水阻隔，过往行人“望洋兴叹”，在募首雷国材的倡领下，众姓纷纷捐资修建。此桥系当地当时通往龙里县的要道，对两地的交流起到重要的推动作用。

【碑文】

寿　星　礄

大清道光十四年歲次甲午季秋月　吉旦　立

蓋聞善者人之本忠者國之梁古之君子有大道必忠信以得之用吾有一小□

昧仁人君子造成小礄已數十年[吏]焉乘之而安樂於道光十三年此溪屬水處（層）

懷礄梁覩先人之善果崩嵬人人極目旁觀尋思豈無一人繼前人之功德乎□

是以尋敢伸出募化四方仁人君子助成重修善果以便往來免溪水之阻滯人人得

而過之尋倘沾四方好善千古永垂萬人處幸甚

募首雷國材　匠士　陳元鳳

韋祥發

黃家新 錢五百　韋步青　楊時臻　羅　秀　王國□　韋鳳啟　羅　正　黃振敬　韋鳳武

百　三　各　百　二　各

錢二百　唐興隆　毆國順　楊□典　楊時秀　顏祈奐　顏向氏 米二升

各　二　百

鮑錫璠　周如□　莫登相　羅同□　陳天佶　楊石科　王正舉　劉占榜

各一百五　各　一　百　二

米武順　唐興禎　陳永先　項　陳永性　志　羅　春　羅同盈　申　羅永青　周志馬　米武□

各　錢　助　二　百　各　一　百　□

雷　震　德　雷有剛　恭　雷國良　英　姜宏仁　劉永貴

各　一　百　二　各一百

眾寨人等

各　短　工　二　人

【碑刻图片】

11.《代明桥》

【基本概况】

此碑位于贵定县盘江镇长江村龙潭口处，龙潭口为地名，非村寨名。此地有溪流流经，地势较为险峻。此碑位于溪流山崖崖脚下，为道光十七年（1837）众人捐资修玉成桥时所立，后更名为代明桥。前因此桥为洪水所侵没，在当地乡绅罗汉鼎的组织下，众姓募捐重修。此碑与木老寨“万善同缘”碑时间相差四年，两碑捐资姓名亦有重复。碑因立于崖脚处，避免了风吹雨淋日晒，至今保存完好。碑阳经打磨后刊刻碑文，阴刻，碑额镌刻“代明桥”及立碑时间等字迹。有碑座，现已被泥土掩埋。碑高 130 cm，宽 66 cm，厚 9 cm。此桥现已毁，不见踪迹，古驿道仍在，因无人行走，荆棘密布。驿道狭小，马车不能通，只供行人及牲畜驮运货物通行。古桥曾是当时连接洛北河一带与马场河一带的重要交通枢纽，对两地区域之间的经济交往、民族互通、文化交流等起着重要作用。

【碑刻图片】

【碑文】

道光十七年　代明磶　四月十五立

蓋聞作德者心逸休為善者昌乃浚如龍塘口先有玉成磶因先年洪水湮傾往來憂艱鼎欲獨任優為
力有未逮今除本人捐募化　仁人諸公而磶重成遂更名代明磶直與日月運行容光久照
歷亘而不朽焉耳謹將諸公姓名開列於左　募首羅漢鼎捐艮十兩

陳德榮艮二兩五錢　陳熙俊錢一千一百文　宋云　罗光虛四　柳鳳芝五　罗光云各　王成富各　雷有恭各　劉渙錢二百文　宋孝坤錢一百二十文
秦子德艮二兩　王明興錢一千文　宋廷俊　柳春違百　柳春芳　劉應貴　柳鳳兰　雷有德錢　蔡賢臣錢一百五十文　姚叢五十文
王先品艮二兩　秦德成艮六兩　李崇　夏連科文　黃榮百　藍阿卧　宋廷坤　罗賢富一　向維品　胡孝礼　萬賢良艮三錢
彭為賓　黎德新錢一千文　宋廷倫　宋孝富各　周德隆文　金阿章　柳鳳鰲　宋國林百　劉壬中　萬賢臣艮二錢
羅光璧各艮乙兩　劉洗　李全　宋孝周　李天龍　黃廷朝錢　柳应成　周德厚五　陳中　黃老元　匠師林祥貴 李天龍
涂秉鳳　楊欣榮　李盈　林國安　彭國勛各　黃和　吳正國　罗文孝十　向正發　募首黃文登助艮五百文
劉開科　徐榮財　史有章　陳士興錢　林文富　黃廷安　朱武魁錢　羅文保文　黃廷業各
史思清錢一千二百文　呂文順　陳孝開　史際和　宋庭富　陳天佑三　柳应魁　劉四各　陳元吉錢　匠師陳正龍錢二百
徐科元錢一千一百文　宋永年　罗正才　柳春光　宋廷樹錢　雷正　罗思孟　劉和仁一錢　庭趙妹　黃起元錢四百
林祥貴艮七兩　罗福海　庭啟成　柳春搖三　宋廷彩　罗永貴　罗思孔　宋相林百　向正貴六
楊在仕以　陳熙云　黃鵬　罗正乾　彭國相　雷玉榮百　向維富　林文蔚二　陳榮
陳正品上　宋孝宗各錢六百文　劉淬　姚在有　滕自孝三　雷有富　罗福寬　陳銘　陳僕十
李迎春　趙富元　劉占科各錢五百文　雷國相百　柳鳳金　雷玉珍　陳業一　王勛各　魯國文
李永春各　唐連發　劉仁各錢五百文　文以德　劉發仁　罗正　劉壽仁　庭啟貴錢　黃廷貴文
周德寬錢　唐連違　林國先錢四百　秦德礼　封渭賓百　罗秀文　劉壽□　姚再華　向維貴各
李芳一　徐文龍　罗永五十文　宋德新文　王樹錦　夏連升各　姚希成　黃德云一　魯國業錢
彭大用千　趙貴相　劉德成各　邹起發　蒙廷貴　王永鳳一錢　戴相級　向正富百　黃廷選五
王先文　趙代隆　劉裕仁　周德富各　唐連興　文有倫百　周德遠　劉培仁　黃漢十
羅以沛　袁德有　劉登仁錢　周德升　罗以鮮文　王成才文　姚在富　馬鳳先文　黃廷春文
周德美錢　鐘福昌百　楊世勛錢四十文

12. 渔洞村《永兴桥》

【基本概况】

此碑位于龙里县与贵定县接壤的三元镇渔洞村渔洞寨，立于永兴桥头上。碑为方首，青石质地，现保存完好，高 147 cm，宽 67.5 cm，厚 29 cm。碑阳经打磨刊刻，为阴刻楷书，碑额镌刻“永兴桥”三字。当地居民主要为布依族，以罗姓为主。此桥为当地罗姓承建，是当时重要的交通枢纽，时有马帮经过此处往龙里、贵阳经商，亦是通往贵定的重要交通枢纽。碑文记载建桥之缘由、承首人、捐资人及捐资情况，捐资人不只当地百姓，亦有其他地区之人。

【碑刻图片】

【碑文】

永　興　橋

滋來山河自有大小之攸分人事不缶後人之相繼如玥等住居河邊新寨蓋大小河相交之此
也大河者固源泉而不舍小河者轉小溪之易過耳乃雲臺以下山窮水險每歲之洶湧波濤指不
勝屈凡本境之有事於西疇者不妨暫立而待其涸迨自三元橋落成而後他鄉過客不辭繞道維
艱咸思安瀾有度無如來之殷者屢逢濁流偶漲頓至此而中止羅長子思録目擊心傷即向玥而
請曰彼岸大橋男既與衆共謀此中小橋男欲挺身承辦舉數年與弟分居外之存積約計壹百餘
金願傾囊以修之玥善以示之曰善哉善哉汝其勉哉更承前次同人欣然樂助宗族親友概然好
施於是興工起造甫二月而成功庶事之後先交為冠勉河之大小共底平康願此橋梁垂諸久遠
實玥之深幸也是為序

承辦橋務羅成玥長男思録捐銀壹百零陸兩次男思琨捐銀拾兩八錢　唐萬福艮一兩
協辦橋務羅成瑋錢五千文　韋澤盛銀二兩　匠士　羅思讓
助募張登堂錢一千文　羅華春　錢五千文　羅成錦五百文
貴州新添營新安汛總司廳萬春華　銀壹兩
徐崇信艮五兩　羅　繪錢八百文　羅□貴一千一百文李為清
徐廷楊艮五兩　徐廷芳錢一千文　汪起榮八百文　羅思實
羅成懋米壹石　韋運發艮壹兩　羅文寬艮四錢　陳登福
羅思聰錢二千文　羅克先錢一千文　太堡廟米壹斗　岑致信
羅思利錢一千四百　羅光斗銀五錢　項清才米二斗　李況達
羅名杰錢一千文　羅光璧三錢　韋澤奇米壹斗五升韋運富四百文
徐學粹銀五錢
各五百文

韋祥發　陳文謝　羅成業　羅成華　羅思誠　李正孝　李必思　李正有　羅成瑚　羅成敏　羅思遠
各米一斗

陈正光　陳正榜　羅思儒　莫登有　張必際　□文成　羅起蛟　羅起相　羅成奎　汪有基　羅中才　汪□顯　李必興
各三百文

趙代興　趙代貢　趙富顯　趙富連　趙富豪　趙富全　李為光　羅思田　羅文高　陳必善
各二百文

張登解　陳士剛　陳文章　王世倫　羅成坤　羅思計　張必男　張登庠　陳登斋　羅世清
各二百文

羅文斌二錢二　羅文光二錢　李正綱　張登就　楊廷榮　張登侯　羅成剛　莫必凡　趙富乾　趙富智　岑正渠　岑正揚
各五百一　各二百一　各一百文

陳登閣　張登元　張登漢　陳登相　莫思遠　莫思倦　陳士坤　張登武　張登福　陳登煥　陳必萬　陳華山
各一百文

羅思寧　羅思全　羅思元　羅思者　汪有涵　陳必文　陳致井　羅美璧　韋大倫　莫登即　莫登才　陳清溥　張必春
各一百文

王文治　張必乾　一百文
莫登伍　陳登□　各五十文
陳登德　□登孝　米二升

道光十七年　丁酉歲　八月　吉日　立

13.《太平桥》

【基本概况】

此碑位于贵定县盘江镇兴隆村卡榜寨，立于此寨寨口处。碑高 81 cm，宽 51 cm，厚 11 cm，方首，青石质地，碑阳未经打磨直接刊刻文字，楷书阴刻，碑额无刻字。碑体保存完好。碑文简单，内容仅“太平桥”三个大字，落款时间位于碑阳右侧。

【碑文】

大清道光十八年五月初二日立

太平礄

【碑刻图片】

14.《福德桥》

【基本概况】

此碑位于贵定县德新镇光明村小光比寨，立于其寨对门山半山腰土地庙内。碑为白棉石质，高 180 cm，宽 74 cm，厚 6.5 cm。碑阳经打磨后刊刻文字，阴刻，碑额镌刻“福德桥”三个大字。碑侧无护石，现保存完好。

修建此桥是因此地每遇洪水则路难行，此桥是当时向南通往贵定县城，向北到达平越州的重要通道，此桥亦系连接村寨之间的重要交通枢纽。捐资以当地杨家为首领，杨姓在当地为大姓，汉族，碑中涉及姓氏众多，有汉民参与，亦有少数民族捐资。

【碑刻图片】

【碑文】

福　德　礄

聞之王道平乎是不僅在一途而途未始不宜然焉如小光比之栗樹坡古道也往來行人上不僅省順堡下不盡甕餘湄興奉洪
水橫流所推朽者不少欲依舊路則攀躋無由要修新路乃依楊府之業愚特依門央告幸　楊府發仁懷概然準修全不
取分毫愚既成特將同善姓名開列於後　宋辛祁　張必谷撒塘衆寨出錢二百文
何學翰錢三千　宋　進錢六百　楊金焯　劉紹享　黃正本[各]　王在興　楊正洪　戴登魁　余起祥礄木四根
宋希儀錢二千　宋　治錢六百　楊金彥　各　戴登貴[各]　黃文魁　李　興[各]　藍文開[各]　熊閏興[各]　曾士貴礄木二根
張其峯錢一錢　陳尚連錢六百　祝士品　賀起華　楊金縣　陳德華　楊通鳳　龍大有　宋富元礄木三根
施廷俊錢一千三百二　宋通違錢六百　陳國順　二　宋富光二　楊金表　一　黃提士　一　李興發　一　董貞一　一　楊崇林礄木一根
朱能仁錢一千　僕廷才錢六百　曺國賢　羅正崗[文]　楊　采　彭星朝　祝天賜　董紹川　曾士諒礄木一根
徐林茂錢一千　宋　塏錢六百　鄒起福　文　楊文明　楊　堡　羅文元　楊通學　宋崇祁
徐占文錢九百　封士聰五十錢四百　鄒起林　董紹朱錢　雷文安[文]　封廷有　蕭景光　蒼治國[文]
熊有光錢七百五　楊金俊錢四百　鄒起發　錢　王心一　黃正富　鄧長春[文]　李朝榮[文]　張玫魁
楊澤遠錢七百五　楊從先各三十　鄒起安　侯應芳　三　李玉朝　錢　王金勝　宋口祁　劉連秀　錢
張其祥錢七百五　羅文美　錢　楊文才　二　王有福　祝士謨　董連仙　錢　史書賓　錢　阿寶茄
胡巨川錢七百五　李士貞　四　梁雲集　楊　墩　百　周之柯　董紹永　王福元　侯應富　一
楊芳友錢七百五　李士澤　百　劉應貴　付廷顯　錢　祝天華　一　倉三元　余尚志　楊正餘
楊鳳翔錢六百　陳應先　五　王蓋臣　百　楊金普　一　祝天順　楊嘉林　一　龍起金　一　楊通鰲　百
祝士鰲錢六百　羅文漢　十　馬明清　楊　坵　楊金斗　百　阿比着　陳德洪　王德元　五
楊金裳錢六百　楊必達錢四百　黃必能　張　璧　百　周吉榮　侯喬保　百　黃必耕　百　唐德元
楊　瑩錢六百　羅文舉錢三百　四十　戴大方　文　付登鰲　五　史在魁　五　劉裕俊　雷正明　王化深錢一百
楊文清錢六百　侯正舉　五　王士龍　五

大清道光拾玖年八月初陸日立

首領修士　楊金富出錢三千三百文　楊春林出錢二千八百文

15.《马海塘碑》

【基本概况】

此碑位于贵定县沿山镇石板村平寨，立于平寨大桥路坎下，碑原立于河道边上，因担心洪水摧毁遂移此。碑为方首，青石质地，保存完好，高 101 cm，宽 85.5 cm，厚 14.5 cm。碑阳经过打磨刊刻文字，阴刻楷书，碑额镌刻“马海塘碑”四字。碑文记载平寨祖上的相关传说，后人为纪念此传说，修坝护之，修建堤坝亦有利于农业生产等事业。

【碑文】

馬海塘碑

馬海塘何由昉也蓋自　世祖應宗公於大明天
啟二年授定番州遊擊職四年升叅將職既而觧
組歸田避暑於此日見馬三浴海中奇之問居人
竟無是馬始為神卜之言因築堤護之為祥
瑞且命曰馬海塘迄今數百年於兹矣闔族皆
公之後裔復捐資築堤以承先志使後世知馬海
塘之所由來也敢云記乎哉
謹將合族捐資開列於後　羅 □　壹百文
羅名書　四千四百文　羅承鐘　六百文
羅葆光　八百文　羅　柒　四百二十文
羅瑾光　三千文　羅　瑋　三百三十文
羅燦光　二千三百文　羅　琭　三百文
羅祥光　二千一百文　羅承寵　三百文
羅觀光　一千七百文　羅　理　二百五十文
羅　瑜　一千三百文　羅　玟　二百文
羅承燉　一千文　羅　璠　二百文
羅　魁　九百文　羅　蔭　二百文
羅龍光　九百文　羅　春　二百文
羅德光　一千一百文　羅承燾　二百文
羅　登　八百文　羅承維　一百三十文
羅承輔　七百文　羅世賢　一百文
羅承芳　七百文　羅承椿　一百文
羅承贊　七百文　羅承官　一百文
大清道光屠維大淵獻歲震節望日立

【碑刻图片】

16.《封火塔》

【基本概况】

此碑位于龙里县与贵定县接壤的三元镇渔洞村三元桥旁，为封火塔碑记，碑镶嵌于封火塔上。碑为方首，青石质地，阴刻楷书，现保存完好，高 40 cm，宽 100 cm。碑文主要记载当时当地人不爱惜纸张，随意使用乱丢。当地读书人徐廷杨提倡修建此封火塔，主要用于焚烧废弃的纸张。捐资人多为当地布依族先祖，对研究汉族文化在当地的传播与发展具有重要参考价值。

【碑文】

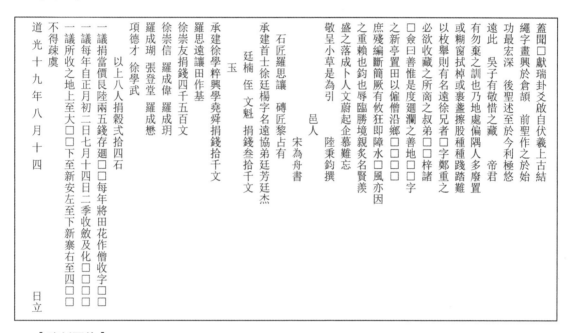

蓋聞□獻瑞卦爻啟自伏羲上古結
繩字畫興於倉頡　前聖作之於始
功最宏深　後聖述至於今利極悠
遠此　吴子有敬惜之藏　帝君
有勿棄之訓也乃地處偏隅人多廢置
或糊窗拭棹或裹盞擦股種種踐踏難
以枚舉則有名遠徐兄者□字鄭重之
必欲收藏之所商之叔弟□□梓諸
□僉曰善惟是度廻瀾之善地□□字
之新亭置田以僱僧沿鄉□□□
庶殘編斷簡厥有攸狂即障水□風亦因
之重賴也鈞也辱臨勝境親炙名賢羨
盛之落成卜人文蔚起企慕難忘
敬呈小草是為引　陸秉鈞撰
邑人　宋為舟書
石匠羅思讓　磚匠黎占有
承建首士徐廷楊字名遠協弟廷芳廷杰
廷楠　侄　文魁　捐錢叁拾千文
玉
承建徐學粹興學堯舜捐錢拾千文
羅思遠讓田作基
徐崇友捐錢四千五百文
徐崇信　羅成偉　羅成玥
羅成瑚　張登堂　羅成懋
項德才　徐學武
以上八人捐穀弍拾四石
一議捐當價艮陸兩五錢存廻□□每年將田花作僧收字□□
一議每年自正月初二日七月十四日二季收斂及化□□□□
一議所收之地上至大□□下至新安左至下新寨右至四□□
不得踈虞
道光十九年八月十四　日立

【碑刻图片】

17.《万善同缘》

【基本概况】

此碑位于贵定县盘江镇长江村木老寨中学左侧古驿道路坎下。木老寨，汉族村寨，以柳姓为主。此碑原埋于地下，为残碑，碑脚部分已残缺，因修洛北河中学时泥石掩埋而损坏。残碑高 111 cm，宽 62 cm，厚 12.5 cm，圭首，出土后，经清洗，残留部分字迹仍清晰可辨。碑阳经打磨后刊刻，阴刻，碑额镌刻“万善同缘”四个大字。

碑刻中相关姓氏分布情况：姚姓主要在洛北河寨，刘姓主要在龙窝，陈姓岸城寨亦有之，汪姓卡戎亦有，向姓在江边瑶，密腊司有宋、周、鲍等姓，翁搞有朱姓，张姓亦可能来自其他地方。

此地是通往贵定的重要交通古驿道之一，碑记是修要道之桥梁所立，驿道前临洛北河，此处有渡口，北岸百姓前往贵定需经渡口、行驿道方可到达，人们多前往贵定赶场互市、买卖等。

【碑刻图片】

【碑文】

萬善同緣

蓋聞帝君有云造我萬人中來之礄脩數百里崎嶇之路予等不能也敢安□□□□□
好而功募□□者脩之缺艮者補之永以濟人物而已是序今將善士姓名□□□□

□□□助錢一仟　南山寺超本助一仟文　黃　和
姚在文　黃文登　黃永新　丁仁豐　刘怀仁　姜洪桃　張□□　□□□
黃遠朝　魯國興　庭啟成　謝思壽各錢二百　刘恩仁　于恒汪　吴□□　□□□
刘成仁各錢二百　柳鳳芝　友文　宋貞初　刘德發　呂同茂　吴□□　□□□
刘秉仁助錢二百　柳鳳早　庭老二　周如意　刘存仁　王連陞　何大椿　□□□
王明興助錢八百　刘國仁　黃　榮　宋家彥　五　江合興各錢二百五十　張　有　何大樟　□□□
姚在華　刘裕仁　周德龍　周如柱各錢一百　刘德全　張永年　何大榕　□□□
秦子德各錢五百　刘德成　友　柳鳳來　十　刘芳仁　陳永祥　何大材　□□□
姚在李助錢壹仟　周鎮東　魯國貴　姚在位　刘授仁　倪光廷　何大棫　□□□
許耀廷助錢伍佰　汪朝寬　向維富　姚在寬　刘洪仁　史之夆　何大权　□□□
喻陳章　汪朝定　陳　榮　張照友　刘發仁　佘正安　何大模　□□□
柳風全　宋發祥　陳老二　柳子云　刘　淬　姚同發　何大梅　□□□
刘登仁　龔翁正德　陳二妹　柳子文　刘從仁　邱成芝　魯德成　□□□
竟　先　柳春先　陳　榮　柳鳳鰲　黃廷賢　吴鳳美　魯正府　□□□
鮑錫璠各錢三百　唐興普　陳　謨　罗有福　楊炳其　王漸達　李王清　□□□
刘粮仁　唐興相　陳元吉　蔡賢臣　陳　鰲　王　興　邹士發　□□□
王光品各錢二百　馮廷用　刘芝仁　文以臣　陳子賢　柳思文　周大姚　牛□□
柳春達　朱武魁　胡李礼　向正發　李根相　唐國友　罗□□
黃　朋　姚在富　周朝相　向正貴　張文鳳　姜興樹　□□□
柳鳳金　姚在榮　周朝欽各錢一百　向正富　吴處雲　刘占鰲　罗友□
黃廷安各錢二百　姚在友各錢一百　庭啟貴　楊　堌　劉占品　何萬□
黃苗昧　秦王遵　唐興昭各錢一百　張文□
陳　明　陳　鑑　□□□
汪文珍各錢一百文　刘德普各錢一百

大清道光二十一年十一月二十四日　立

18.《永垂不朽》

【基本概况】

此通碑刻位于贵定县德新镇宝山村落尾掌，立于落尾掌原渡口南岸崖脚处。碑为青石质地，有碑座，现已没于地下，碑侧无护石，碑阳打磨光滑，阴刻，碑阴无刻字，碑额镌刻“永垂不朽”四个大字。此碑保存完好，字迹清晰，高 204.5 cm，宽 90 cm，厚 12 cm。

此碑记载了当地百姓募资修船、建渡口、渡人及买田土供渡夫生息，让其无偿渡载过往之人之事，由落尾掌、红岩两寨宋、莫等姓组织募资。此渡口是当时贵定北地、南地之间互相交往的重要枢纽，向北可达省城贵阳，向南可至粤西等地。嘉庆年间，当地士绅也曾捐资维系渡口，后因经济问题难以维系，才于道光时重新募化。碑刻涉及姓氏众多，其中有富家有贫人，亦有文人墨客、僧侣等。渡口对两地的经济发展、民族往来、文化交流等有着重要影响。

【碑刻图片】

【碑文】

永　垂　不　朽

龍煥廷一兩二錢

序

帝君垂訓曰造舟楫以濟人渡陰隲之文人敬信而奉行之特以千金之裘非一狐之腋所能成也吾鄉紅岩河路當孔道自昔未有舡渡凡遇大雨時行過

有滅頂之凶至嘉慶年間有莫宗嵐趙國明陳連達宋士燦等昌為舉募化親隣得銀三十餘金除造舡外餘銀二十四兩分作三股莫宗嵐宋士燦領銀

一十六兩生息至道光十一年買戴相品小猴見田一坋山土一幅價銀二十七兩六錢又買戴相儒田一坵價銀一十九兩招募渡夫除存留生息以為

造舡之費每户春秋二季給以糧米一升尚且不敷渡夫糊口因向過往之人需索分文遇空乏者多有延遲時刻阻滯前程殊不合議今歆草夫舊弊是

必益以口食一旦而處增其田業事屬艱難力有不逮是以同心再募與宋德崇買煤炭窑之田一坋土一幅合價七十五兩因所募不敷落尾掌紅岩兩

村人等同心公議將先年所買之猴見田照原價變賣與宋德元合前後二次始得如數以與宋德崇立契交價遂將此業交與渡夫耕食永作義渡無論

往者來者不費貲財皆得利於涉川履險如夷則是昔日之田雖去仍存今日之田有增而無減也然既興利又必除害戒爾招招舟子慎勿比之匪人每

至戌時將舡栓鎖勿使梁上君子得以乘便於深更至今善果雖成善念未著若不紀其姓氏雖有美而弗彰故又勒碑刻石垂諸久遠凡所募化四方

仁人君子姓字流芳於百世功德不昧於千秋竚見善降祥獲福無量俾世遠年湮之後猶可想見同結善緣之意云耳

陳大興領銀八兩生息當陳清燦之田一十四兩　陳福興

楊在仕四兩　代相謙各　周德厚各　明盛宗五錢李　崇　韋占鰲各　黃進有　陳大方　莫與鰲　□□明　陳田榮　史成章

楊孝信三兩　代　烽　莫宗親　宋孝鳳各　宋士祥各　□世鴻　宋成祖　莫玉春　班世孝　趙世隆　莫宗發　陳連清

彭維賓三兩　周德寬助　李永春　宋孝榮　史之德　黃與林助　宋廷林　宋朝冠　莫宗蘇　趙用福　莫宗天　莫長毛

方天祿三兩　彭國動　李　芳　宋孝舜助　史福章　宋德進　宋廷興　羅世應　莫與高　莫與達　羅老七　莫愛情

羅漢鼎二兩　劉大剛銀　李　臺助　宋德應　林國先助　宋德俊銀　班國順　陳大容　莫玉英　莫望明　班大振　莫興紅

宋德芳二兩　莫宗敏二　李　全　周宋氏　林文龍　宋德新三　陳大化　陳德壯　莫玉祥　莫與才　羅孝深　莫興力

史際和各助　施嗣發　史品金　周德美銀　林國富　宋德昭　宋德隆　羅萬隆　莫與金　莫長情　羅　情　陸大受

代相吉銀一　宋松林兩　史有章　陳紹英　陳名賢　宋朝位錢　宋德明　□□二　莫宗福　僧永發　陳起發　劉國清

彭起蛟二兩　宋廷彩八錢　史明章銀　陳大璠四　陳天華銀　羅至和各　宋德玉　彭國發　莫宗與　羅世鳳　黎元具　劉國高

宋德政各　宋廷俊各　馬輝燦　莫其當　陳天賜　龍德成助　宋德文　彭大德　班國鄉　□□棋　陳德千　羅大雍

宋孝明助　李　盈助　代相仁　班　先錢　陳必華　龍德昌銀　宋孝先　周紹礼　□□成　陳大清　陳連富　莫興愛

宋孝詩銀　宋孝奎銀　僧廣福五　宋廷隆各　黃起萬　韋士槐二　宋孝開　周紹發　班世明　陳德配　陳大安　陳天貴

宋孝玉一　陳德理六　宋孝惠　宋孝宗助　代相位三　趙　發錢　莫宗盛　宋德純　陳天富　陳德柱　陳大考　陳大坤

宋士和兩二　陳德章錢　宋士成　宋成林銀　落尾掌宋孝禮　宋德元共　代相楊　彭大發　林　春二錢　莫喬富　陳大緯　陳大祿

李迎春共銀　莫宗受五錢　宋德安　宋監林三　募宋孝固　宋德銀　宋廷樹　羅福中三百　陳啟生一錢　劉士有　班國亮　陳世爵

宋德崇一兩　丁魁元錢　代相奇錢　首莫宗永　莫宗華八　勒碑洒水修路共銀二十三兩餘　馬　烈一錢五　班國文　陳起孝

紅岩莫宗乾錢　莫與宅兩　畫字銀二兩三錢　周德遠一錢五分　班士魁五分　彭　冕　羅應相

所有當賣合約老契共六張交莫與宅掌　宋孝應二錢彭國珍錢二百　代相元一錢　彭大行共二錢　陳大苗

莫宗會二錢彭大中一錢　彭大坤　紀　共二錢　班世品

大清道光二十五年二月二十四日　立　彭大凱　往　共二錢　班世隆

唐顯達五錢　羅福章五錢　陳大福五錢　馬清兄弟共錢一千　共三錢　陳天敬各五分

19. 《仁寿桥》《永垂不朽》

【基本概况】

两碑位于贵定县昌明镇栗寨，立于仁寿桥北岸路坎下。

仁寿桥碑为方首，石灰石质地，碑阳经打磨后刊刻文字，阴刻楷书，碑额镌刻“仁寿桥”三字，有碑帽，碑侧亦有护石，碑高 154 cm，宽 71.5 cm。碑文记载栗寨商旅往来、农耕生产都需经仁寿桥，桥毁坏后于咸丰年间重修，捐资情况均见于碑上，亦有土司、县事人员等参与。

永垂不朽碑，高 135 cm，宽 71.5 cm，方首，青石质地，碑阳经打磨后刊刻文字，阴刻楷书，碑额镌刻“永垂不朽”四字，有碑帽，碑侧有护石。碑阳部分有风化现象，保存较完好。碑文主要纪录众人捐资修桥的情况，捐资人姓氏众多，且活动空间范围较广，捐款数量不等。

仁寿桥碑记共有五通，四通为清代，一通为民国。清代道光、咸丰年间各两通。民国年间碑记因被屋基挡住，碑文遂难以抄录。

【碑刻图片】

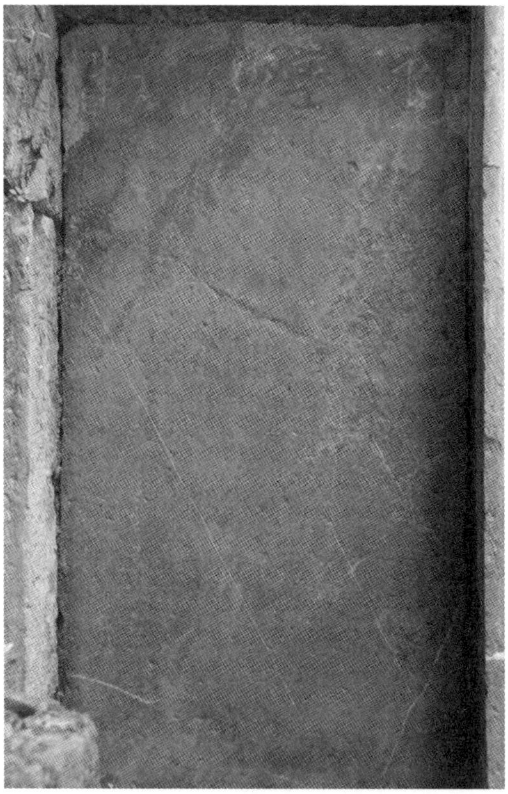

【碑文】

仁壽橋

大清咸豐四年秋月吉旦　[立]
原夫栗寨岔河舊為商本□年經□因好善者□□則□并[鑿]險水則□
杠為[梁]自麻峽以至且蘭上下百餘里[具]成坦道[過]行故茲□□山溪□
為往來要路□斯溪水每遇風[搖]浪□□處[裳]□行若值雨驟波騰區
多白崖而返行等用是[木]忍[方]□而有所橋之□伏以行用浩終恐□□
迨因欲止者數次□鳩□□□諸修任以□力則難資以[難]緣□□□□
勉竭棉[布]外敬□於平□樂善□□君子□承解帶相資□襄□水[傾]□
以助利涉大川暨雨霧工竣復於偏嚴之橋亦後先□舉噫□□□□□
虹形□□峙□□善□萬緣欤[列]即[銀]成一□從此□□雁齒[出]適長□
□□竭□□名留芳百世爰樂而為之序
貴□□貴定縣新添長官司宋文炳捐錢壹仟文貴定縣歲士侯□倫正堂郎□□□□□
□□□□李大成捐錢拾式兩□四分□□炳中捐銀叁拾兩□□□□□□□□□□□
□□□□□□光□捐銀叁拾柒兩□四錢□□□□□捐銀式拾式兩□□□□□□□

永垂不朽

袁□樂　楊□桂　金代魁　金代昭　徐紀述　唐德昌　王元林　宋廷起　張德厚　梅春歧　張德芳　彭貞顯　庭啟華　向之官　李其榮　謝成舉　何顯爵　王勝文　□□錦
七錢五　各六錢　以上各四錢　以上各助三錢

□德琨　□成云　□□□　楊□□　□□□　傅□昭　龍恩朝　徐紹椿　徐太益　胡永富　胡亨祈　羅運高　謝家駒　羅玥　□□珍　羅朝中　張子和　金榮先　□□翠
以上各助三錢

唐□惠　陳□驊　□子良　□□伏　□□□　□□□　劉德□　羅以燦　肖除元　黃茂盛　黃茂松　章金貴　向士朝　宋明祈　李啟洪　張宗全　張□全　金代惠　□成本
各三錢　各□□錢三　以上各助二錢

袁勝斗　袁勝祥　唐遇秀　唐遇松　□□貴　□□成　金代□　金代培　金代松　李世安　金世林　金代舉　宋有林　宋廷保　覃尊先　羅必遵　宋品　蔣富國　羅成絞　樹成榮
以上各助二錢　各一錢五分

龔德安　羅正本　□□□　金榮祈　羅起華　金榮輝　金代光　金代興　金代義　金代清　金榮貞　馬洪陞　范培銀　樹德枝　羅慶云　陳祖徐　徐太階　楊文明　羅必賢　金世雷
各一錢五　各助三錢　各一錢三　以上各銀一錢

袁世相　袁勝錢　金代學　金代庚　金代周　金榮現　金成才　金榮興　金代科
各一錢　以上各助銀一錢

金代信 一錢六　陳義鰲　金代成 各二分　李秉坤 五分　王金恩 式錢　劉思周 三錢　李起和 一錢一　金榮法 一錢五　陳希朝 一錢　艾文清 一錢五

袁□全 五錢　宋陞祈 二錢　唐遇林 三錢　蒼立愛 三錢　金榮富 三錢　劉禮顯 三錢　袁正林 五錢　劉開泰 一錢　金世林 二錢　王秀發 一錢五　黃士忠　黃士賢 各一錢二　陶萬順 五錢　金世□ 四錢　徐大美 一錢式　金榮敏 式錢　金榮祥 一百文　羅必煥 一百文

戴祖妹 三十文　楊□倫 一錢二卜　金榮周 二百文

20.《□芳磴记》

【基本概况】

此碑位于贵定县沿山镇石板村工固牌坊下。碑为方首，青石质地，高 130 cm，宽 84 cm，厚 15 cm。碑现已残泐为两部分，且碑阳风化严重，大部分字迹难以识别。从残留字迹看，碑文主要记载当地修筑过河石磴时众人捐资的情况，亦有平伐长官司参与出资。

【碑文】

□芳磴記

□□丑秋上臺有□捐助□□□之示生邑督辦出力我沿河數村勉捐不遑投□條□□□□□
捐宗佑□會偶與□□□父老言曰我鄉以貧故不能多捐少助餉今小□行往來歲行者若出之
□脩□□□□便□乎命曰善乎哉斗米百錢想我吾脩或□數□果不雨（兩）□□□餉之
□□永竣□□云吾鄉之貧未始此吾鄉之幸也貧而好善亦吾鄉之樂也晨時其生如此□□
平伐司主米五斗羅桂山乙兩五錢羅魁凡乙兩一錢六分羅登相柒錢庭文□六錢三分
劉政奉
□□□ □□□ 宋鑑各 庭啟澤二千文 羅承宇六百九十文 羅□文一百九十文
□□□ 宗□五錢五卜 庭中桂二 庭潤有六千文 宗禮一百六十文 趙開修六百文
□□□ 羅永祿三錢 羅宗勳錢 趙世富一千一百□□□ 羅明玉乙千文
□□□ 登奉一錢四卜 □景林各 □□臣各 □□□ □□□
□□□ 槐各 □景孝二 □□□ □□□ □□□
□□□ 羅承恩三 □盛凡 庭□□一 □□□ □□□
□□□ □錢 羅浴亭百 王士夜百 □□□ □□□
□□□ □□□ 光前文 志恒 □□□ □□□
□□□ □□□ 辜紹煥米五斗 □□文 □□□ □□□
□□□ □□□ 尤科各 □□□各 □□□ □□□
□□□ □□□ 明□□ □□□ □□□ □□□
□□□ □□□ □世□ □□□乙 □□□ □□□
□□□米□斗 □□□□ □□□ □□□
□□□二十五□ □□□□ □□□ □□□
□□□ □□□ □□□ □□□
咸豐四年□□□□十月吉日立

【碑刻图片】

21.《威远营碑记》

【基本概况】

此碑原位于沿山镇石板村河背寨威远营上，因各种原因，此碑已无存。此碑文于河背寨罗郁富老人家中访得，碑貌已无从知晓。碑文主要记载咸丰年间匪势猖獗，当地百姓居于水火之中，在当地士绅罗朝文的倡导下当地人民向省府申报修建营防，于石盘山建营，是为军事防御性工程，对捍卫当地百姓生命财产安全产生了巨大作用，营盘由四部分构成，有各自的功能。

【碑文】

蓋聞護國佑民村居樂土保民而望以備災也嘉慶年間匪勢猛狂
直滋道光年代因此羅朝文字達齋本籍居民多愆愛盡多難民居
於水火之中無藏身之處申報於省府臺照驗都督實達查落謹訂
於石盤山建營一所以衛民生於咸豐元年開建於野民力之居攻
築城營以來招安全費輔佐鳩工用石壓打成料石而砌成共築城
營三層炮臺營二是忠烈宮觀音寺三是人民居住四是牲畜居住
五是軍營内二層是懸巖石壁敵不可破鋭而莫催以供後之達念
兩廟豎於其頂以鎮貔貅謂曰威鎮黔疆故名威遠營此則城營之
遠同也

首人
羅朝文　羅文峯
劉美廷　吴大椿
羅榮美　羅恒光

大清咸豐乙卯年　十月　二十六日　立

22.《重修土地祠碑记》

【基本概况】

此碑位于贵定县德新镇新场村长坡脚，立于其寨土地庙旁。长坡脚主要有苗、布依、汉等族杂居，布依族一直居住于此地，陈姓、张姓均为布依族。此碑为方首，青石质地，现保存完好，高 99.5 cm，宽 59.5 cm，厚 14.5 cm。碑阳经打磨后刊刻文字，阴刻楷书，碑额无字。

碑文记载了重修土地庙的原因：因咸同战乱，百姓流离失所，土地庙也难逃一劫，后战乱平息，遂重建，由当地人出资修建。碑文亦记载不同时期修土地庙的情况。

【碑文】

重修土地祠碑記

且夫書有曰靡不有初鮮克有終此雖言人之行事有然即凡建造興工應無不有然也□□
創始者固屬維艱而守成者亦復不易定邑北鄉長脚自道光十九年衆姓□錢又捐谷處
心修建土地祠一所祠前栽植樹木以便行旅往來休息之處除修祠外復以所捐之谷做
積　神會一脚積趲數年遂置有田業數頃每遇　菩薩壽誕衆姓來祝或封羊或宰豬無不
各飽　神惠而去意喜　神固因人之誠敬而始靈乎人亦緣　神之庇佑而獲福也奈咸豐
乙卯苗教披猖同治癸亥定城失守人民逃散田土荒蕪　神之不安於享獻與人之不得而
享獻乎　神者殆十數年於兹矣迨同治戊辰克復定城衆姓回歸故土有會中弟子張正發
六人者不肯蹈有初鮮終之戒而欲踐創造守成之說邀约衆會清理所欠賬項所當田業一
一斟酌出來重新整飭依舊還圓是前此之整興及亂後之頹廢俱無從置辦矣
天下事雖謂不在人為也哉在會芳名及所置田坵數銀而并泐諸堅石以誌不朽
□一道光二十五年六月初七日得當劉開先冲門首麻窩田三坵價銀七兩二錢□銀色每
年幫劉姓干差錢五十文因光緒七年劉姓田花未抙壬午年衆會耕田　一道光二十七年
六月初七日得當陳正興新莊寨康横頭麻窝田一坵價銀五兩二錢五分□銀色每年幫陳姓
干差四十文　一道光二十八年六月初六日得當史書庚舊院門首史姓坟面前新開小
田一坵價銀四兩二錢六分此田係荒多年　一咸豐元年十一月十六日得當陳得光大寨
灣門首濫田冲坎上麻窝田一坵價銀四兩五錢九六銀色每年帮陳姓干差三十文
一光緒八年張鳳芝贖取　神會之碎榜田田價銀四兩五錢衆會執掌
建碑之日衆會弟子憑神面議日後有人贖取田價銀兩所
剩銀錢米谷定要積趲每年恭逢　菩薩壽誕之期敬　神
神佑人人發科達若有隱瞞不得昌盛

張以榮
衆會弟子　張以成　張鳳翔
劉開先　張正發
陳正興　陳得光

光緒八年六月初六日立

【碑刻图片】

23.《荣升桥》《一品桥》

【基本概况】

荣升桥为通往贵阳府所经驿道上的拱桥，为李春山承首，众姓捐资修建，当时此驿道经顺天桥后，便过此桥，桥现已毁。此碑已断为两部分，内容较简单。碑拼合后高 118 cm，宽 65.5 cm，厚 13 cm。一品桥亦为李春山承建，旌表节孝捐资，碑文反映此时女性参与公益事业的现实，且这些女性都受到了旌表。碑高 133 cm，宽 71.5，cm，厚 9 cm。

【碑文】

榮陞橋

光緒戊子李芳森承首

劉鳳雲承首出銀乙兩

陳庭氏

湯吉仙出銀四兩修路橋

清之己亥劉長青書立

一品橋成於光緒戊子年是

周庭氏

聖旨旌表節孝宋庭氏貞孝雷玉貞

曹庭氏

四位同助李芳森拜題書立

【碑刻图片】

24.《顺天桥》

【基本概况】

此碑为顺天桥碑刻群中顺天桥碑记，碑位于贵定县云雾镇大塘村桥头寨了迷河南岸。碑为方首碑，青石质地，保存完好，高 180 cm，宽 112.5 cm。碑阳经过打磨后刊刻文字，阴刻楷书，碑额镌刻“顺天桥”三字。

碑文记载当地士绅李春山主持修顺天桥之经过。集众人之力，顺意天心，耗资四千余金，人力近万，用时五年此桥得以造成。了迷河之顺天桥下通闽广，上达滇黔，为当时交通之枢纽也。此前李春山既修飞云桥等四座桥，其功德无量也。此桥对地方经济的发展、文化的传播、民族的互动等产生着巨大作用。

【碑刻图片】

【碑文】

順天橋

雲濤混混孰誇蹈海之能雪浪滔滔疇恃馮河之勇雖方舟之可駕陷溺恆憂即一葦之能沉淪足慮何如盡人
功以為玉壘無勞駕返臨河順天意以造銅梁不致車停問渡有如且蘭邑之了迷河者下通閩廣厲揭維艱上達
滇黔口須弗便倘非輿梁之作安憑羈旅之征用建虹腰始自道光時年在戊申月在丁巳爰立鰲背成于鉄厰堡
張公大受夏公澤宣怎奈石脚弗堅猝然壘砌兼以水經至陡俄爾傾頹由是望洋而嘆者萬千人莫敢首倡義舉
蒸涉而嗟者數十載無從再建良謀惟芳森李君非必擅潤屋之資而公忠邀衆賞未嘗有同袍之助而信義素
為人欽建飛雲橋修鎮風路改福山道作了迷船貧者尚樂施而何論乎富有遠者猶喜佈而奚問乎近鄰是以善
果速成善心彌固因慨然倡造橋之奢願不畏艱作駕石之洪圖遑辭辛苦閲五載餘之寒暑經營無間須臾費
四千餘之鏹金出入無虛用度丙戌興役庚寅落成三十二丈之横腰輿馬欣其坦蕩二丈四尺之踩面客商喜其
寬平集腋成裘固為需乎人力依方設短實自順乎天心願茲永慶安瀾駿德等河山之壽互存砥柱鴻功同金石
而堅不勝為森兄幸焉是為序　　　　　　　　槐三弟楊連元謹撰
竊聞知禮者度德而處見機者量力而行以半生駑鈍之材為千古萬全之事稍諳世故詎不憚其難哉然而事有
莫己者如了迷河一帶黔廣通衢前蒙諸路樂施因建飛雲橋設了迷渡修補數十里之崎嶇開通千餘丈之道路
事可乃己無如舟子難招且乏工食至以濟人為事日昃弗遑究方便之長策也森因是恩之且熟思之夫世
之解衣以衣推食以食者固大有人安知不慨發囊金作了迷河渡橋立不朽之德耶乃商之於張君桂五炳南星海
李君西園松泉潤生宋君鶴軒興濟書田邱君作夫篤生步雲周君在田定邦王君觀光治平庭君守元粹章余君
澤遠表亭吳君厚堂譚君介卿樂君榮之龔君清臣李君開邦陳君良卿楊君槐三徐君相九鄒君禮堂毛君敬亭
曾君藝園厲君壽亭諸良友等僉曰是舉善矣然必多方勸募可也森罔顧德力可否竟仔其肩外幸各郡
名公鼎力囊贊内幸森之表兄劉在山總理各務森之胞弟李芳榮照料一切森親張一堂協辦各項森友陳奇湘
代買米糧曾有蓉出力搬運徐德超下苦辛勤自光緒丙戌年興工庚寅年落成凡五歷寒暑費四千餘金兼前修
飛雲橋貞女橋連後造榮升橋一品橋共成九拱乃得視履有考祥之吉臨河無返駕之憂雖為人力之協實得天
心之順也否則沙深式丈水高百尺費不過千金之多用未足萬夫之力即得岩底而下石脚奈雨雪彌月谷價昂
貴雖有捐助入不敷出倘思退步人不協力以順天心何克臻此是以縷晰呈明
學憲陳　　　　　　　錫其橋為順天云　　　　　　　　　　　　春山李芳森謹敍

25.《千秋不朽》

【基本概况】

千秋不朽碑为顺天桥碑刻之一，碑现保存完好，方首，青石质地，高 167 cm，宽 79 cm。碑文为阴刻楷书，碑额为阳刻。碑文记载官民共同捐助此桥，有都匀府正堂、独山州正堂、平越州正堂以及各地百姓等。

【碑文】

千秋不朽

都匀府正堂曾銀二兩　獨山州正堂吳銀一兩　平越州正堂楊銀一兩　平越州游府張銀五錢

李振林　胡仁和　楊廣元　余給周　余發遠　余選青　羅光桂　羅河清　□尚章　□□賢　張榮春　張大材

以上拾貳名各捐銀拾兩正

李順樑　□存□　梁樹楓　王鴻記　簡此清　張應祥　陳守清　楊澤科　陳禮文　劉光遠　錢步主　趙□芳

以上拾貳名各捐銀弍兩正

高大倫　曾起才　孔樹犄　秦廣華　黄庭高　雷學高　陳明舉　陳湘杰　陳建勳　戎全章　聞正欽　謝朝柱　孫秀昌　孟金元　吳松照　吳奎桂

黎吴氏　余德培　徐長興　簫文彬　吳瓊芝　莫矜相　莫可稽　鐘　杰　金　桂　雷紹榮　聶昭明　龔海雲　熊應全　魏興邦　李順仁　陸文章

以上兩排總共叁拾弍名各捐銀壹兩正

尹澤忠　尹澤政　尹則順　王啟瑞　龍昭春　陳玉豐　彭祖才　孟興來　金國珍　劉嶽英　楊開奇　楊學斌　饒慶祥　鄧永雍　張若色　毛似龍

以上總共壹拾陸名各捐助銀陸錢正

石元亮　易正貴　宋洪福　朱士貴　王恩煦　王承杰　譚錫柱　孟興富　鍾於彤　成至大　林恒發　吳進標　胡始泰　王龍章　馬為良　江海廷

以上排總共叁拾陸名各捐銀伍錢正

李玉光　姜世校　文光台　游澍勳　張懿銓　龍福全　曹金吉　王俊傑　王永昌　黄德仁　鐘首俊　黄起元　鄭樹槐　吳發周　陳洪發　張秉心

以上排總共叁拾陸名各捐銀叁錢正

王承富　王承統　王承玟　王承勳　王承餘　王承福　王雲煥　王秉興　王治体　王治開　王治歧　王治有　王治忠　王恩照　王恩永　王恩佑

吳可佩　吳洪慶　吳世恩　吳世美　李發妹　李春和　李文才　李招弟　宋賓才　宋登禮　鐘於順　張一誠　張世明　譚玥明　何廷揚　劉登雲

上弍排三五東承掛叁拾弍名各叁錢

陳起海　艾起風　幡泰和　楊　堯　李政應　李樹成　龍昭鳳　龍昭福　龍昭貴　陸成祥　張玉發　楊宗佩　唐□忠　莫秉龍　何廷榮　梁以福

上下叁拾弍名乃係羅勝全承首幫掛

李祥禎　周明德　徐定基　劉松茂　羅應金　王炳奎　王士坤　王志猷　羅宗兵　羅宗耀　羅佩廷　羅廷□　羅如竹　羅芝茂　羅啟芳　羅啟后

【碑刻图片】

26.《官绅功德》

【基本概况】

此碑为顺天桥碑刻之一，方首，砂石质地，高 150 cm，宽 81.5 cm，碑阳有大面积风化。阴刻楷书，碑额镌刻“官绅功德”四大字。内容主要记载官绅同助修建此桥。

【碑文】

官紳功德

欽戴花翎即補清軍府署聖□正堂齊陸兩
晉封夫人誥封淑人署獨山州正堂齊肆兩
欽加同知銜督辦獨山釐局即補縣正堂彭五兩
李永和捐銀壹百兩 羅廷榮捐銀壹兩弍錢
李榮順捐銀壹百兩 羅榮魁捐銀壹兩弍錢
徐萬順捐銀壹百兩 胡悅來捐銀壹兩弍錢
羅雲章捐銀弍兩
文蘭階捐銀伍兩
張時桂捐銀伍兩
武上興捐銀伍兩
羅光廷捐銀伍兩
周維倫捐銀叁兩
程錫恩捐銀叁兩
羅開元捐銀叁兩
艾元林捐銀叁兩
饒蘭盛捐銀叁兩

黃津和 岑明祥 田吉順 黃世隆 劉文發 劉□富 孔廣□ 袁休□ 徐希賢 王福源 舒興隆
上以拾壹名各捐銀弍兩

李興□ 張子□ □為柯 殷文□ 黎□□ 羅□□ 袁□□ □□□ □□□ 鄧□□ 陶升發
上以拾壹名各捐銀壹兩

藍翎即補縣正堂齊捐銀弍兩
貴州即補巡政廳王捐銀弍兩
羅芝富捐銀壹兩弍錢

石忠全 何雲山 鄢品先 張世春 莫宏發 □□□ 李忠善 王治元 王治清 王宗烈 □□□ □□培 □萬順 周學玉 周秀峯 周開甲
龍共進 艾元春 陳桂榮 陳桂秀 蔡國勳 唐志修 劉國恩 劉文富 楊雲 余士洪 宋洪順 宋光明 郜肖奎 陳全壽 鄒義順 吳舜臣 劉元興
上以弍排共通叁拾肆名各捐銀壹兩正

杜永清 張□傑 僧本松 江順凌 蒲迎春 劉起元 李□□ □□□ □□福 張廷海 張海奎 熊煥坤 熊順奎 黃雲祥 黃應元 周大元 周學春 蔡德洪 蔡□章
胡成童 羅德魁 唐明勳 黎起芳 莫芳芝 石正興 蕭起勝 鄧國珍 龍德中 龍大興 朱清芳 謝鴻禧 楊復茂 金國順 徐邦治
上以弍排総共叁拾肆名各捐銀伍錢正

蔡連和 饒裕豐 曾萬和 杜江海 劉洪盛 黃發順 莫流芳 莫如賢 曾傳忠 朱興賢 夏寶臣 羅守倫 胡正隆 孫枝清 楊應魁 楊萬盛 文星元
上以共拾柒名各捐銀肆錢正

賈登魁 楊秀林 楊廷魁 黃雲光 黃成香 聶恩湛 馬文貴 石韋春 汪榮和 蕭連魁 包王章 鄧金龍 胡正清 張義善 桂國鄉 陶升榮 文詩建
此壹排以上総共柒拾名各捐銀叁錢正

【碑刻图片】

27.《欲广福田》

【基本概况】

此碑为顺天桥碑刻之一，高 144 cm，宽 94 cm。碑为方首，青石质地，阴刻楷书，碑额镌刻“欲广福田”四大字，碑阳部分有风化，大体保存完好。碑刻主要记载各地乡绅和百姓捐资情况，捐资银两在拾两到三钱之间不等。

【碑文】

欲廣福田

徐定開銀拾兩　胡開相銀拾兩　胡家良銀拾兩　胡坤之銀拾兩　魏明智銀拾兩　陳作霖銀拾兩　薛□庭銀拾兩　楊連元銀拾兩　李連陞銀拾兩　陸維綱銀拾兩　厲以綱陸拾兩　義合生伍拾兩　張聊芳叁拾兩　張聚奎銀拾兩　安維相銀拾兩　岑世揚銀拾兩　夏要光銀捌兩　李利貞銀捌兩　劉俊仕銀捌兩

鐘岑舉　楊□□　張在全　董順昌　唐芝坤　陳斯明　陳昌睿　李坤培　李思槐　朱瓊林　王朝思　王朝榮　賈定源　黃長源　黃□高　黃進文　劉廷勳　庭文學　□覺榮

以上共拾玖名各捐銀壹兩伍錢正

楊培善　□□□　□□成　方士釗　阮才位　許鐘嶽　袁懷先　夏維炳　夏維坊　夏維垣　夏源泰　曾壞敏　劉應祥　袁文祥　陶廷義　方正榮　王慶祥　林□倫　劉□吉

周發元　周復謙　周慶靈　陳志州　陳再興　陳有位　陳永榮　陳發銘　覃順科　李芝元　覃体惠　廣正安　楊其盛　楊□芳　姚培禧　余曾祐　賈應科　賈定楨　龍□□

□□□　孫先坤　孫全友　焦□□　范　三　蔡榮秀　蕭發漢　雷光順　雷世朋　雷世友　雷海山　鐘□□　黃世恩　黃濟仁　羅　正　羅寶軒　羅世榮　羅天賜　羅德貴

鄧慶釗　鄧榮興　雙□□　傅松亭　黎照書　張欽聖　張成林　張維城　張福盛　鄭　銘　何士進　何士朝　何士謨　何盛興　譚清棣　葛奇才　曹玉才　史聚豐　馬文泰

以上肆排芳名共有柒拾陸名各捐銀壹兩正

方國賢　方澤賢　方澤沛　蕭順清　蕭星發　張啟清　張啟順　楊紹槐　楊時中　楊時元　楊紹有　楊芝才　周□藝　周澤楨　羅宗漢　羅文必　羅裁縫　羅蔑佐　羅□□

林忠烈　黎文貴　徐學儒　陳文遠　杜池氏　蕭石氏　潘邱氏　黃任氏　□金氏　黃李氏　梁李氏　左李氏　鄭何氏　楊羅氏　趙羅氏　資正興　譚世銀　賈斗金　賈中祥

潘世臣　向永興　文紹儒　柏大椿　杜廖氏　李邱氏　冉彭氏　吳張氏　石龍氏　余柳氏　曾顏氏　鄒蔡氏　任尹氏　王汪氏　王石氏　謝王氏　夏王氏　羅漢臣　羅福壽

以上叁排芳名共有伍拾柒名各捐銀叁錢正

【碑刻图片】

28.《万古长存》

【基本概况】

此碑为顺天桥碑刻之一，碑高 171 cm，宽 97.5 cm。碑保存较完好，方首，青石质地，阴刻楷书，碑额镌刻“万古长存”大字。碑文主要记载官民、士绅捐资修建此桥，官员身份涉及空间较广，有广西庆远府、贵州贵阳府、云南广南府、四川等处官员，以贵州境内官员为主，民间则有士绅、百姓等。

【碑文】

萬古長存

廣西倖滿慶遠府經政廳石助銀叁兩
廣西慶遠府宜山縣正堂秦助銀叁兩
廣西慶遠府思恩縣正堂李助銀肆兩
特授貴陽府貴定縣正堂李榮杰拾兩
特授貴陽府貴定縣教諭王之珍叁兩
世襲大平伐正長官正堂宋廣順拾兩
前任江西大主考陳大人老夫人拾兩
欽加花翎候選知府正堂楊維藩拾兩
欽加道銜授雲南廣南府庭中杰伍兩
簡放提督兩任都匀協鎮洪主笙式兩
特授新添營平伐汛戎府張樹清式兩
特授新添營谷壤汛部廳王之賢壹兩
陞用游府荔波營中軍雷□□聲壹兩
同知銜四川補用縣正堂魯塑銀壹兩
大桃二等候選儒學正堂盧振德壹兩
特授思南府務川縣教諭樂度銀壹兩
留滇総鎮音德本巴圖魯陳魯瞻叁兩
賈堯臣助銀肆兩　羅士塑銀肆錢
賈定銘助銀陸兩　王秀山代化拾兩分刻
賈翰章助銀叁兩　羅士吉銀式兩
三人幫化進伍拾兩業以分刻

羅元良 陳奇藻 李萬興 郭廷模 何光裕 黃先忠 錢步青 蕭定銘 韋炳杰 周玟 王來聘 王朝開 李廷來 滕雲樵 康宗政 陳合利 周家祥 徐天受 鄧國俊 吳文周

以上芳名共式拾名各助功德銀叁兩正

孟芳至 周正元 賈國賢 余曾茂 羅心田 羅光璠 龍廷輔 龍廷周 陳奇林 李玉林 汪泽海 楊宏金 楊地培 蔣開元 合孝忠 姚大順 艾正元 艾連貴 艾連中 袁登全

以上善士共式拾名各捐功德銀壹兩式錢正

譚均奇 熊應祥 黃瑞圃 彭萬順 邱永興 邱廷惠 夏啟順 夏登瑞 夏登逵 何潤 羅正 羅士美 羅能安 羅定安 羅起新 吳大賓 鄭毓林 顏体順 厲以良 朱明才
劉俊翠 劉光炳 周德才 羅恩當 羅恩佑 羅宗文 孫開雲 夏大才 庭啟祥 李維福 李春和 趙世元 趙有福 徐嗣誥 劉大孝 張在恩 周正 支闌友 胡玉洸 邹礼林

以上式排善士共有肆拾名各助功德銀陸錢正

王咏金 左定龍 □志選 何良玉 楊土林 楊登爵 楊正榮 楊時萬 楊時茂 李文才 李光漢 陳奇昌 皮子成 張天培 曾有貴 王道煦 李德潤 周良顏 梁以寬 彭臣佐
馮治堂 雷應興 唐思忠 孫法祖 孫昌祖 王文魁 王九蓮 聶宗慶 聶宗權 羅輔臣 羅登雲 金鳳鄭 莫永銓 張起鳳 吳紹脩 陳中山 姚茂林 劉榮華 登孝洪 徐登祥

以上式排芳名共有肆拾名各助功德銀伍錢正

朱正興 袁明瑞 滕金鰲 謝佐才 羅渭清 杜熊氏 唐劉氏 施池氏 冉方氏 黃彭氏 徐胡氏 高王氏 陳楊氏 葉馮氏 唐有餘 陳培禧 陳澍堂 劉國奇 林風山 童永奎

以上善士芳名共有式拾名各助功德銀式錢正

【碑刻图片】

29.《节孝善果》

【基本概况】

此碑为顺天桥碑刻之一，高 146 cm，宽 115 m。碑为方首，砂石质地，碑阳大部分风化，字迹较难识别。此碑与其他碑刻的不同在于捐资人全系女性，或说明清末女性参加公益事业建设的人数逐渐增多，可说明清末女性社会地位的转变。

【碑文】

旌表節孝雷吳氏助銀拾兩
旌表節孝雷金氏助銀拾兩

節孝善果

雷毛氏助銀拾兩
廖楊氏助銀拾兩
龔邱氏助銀拾兩
龔何氏助銀拾兩
陸李氏助銀拾兩
周顏氏助銀拾兩
陳庭氏助銀拾兩
何范氏助銀伍兩
龍黃氏助銀伍兩
蔣雷氏助銀伍兩
胡車氏助銀伍兩
吳盧氏助銀伍兩
旌表節孝劉莫氏助銀伍兩
旌表節孝龍王氏助銀伍兩

文肖氏
鄧吳氏
陳羅氏
雷朱氏
龍李氏
周雷氏
周□氏
□□氏
□宋氏
□□□
龔王氏
梁王氏
郭王氏
杜王氏
范張氏
杜張氏
姜金氏

上以之節孝共拾柒名各捐銀叁兩正

黃龍氏
黃胡氏
黃鄧氏
毛石氏
鐘雷氏
周楊氏
劉冉氏
□□氏
□□氏
□□氏
王邱氏
王蔣氏
吳趙氏
龍劉氏
龍衛氏
莫黃氏
石王氏

上以節孝共拾柒名各捐銀式兩正

馬向氏
庭馬氏
庭李氏
陳李氏
蒙李氏
艾張氏
何劉氏
胡夏氏
楊□氏
□何氏
庭汪氏
賈□氏
陳賈氏
陳庭氏
楊庭氏
楊代氏
王吳氏

余邱氏
金劉氏
陸汪氏
宋劉氏
宋吳氏
張楊氏
張趙氏
□□□
張王氏
張宋氏
張陳氏
張魏氏
熊楊氏
熊劉氏
萬□氏
曹何氏
馬米氏

林劉氏
徐劉氏
龍劉氏
劉張氏
雷張氏
高張氏
□張氏
□張氏
文黎氏
胡黎氏
趙鄧氏
龍□□
□杜氏
周王氏
□牆氏
黃熊氏
林吳氏

上以叁排節孝伍拾壹名各捐銀壹兩正

李樊氏
李桂氏
曹顏氏
馬蔡氏
劉董氏
余□氏
鄧羅氏
譚岳氏
戢傅氏
戢劉氏
吳周氏
岳吳氏
甘氏氏
文鄭氏
胡黃氏
衛黃氏
龍黃氏

上以節孝共拾柒名各捐銀柒錢正

曾謝氏
李馮氏
羅李氏
吳李氏
文李氏
謝甘氏
謝孫氏
方雷氏
鄧黃氏
屠楊氏
袁葉氏
陳何氏
陳沈氏
陳徐氏
朱徐氏
宋蔡氏
陳甘氏

何岳氏
方孫氏
龍□氏
雷周氏
李黃氏
李周氏
林陳氏
張文氏
唐鄒氏
熊陳氏
胡□氏
楊辛氏
劉文氏
樊丁氏
王栗氏

上以節孝叁拾式名各捐銀伍錢正

【碑刻图片】

30.《须凭心地》

【基本概况】

此碑为顺天桥碑刻之一，高 147.5 cm，宽 73 cm。碑为方首，砂石质地，阴刻楷书，碑额镌刻“须冯心地”四字，碑阳风化严重。碑文主要记载众人捐资情况，捐资数目较其他碑少，亦能反映百姓参与修桥的积极性，侧面反映此桥对人们生产生活的巨大作用。

【碑文】

須凴心地

邱成霖
邱永培
邱□□
王□□
王□熙
吳仁杰
許重銓
李維楨
陳奇順
姚國順
庭啟芳
唐應龍
周廷拜
周啟和

以上壹拾伍名各捐銀伍兩正

李延□
李□□
□□□
□□□
羅國光
羅神申
黃金聲
王李氏
何興清
鄂祥興
吳德沛
周應富
周起□
□□□
□士順

以上壹拾伍名各捐銀式兩正

邱永清
邱永隆
□□氏
□□□
□□氏
李王氏
李忠心
李忠良
李維岐
羅森堂
劉□順
劉廷□
□□□
□□□
□□□

吳廷杰
張德福
張德隆
□□□
朱自道
朱錦坤
朱錦帶
王文軒
王源昌
王義昌
蔣之茂
方□溥
胡雲山
葉□之
毛□忠

莫玉五
宋登義
張連義
羅連義
鄧應科
鄧起明
劉大端
庭紹璋
庭啟林
賈啟坤
譚士林
趙世耀
董廷勳
陳洪順
陳□章

以上肆拾伍名各捐銀兩式錢正

劉德儒
徐恒生
余廷棹
余廷輔
楊通芳
楊通海
羅拜銀
羅應豪
雷應發
鄧天祥
羅澍章
羅開榜
羅第勳
蒲慶昌
萬厚光

莫世榮
陳星熙
邱玉春
栗炳雨
槐耀興
周宗應
周履端
李正芳
賈崇德
左連榜
孫欲桂
胡成章
向聚昌
韋布榮

以上善士叁拾名各捐銀伍錢正

羅國恩
羅懷高
羅宗壽
吳成發
陳上文
羅正光
宋恩熙
鄧大有
雷應鴻
柳宗昇
余有才
黃德勝
陳望高
劉銀鳳
何廷順

羅聖章
羅明章
羅洪洲
羅登舉
羅登貴
羅得達
羅得權
羅得明
羅得勝
羅得鐘
羅得踴
羅勝揚
羅天秀

以上式拾捌名各捐銀叁錢正

【碑刻图片】

31.《顺天桥记》

【基本概况】

此碑为顺天桥碑刻之一，为顺天桥碑序之一。碑高 95 cm，宽 71 cm，厚 10.5 cm，方首，青石质地，阴刻楷书，碑额无刻字，碑现已断裂为两部分，平躺于地上，但碑文基本能识别。碑文主要记载修顺天桥之经过。

【碑文】

蓋聞風之積也不□不足以負大翼水之積也不深不足以泛大舟善之積也不宏
不足以成大義而善之大者莫如修數百年崎嶇之路造千萬人來往之橋夫人知
造橋之為善不知造不可少之橋乃為善人知造橋不可少之橋為善不知□不可少
而不易成之橋尤為善今了迷河者上通省垣下至獨山兩廣來往官商人所由
□途冬季涉水者尚可寒裳每遇春間臨河幾經返駕□須無舟子之呼恆夏派
頂慷慨懷濟川願頻歎汪洋不有山梁驅馬者何以悠悠而往牽牛者何以源源
而永乎□之人有建此橋而旋願□有欲修而不果者誠以工用浩繁非一二人所
能□且非一二年所能就今李公春山實心為善不憚艱巨始修飛雲硐繼修飛雲
橋□功告成人稱羨焉而春山不以此自足乃修茅屋於河坼躬自渡人惟日不足
□為余言曰吾之所為非長久計且鄭相國濟人□猶未廣況不及鄭相國萬一
者乎吾欲捐衆人資成萬古橋吾子以為何如余以為了迷河之橋非子不敢言修
亦非子不經言修子今有志於此則一倡百和無不□從其功德之□寡次有踴躍
而出者夫山不讓土所以高海不擇流所以大子今存此善念譬之為山□□一□
□之填海必□百川則是造不可少橋者惟子□不易成之橋者亦惟子將千祥
雲集百福駢臻在此舉固樂為之序
大清光緒十五年嘉平月揀選知縣壬午科舉人書田宋寶森原序
欽□知府即補□□□辦安順府釐局桂官印馥□□□□拾兩正
邵　□

【碑刻图片】

32.《伏虎寺铭碑》

【基本概况】

此碑位于贵定县云雾镇大塘村桥头寨通往省城的古驿道上，位于一品桥西岸。碑高 110 cm，宽 69.5 cm，厚 14.5 cm，方首，青石质地，阴刻楷书，碑额镌刻“伏虎寺铭碑”五字。

碑文主要记载当地善士李春山事迹。春山途径老熊冲险遇群虎，他并未惊慌，似能与老虎通言语，把自己所做善事讲与群虎而感化之。人们为纪念他遂在此建一小庙，名为伏虎寺。虽然碑文带有些传奇色彩，但侧面反映出李春山一生行善。

【碑文】

伏虎寺銘碑

蓋聞誠可以格天亦可以動物然非有所徵不足以見其誠非有所驗亦不足
以顯其誠李君春山固誠於樂善者也戊子冬至後有周培元上黔滇馮植巷
下閩廣二人道經老熊沖時值羣虎聚會猖獗非常張牙相逼馮周惶恐實有
履尾之險幾遭咥人之凶周涕搶地馮泣呼天正在生死維卜幸而李君繼至
乃從容向前手指群虎化導曰此路茅塞已久我始開之尓等又欲閉之也雖
尓等奉天行事亦止除暴去奸何得盤踞要道一遇行人其視眈眈其欲逐逐
豈不失天地好生德耶李君言此而羣虎低頭靜聽似有受命之意已而將走
李君又囑之曰請速遠去匿跡韜聲各行其是莫來此地讓吾成功言畢石不
見其形矣嗟嗟不假弓矢之力不須刀斧之威只正言數語而羣虎遠逃此非
李君誠於樂善安能若是乎昔宋均為政而虎遠渡今足以方其美而追其□
矣夫人皆畏虎而李君偏能伏之此不誠異事哉吾願人人效李君之誠於樂
善焉可也時余館於匀陽便道小憩見馮周喜笑而來深謝救命之恩詳言伏
虎之力且往來商賈遠近官紳共建伏虎寺以免虎之再來余聞之詳因而與
宋君書田共樂為之叙畢不禁欣喜而作歌曰
昔號老熊沖　今名伏虎寺　　揀選知縣□□□
光緒拾伍年春月　　同叙立
行人得往來　皆屬李君賜　　且蘭居士余曾源

【碑刻图片】

33.《德齐登碑》

【基本概况】

此碑位于贵定县盘江镇音寨村音寨，立于音寨大桥东岸柏子树路坎基脚处。音寨为布依族聚居村寨，罗姓居多。碑高 95 cm，宽 72 cm，碑刻保存完好，碑镶嵌于墙坎处，方首，青石质地，碑阳经打磨刊刻文字，阴刻，碑额镌刻“德齐登碑”四个大字。碑文主要记载当地百姓捐资修建过河石磴的情况，承首人为当地罗氏，此功德碑既载有捐钱亦有捐物之情况。

【碑文】

德齊登碑

音寨石磴補修姓名開列於後

承首四人

羅□□ 銀壹兩米□斗

羅萬和 銀壹兩五錢米三斗

羅有能 銀壹兩米弍斗

羅萬福 銀壹兩米弍斗

羅有餘 銀壹兩壹錢 米弍斗弍升

羅光隆 銀壹兩三錢 米弍斗陸升

陳士林 銀壹兩叁錢 米弍斗陸升

陳泰寬 出石厰 銀壹錢乙分

羅萬鐘 銀壹兩米弍斗

羅光斗 銀壹兩米弍斗

羅安平 銀壹兩米弍斗

羅有舉 銀柒錢半 米壹斗五升

羅光榮 銀捌錢 米乙斗六升

羅萬有 銀柒錢 米壹斗肆升

羅萬全 銀柒錢 米壹斗肆升

羅萬端 銀柒錢 米壹斗肆升

石匠 鄭廷祥

陳士發 銀壹兩

二人□水碾一架 羅萬鐘 另助米壹斗

陳士林

羅萬晌 銀陸錢五分米壹斗叁升

羅有綱 銀四錢米捌升

羅年亮 銀三錢米陸升

羅年斌 銀三錢米陸升

羅萬舒 銀弍錢米肆升

羅登朝 銀叁錢

莫文富 銀壹錢叁分

羅登壽 銀壹錢

光緒拾陸年冬月初八日 立

【碑刻图片】

34.《磴桥碑记》

【基本概况】

此碑位于贵定县沿山镇石板村梓木庄，立于平寨大桥南岸桥下。碑高 119 cm，宽 81 cm，厚 13.5 cm，方首，青石质地，保存完好。碑阳经过打磨刊刻文字，阴刻楷书，碑额镌刻“磴桥碑记”四字。

碑文主要记载修磴一事，此由当地陈、罗二姓承建。因前人所修之石磴尽被河水冲毁，后经众人商议，遂重修之。此碑反映当地布依族人民兴建公益事业的史实。梓木庄，布依族聚居村，陈姓为主。此寨陈姓居民原姓罗，相传之前当地有位罗大将军，称“不与我姓者，见诛之”，故陈姓居民改姓罗，后又改回原姓。

【碑文】

磴 磽 碑 記

蓋昔之修壩也屢修而屢圮今之厲揭也就淺而就深因邀

親友助貲銀兩三十九兩餘爰請石工建立河磴伍拾餘粿並

修石磽二面三尺餘寬庶春夏秋冬之時免臨河望望洋之歎謹

將芳名開列於左

天恩弍兩二錢 陳天學乙兩二錢 天照乙兩二錢 如炘乙兩二錢 如鈺乙兩二錢 羅承泰乙兩二錢 啟儀乙兩三錢 紹先乙兩三錢 上卿柒錢 承館三錢 位邦二錢 治堂二錢 映山六錢 劉正倫伍錢

陳天培 天玉 天錫 開和 開禮 開揚 開桀 如焜 陳雍國 九人各七錢 羅宗基五錢 宗康五錢 西園乙錢五分 其閔弍錢 興朝弍錢

祝封一四錢二分 天晞五錢 陳開年四錢 均之三錢 羅起文 儀堂 秀山 宗固 天培 就陞 宗萬 宗金 八人各三錢 宗嶽八錢 化育五錢 宗念乙錢

陳開雲 立 羅名商 開先 照軒 佐堂 宗好 宗敬 開清 九人各二錢 景春三錢 海生五錢 開泰五錢 顯廷二錢 光宗乙錢

羅開聰二錢 劉輔臣二錢 器美二錢 羅宗惠 茂心 發興 天餘 步賢 開唐 光森 興亭 陳洪深弍錢 開顏弍錢 羅登邦乙錢 鳳翔

石匠羅俊升 間杰

大清光緒十六年歲次庚寅仲春月 穀旦立

【碑刻图片】

35.《众善补修》

【基本概况】

此碑位于贵定县昌明镇光辉村旧司，立于旧司河上游石磴西岸。碑高 121 cm，宽 75.5 cm，厚 25.5 cm，方首，青石质地，保存完好。碑阳上半部分经打磨刊刻文字，阴刻楷书，碑额镌刻“众善补修”四字。碑文内容简单，记载当地百姓捐资修补过河石磴，捐资人多以旧司庭姓为主，此石磴是当时通往云雾地区的重要通道。

【碑文】

衆　善　補　修

光緒十七年八月吉日立
吴賢忠
庭啟炎　各艮一兩五
庭啟釗
郎集之　艮一兩
庭仁濟　艮一兩
庭興文
庭廣文　各艮七錢
庭佩文
庭中庸
庭啟□　各艮六錢
羅　安
羅新之　艮四錢
庭茂文
庭啟本
庭順文　各艮三錢
金州遠
吴榮邦
鄧文美　二錢

【碑刻图片】

36.《重修土地庙碑记》

【基本概况】

此通碑位于贵定县德新镇宝山村上岩组，立于其寨后山坡头土地庙内，碑高 42 cm，宽 59.5 cm，厚 11.5 cm。碑镶嵌于庙墙上。无碑额，无碑座，阴刻，保存完好，碑体较小。碑文记录了当地百姓捐资修庙的情况，现土地庙已损毁，无人修葺。碑文涉及姓氏较多，捐资多以宋姓牵头，其他姓氏尾随其后，且为苗族。上岩寨为苗族村寨，居民能操苗语，现有一百多户人家。

【碑文】

計開培補神祠成首宋□
衆姓約助功德謹將銀兩
開列於後　莫玉興 各一錢
宋邦興 一兩四錢　起鳳
宋邦才 一兩六錢　盧文有 二錢　盧占元 一錢
楊光前 一兩　盧文鳳 二錢　藍國安 一錢
黎正邦 五錢　羅德榮 二錢　黎正才 一錢
盧占榮 三錢　宋德富 一錢　黎孝么 一錢
宋邦云 二錢　黎正德 一錢　藍國永 一錢
宋邦智 二錢　宋廣運 一錢　張師夫 一錢
宋邦敞 二錢　宋廣富 一錢　李師夫 一錢
宋邦礼 一錢　宋廣武 一錢　徐□匠 一錢
宋廣文 一錢　宋培智 一錢　盧文富 一錢
宋廣仁 一錢　文廷賢 一錢　陳安富 一錢
宋廣才 一錢　譚元清 一錢　宋邦元 一錢
光緒壬寅年腊月吉日立

【碑刻图片】

37.《恩荣万代》

【基本概况】

此碑位于贵定县沿山镇乐雍村王所庄，立于其寨水井边上。碑高 109 cm，宽 64.5 cm，厚 12 cm，方首，青石质地，保存完好。碑阳经过打磨后刊刻文字，阴刻楷书，碑额镌刻“恩荣万代”四大字。碑文内容简单，主要记载修建水井一事，水井为当地罗姓承建，众寨同修，水井名为涌泉。王所庄，布依族聚居村寨，居民以柏、罗二姓为主。

【碑文】

恩榮萬代

承首羅紹恩

級榮

衆寨仝修

湧泉

光緒二拾捌年十月二十二日立

【碑刻图片】

38.《冗山桥记》

【基本概况】

此通碑刻位于贵定县沿山镇新龙村冗山大桥摆龙河大坝上，碑现已为过路桥板。碑高 134.5 cm，宽 90 cm，厚 15 cm，为方首，青石质地，现保存较完好，除部分被水泥覆盖外，字迹均清晰可辨。碑文为重修冗山桥众人捐资的情况，主要记载冗山桥相关历史。冗山桥前为乾隆年间平伐长官司庭绍统募资修建，为当时重要的交通要道，北上、南下、东行、西往需经此桥，后古桥有部分倾圮，在时任代理黄县长的支持下，由庭氏族人承建，重修此桥。碑文中记载的捐资人员众多，分布空间范围之广，姓氏纷繁，所捐银两多少不一。

【碑刻图片】

【碑文】

修冗山磶序

□聞創□於前者得後人繼遞其功則美益彰作善於始者有義士克終厥德而善乃者此功德之昭垂即善
□所由作也如我新舊司之冗山磶也上通滇蜀下至粵楚近接龍貴胥商賈往來之區遠界都麻亦行
□通之道推之省垣黔陽獨山定□以及鄉村市井各堡寨場皆喫緊之關頭俱行走之要隘時值河道乾
□□有石磴可步行每遇水深溯漲不無病涉之艱或因遇事忙迫而蹈危險者有之或因經商情急而致陷溺
□自之種種苦況□定難言追溯昔年有庭公紹統存肩獨任大力維持斯磶竟告成功距今二百五十餘年
□通波臣為虐突涌□特定水患□□左右之橋邊一硐盡行倒塌一硐半皆傾陷行路甚為阻礙鄉里亦嘆
□之思維再由力難□□代理縣長黄老先生臨泣是邦利濟為懷爭先勸導仍令庭氏族中倡首補修
□□志下□徵忱又得如臨君子解囊相助與有成俾士農工商如履康莊□述坦蕩無驚濤駭浪之虞
□波巨浪之恐世□幾作善際祥立功不朽云是為序
□□貴定縣長黄伯□捐大洋銀叁□□　羅光明捐銀伍兩　宋大才捐銀捌兩　王樂熙捐銀肆兩
□□州巡按使戴　□捐銀貳拾□　王明熙捐銀伍兩　賈應瑶捐銀肆兩陸錢　王際盛捐銀叁兩
□□周延菴之嗣孫□□□捐銀叁拾兩　王子良捐銀三兩　李士忠捐銀玖兩　吳大賢捐銀三兩
□□氏捐銀拾兩　庭懿宗捐銀肆兩　周志忠捐銀叁兩　張顯陳捐銀叁兩　庭中鑑叁兩邱成林貳兩
□□文捐銀捌兩　張志甫叁兩伍錢　李相捐銀叁兩　彭楚才捐銀叁兩　庭聘三叁兩　熊林甫貳兩
□□俊捐銀捌兩　張連城叁兩伍錢　郎承餘捐銀叁兩　李如茂捐銀叁兩　庭佩文叁兩　宋廷杰貳兩
□祖墓祭叁兩　莫如魁捐銀叁兩　吳孟軒壹兩五錢　羅開餘壹兩伍錢　吳榮恩捐銀壹兩叁錢七分

□□廷　□□□　□□□　□□□　□□□　□□□　□□□　□□□　□□□　□□□
以上十人各捐銀貳兩

陳佩之　庭永政　庭伯祥　方贊勳
以上四人各銀貳兩

庭中才　田興邦　熊秀峯　張惠安　黄子臣　庭季□
以上六人各捐銀壹兩伍

庭亮之　陳□□　羅秉卿　羅石卿　柏聖錄　柏秋高　羅位侯　羅宗明
以上八人各捐銀壹兩貳錢

庭耀伯貳兩四錢　張渭川　毛錦洲　李成明　聶照明　潘國光
祝蘭勳壹兩柒錢　張獻廷　李文林　余秀峯　鐘净貞　曾與孔
余鐘壹兩五分　嚴榮莊　吳速貞　陳照明　宋啟猷　庭中庸
莫易成壹兩陸錢　羅玉恩　羅子祥　張森之　庭步青　賈應興
楊俊之　莫崇歡　陸士元　張子明　楊士才　以上五十
莫崇茂　周質夫　莫榮安　彭臣佐　柏有倚　人各捐銀
王國休　庭孫氏　庭錦齊　丁嗣壽　柏聖□　壹兩正
王恩照　余靖光　庭祠宗　丁汝毅　陳熙榮
楊修仁　徐光明　庭永坤　王士賢　陳熙榮　邑人　李樹廷撰并書
羅開官　楊顯德　莫啟東　陳玉書　許定新
胡天恩

39.《万善同缘》

【基本概况】

此通碑为冗山桥碑刻之一，位于贵定县沿山镇新龙村冗山大桥摆龙河大坝上，碑现已为过路桥板。碑高 160 cm，宽 90 cm，厚 16 cm，方首，青石质地，现保存较完好，除部分被水泥覆盖之处外，字迹均清晰可辨。碑刻记载重修冗山桥众人捐资的情况，捐资人数众多，分布空间范围之广，姓氏纷繁，所捐银两多少不一。

【碑刻图片】

【碑文】

萬善同緣

羅其堂 張有昌 莫啟照 羅光前 朱其祥 方贊清 陳文□ 陳贏□ 左紀明 羅德富 楊中三 陳榮齋 陳雍儀 吳承元 莫宗美 莫明山 莫崇海 莫俊珍 庭中洋 莫崇學 舒萬鐘 聶善臣 陳宗孔 陳於貴 庭睦宗 庭馨宗 庭須宗 庭仲廉 庭欽文 庭永文 庭光宗 張啟榮 唐茂森 王興之 尤德泰 楊丙□

各乙兩各九錢各七錢以上十四人各捐銀陸錢□分各陸錢七人各壹兩七五人各柒錢

羅開泰八錢 羅有寬 羅開志 羅登儀 羅顯廷 羅開年 羅光漢 羅起興 羅正發 羅其金 羅聖順 羅泰英 羅宗街 羅宗傑 羅宗仕 羅光奎 羅開榮 柏聖奎 柏聖海 柏聖培 柏有英 柏作舟 柏青雲 柏聖連 柏聖義 柏有謨 陳如銓 陳熙續 王天錦 柏有良 柏有章 羅王光 葉懷章 陳雍青 王天錦 羅紀先

以上三十五人各捐銀伍錢

劉廷英 柏雨春 李樹廷 王德芳 宋廣餘 張棟臣 楊秀林 庭熙堂 邱樹堂 謝連修 陳森之 範文華 張子林 盧子良 庭文新 羅德光 徐步雲 聶海清 廖顯廷 周之結 余啟華 洪□□ 張啟錫 胡祖德 楊代茂 張榮春 李 炘 劉啟龍 林子卿 柏綏正 庭文軒 庭端宗 庭朝宗 莫崇元 莫崇光 楊芳蘭

各七錢以上三十三人各捐銀伍錢

楊浦三 庭啟約 黃正埔 莫啟盈 李德芝 庭順文 楊文壽 劉仁軒 劉顯明 毛興璧 丘嫡惠 蔡文廷 劉嘉谷 簫顯堂 王耀廷 庭裕峯 庭黎氏 羅西銘 羅林蛟 羅起學 羅秀峯 羅玉圭 柏□□ 柏聖鳳 陳雍樂 庭□□ 庭致宗 閔永芳 莫崇壽 潘士明 金紹賢 金紹賢 金紹珍 翟洪有 李忠元 楊患堂

以上十六人各捐銀伍錢以上二十人各捐銀肆錢

羅忠恕壹兩 孫寅山壹兩 郭光榮七分 徐光富 庭興文 李吉之 尤耀升 尤紹富 尤紹彬 萬家美 萬家昌 吳澤之 黃天文 胡天之 胡丙奎 藍肇清 劉發勳 余家培 庭考榮 庭鑑文 尤紹培 尤羅氏 □□□ 尤祖□ 尤祖勉 □□石 劉智惠 □永□ 庭效宗 鄧祖冀 鄧崇孔 徐光順 凌鴻章 邱澤國 何昆崙

八人各捐銀伍錢以上二十五人各捐銀叁錢

庭宋氏 管文炳 楊中庸 庭平友 庭水才 庭美宗 庭儆宗 庭培宗 庭耀宗 庭德宗 庭中灰 莫崇朝 余朝佐 周樹堂 陳和清 劉登五 周仲虎 李承壽 張騰宵 王怡堂 李銀安 劉玉安 劉玉漳 羅宗華 羅宗興 陳中山 劉樹洲 熊錦奎 莫光榮 陳自祥 黃燦光 余德安 金炳倫 周桂軒 劉玉輝 劉廷昌

以上三十六人各捐銀伍錢

羅子福 羅聖立 羅紹雨 羅位銘 羅明杰 羅老榮 潘世清 柏有煙 羅光榮 羅開其 羅榮莊 羅騰瑜 羅靜之 羅光厚 羅有恩 羅位廷 羅宗璜 羅士魁 羅光顯 羅騰元 羅光來 □□□ 羅永禎 羅光森 羅光焱 羅騰章 羅其位 羅紹和 羅其鳳 羅宗炳 羅其森 陳雍清 陳如印 陳起先 陳雍登 韋光銀

以上三十六人各捐銀伍錢

韋光倫 李維漢 蒙德順 陳如休 楊萬鵬 羅祖珍 潘榮培 柏 英 柏 選 陳雍基 陳如珪 羅位昭 羅有爵 羅恩猷 羅開壐 陳雍沂 羅開濱 羅其壽 羅其生 羅開臣 陳熙洪 羅光華 陳天錫 羅開清二錢三卜 羅其文二錢七卜 羅習之式錢 胡汝霖式兩 鄧壽南叁錢五分 張竹屏伍錢 李瀛洲叁錢 羅俊科叁錢 廖朝顯叁錢 莫啟均陸錢 庭永安伍錢 庭永升伍錢

以上十肆人各銀三錢以上九人各伍式八分

庭永郁壹兩 汪沛霖五錢 莫榮升乙兩 李燦雲 韋炳光 莫景壽 楊秧高 周孟之 曹興國 白光玉 郎承法 楊仕奎 楊啟忠 凌子山 羅保書 楊紹泉 楊紹緒 楊紹美 楊世奉 楊西之 楊心一 庭啟職 楊西美 李安良 庭蘭香 庭永秀 楊子芳 龔 一 羅盛興 陳春台

以上十玖人各銀叁錢四人各銀壹兩四人各銀陸錢

莫啟培 庭品堅 王庭彪 庭忠成 閔德臣 楊益光 徐光華 申才華 周步珍 劉炳奎 洪正興 張祖培 張德明 庭永順 李智溶 徐光才 庭中懷 武光輝 庭文訓 劉海廷 常永清 方士進 唐啟銘 黃際昌 宋伯芳 庭德第 賈元清 王之幹 庭友宗 庭昌宗 李馬三

六人各銀伍錢四分以上玖人各銀叁錢三人各銀壹兩柒人各銀柒錢六人各銀壹兩

□□□ □□□ □□□ □□□ □□□ □□□ □□□ □□□ 李□□ 李永□ 李秉□ 李□□ 李永□ 陳老□ 庭玉□ 庭玉青 庭茂宗 庭青雲 庭森之 邱廻相 盧老元 盧老二 庭中名壹兩 莫崇容五錢

五人各銀叁錢

民國四年歲次乙卯夏陸月吉日 重建

40.《永垂不朽》

【基本概况】

此碑位于贵定县城关镇宝花村闻江寺，与闻江寺碑记并立。碑高 168.5 cm，宽 101 cm，厚 15 cm，方首，青石质，碑阳经打磨后刊刻文字，阴刻楷书，碑额镌刻“永垂不朽”四字，碑体保存完好。内容与闻江寺碑记相衔接，是为田土产业地界碑及众姓捐款与庙赎回田产情况，田土四至所到均分明。众姓捐资予庙宇，亦说明佛教在当地得到了广泛传播。

【碑刻图片】

【碑文】

永垂不朽

重將寺對門四抵地界註明於後

一寺對門乾庄一所上抵陽山界下抵河為界左抵杉木寨王姓橫濠右抵甲書保王姓界

一先輩與柏宗堯得買倒水湾山坡一幅東抵二岩頭南抵大石塘田角西抵河北

抵流水岩價銀伍兩

一主持僧覺元於光緒年間將本己所積之銀贖田寺中打鉄硐田一坋去銀拾兩至今

首人念其虔誠每歲清明時除將此田花谷留作祭掃之費　衆姓人等

謹將

貴定縣照委踏勘

區長　劉顯忠　鄧光前

團總　蕭錦紋

保董　汪成闌

紳士　郎先模　朱璦林

首人　陳孝思　徐坪興　謝雲才　柏遠芳　陳玉明

上界代表　陳孝義　徐永興

參贊　熊莊鈺

值年　謝雲開

值年　羅鴻章

柏遠富

楊文錫　捐銀一兩五錢入會

並將各姓捐助功德芳名列後

中寨人等助功德洋壹拾陸元

陳揚休　徐永興　謝雲開　僧大倫　陳孝義　謝雲才　熊莊鈺　羅供章　四人各銀一兩一　各　銀　一　兩

熊端笏　柏遠富　謝雲龍　謝雲昌　謝廷先　王朝俊　陳玉明　柏遠芳　八錢　各銀一兩正

史維書　史朝用　陳顯德　陳明樂　羅玉欽　謝雲青　徐順祥　羅道行　柏興義　柏遠芝　十人各銀五钱

熊叔明　羅崇貴　王嘉德　陳效忠　朱炳闌　徐培心　陳有業　史冊　朱炳見　李洪順　唐洪發　八人各銀三钱

謝廷琪　羅道興　陳樂香　朱炳文　楊玉寬　謝雲芝　王培英　七人各銀三钱

周芝源　四錢

陳孝義　陳顯義　史彭書　各二钱

熊端口　熊端壁　史朝貴　謝廷章　羅雍模　王文楷　謝雲瀟　謝雲高

謝廷衍　柏遠壽　柏遠清　劉青雲　羅雍休　羅雍臣　熊端口　柏興才　十六人各銀二錢正

蔡世成　唐朝貴　蔡世廷　唐洪勛　各二錢

羅如國　李洪興　羅堂堯　各一錢

羅應章　五錢

邑人葉茂枝書　石匠　羅應章　住持僧　大倫　順

民國六年歲次丁己桂月　仝日　立

41.《四围皆通》

【基本概况】

此碑位于贵定县昌明镇贾戎村，立于其寨篮球场旁。碑为方首，青石质地，阴刻，碑阳经打磨刊刻文字，碑额镌刻“四围皆通”字样。碑体保存较完好，碑阳部分有风化现象，高 109 cm，宽 73 cm，厚 13 cm。此碑主要记载当地布依族的风水观和地界划分问题。寨民认为杨姓葬于其寨“龙脉”之上，坏其风水，经众议愿出钱与杨姓叫其迁往他处安葬，并对各自所管产业划清地界。

【碑文】

四圍皆通

蓋聞人生天地命屬陰陽山恃水流關係重要但我境□年□□賈戎業已相傳數□
世雖不亞於豪門聚處民衆平安龍宅是由龍蔭亦皆四維扶持吾境衆地曠野□□
禮宜爰集斟酌現刻龍井楊姓□葬高橋坡山攘成詎禍聯名上首興訟鎮長踏
堪議明公斷將洋貳拾元作吾寨賠償以警將來杜免人皆校尤矣
其有衆人衆地照界管業勿得紊亂
今將山名四至開列於後
一高橋坡左邊山順冲直上抵嶺右邊過橋順冲直上抵領山牛塘俱抵嶺崗二處
直下具抵兩岔河其有草坡俱□內有金姓田乙坋不在山中間屋基不在□
二蟲蟬坪山下抵胡姓右抵新路□左右俱抵嶺□巩在內
三樂家冲山連田下抵趙姓田上抵嶺崗左右俱抵嶺其有彭家坡俱在
四門樓坡山上抵嶺下抵橫路直過左抵龍石丫口右抵黄家丫口
五毛坡上壩對門坡之田上抵二屯老橫過左抵□長坡右抵野猪窝抵□
六大抱惱上抵嶺崗下抵袁黄二姓山頭左抵樂家冲石抵路
謹將□所助姓名芳名後刻於下
袁明成 袁貴□ 袁□□ 袁榮明 趙錦齊 金華澤
袁明欽 金貴□ 余□培 袁貴彬 王吉貞 紹主任王光元判决
袁貴長 袁貴勛 余□□ 梅相□ 王樹培
袁貴□ 袁□選 袁貴松 明□清 羅汝才
袁仲和 袁貴安 袁貴紹 袁□林 楊樹清
袁秀□ 余友順 金海洲 許德清 文吉安
王紹□ 金安國 袁榮清 袁榮坤 梅伯英
袁明□ 袁承書 袁榮彬 袁貴淵
余奎□ 袁榮珍 袁榮勛 袁秀明
余□□ 袁榮□ 梅仲榮
中華民國十年歲在辛巳四月初六日 穀旦立

【碑刻图片】

42.《福星桥》

【基本概况】

《福星桥碑》位于贵定县盘江镇兴隆村卡榜寨，立于寨口路边房屋基脚处，临独水河，此处又叫卡榜河。碑高 115 cm，宽 67.5 cm，厚 26.5 cm，现保存完好，碑阳经过打磨后刊刻文字，碑额镌刻“福星桥”三个大字，碑现砌于墙角上。在此碑旁还立有太平桥碑记，两碑所言之桥亦为同一桥，因时代不同称呼遂不同。但太平桥碑的文字少，仅有桥名及立碑时间，时间刻于碑右侧。卡榜主要有韦、杨、罗、史、李等姓，除史姓外，其他都为布依族。韦氏先祖从安徽凤阳迁居此处，时应为汉族，落居此地与当地布依族通婚，逐渐变为布依族。

【碑文】

福星礄

竊思江漢滔滔作舟楫而乘桴海功德無量之餘溝[繪]洋洋修
古虹以濟人行福壽無彊之介如福星居處之戶好善積功率
啟大道平坦不防車煩馬殆重修新礄而培旧路不負先人創
造之根基覆振要闵而換程途猶求後嗣繁衍之足富人人踴
躍成立家家歌樂堅固礄幸千古閜寨功德亦率千古是為序
係即年米價每斗作正洋三元五角為計

監修首人韋德貴羅廷玉楊其嵩羅永祥食費助銀各三元
團總盧元焜 助銀六角
保董楊春芳 火食 助銀 共一元七角
管理員史朝卿 助銀七角二仙
韋先進 火食 助銀 一元八仙
韋先林 火食 助銀 一元一角
韋先恩 火食 助銀 一元二角
楊成景 助銀一元六仙
楊成瑯 助銀七角五仙
石師楊其瑜 楊其瑄 工資銀七元

楊成林
楊其統 四名各助銀半元
楊其瑜
楊其瑄
史海棠
羅廷珍 四名各助銀三角
楊光明
楊羅氏

史朝聘 助錢四百文
季開馨
羅廷璋
楊成美
韋廷斈 六名各助錢二百文
韋廷玉
楊其珍
史朝珍 助錢一百二十文

鄉紳 楊春芳 撰

民國歲次辛酉年月見中元 吉日立

【碑刻图片】

43.《重修威远营碑记》

【基本概况】

此碑位于贵定县沿山镇石板村河背寨，现立于其寨土地庙，为庙墙之一角，不幸的是碑阳被砌于墙内，碑文只能看到上半部分，幸得罗郁富老人留有碑稿，才得以知晓碑刻全文。碑为方首，青石质地，保存完好，高 203.5 cm，宽 76 cm，厚 16 cm。碑阳经打磨刊刻文字，阴刻楷书。

碑文主要介绍威远营的前世今生，嘉道年间匪患严重，至咸丰乙卯，匪势日炽，罗朝文、吴大椿等倡建营防，营盘分为四个部分，各有其作用，还介绍了民国时补修庙宇情况和轮班管理的情况，管理“首人”以罗、吴姓为主。

【碑文】

蓋聞莫為之前雖美而不彰無以為之後雖盛弗傳是前修善夆必類有達人始足見其偉
烈豐功昭在人耳目間也嘉慶間吳公大椿字莊齡秉性剛方矢懷忠義官道判屬好施
對於國家地方桑梓諸要務罔不熱忱竭力以應之者咸豐乙卯年小醜跳□烽炬四起朝
野騷然本境居民每見匪勢日亟皆若無藏身之地是時公辦理團務獨自憂之鑒此斷
非修營以避之不可是以孤誼不捐派於人只傾本己囊里資及招安所得之金辦以維
修營之應用遂鳩工修成石營乙座團名曰威遠營別號曰磐石山地勢險要氣象
萬千又建立忠烈宫觀音兩廟於其頂鎮壓貔貅此則威遠營之大規也至若忠烈宫之田
業坐落地名大垻蝦蟆関其田大小一坋種弍斗八升價一百三十八兩差一錢九分五厘
凡觀音寺之田業坐落地名馬場堡承平後各居民旋里安居致見營中基地盡屬垣城而
兩廟蕭然孤立前首人等目及興感恐將來廟宇頹圮則神聖祀典必因此湮没前首
人功德且因此失喪特將兩廟移下近便經理此廟前首人羅國泰劉發榮羅正發等修
建上殿管理見善惟念歷年已久相商分勞料理也固宜令繼續後人關懷偉暨首人
羅緩賓羅正珩等始於民國癸丑年接管越至庚申年修建下殿一□丙寅年修分班
輪管廟中規模嗣後陸續添修終必見更有無窮煥然之景象矣今首人等雖未
同居公之時會償竊聞公之風樂公之志有成而喜為天下後世□於是為序吳駿恩撰書
謹將首人芳名排列於後
吳懷瑋 吳駿思 羅聖訓 吳成允 劉嘉全 劉劍奎 羅恒興 吳承先 吳厚恩 羅宗伐
王公堂 羅亨品 羅緩賓 羅瑜興 羅光美 羅明統 羅福臨 羅嘉貴 吳君成 羅□高
羅正珩 羅玖興 羅光云 羅奇珍 羅福層 羅贊興 羅承宗
木工王家方
石工羅率廷 羅保興
民國十八年十月十五日 立

【碑刻图片】

44.《德昭万古》

【基本概况】

此碑位于贵定县沿山镇石板村平寨摆龙河北岸石磴处。碑高 85 cm，宽 57.5 cm，厚 9 cm，方首，青石质地，保存较完好，碑阳经打磨刊刻文字，阴刻楷书，碑额镌刻“德昭万古”等字。碑文记载平寨罗氏重修过河之石磴，此石磴最早为乾隆年间始修，后被河水冲没，碑记仍存。此磴上通定、广、三猴之城，下达沮兰、龙邑之地，为乡道咽喉。石磴对当地的对外交流起着重要作用。平寨为布依族村寨，居民多为罗姓。

【碑文】

德　昭　萬　古

夫德之宜修也不擇地不擇時不擇人第以應修之則非一人之
善卒成後世百千萬人之善猗歟休哉樂善□窮之幸也□思余村之
河磴創自祖先以來數百年之久鞏固成基忽焉於甲寅之補水望
日洪水橫流溝會皆盈桑田之成滄海踏磴化作淵灘蓊□□步履
趦趄商賈者行際失足故於羅　惠山之懷念此磴上通定廣三猴
之城下達沮蘭龍邑之地鄉道咽喉誠不少者也所以勞心憔恩提倡
捐修承蒙各界樂善諸公解囊相助於丁巳秋則落成善舉詎料
上年庚午仲夏復遭憑踐作災冲壞三處磴壩迨今爰約同人等方
則繼續重修以便往來步履之康莊庶免虎□羊腸之虞創成萬年
之美矣是為序　羅□□　羅贊元　羅善堂　賓臣　顯辰　景昌
羅佐堂助大洋伍元　文□　甫廷　襲榮　甫賓　宏文　景倫
羅　其相助大洋弍元　□坤　桂臣　培□　□培　倫忠　學昭　衆
吳澤春助大洋□□　德鏞　羅玉福　羅茂□　羅□鄉　羅榮君　培臣　寨
羅甘氏助大洋乙元　羅榮賓　敬事　才光　德洪　炳中　羅萬川　人
苩□　亮勳　春明　炳睿　□昭　榮廷　工
積云　範周　禎祥　丙辰
中華民國癸酉年六月吉日立

【碑刻图片】

45.《永远万代》

【基本概况】

此通碑刻位于贵定县德新镇宝山村落尾掌，立于落尾掌原渡口南岸崖脚处。碑高 150 cm，71 cm，厚 13 cm。此碑立碑时间较晚，亦为功德碑记。根据碑序记载，此碑应与宗教信仰相关，碑中提及“宝坛”，应是当地百姓为保渡口及渡人平安，特作“宝坛”保佑。碑现保存完好，碑阳经打磨后刊刻文字，阴刻，青石质地，碑额镌刻“永远万代”四个大字，字迹清晰可辨。

【碑文】

永遠萬代

覺皇

寶壇為平安清醮健立金剛石承首人周兆學李德海右暨閤保衆寨人等竭誠實禾

天聽优以乾坤有像率土業覆載之恩天地無私兆姓荷生成之德高厚圖極雖卻結而莫報

聖神樂云月遍呼吸□之相通言念民安一境去上往來人人清吉户户平安樂善名冊開列於后

宋金肅 彭世奎 史吉書 周兆學 陳孟祥 林起模 周文海 宋鎮先 史朝興 宋國樑 周劍輝 每名五千元正

宋國剛四千元 李德海三千元 王永富三千元

宋興詩 羅紹春 史朝忠 彭世英 李國祥 彭壅熙 陳廷芳 王成章 每名二千元正

宋春甯 藍金科 林德新 彭世順 李德彬 黎世臣 盧尚發 宋鎮林 宋國軒 宋興豪 戴德興 何遠富 李國富 黃李明 宋興順 宋興儀 宋國凡 戴德培 林起良 林起榮 林德章 林德輝 每名一千五百元

宋開蘭 李國祥 鐘起榮 李國發 劉光榮 羅少華 史朝禮 史朝富 史古奎 史占臣 史朝鄉 史廷明 陳少武 羅成龍 李德貞 林起孛 史朝貴 宋國棟 宋國柱 宋國昌 宋國興 每名一千五百元

宋國清 宋國忠 宋興榮 戴德臣 羅維興 陳廷據 陳廷光 陳志寬 陳志國 陳孟才 陳國興 王成發 陳明貴 宋少清 宋光海 彭世豪 彭世彬 彭世俊 彭世祥 彭雍富 彭雍木 每名一千五百元

彭培雍 彭雍澤 范興隆 徐佐才 彭世林 劉德章 劉肇材 旦先魁 宋國黎 李開泰 李德壽 李德華 藍元龍 李德奎 每名一千五百元

黎國之 羅國泰 戴德芳 戴德魁 宋王氏 宋興竟 宋光興 每名一千元

宋光榮 彭世仁 羅成芝 宋國義 金啟貴 丁遠芬 王少清 羅國志 萬銀發 王周氏 王世發 宋兆蘭 宋香蘭 宋桂蘭 朱昌隆 宋珍 彭雍槐 彭雍榮 彭永忠 彭世孛 彭熙元 每名一千元

鄭瓦匠 陳泰洪 林天佑 吳光榮 林起書 黃榮孰 李志清 陳正坤 黎士和 盧成龍 黎國珍 盧成發 每名一千元正

黎世昌 楊才發 金啟祥 盧尚英 陳開明 羅順華 張興泰 王樹樑 羅正隆 每名五百元

藍充文 史古元 黃史光 宋國匠 宋國倫 陳廷俊 陳孟發 陳孟泰 陳孟元 龍木匠 楊老四 楊正明 陳孟清 陳廷富 羅廷富 陳文龍 羅國榮 楊正和 藍玉清 羅國文 羅朝順 每名百五元

蘭 芳 莫起勳 莫洪宾 林起明 林起先 張德俊 邱純法 彭士禮 宋占 朱昌元 宋蘭芳 藍廷富 王朝勛 賀少云 每名百五元

桂 騰 李明清乙千元 藍少清三百元 羅國清三百元 宋張氏二百元 陳廷相六百元 宋趙氏四百元 楊炳章 莫興相 莫起富 莫起堯 莫起芳 莫起祥 莫洪祥 每名百五元

民國三十五年二月三十日即立

【碑刻图片】

46.《功□□□》

【基本概况】

此碑位于贵定县盘江镇长江村甲苏堡，立于其寨后山山头处土地庙中，为修建土地庙之功德碑，高 143 cm，宽 79.5 cm，厚 9 cm。碑阳经打磨，阴刻文字，碑额镌刻有文，但只现一“功”字。碑已断裂为两部分，时间不详，但从碑文看，应在咸丰以后。

据碑文记载，捐资领头人为王、彭、宋等姓之人，其捐资亦较多。捐资姓氏并非来自一寨，而涉及众多周边村寨。碑虽断裂，但经清洗，除碑额及部分位置外，字迹大部分能识别。因碑立于土地庙内，风化程度不算严重。此庙在当地被称作望城庙，所谓望城即在此能望见贵定县城。碑无碑座，直接靠立于土地庙左侧。

甲苏堡，苗族、汉族居于此，苗汉分处，东为苗族，西为汉族，苗族以罗姓居多，汉族以陈姓居多。苗汉之间亦有通婚。

【碑刻图片】

【碑文】

功　□　□　□

蓋者為發□士土地廟等□山後排各寨善念同緣□等者仁人恭敬猶□□因咸豐年間苗匪
作亂神像無有恭進此等地方仁人恭心修理補修□補請匠理補有上下來往客商得涼具等今
春時免受風塵寒來暑往氣象長行天時不如地利地利不如人和□德□彊特此為序

領頭人　□永禎 助銀四錢　戴任服 助銀弍錢　宋永發 助銀弍錢　林天福 助銀乙錢　傅賢臣 助銀一錢
王以敬 助銀一兩　宋邦禮 助錢叁錢　羅文彬 助銀弍錢　周官宇 助銀弍錢　林小妹 助銀乙錢　□□□ 助銀一錢
彭雲齋 助銀一兩　戴□林 助錢叁錢　張子臣 助銀弍錢　杜必武 助銀一錢　□起福 助銀乙錢　□合興 助銀一錢
宋邦林 助銀一兩　戴應孝 助錢叁錢　藍應祥 助銀弍錢　張有才 助銀一錢　林□貴 助銀乙錢　宋廣□ 助銀一錢
□正元 助銀八錢　宋芳祁 助錢叁錢　史芝明 助銀弍錢　李開須 助銀一錢　林揚□ 助銀乙錢　宋邦先 助銀一錢
□□擇 助銀八錢　余玉堂 助錢叁錢　彭永定 助銀弍錢　周起朋 助銀一錢　姚起貴 助銀乙錢　宋德應 助銀一錢
□□□ 助銀八錢　羅二爺 助錢叁錢　宋過林 助銀弍錢　馬朝有 助銀一錢　楊龍祥 助銀乙錢　宋邦璧 助銀一錢
□□□ 助銀八錢　李正德 助錢叁錢　王　耜 助銀弍錢　史芝猷 助銀一錢　宋　順 助銀乙錢　陳宋氏 助銀一錢
□□□ 助銀八錢　陳□明 助錢叁錢　謝洪順 助銀弍錢　宋廣發 助銀弍錢　宋　元 助銀乙錢　□招德 助銀一錢
□□□ 助銀八錢　陳舜壽 助錢叁錢　劉師夫 助銀弍錢　陳　□ 助銀弍錢　宋　奎 助銀乙錢　□招賢 助銀一錢
□□□ 助銀八錢　陳　芝 助錢叁錢　黄正堂 助銀弍錢　周起和 助銀一錢　宋昌和 助銀乙錢　□永浩 助銀一錢
□□□ 助銀八錢　陳舜發 助錢叁錢　陳舜仁 助銀一錢　何海清 助銀一錢　張文龍 助銀乙錢　□□德 助銀一錢
□□□ 助銀八錢　宋孝林 助錢叁錢　陳舜禄 助銀一錢　李言照 助銀一錢　曹煥榮 助銀乙錢
□□□ 助銀八錢　□文武 助錢叁錢　何邦敬 助銀一錢　史芝勛 助銀一錢　宋德興 助銀乙錢
□□□ 助銀八錢　史正書 助錢弍錢　羅朝元 助銀一錢　李開龍 助銀一錢　宋邦先 助銀乙錢
□□□ 助銀八錢　史之明 助錢弍錢　藍老何 助銀一錢　彭永林 助銀一錢　宋邦云 助銀乙錢
□□□ 助銀八錢　□□楊 助錢弍錢　陳孟奎 助銀一錢　彭永先 助銀一錢　戴天筠 助銀乙錢
□□□ 助銀八錢　□□□ 助錢弍錢　□士德 助銀一錢　彭永安 助銀一錢　宋廣富 助銀乙錢
□□□ 助錢弍錢　□士保 助銀一錢　彭進貴 助銀一錢　無名氏 助銀二錢
彭大壽 助銀一錢

□□七年九月初九日建立

47.《万佛□□》

【基本概况】

此碑位于贵定县盘江镇马场河村红岩组，立于村尾石拱桥桥头上。碑高 128 cm，宽 57 cm，厚 10.5 cm。呈方首带弧形状。此碑因质地为砂石，风化严重，大部分文字已脱落，难以识别。从碑阳情况看，应经打磨过，后刊刻文字，碑额镌刻“万佛□□”四个大字。立碑时间不详，应与寿星桥碑时间相距不大。碑文主要记载众姓捐资修建寿星桥的情况，捐资情况多寡不一。

【碑文】

萬佛□□

□□□之辛丑□補者皆内廣種□田□□□礄有皆時□以惠□故□過發□修理道路為□□□
路□□□石□以此之□□□漲不無深□□憂□雷震邦侄大□見此溪□阻滯□保人□□□
□□□□□□□□□□不善修砌□成伏願德□□□功垂變□必世之福人即□□善士故□□
□□□□□□□□□崎嶇之路造保□人徙來□□□其意□□

□□□　□□□　□□□　□□□　□□□二姓人二十三人共艮玖兩二錢□□□□
□□□　□□□　□□□　□□□　鐵□石吾坡二寨羅明甘潘□雷同□姓□亦又共艮□□
□云章　□□□　□□□　□□□　□子巖毛悼興核桃平黄□□葉處□共艮□□□□
□□□　□□□　□□選　羅起□　平姓二十四共艮八兩
□□□　□□□　□必隆　羅起□　□□頂溪翁晁三寨羅莫陳三姓三人□□共艮三兩一錢□
雷□□　□□□　王定伯　羅起□　関□石□□□□三寨陳羅二姓一十七人艮六兩二錢□□
黄□□　□□□　陳同順　羅起□　福□戒楊家寨三寨□補楊俊□甘振趙陳□□□
□□□　□□□　楊國先　羅起□　□□□分
□□□　□□□　雷　鳳　□□□　翁布大小寨陳一姓一十□人□□□□□□□
□□□　□□□　雷大成　□□□　□□江邊二寨羅唐李王四姓艮四兩
□□□　葉亮章　□□□　□□人等共艮一錢□
唐再禎　□世勳

各一錢
各一□一錢□□
各八分□□□一□

大□□□歲次□辰仲庚月上□穀旦　立

【碑刻图片】

48.《水利建设碑》

【基本概况】

此碑位于贵定县盘江镇星溪村上落海组，立于其寨口马路旁，原立于寨中柏树下。残碑高 93 cm，宽 71.5 cm，厚 11.5 cm。

该碑为残碑，碑额已残佚，遂碑额稍下部分文字不得而知，除碑额外，其他部分保存较好。碑文记载兴修水利以利灌溉及众人引水灌田排班情况。规定未出钱出物之家，不得引水灌田，若强讨者，拿其赴公并罚银。碑文反映了当时当地百姓对水利工程的重视。上落海为布依族聚居村寨，居民以罗姓为主。此碑文是当时当地布依族人民兴修水利的历史见证。

【碑文】

□……□溝整溝坎馬頭者亦係古古之制也因我羅海有水平龍井溝
□……□□海所以有田者必力同心示乾隆三十八年捐資以整溝坎要
□……□□□賊斗後開有名姓者照種土銀同修每班出銀壹兩伍錢白米
□……□出銀同修者永不許討水若有強討水者執此碑文赴公自認違律之條
□……□條例從上輪流從下輪流若有措亂討者罰銀三兩入公
□……□強討水者罰銀叁兩入公夜間水班未到私偷水者罰銀叁兩入公

羅齊賢 石廠田壹班　羅齊敖　羅名儒 車田壹班
□田共弍班　羅綱懶 枝極田壹班　彭再賢 二人共一班　羅世仁 沙田壹班
□□□弍班　羅齊貴 龍田水四班　羅綱風 香樹田壹班　羅名榮
□□□□一班　羅齊聖 河邊□以田水壹班　羅齊貴 大龍田 沙田□ 共弍班　羅齊興 二人共壹班
□□□□□　羅齊 二人共一班　雷名乾 沙娟田壹班　羅齊興 車田壹班
□□□□班　彭再賢 油菜田三班　西來寺 河邊田 壩中田 共弍班
□聖啟 上下田一班　共弍十五班
羅榮 二人共壹班　羅綱□ 大沙田壹班

□□□□□□□三月十九日吉旦立

【碑刻图片】

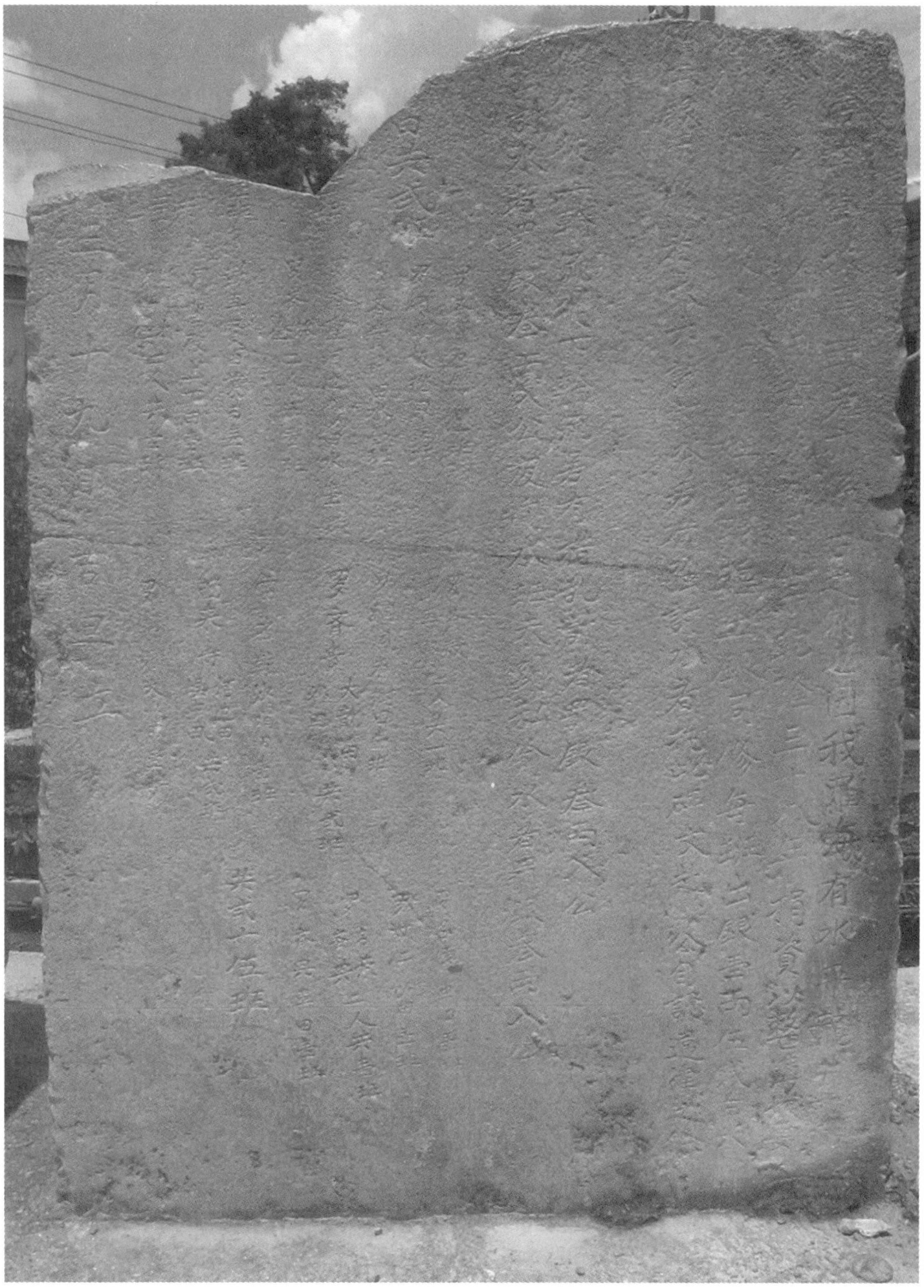

49.《福德桥碑记》

【基本概况】

此碑位于龙里县与贵定接壤的冠山街道办事处永安村平寨。碑为方首，青石质地，现保存完好，高 135 cm，宽 93 cm，厚 16.5 cm。碑阳经打磨后刊刻，阴刻楷书，碑额镌刻“福德桥碑记”五字。此碑无立碑时间。据访问此碑原有两通，因一通碑已亡佚，时间遂无从知晓。从碑文看，其中用到的货币单位为圆，据此确定为清末至民国年间。碑文写到此桥为龙里、贵定两县往来的要道，亦说明此桥对两县的重要性。

【碑文】

福德橋碑記

平寨澗水二支合流而下委通大河竟委之處龍貴往來之
要道也架木梁以過行人原非一世所從來遠矣第木梁輕
於朽枯或再寒暑一易或一寒暑一易如遇潦□□□洪潮
不時沖突歲易者或二三焉木梁上方不覆□□乎□土
則朽腐不覺牛馬陷墜而喪人陷傷足積年驚聞□哉平寨
莫文光感慨係之靡辭倡首之勞捐獲白金數十圓鳩工聚
石定礎起拱不三月而告竣酬功之日咸慶賀曰修德者天
心錫之以福福德相因當名是橋為福德焉從□虹臥長康
騫崩無患而樂善諸公其福德當與是礄於萬斯矣爰援
筆而為之記　貴定儒生莫□猷撰
一石匠工資包修路抬工吃食在內共合生洋銀肆拾圓
一買石灰架木共去生洋銀弍圓五角
一酬功吃食各項費用及踩橋敬神酒□之費憑眾清
算共合生洋銀叁拾肆圓　藍天明助生洋銀一圓二角
承首莫文光助生洋銀五圓　幫辦羅聖紀　各助生洋銀貳圓
幫辦莫文友助生洋銀肆圓　有安
幫辦莫文先助生洋銀弍圓　石匠　顧樹清
幫辦陸榮洲助生洋銀貳圓　總共去生洋銀柒拾陸圓五角

【碑刻图片】

其他

1.《重刻康神祠碑记文》

【基本概况】

此碑位于贵定县德新镇新场村高坎子组，立于德新中学围墙上。碑高 197 cm，宽 80 cm。弧首碑，青石质地，碑身有残损，但大部分文字能识别，全系阴刻，碑额镌刻“重刻康神祠碑记文”等字样。碑文主要记载关于所谓“康神”在民间的传说及一些祈雨指示等。此碑原立于康神庙（即今德新中学）门口前，庙毁后建为学校，遂立于学校围墙上。

【碑刻图片】

【碑文】

重刻康神祠碑記文

康太保祠記

宇宙環偉奇峻之氣在天為星緯在地為海嶽珠玉靺鞨瑟瑟諸珍異之物在人為忠臣孝子烈士貞女函則為神理之自然無足怪者然有神□建功立業之地
仗節死義之鄉生死有□故矣有神於名山大川蠻方絕域非其建功立業之地伏節死義之鄉亘靈應如響意者帝天命之鎮綏一方□可知也如張桓侯靈□
閬中柳儀曹靈於柳州江之也之血留於八角石潭婦之血殷於八磚此生死有因者也麻城之土主人馬立化金谿之神受賽鳴鑼攝山靳尚斷葷依佛貴筑南
□剿苗助國此靈□□之鎮綏一方者也予入□乙卯丙辰丁巳苗狆雖猖年歲頗穩迨至戊午二三四月不雨省中縉紳士民俱云請新添康神誠祈必應予初
不知何神也遣官建醮迎之雷雨隨神像不盈三尺介冑赭面界夫踉蹌流汗不能自持安置大興寺中左右曰康神必回拜當俟予一笑為誕門閉已而撞門聲
急喧傳曰康神拜也開門延之知神以畀架撞門畀□自不由也羅灰幾上以肘或架脚寫字多不能辨雨隨霑足聞青螺郭大司馬扣神真號神大書康保裔考
宋史公祖志忠討王都戰没父舟遇討□筠戰没公為高陽関都部署契丹入寇圍公數重衆勸易甲突出公不可血戰二日多殲蹴踐塵深二尺兵盡矢竭援
不至死之公瑾厚好禮喜賓客嘗握矢三十引滿以射筈鏑相連而墜貸公錢十萬勞軍没後□吏鬻器玩以償上知之復加厚賜録其子繼英繼彬繼明繼宗孫
惟一繼英等入賀真宗顧左右曰保裔世篤忠節可嘉也繼英仕至左衛將軍貴州團練使公死於天雄顯於新添□□帝天冐之鎮綏此夜郎者耶俗爵道家
招師秘紀云公諱□字保商漢人也宋藝祖時療宮中瘟疫藝祖親撫背送出傳有王掌記又云神有九頭獅子符法有十洞寬魔甲馬兵吏□□鑼銅綱鐵鎚
棒搜精捉鬼祈晴祈雨之法又道藏東嶽十二師有□太保其言秘奇難憑其云字保商得非保裔之悞耶公没於真宗時何入藝祖宮耶豈另有康太保耶此皆
□□考惟郭司馬所扣者近且真此可為據予慕公之節烈信公之靈為重修其祠宇因列公平日靈跡最著并詞規制與修葺員役姓名開列如左俾後之嵐者
知神蓋帝天冐之鎮綏□□□方云

湖廣巴陵縣毛里坪有木雕神不盈二尺亦面介甲而立里傳為康太保不知始於何年禱輒有應洪武二十二年新添衛軍肖埜柳志生處□二衛共之忽河
內漂木一段瀠旋三日下居民拾置廚中婦簸米木忽言勿眯我目一家驚怪擲之野外夜復至故所禱於前請毛里坪神降筆曰此木可刻吾坐相遂刻□□
□□□□此新添康神太保之始末云

新添衛旱神往猴米山請龍山素無水神以所乘輿擊大石掘之清泉冷冷泛濫於時晴霽忽雲雷交作環山蛇出以千計人驚奔避雨大霑□□　初刻神□
張□廟□辛酉□□汨下後淦節像封閉其□矣　嘉靖辛酉省城請神祈雨祝提學疑為假神用布懸於樑上即隆筆云三日大雨沿河居民搬避至期晴□
□果大雨平地水深數尺近河□□□渰没此門衝去扇入烏當河没現叵測現則有雨　前撫吳公惟嶽請神入省祈雨見像左右搖拽疑肩者為詐以繩
懸之搖拽□□□　萬曆甲戌省城愚民以神著雪□□之籍以射利丙見捷見夜潛至牛埸肩神計路已過新安達龍里矣私喜得計比黎明故在牛埸大
垻乃還祠中新添陽寶山玄帝□□神降其地黔穴建廟迄今香火隆盛　新添姚大僕女病出示祈神救至後園大柳樹頻擊之耶伐樹女病立甦　新添
劉生見神詩笑云無平仄神即書云吾今不曉平平灰　□做□萊三島各汝今既曉灰平平如何金榜不標名　新添指揮孫耀祖分馬本銀偶於匣內失
三百隨請神即附一童子云此銀係五顯神掣去亟祭賽如賽後不發吾神決不容五顯享此香火也
指揮錢承楚請問起建日時基址當書吾神親去神即前往承楚隨行至牛埸大書軍門張　誠心修廟七字承楚請期書六月初三日落墨初九日落石七月
初二日寅時豎立又題一首止認得二局云江山垂共百萬里幾千年神靈惑最多難以枚舉此據父老確傳耳目共見聊記其槩云

旨

皇明崇禎二年歲在己巳二月望後穀旦
原任貴州巡撫今
欽差總督貴州四川湖廣雲南廣西軍務兼督糧餉巡撫貴州湖北湖南四川東偏沅等處地方
太子太傅兵部尚書兼都察院御史張鶴鳴譔立石　署新添廳事獨山州知州陳良言督刻

2.《毓秀峰碑记》

【基本概况】

毓秀峰碑刻位于贵定县沿山镇星溪村晓寨，毓秀峰矗立于其寨寨门。碑刻共有五通，均系方首青石质地，都镶于塔身。其中两通为当地文人墨客士绅所题诗句，尺寸分别为：高 50 cm，宽 63 cm；高 49 cm，宽 59 cm；碑文庆贺建塔告竣，同时希望当地人才济济，当地学子勤奋好读。修建此塔应是希望当地文化进步，后世子孙都能学有所成、及第入仕。

【碑文】

心裁意匠費經營面面鰲獅秀削成應倣慈
恩重號雁他年脱穎好題名
一峰突兀欲參天放眼平蕪喜脱尖石棧天梯
看捷步文光直射斗步邁
栽培玉笋出平坵閡捷巍然據上將毓秀鐘
靈登甲第一方雄勝上千秋　桂山居士陳以健題
健筆凌雲佛半空霓裳歌舞響丁東仰瞻鐸懸
□□千文回視林巒俯萬叢秀色遠昭霄漢路文光遥
□□□□射斗牛宫九重天上看連步宜到風雲
際會中　居士莫貴誠題
天柱巍然據上游崒□崋風雨定千秋遠瞰秀色聯奎
壁高様□尖映斗牛塵世物華間處領人家煙景望
中收題名不讓慈恩美粧照江山□□□□□□
起蟄虬　祥羽居士　莫士僅題
從來曠野少㕑儼裝點鰲峯景亦宜拮據如同
填海幻安排恰類補天奇欲瞰秀色環桑梓功
辱文人屢賦詩肇錫嘉名稱毓秀風雲會合時
往期　輯三居士羅　才題

天有□華乃天之□□□□地之□□鄉
居□□□地屬□□□水澤洄圍如襟□
山□□□□面既多島與之眾中央宜
從耳崗□□□三黃□諸恭浮□不惜千
萬蚨□臻絕頂爰是集丁立培□□欲山川
□□臨嵩嶽之英靈事將告成原敘余觀
□□□□棹及心真可音齊碧落手摘星
□□□光芒儼沖霄漢文峯聳翠直逼江山月
□□高扶摇可按雲梯直上騰峪尤便□銘□
□□氣象峥嶸六角嶙峋竚見風雲際
□□茲崔峩之秀勉呈□露之詞
□瀾居士　羅百川題

【碑刻图片】

3.《龙氏家族碑》

【基本概况】

此碑位于贵定县新巴镇幸福村大土寨，立于其寨山脚处。碑高 147 cm，宽 60 cm。此碑为龙里县洗马镇巴江村与贵定县新巴镇幸福村交界处的康家寨龙氏始祖墓碑，墓碑由三部分构成。此碑为其墓志铭，为其后世子孙照原碑文所刻。

【碑文】

蓋聞
自天地定位三才攸分立天之道曰陰與陽立地之道曰柔與剛立人之道曰仁與義夫仁莫先於親
義莫急於忠君祖宗之垂於前子孫之述於後莫重乎是也粵稽吾族龍姓係出董氏君邑派武陵颺叔忠
事憂朝奏龍后啟此姓氏所由來也迨吾始祖考諱朝臣祖妣高氏原於先朝明紀自屬入黔体仁
義立極之心為忠孝傳家之訓上奉公事參忠君安民之勞下和鄉鄰盡排難解紛之念大德積於身
澤延於後產三子曰二世諱應□三□森庭次校顯貴以千總授職隨軍剿賊常血戰屬秦豫楚因軍功
而即陞守備威每驚乎蛇象豺狼都督總兵之題請劄付至今猶存也以宗祖之遺澤蒙山川之鐘靈
□房峻陵繁衍黔南氏屬後裔伸木本水源之恩孰不在体報本追遠之想共殫厥心功興土石共結成
千載壽山永產灵芝長為萬古佳城冀藏先世之金玉以鍾山川之秀灵伏願開先有人婢心智於正室
詔謀是繼更顯榮於來茲應呈霞玉印之五獲兆科名於□水產方寸地靈之賢豪凢穆子之聖德風□
前清道光十一年戴大□□之芳辰除望二之會　旦　立

【碑刻图片】

4.《惜字塔碑》之一

【基本概况】

此碑位于龙里县与贵定新巴交界的洗马镇巴江村康家寨，立于其寨后山惜字塔上，镶嵌于塔身，高 157 cm，宽 70 cm。康家寨与贵定县仅一路之隔。碑为修塔时所立，碑体原已断裂，现已修复。碑阳经过打磨后刊刻文字，阴刻，碑额无刻字，青石质。碑文主要记载当地龙氏家族倡导乡人要敬惜字纸，不要随意丢弃纸张，也体现了龙氏族人对文化发展的重视。碑中所记载之龙氏，是为康家寨祖上，汉族，康家寨绝大部分居民为龙姓。

因碑刻镶于塔身，厚度无法测量，下同。

【碑文】

序
盖闻绿字赤文燦球力而共寶龍章鳥跡炫彝鼎以弥珍無分鐵畫銀鈎
總成鴻秘若合三元八會即屬靈符故治世不離文字而進身每重詩書
考善書所載士之隸吾籍皆自敬重字紙中來如宋王沂公收字而掇拾
香重職司五馬我
朝陳宏謀公焚字而送歸水溜位至三公楊全善埋字紙因五世登科李子材
葬字紙故一身顯耀載載金縢彰彰可考顧余未敢媲美前賢當亦垂示
後起嘗讀儒書上欽
頡聖不特文人學士則衆初心即商賈農工得免結繩冗事用是量力經
營捐修字庫俾片紙隻字直同寶珍但余所處巴香地居東鄰覽山川形
狀為觀風者所必及焉且黔號名區在昔鍾祥有自而邑多秀士尤希連
彙登瀛則九享科名者要必由惜字之至意而書香於以永綿承造化之
精英幸功成而剖厥爰弁斯語昭示來茲
羅思讓　煥　祥
旨　匠士　黔陽居士　龍　廷　男蟄　謹記
陳　詩　海　潛
姪　起元
大清道光二十又六年秋九月　吉旦　希述羅愚章書　建

【碑刻图片】

5.《惜字塔碑》之二

【基本概况】

此碑位于龙里县与贵定新巴交界的洗马镇巴江村康家寨，立于其寨后山惜字塔上，镶嵌于塔身，碑高 157 cm，宽 67 cm。碑阳经过打磨后刊刻文字，阴刻，碑额无刻字，青石质。

碑为修塔时所立，碑体原已断裂，现已修复。此碑文主要为当地文人墨客对惜字塔的题诗称赞。

【碑文】

贈龍府新建字庫七言律
千尋石庫插銀河字迹從今積累多斷簡殘編同鄭重奇詞古篆
大收羅中藏應許黄金貴内美休將白羽呵行見文光聯射斗知
君締造壯牂牁 其一
巍巍石塔勢巖莊滿腹經綸飽貯藏裝載不嫌皇歴老收存别有
桂花香祗因憐愛書千卷何忍輕抛稿一張漫道殘篇無用字出
人頭地荷
龍光 其一 續詞二道字庫百尋高石柱堅牢風風雨雨漫
推撓管教見童知敬惜世出美豪峻塔倚城壕點畫誰抛紅箋
緑字費心勞較勝書諸全貯了真是詞曹 王亭陳良槐題
塔近斗山并斗牛蟲書鳥跡萬全收為山自古能容壤學海原來
不擇流羅畫人間詞卷卷括完字跡筆鈎鈎從知户外泥金報永
錫龍章信有田
當門秀塔象萬園古篆圖書任拾全焰燄閃紅箋垂紫府烟飞緑字付青天三真貴重如金玉六草尊崇
法聖賢
上帝寵君由敬惜占來利見屬他年 正位黄中理詞

【碑刻图片】

6.《惜字塔碑》之三

【基本概况】

此碑位于龙里县与贵定新巴交界的洗马镇巴江村康家寨，立于其寨后山惜字塔上，镶嵌于塔身，高 157 cm，宽 70 cm。方首，青石质。碑身部分有毁坏，现已修复。碑阳经过打磨后刊刻文字于上，阴刻，碑额无刻字。

此碑为罗宪章所题七言律诗，主要赞颂龙氏族人对文化发展的重视。

【碑文】

贈 龍府新建七言律
石室崇高邁衆峩六書渾化一胸羅銀鈎鐵畫珍之斷簡殘篇
積者多食字詎同餐字蠹藏經肯易換經鵞寸心括盡千年墨篆
出龍章鼓太和 其一
峻塔培成腹五倉零星點畫盡收藏羣推大量容訛字自覺慮心
納旧章雨洗千秋無俗墨風流百代有書鄉東山望去龍門近一
入龍門得近光 其二
前題
石塔峥嶸蘊化工於今靈秀澆城中天教點畫開明哲庫斂鈎横
免蠹蟲字體從歸參井野書香直噴斗牛宮武陵推出青條劍振
起英才達
聖　聰
從來檢校訝然藜奇庫圖書熟品題斷簡逸章熏燼了文光直上轉星奎
道塗遺寶好追求天地靈機筆底收拾盡殘编何處覓
龍門聽報鹿鳴秋
希述羅憲章題

【碑刻图片】

7.《惜字塔碑》之四

【基本概况】

此碑为平越文人墨客对惜字塔所撰惜字文。碑身部分有毁坏，现已修复。碑阳经过打磨后刊刻文字于上，阴刻，碑额无刻字，青石质。高 157 cm，宽 68.5 cm。

【碑文】

帝君惜字文

三教之中儒稱為首四民之內士列於先當尊古聖之書宜重先賢之字□家詔□□以焚香道子諛元即莊颜而正几豈可藐觀經傳輕視詩書或携作枕惟圖晝寢□安或宜為欄僅博遠瞻之勢科頭洗足手持一卷以吟哦露背攤胸膝置數行而課誦由□□而□桌拾殘紙以揮毫戲語嘲人假借聖賢之句淫詞敗俗偏多瘠唱之篇貧眠□□□□□文嚼稿於□甚以廢書易物乃為散棄之由舊册糊窗却是飄零之始嬉戲劃□□□□酣題句於墻葉館校書怒子弟而擲其卷芸窗習字違點畫而碎其箋士人不敬若斯愚夫□惜之有由是覆鐔蓋甕兼之拉雜烹茶裹盞擦盤更以横斜褙籠包烟而瑶篇伴土造炮而錦字飛灰或作竹馬之頭騎破常堆糞穢或為紙鬼之面戴壞必棄溝塗或捲燭根火滅則根隨飛礫或糊帽盉紙碎則盉擲泥沙作孽之徒專鋪韈底昧心之輩好襯靴帮頌政刊詩傳粘满壁輙為風雨摧殘拓醫賣藥偏貼沿街旋被汗泥塗抹繡户為針線之帖茶坊做糖果之包複□裙腰多書記號傘頭碗足盡寫齊居孰知旛布維帆必受風濤之險壽圖裁被决遭夢寐之驚造孽無窮舉隅莫罄百般輕亵實由文士開先一意專崇還自儒生表率坐書而獲睟俱瞽惜字則異世聊元因果昭彰切宜猛省報施顯著共勉箴規

平越楊際恩敬述書

【碑刻图片】

8.《惜字塔碑》之五

【基本概况】

此碑位于龙里县与贵定新巴交界的洗马镇巴江村康家寨，立于其寨后山惜字塔上，镶嵌于塔身，高 156 cm，宽 68 cm。方首，青石质，碑身部分有毁坏，现已修复。碑阳经过打磨后刊刻文字于上，阴刻，碑额无刻字。

此碑内容为当地文人墨客对龙府所建惜字塔之赞词。碑身部分有风化，部分字迹难以识别。

【碑文】

赠　龍府新建字庫七言律

超然惜字勵塵緣反振澆風獨占先採輯圖書資往古闢□□□

懋當年千般竭力培山水一點真心體聖賢引得英豪登□□□

程篆出武陵煙　　際恩楊春茂題

前

題

石庫巍巍聳半空收羅字跡又培風一囊典籍容新舊□塔煙雲

篆鳥蟲不棄近今童技小兼收歷代古詞工從兹秀毓□文煥翰

墨生香達

九重　其一

崇高石塔鼎新修鄭重斯文翰墨搜大有金泥兼玉拾中藏鐵畫

并銀鈎誰嫌古篆篇積不棄殘□字收一段奇□薰井野

龍門甲第震千秋　其二　　樸□羅憲彰題

前題

寶藏凌霄石柱堅風移塵世惜殘編□羅庫裏千□□鎮入雲□

二樹煙拾稿何須歸故府焚□□□泛清泉定知□□□□□□

塔標名獨占先

一善陳□□□

【碑刻图片】

9.《祝罗氏族谱碑》之一

【基本概况】

此通碑位于贵定县云雾镇燕子岩村令寨，立于令寨祝氏始祖墓地。令寨祝氏，本为罗姓，因各种原因才改为祝姓，在当地有“祝罗”之称。碑高 106 cm，宽 84 cm，厚 13 cm，方首，青石质地，保存较为完好。碑阳经打磨刊刻，阴刻楷书，碑额无刻字。碑文主要记载其家族历史，包括发源、迁徙、发展等。主要为明朝时期调北征南之事。

【碑文】

竊思吾
祖兄弟七人共皆不著其名豫章郡四維氏江西人也其以黔来哉溯其
來之由自　聖主洪武年間兩省開闢九州攸同調北征南祖也棄
故土則處黔山自西適東宗也遺吳江則填黔地其源不亦甚遠乎其
本不亦甚深乎根深則易失恨先代章程不在源遠則易志恐後輩字
派無傳嗣孫奎暄二祖之後也於同治戊辰歲僥倖蒙學院之宏恩
荷祖宗之厚德意欲立祠獨力於以難持心存修譜合衆竟為義舉倘不
創之於前有美弗彰若不修之於後雖勝弗傳出之於口不如著之於
筆著之於筆莫若勒之於石所以約同閤族建碑三面立於先祖應
盈公之墓側但願與千古共垂於不朽云　暄之長子羅有聲敬啟
族譜序
蓋聞家之有譜猶國之有史也國無史則孰知興衰理亂之由家無譜
則孰知世系源流之辨故禮云尊祖故敬宗敬宗故收族明人道必以
睦族修譜為先也溯我先人原籍係江西南昌府豐城縣南濠街珠
市巷人氏羅宅世宦恒流萬古吾族發源於洪武年前分派於丹行之
世守喇亞則　加靖時遷馬司畧表世俗其槩則斷自　明朝誥封龍
虎將軍諱文才公始而敦本崇實行事浮華好善樂施躬於清水江
之上誠始謀之善也生鳴友公其以忠厚性誠孝友天植吾族興順
培植居多富而且貴孫子七人諸孫濟濟冠帶盈門享八十有五天之
報應不爽也長子諱大順字忠廷　明朝總兵□奮將軍生而端敏長
而剛毅弱冠從提建績如安眼時圍困人民相食□殺入重即運米糧
接濟兩院提受守備追賊入大廣暗出奇兵親斬首百罵進獲順

【碑刻图片】

10.《祝罗氏族谱碑》之二

【基本概况】

此通碑为令寨祝罗氏族谱碑之一，碑高 104.5 cm，宽 87 cm，厚 12 cm，方首，青石质地，保存较完好，碑阳系经打磨后刊刻，阴刻楷书，碑额无字。此碑主要记载祝罗氏始祖明时入黔征战的历史，记载了入黔始祖至七世祖征战贵州多地且立有战功的经过，还记载了六世祖迁居今寨（令寨）的情况。

【碑文】

勝　督即部院獎云一身都是膽滿皆臨軍不避矢石義士城服標虎
相應□録以安西南之崖疆以推血战之功劳題受都司十年征剿
郎岱　總督部院□李提受遊擊十三年黔（黑）苗作亂征剿九股有功蒙
院提受叅將十四年征施秉谷洞　加授副總　加靖丁亥六年藍二
作叛　總督提受黃平餘慶甕安平越四城屢建功績　兩院提受總
兵鎮守龍里新安平越貴定地方己丑年諸苗蠢動道路阻隔商旅不
通　忠廷公威信足以服之以□道先失遺夜不閉户蒙　部院親賜
匾額題曰　忠勇冠黔會題都督同知是時征服定當十二土司輪誠
納賦兩院疏題　欽奉　聖恩差司禮監太監生提左都督掛帥
□奮將軍賜敕一道印一顆札喻罩恩諭封三代襲應一子本衛中一
所十户十所安鎮守湖廣辰州地方時大順公六十有餘　元明頓闢
黔　鳴灰公第七子諱大亨閣谷　部院議為副將管理新添衛守備軍務
勤勞有濟征剿水西暹獲軍功紀録在案征復加封匡奮將軍鎮守江
山永亨太平鳴友公次子大安鎮守巴香守備大孝大良大賢大仁亦
以守備俱列釁序公諱鳴富晉理四十八庄一應晉業分派於都匀邦
水上下冲三里共七庄蜂子岩頭把河寨上下三庄以上高□□石共
十二庄牛屎耕寨上下八庄坤冲上二岩共七庄王卡七寨外有買補
二十四庄家　祖祠堂存計字文鳴大如國應敏世維慶承先有惠澤
丘龍□御驗據三司有案　泒啟後通善政高祖紹□武□曾希凡聖
四世祖羅如案公生三子國泰國愷國本　永興（樂）九年同國美征□剿
苗江景泰七年九股黑苗作叛再同國位國什國猛共打清平衛得功
萬曆十八年又同國信從兵十二年立貴定縣公就此住居崗利一□
一子□□應明應賢應聰　天啟三年安坤反亂圍了貴定州龍里衛應
盈應明應賢應聰兄弟四人征入平西征平後遷居今寨盈公二子名頂名弼

【碑刻图片】

11.《祝罗氏族谱碑》之三

【基本概况】

此通碑系令寨祝罗氏族谱碑之一，碑高 107 cm，宽 89.5 cm，厚 15 cm，方首，青石质地，保存良好，碑阳经打磨后刊刻，阴刻楷书，碑额无刻字。此通碑文主要记述了创修谱牒的初衷，还记载了家族迁入贵州后的发展、迁徙等情况，此外还记述了祝罗氏家族清明祭祖的捐资情况。

【碑文】

今夫不可遺者祖宗之德澤莫能忠者世系之流傳苟非有譜牒之存將
何以敲一本而親九於序昭穆而別尊卑也洪維　始祖奉調南征慰萬
姓雲霓之望威振北關承九重雨露之恩因有功於朝廷誥封龍虎將軍
溯自原籍以來洪武年間流移黔地世居喇亞□先人之崇德啟修嗣之
蕃昌孫子七人聲稱閥閱想我二房　始祖落業黨魯厥後分居就業由
喇亞而發源於黨魯由黨魯而分派於高坡由高坡而散往大甲由大
甲而遷徙於崗利主今多歷年所分居不一雖云根深葉茂源遠流長使
無人以敲本溯源幾何不至視若途人而親疎混淆乎恐譜牒之殘缺適
録喇亞之宗支始覺先代之由來也約閤族以立章程□碑遺後計積谷
以祭先塋存支派而昭萬古不得不勉為任勞体孝子仁人之心懷敬宗
睦族之意所以眾志沉沉同興盛舉其事豈不懿歟豈不懿歟是為序
計開清明田山脚落沖溝下岩脚共四處嗣孫羅先榮敬題
同治八年嗣孫公義捐清明谷上中下出閤族芳名開列於左
奎暄　貳斗五升　光前　貳斗五升　光熙　壹斗　光奎　柒升　光耀　伍升
承位　貳斗五升　光林　壹斗貳升半　光士　壹斗　光富　柒升　光昧　五升
承安　貳斗五升　光登　壹斗貳升半　光德　壹斗　光珠　五升
承萬　貳斗五升　光大　壹斗五升　光茂　壹斗　光璣　五升
承淇　貳斗　承樹　壹斗伍升　承春　壹斗　光尚　五升
承全　叁斗　承仲　壹斗伍升　承康　柒升　承國　五升
承道　貳斗五升　承玠　壹斗伍升　光胡　柒升　承開　五升
同治十二年三月初八日眾族得買此處係承康承康春之業價值靜雜木在□六斗杉
同治十三四年二月二十九日羅炳仝子承道憑人自願將到堂□羅□□
山壹幅坐落名撮箕山施入始祖應盈公清明上此三處是有界石為憑
大　清　光　緒　四　年　後　三　月　初　七　日　　穀旦立

【碑刻图片】

12.《守先待后》

【基本概况】

此碑位于贵定县昌明镇猛安村猛壤寨，立于其寨前河道旁。碑原立于陈氏祠堂，因祠堂拆建遂移此。碑高 103 cm，宽 94 cm，厚 14 cm，方首，青石质地，保存完好，字迹清晰可辨。碑阳经过打磨，阴刻楷书，碑额镌刻“守先待后”四字。此碑为陈氏族谱谱牒叙，记载了其家族世系分支情况以及后来的发展状况，对其字派亦有记载。此碑文对研究当地陈氏家族史具有重要参考价值。猛壤寨为布依族聚居村寨，全系陈姓。

【碑文】

守　先　待　後

舉紹族系譜牒叙言　潁川憲政生聚奎氏撰
同宗共姓族譜傾頽字派紛繁抱愧良多
歷代之勳猷不著列後之字派罔聞所以致生乎忝列世嗣也濤因而
時年花甲民國成立既已有年幸遇同宗共祖之書生係清旨憲政之
名士同心共叙包懷
歷代之譜牒參商成立昭垂永遠之常經壽則不堪為當代之名人亦
可為本支之法人矣況自別派分支以來既經十有余輩處世□
名者不少今我承
祖宗默佑鍾毓降生日下三子長曰萬選此曰萬鵬三曰萬清既各成
年而分炊且又生男而育女長之子曰年勳曰孟春次之子曰年秋三之子曰年經慶荷
夫恩而三代一堂壽幸爛其盈門也又孰意天災降臨於甲寅後五月
上旬豐村遭難而隱痛莫測者乎吾父子慨然致歎曰俗云虔誠
天賦各人自造父不為子為子不為父為即年鼓勵各造房至為
各得藏身之所年至丙辰父子同商特生善念功各成矜一時族
譜垂乎萬世將為父子所造之屋不堪毀壞并祝告以妥靈以為同
宗共姓之
祖廟將歲歲春秋世嗣感報馨香人倫昭明於其所矣吾父子善念舉
成一不敢攀援乎同族再不敢阻礙乎意誠三則秉滅意之存在
亦舉有田所在落坐地名□□田一坵種四升差四分以作祭冬
之貲其有園內田一坵種三升差三分又有下房土一塊係萬選
萬清之份作掛掃永正天子四世之坟又取得木支系譜一册吾
祖原由隴晉分派來時未跟原派將起字之字派更為阿字之字派今
我店明參正得以精詳庶不致混雜如我
前人矣是為舉紹族譜補序　鄉士生祝會元書
民國　六年　歲次　丁巳　十一月　冬至日　立

【碑刻图片】

13.《太平寨张氏祖茔碑》

【基本概况】

此碑为张明昌之曾祖张德培公墓碑，即护林碑中所见之张德培，位于贵定县盘江镇清江村太平寨。碑高 127 cm，宽 74.5 cm，厚 12.5 cm。张德培其人重视文化之教育，人才之培养，创办学校。碑文中提及先祖迁居此地，逐渐融入当地，后逐渐移风易俗等情况。

【碑文】

先生諱德培字子元且蘭增生名儒也性嗜酒好讀書在昔國體更變更黔邊荒遠
公□林立一時之人皆若狂而先生以節距之粵自先民入黔習染風俗禮制衣服
爰變於夷得先生提倡改良其教人也善誘不倦寒素子弟恩愛兼盡如鄉立各小學
先生辛苦振鐸繼建宗祠假為鵝湖鹿洞及門弟子彬彬日盛焉而嗣君克紹書香家
淵源暮年優游林泉頤養天和斯明德所致也余受業有年穩知抱負聊為説項敬誌碑
石又從而銘曰高山仰止　景行行止　先生之風　矜式桑梓　門人　羅顯魁　撰

張公德培之墓

甲
庚
男　士吉
侄　沖士洲
孫　樂節陸居
永祀

民國三十一年　正月　穀旦　立

【碑刻图片】

14.《罗氏祠堂碑记》

【基本概况】

此碑位于贵定县云雾镇抱管村抱管寨，立于其上寨水井旁。碑高 145 cm，宽 58 cm，厚 12 cm，方首，青石质地，保存较完好。此碑原立于罗氏祠堂内，后因祠堂改建学校、球场，遂移至水井处。碑文主要记载罗氏家族历史及其相关族人事迹。

【碑文】

竊思木本水源輒存追遠之念氣聞僾見其秉祀事之誠惟血統之直承實難忘乎祖澤宗□□
孝思之欲展竟頻威乎陽冋律轉溯我姓□原籍江西舊家豐城人入黔　始祖公諱文才誥封龍虎
□列將軍特以忠勤　上憲因而創業黔南留守斯土蕃衍於茲盡五百餘年矣當年衍就七□
之支厥今克臻億萬之美爰乃先德之所樹宜乎世胤以熾昌黔南到處布滿羅氏足跡筑道會同
半屬宗嗣給譜所謂澤遠流長發榮光大實有以副之也惟我後裔子孫繁殖廣遠年來冬祭慨
赴會之難企是以因所在地而謀建分祠以崇祭典而明禮祀冀昭如一之式敬薦於萬之馨香
而切同支之誼以開來此我抱管村羅氏宗祠之所由建也夫肇建我抱管基業之　一世祖諱
印公係第二派之世胄自谷丙移居此土迄今相傳已十代矣全村靄瑞濟濟數十户更有移殖
向外而開發者殊不鮮逮我　祖傳力爲建議捐資購置基址□面鳩工創修清光緒乙巳年九
月建立大殿及右廂各三間殊□幾政治革新地方教育亟謀普□本鄉小學校址又於斯有賴
乃自民國成立以來歷年舉辦頙發展之未艾繼於民國三年又欲捐資建立左廂補助教室之
擴充夫畢業於茲而去者不知凡幾遺有廳房地址三間尚待籌謀詎於民國二十八年本鄉人
士因借辦積谷倉之議共成盛舉實則本祠之裨益於地方人材裨益於地方公共事業殆非淺□
也然我　列祖但幸經營地落成更弗暇顧及於垂訓子孫等緬想前功特將遺事之概畧撰勒
諸石端俾垂訓後世於弗替焉　謹將本祠遺産暨印字派列後
屯脚田乙坵　白腊田肆坵　大平司濫垻田弍坵
母豬潭風水山乙幅上下抵岩脚田左右抵樟木樹凉水井　羅山乙幅
印字派　印成維良啟　如天廷士登　□□□山以下老石灰廠永遠禁止開設
福禎國朝運　永正大光明　并議□凡屬後山森林縱係私人所有理宜議蓄經
中華民國三十五年歲次丙戌冬至衆同立　公義通過後一律永遠禁止砍伐以上所議如違重處

【碑刻图片】

15.《罗氏田土契约碑》

【基本概况】

此碑位于盘江镇音寨村麦董寨，立于麦董罗氏祠堂前。碑高 124 cm，75 cm，厚 16 cm，是为罗氏田土产业契约碑。碑额已残泐，立碑时间缺失，碑阳经打磨后刊刻文字，阴刻楷书，碑阳有风化现象，碑体形制难以判断。此碑移动过。经访问知此碑此前用作铺路石，后才重立于祠堂前。碑文记载当地罗氏田土的转让过程以及转让原因等。麦董寨为布依族聚居村寨，主要有罗、陈两大姓氏。麦董还立有《禁派夫索马碑》一通，此地系时古驿道必经之路，所以当时派夫索马极为频繁。

【碑文】

□□□脉流傳盡屬連枝同氣宗支偶斷同為俯首傷心
□□族之士寶亮廣公之後也生於道光壬辰年□期以
□世昌香烟緜遠不料於咸豐辛酉歲被賊所害□遺□
□□房逐皆绝嗣此固士寶不幸而遭厄運也□明
留之業有山一幅地基一堂乾龍田一坋計種六升□□
□來將此田之花粒湊積於光緒四年正月二十四日□
□□四至□□八日告竣超歲似此田無所伏□外□
□□田捐入船上收特山與此基付與士品為業作□
□□之費舉此美□無異言俾士寶基業不致淹□入
□□□於九泉之下矣又大園院眾□□□公業□
□□□□種陸升亦願捐入船上收特山後無異於
□□□□□□初四日建碑一面將該情由等勘貞

【碑刻图片】

后 记

本书由笔者硕士论文（2018）修改而成，论文能够得以完成，其间经历甚多，不由心生感慨。

2017年，这一年对笔者而言极为关键，因为要确定毕业论文选题并做开题报告，随即进行写作准备。两次偶然的机会，让笔者确定了以贵定碑刻研究为题，一次是贵定阳宝山、城隍庙之行，另外一次是贵定平伐庭氏长官司故地之行。两次走访调研，笔者发现当地大量承载民族历史的碑刻文献依然完好地保存着，这符合自己的专业研究方向，遂决定此为题。征得导师同意后，笔者便开始了为期两个多月的贵定寻碑之旅。

一个人收集一个县的碑刻，这是自己此前想都不敢想的事。田野寻访碑记并不是一件简单的事，这些碑刻大多散落在乡间村野之中，收集的难度很大，有的在山野丛林之中，有的位于沧桑古道旁，有的就在流水人家处。山野丛林中多飞虫走兽出没，沧桑古道大多已是荆棘密布，现今回想依旧心惊胆战。

七月伊始，一个人，一把伞，一个双肩包，加之两套随身换洗的衣物，笔者便长期深入到了田间乡野。调查始于贵定最北边的乡镇——新巴镇，又名巴香。我从县城乘汽车到新巴后，根据此前收集到的线索步行至甘塘、谷兵等村寨，寻得碑记、家谱等；近晚黄昏，以为要露宿荒野，所幸遇到一老妇人收留，万分感激；第二天清晨，由巴香步行至密腊司，密腊司为密腊宋氏长官司故地，七司八印之一，行至密腊时天色已晚，便借宿到密腊一杨姓老人家中。无奈在其妻的误会下，笔者差一点就被警察带走。经反复解释，出示相关证件及调查收集到的内容后才幸免于困。以上经历都是调查过程的一小部分，还有很多在此就不一一详说。经过八十余天的努力与坚持，顶着炎炎夏日，挥汗如雨地前行，终于“苦心人，天不负”，共收录了124通碑铭，足以支撑论文的写作。

现在回想起来，这一路走来，实属不易啊！深入到贵定各个乡镇、村寨进行碑刻调查时，除了相关资料提供的少部分线索外，大部分线索都是自己走到哪问到哪问出来的，所以在此非常感谢这一路上给予我帮助的父老乡亲，特别是在自己临近黑夜找不到住宿时，给予我援助、解我宿食之忧的乡亲父老们，若没有他们的帮助，我的调查之路将会更加泥泞难行。

我要特别感谢我的授业恩师叶成勇老师。他教会了我很多课本上没有的知识，如何在田野中寻找历史的足迹，如何描述尘封在田野中历史的样貌。他让我懂得，生于斯长于斯的我，作为一个学史的人，要用历史的温度去守护地方文化事业。在本书的写作中，我也曾遇到诸多困难与问题，在叶老师悉心的指导下，很多问题都迎刃而解。他还在笔者撰写此书期间给予了很多宝贵意见和鼓励。

本成果得以付诸出版，还要感谢叶老师的信任与支持。

本书能够顺利完成出版，还要感谢西南交通大学出版社老师们不辞辛苦也对书稿进行修改、校对，并对其中内容提出了很多宝贵的修改意见和建议，使本书整体质量得到了提升。

感谢我的父母，感谢他们在我的求学路上为我付出的努力、辛苦以及对我的关怀与支持，他们永远是我前进的动力。

最后，我想补充一点。本书是通过碑刻文献对贵定区域史进行历时性的考察研究，此成果只是初步、阶段性的，其中还有一部分碑刻文献因各种原因尚未收录，亦未纳入研究对象。因此，在今后工作学习中，我将继续完善，更深入地进行调查与研究，力争做出更多成果。

陆庆园

2021 年 3 月 28 日于黔南州博物馆